PSICOLOGIA APLICADA AO DIREITO

Maria Rosa Fiorelli — psicóloga, atua em conciliação e mediação de conflitos familiares. Como professora de psicologia em cursos técnicos e universitários, teve ampla oportunidade de conviver com administradores de empresas com as mais variadas experiências profissionais.

José Osmir Fiorelli — engenheiro e psicólogo, possui extensa vivência na gestão de pessoas. Exerceu diversos cargos gerenciais, além de atividades de assessoria e consultoria em organizações, públicas e privadas. Sua formação profissional inclui estágios técnicos nos Estados Unidos, Canadá e Japão.

Marcos Julio Olivé Malhadas Junior — advogado e professor universitário, mestre em Administração e especialista em Direito do Trabalho, é consultor jurídico de empresas nacionais e internacionais, com foco na gestão de conflitos trabalhistas e na aplicação de mecanismos alternativos para a solução de controvérsias.

1ª edição — 2006
2ª edição — 2008
3ª edição — 2010
4ª edição — 2015
4ª edição — 2ª tiragem — Junho, 2017
4ª edição — 3ª tiragem — Junho, 2017
4ª edição — 4ª tiragem — Agosto, 2017

JOSÉ OSMIR FIORELLI
MARCOS JULIO OLIVÉ MALHADAS JUNIOR
MARIA ROSA FIORELLI

PSICOLOGIA APLICADA AO DIREITO

4ª edição

LTr®

EDITORA LTDA.

Rua Jaguaribe, 571
CEP 01224-003
São Paulo, SP — Brasil
Fone (11) 2167-1101
www.ltr.com.br
Setembro, 2015

Produção Gráfica e Editoração Eletrônica: RLUX
Projeto de capa: FABIO GIGLIO
Impressão: PIMENTA & CIA LTDA

Versão impressa — LTr 5203.1 — ISBN 978-85-361-8594-1
Versão digital — LTr 8799.7 — ISBN 978-85-361-8569-9

Dados Internacionais de Catalogação na Publicação (CIP)
(Câmara Brasileira do Livro, SP, Brasil)

Fiorelli, José Osmir
Psicologia aplicada ao Direito / José Osmir Fiorelli, Marcos Julio Olivé Malhadas Junior, Maria Rosa Fiorelli. — 4. ed. — São Paulo : LTr, 2015.

Bibliografia.

1. Direito — Aspectos psicológicos 2. Psicologia forense I. Malhadas Junior, Marcos Julio Olivé. II. Fiorelli, Maria Rosa. III. Título.

15-06488 CDU-34:15

Índice para catálogo sistemático:

1. Psicologia aplicada ao Direito 34:15

Sumário

Introdução

O conflito, companheiro contumaz do profissional do Direito, encontra-se presente em todos os tipos de situações: familiares, organizacionais, de trabalho, societárias, etc. Compreende aspectos físicos (agressões, homicídios) e psíquicos (assédios, proibições, cerceamento de liberdade, privação de direitos) que combinam-se de maneiras complexas e, muitas vezes, inusitadas.

Ao lidar com o conflito, os envolvidos experimentam fortes emoções e, com frequência, deparam-se com soluções insatisfatórias, sob os pontos de vista psicológico e econômico. Duas são as soluções para tais situações: a cooperada e a adversarial.

A cooperada vale-se de instrumentos como a "mediação", extensamente analisada na obra *Psicologia na Mediação* (2004), de Fiorelli, Malhadas e Moraes, e a "negociação". A essência, do ponto de vista psicológico, dessa modalidade de solução é a reformulação das visões de mundo dos envolvidos, com a consequente identificação de oportunidades incomuns para gerenciar os conflitos existentes — eventualmente maximizando os ganhos ou minimizando as perdas de todos os envolvidos.

Na solução adversarial, costumeiramente utilizada no campo jurídico, as partes delegam a terceiros os poderes para resolver seus conflitos, seja por via de arbitragem, seja por meio do processo convencional da Justiça Pública, sendo mais comum que resultem ganhadores e perdedores.

Qualquer que seja a via adotada para lidar com o conflito, o advogado depara-se com a instigante questão que é compreender o comportamento humano.

A Psicologia, enquanto "ciência que estuda o comportamento humano e os processos mentais" (DAVIDOFF, 1983, p. 2), com o objetivo de "entender por que as pessoas pensam, sentem e agem da maneira que o fazem" (MYERS, 1994, p. 4), apresenta-se como um poderoso instrumento para o profissional que se dedica ao Direito (advogado, promotor, juiz) porque lança luzes a respeito da compreensão das forças interiores que movem os indivíduos, muitas vezes desconhecidas até mesmo por eles.

O profissional do Direito, empregando conhecimentos de Psicologia — sem a pretensão de se intitular "psicólogo" ou praticar "psicoterapia" —, ampliará sua percepção a respeito dos fatores que levam as pessoas a se comportarem da maneira como o fazem. Obviamente, isso trará notáveis benefícios para compreender ações passadas e antecipar reações futuras, além de facilitar, amplamente, o relacionamento com clientes e colegas de profissão.

A Psicologia também possibilita aos profissionais envolvidos na solução de conflitos de qualquer natureza, aguçar suas percepções a respeito do próprio comportamento, o que resulta em maior eficiência e eficácia no relacionamento com todos os demais envolvidos nos processos. A extensão em que isso acontece ficará muito bem demarcada ao longo deste texto.

O objetivo básico deste livro é apresentar os fundamentos teóricos essenciais para a compreensão dos comportamentos das pessoas envolvidas nas situações adversariais, ilustrados por inúmeros apontamentos recolhidos de evidências práticas, em diversas áreas do Direito.

O leitor perceberá que a emoção constitui o fator determinante à compreensão dos fenômenos e que ela estará presente em todos os envolvidos, inclusive juízes, advogados e jurados, além das partes e testemunhas, conforme o caso. Em outras palavras, os participantes de um processo encontram-se envolvidos em um ambiente emocional, cujos mecanismos influenciam decisivamente seus comportamentos. O conflito afeta, pois, as funções psíquicas, os comportamentos e a capacidade de avaliação.

Procurou-se dar um tratamento holístico e sistêmico: em lugar de se ater a um ou outro modelo de interpretação psicológica do comportamento humano, apresentam-se vários enfoques teóricos e, nas análises, indicam-se várias perspectivas; os comportamentos integram um processo que nem se iniciou nem se esgota no âmbito da Justiça.

O Capítulo 1 trata do conceito de conflito, suas causas e fatores que o influenciam. Destaca-se o papel das mudanças enquanto causa-raiz. Tem-se a precaução de alertar para o fato de que o conflito não traz apenas desvantagens: ele também é agente de transformação. Mostra-se que os desentendimentos entre as pessoas podem refletir conflitos interiores, que afloram sob as mais diversas e insuspeitas formas.

No Capítulo 2, estuda-se a comunicação, elemento crítico na gênese e evolução das situações de conflito. O conhecimento dos mecanismos com que ela acontece (o processo) tem grande importância para a compreensão dos comportamentos. Os elementos de teoria e prática de comunicação propiciam ao leitor melhor avaliação das situações de conflito e, também, instrumentos adequados para lidar com elas.

As principais teorias de psicologia encontram-se no Capítulo 3. Sem a intenção de se esgotar o tema, optou-se por selecionar abordagens consagradas e que mais podem contribuir para a eficácia do profissional do Direito.

No Capítulo 4, estudam-se as funções mentais superiores: atenção, sensação, percepção, memória, pensamento, linguagem e emoção. Destaca-se a percepção, o mecanismo por meio do qual os indivíduos constroem as imagens mentais que irão dirigir suas ações. Deu-se particular atenção à criação de uma concepção sistêmica para o conjunto dessas funções, acentuando-se o papel da emoção como função moduladora das demais e que influencia o funcionamento de todo o aparelho psíquico.

Observe-se que, enquanto o Direito busca a "realidade dos fatos", a Psicologia opera no campo da "realidade psíquica" dos envolvidos. Se, ao Direito, interessa a verdade dos fatos (ou, ao menos, a verdade do "processo"), à Psicologia interessa a verdade percebida pelo indivíduo. Estas *verdades*, obviamente, não guardam compromisso de conciliação e propiciam um fértil campo para a síntese dialética.

No campo do Direito, o conflito entre essas verdades aflora nas demandas judiciais; no da Psicologia pode aflorar em comportamentos e sob a forma de transtornos psíquicos e psicossomáticos de variadas complexidades.

Para o Direito, a busca da verdade pode transcender os limites do indivíduo; na Psicologia, ela focaliza seu mundo interior, embora sem jamais perder de vista o contexto em que a pessoa se situa.

O Capítulo 5 aprofunda o estudo do comportamento, conjugando três concepções: o condicionamento, a motivação e os modelos. Tratam-se de visões mais complementares que antagônicas, abordadas de maneira sistêmica e considerando os conhecimentos anteriores a respeito das funções mentais superiores.

O sexto capítulo estuda o indivíduo no contexto de grupo de trabalho, por ser a situação mais usual que se aplica ao profissional do Direito. Ainda que atuando de maneira "autônoma", ele submete-se a regras e condições típicas de grupos de trabalho quando se insere nos rituais que a processualística determina. Isso faz com que trabalho em equipe e liderança constituam temas de conhecimento obrigatório para a visão sistêmica dos fenômenos psicológicos.

O estudo da personalidade é o objetivo do Capítulo 7. Tudo o que o advogado dispõe de factual em sua atividade é o comportamento observável e, portanto, a partir dele deverá elaborar suas estratégias de ação e conduzir o processo e o relacionamento com os envolvidos. Compreender os comportamentos constitui-se, pois, em importante habilidade que pode e deve ser aperfeiçoada continuamente. Além de conteúdos a respeito das características gerais de personalidade, o capítulo apresenta situações em que elas ultrapassam os limites da normalidade e caracterizam transtornos diversos. As pessoas sob o domínio de fortes emoções apresentam comportamentos totalmente fora do esperável, levando em conta suas histórias de vida, experiências e formações. O profissional do Direito será amplamente beneficiado adquirindo conhecimentos para melhor lidar com estas situações complexas, delicadas e excepcionais.

O texto também trata de aspectos que dizem respeito ao profissional do Direito: o autoconhecimento. O conhecimento a respeito de fenômenos ligados ao próprio psiquismo, como os preconceitos, pensamentos rígidos, crenças irreais e outros, contribui para enriquecer o exercício da profissão, abrir novas oportunidades, prevenir fracassos e perdas (sem almejar o dom da previsibilidade mediúnica) e enfrentar com mais serenidade as questões interpessoais do cotidiano da profissão.

Dedicou-se o Capítulo 8 à abordagem de um tema sensível: as psicopatologias. No cotidiano do trabalho do profissional do Direito, será frequente a presença de clientes em estado transitório ou crônico de transtornos mentais diversos. O trabalho com essas pessoas torna-se mais produtivo quando o profissional possui conhecimentos a respeito desses quadros. Também se deve considerar que os profissionais de Direito estão sujeitos às mesmas psicopatologias e elas comprometem a produtividade e a qualidade de vida: casos de ansiedade, depressão, tabagismo, alcoolismo, transtornos de sono e outras são extremamente comuns.

Nas Considerações finais, consolida-se uma visão sistêmica das possibilidades de aplicação da Psicologia ao Direito.

As Referências bibliográficas indicam inúmeras obras, por meio das quais os leitores interessados poderão ampliar seus conhecimentos; elas apresentam linguagem acessível e extremamente agradável para aqueles que pretendem aprofundar-se nos temas.

O Apêndice traz considerações a respeito do assédio moral, uma figura que passou a ocupar importante espaço, principalmente em conflitos no ambiente de trabalho.

As inúmeras situações citadas foram colhidas da realidade, inserindo-se modificações de forma e preservando-se a essência dos conteúdos, com o objetivo de resguardar as identidades dos participantes. Por se tratar de situações comuns, semelhanças e coincidências serão inevitáveis.

As análises e considerações efetuadas constituem pontos de vista, esperando-se que o leitor, a partir das teorias apresentadas, levante hipóteses e conclusões enriquecedoras com as quais se sinta confortável e seguro para lidar com essa instigante incógnita, o comportamento humano.

O conhecimento de elementos básicos de Psicologia possibilita bases conceituais para planejar estratégias destinadas a aumentar a eficácia e a eficiência no relacionamento interpessoal, reduzindo a probabilidade de surpresas e aumentando a segurança para lidar com comportamentos inesperados ou indesejáveis. Esse conhecimento fornece subsídios para a construção de uma abordagem humanística enriquecedora para todos os profissionais envolvidos nas questões adversariais.

Esta obra pode ser utilizada como "livro-texto" em cursos de psicologia aplicada ao Direito e leitura complementar em disciplinas de formação de psicólogos, notadamente nas áreas familiar e organizacional. Ao mesmo tempo, ela proporciona rico material de consulta e de autodesenvolvimento ao profissional de Direito em geral — advogados, promotores, juízes — graças à linguagem direta, desprovida dos jargões típicos da Psicologia, e ao diálogo entre a teoria e a prática, proporcionado pelas inúmeras situações e casos apresentados.

Finalizando esta introdução, os autores manifestam sua satisfação de contribuir para o enriquecimento do Direito, deixando o alerta de que "utilizar a Psicologia para controlar, dominar e manipular pessoas é um abuso autodestrutivo do conhecimento" (DAVIDOFF, 1983, p. 2). Em vez disso, espera-se que ela seja utilizada em benefício do bem-estar das pessoas, contribuindo para uma sociedade cada vez mais justa.

1. O conflito

Não odeies a teu inimigo, porque se o fazes,
és de algum modo seu escravo.
Jorge Luiz Borges — *Elogio da sombra*

Conflito é "um conjunto de propósitos, métodos ou condutas divergentes" (*Folberg*; *Taylor*, 1985, p. 42). Seu oposto é a convergência: objetivos, processos, métodos ou condutas que criam ordem, estabilidade e unidade de direção. O nascimento constitui um exemplo do conflito, presente no ciclo vital: há a tendência de permanecer no conforto intrauterino; porém, a evolução solicita que se enfrente o desafio de vir à luz, com todos os desconfortos que ele acarreta. O conflito é inerente à vida e, por meio dele, a evolução se processa.

O convívio social torna-se cada vez mais complexo, as opções à disposição de cada indivíduo multiplicam-se e novos e impensáveis tipos de desafios são incorporados à vida diária, aumentando assim, continuamente, os motivos para que os conflitos se iniciem e as condições em que acontecem. Conforme acentuam Fisher, Patton e Ury (1994, p. 15), "o conflito é uma indústria em crescimento", alimentada pela ampliação da rede e da quantidade de relacionamentos decorrente do aumento contínuo de possibilidades de ofertas e diversidade de situações. Esse quadro, acompanhado da conscientização crescente dos direitos individuais e coletivos, constitui uma receita infalível para a gênese exponencial de oportunidades de conflitos.

1.1. Causa dos conflitos

Mudança é toda e qualquer modificação da realidade.

A mudança, ou a perspectiva dela, conduz ao conflito (ainda que nem toda mudança ocasione um conflito). Ela é a causa-raiz de todos os conflitos familiares, organizacionais, societários, comunitários, internacionais etc. Quando algo (uma força da natureza, um acontecimento) ou alguém intervém em um sistema — que pode ser desde um indivíduo até uma sociedade completa —, surge uma mudança e, consequente a ela, algum tipo de conflito.

Diferentes elementos podem estar envolvidos em uma mudança e, dependendo de quais são eles e das características pessoais dos envolvidos, será a natureza do conflito. Estes elementos podem ser:

— bens, compreendendo patrimônios, direitos, haveres pessoais etc.;

— princípios, valores e crenças de qualquer natureza, inclusive políticas, religiosas, científicas etc.;

— poder, em suas diferentes acepções;

— relacionamentos interpessoais;

— afeto, *status* etc.

Efetivamente, mais de um desses elementos encontram-se, normalmente, presentes em um conflito, porque os acontecimentos não ocorrem isolados. É comum, entretanto, que um deles tenha proeminência, a ponto de obscurecer a presença dos demais.

Na separação litigiosa entre Márcia, uma jovem economista, e Roberto, um industrial bem-sucedido, a esposa empenhou-se em uma batalha para obter a posse de diversos bens de elevado valor; ele insistiu em direitos relacionados com o acesso à companhia do único filho do casal.

O exemplo demonstra que as situações de conflito não são, via de regra, simples — nem quanto à condição presente, nem quanto aos processos complexos que conduziram a ela, nem quanto às consequências futuras, das quais pouco ou nada se pode prever (SUAREZ, 2002, p. 78). Os elementos envolvidos estão, muitas vezes, distantes de serem comparáveis entre si, porque valores emocionais, além dos econômico-financeiros, encontram-se presentes para compor a complexa equação que promove (quando possível) a satisfação dos envolvidos ou, ao menos, uma solução aparentemente justa.

Vera, caixa de supermercado, foi baleada durante assalto ao estabelecimento. Isso lhe consumiu 23 dias de vida, internada em UTI, e seis difíceis meses de recuperação. O acontecimento teve dois importantes desdobramentos. O esposo, fortemente ligado a ela, e propenso ao alcoolismo, descontrolou-se a ponto de ser necessária sua internação hospitalar para desintoxicação; os dois filhos menores tiveram que ser cuidados pela avó, que se desdobrou entre os netos e a filha, perdendo, estes, o ano escolar.

A reconstrução da família somente foi possível ao longo de cinco custosos anos de atendimento psiquiátrico e psicológico, para neutralizar os efeitos do estresse pós-traumático. O marginal, deixado em liberdade após curto período de detenção, foi morto seis meses depois quando praticava assalto a um senhor idoso.

Esse exemplo mostra que nem todo conflito permite reparação aos prejudicados. Nem toda mudança é desejada.

No mínimo, em uma situação de conflito, compreende-se, tradicionalmente, que alguém tem que mudar e alguém deverá pagar um preço por essa mudança: o que terá que ser modificado, qual deve ser esse preço, como e quando deve ser pago são questões cruciais que precisam ser esclarecidas, compreendidas e resolvidas. Isso acontece em um divórcio, em um acidente de veículo, em uma prestação de serviços, em uma disputa societária, uma tentativa de homicídio, um assalto etc. A palavra-chave é, sempre, mudança.

A mudança, assinala Acland (1993, p. 120), origina-se na mente de pessoas e repercute na mente de outras pessoas. Não se pode controlar a mente, as percepções que ela origina, mas é possível controlar os processos por meio dos quais as pessoas tomam contato com as proposições de mudanças (essa questão será esclarecida no capítulo dedicado ao estudo das funções mentais superiores).

Não se trata, portanto, apenas de impedir conflitos, o que seria excelente se pudesse ser feito nas situações em que ocorre violência física (como aconteceu com Vera) ou psíquica (como envolve o litígio entre o casal Márcia e Roberto). A questão é administrá-los, para benefício dos envolvidos, tendo em vista que se trata de um processo interacional entre duas ou mais partes em que predominam relações de antagonismo.

Entendendo-se o conflito como um processo, compreende-se que, à medida que ele evolui e se consolida, por meio de múltiplas interações entre as partes, pode ocorrer um agravamento gradativo, a ponto de as partes terminarem aprisionadas pelo conflito por elas mesmas engendrado. Esquemas rígidos de pensamento e pensamentos automáticos, conceitos extraídos da psicologia e que são adiante estudados, estarão presentes nessa cristalização de comportamentos.

O processo conflitivo constitui "uma incompatibilidade que nasce, cresce, desenvolve-se e às vezes pode morrer, às vezes pode simplesmente estacionar" (SUAREZ, 2002, p. 75) e que se constrói entre as partes, com "envolvimento e não necessariamente consentimento". Isso é muito claro quando se trata de algo corriqueiro, como, por exemplo, um choque entre veículos.

Karina, rica proprietária de um automóvel "do ano", e Gersino, pintor autônomo, dono de uma *pick-up* em eterno final de vida útil, envolveram-se em um acidente de veículos. Ela, naturalmente, coberta por um seguro bastante abrangente; ele, sem qualquer proteção contra acidentes, além da imagem de São Cristóvão no painel. Karina colidiu com a traseira do carro de Gersino em uma noite chuvosa; ela, dirigindo na velocidade habitual; ele, com as lanternas traseiras do veículo demasiadamente enlameadas para que se tornassem visíveis.

Em um acidente como esse, envolvendo Karina e Gersino, compreende-se que as partes poderiam resolver a questão no instante do acontecimento, ou levar o caso à Justiça; também poderiam entrar em uma escalada emocional que conduzisse à transformação do conflito, evoluindo de uma simples colisão para, por exemplo, um homicídio. Essa evolução dependerá da maneira como ocorrerem as interações entre as partes, isto é, as comunicações.

As interações são comunicações, conscientes ou não, que envolvem conceitos e valores a respeito das ideias e situações que cercam o conflito. Dessas ideias dependem os desdobramentos. Essa questão é estudada no capítulo a respeito de comunicação e trata-se de conceito essencial para a compreensão dos mecanismos mentais associados aos conflitos.

Notas:

(1) *Folberg* e *Taylor* (1985, p. 40) distinguem *estrutura de conflito*, *situação de conflito* e *conflito manifesto.*

Para esses autores, existe uma *estrutura de conflito* quando se fazem presentes interesses que têm a tendência a se opor. Partidos políticos em uma assembleia; casais em que o marido e a mulher nutrem ódio recíproco são exemplos típicos; sociedades com desequilíbrios de valores éticos e morais etc.

Situação de conflito refere-se à condição em que esses interesses, aptidões e poderes encontram-se ativados. Tem-se o conflito em andamento. No âmbito familiar, isso se evidencia cotidianamente: qualquer detalhe basta para justificar uma contenda: um sapato fora do lugar; a criança que chegou tarde à aula etc.

Conflito manifesto é o conjunto de condutas específicas ou ações que indicam e compreendem o conflito — aquilo que dele se observa. Para Deutsch, esta condição representa o conflito aberto ou explícito; quando ele não é visível, trata-se do conflito oculto, implícito ou negado (1986, p. 41). Retomando o exemplo familiar, compreende gestos e palavras percebidos como ofensivos ou agressivos.

(2) Rummel (*apud* Folberg; Taylor, 1985) divide o conflito em cinco fases:

a) conflito latente: existe a estrutura do conflito, contudo, ele não se encontra manifesto, por exemplo, o casal se odeia, mas valores religiosos os mantêm contidos;

b) iniciação: instala-se a situação de conflito — um dos cônjuges vê o outro em situação comprometedora;

c) busca de equilíbrio do poder: sucedem-se as ações das partes — um deles tenta a reconciliação, ou usa do mesmo artifício;

d) equilíbrio do poder: pode beneficiar uma ou outra parte; surgem os ultimatos;

e) ruptura do equilíbrio: quando uma parte procura provocar mudança a seu favor, parte-se para o rompimento por via judicial.

1.2. O efeito da mudança no indivíduo — o conflito intrapsíquico

A mudança afeta a percepção de "eu" que cada indivíduo possui. Esta percepção é uma complexa combinação de elementos que incluem:

— corpo (físico, estrutural e fisiológico, funcional);

— afetos e relacionamentos;

— bens e direitos, materiais ou não;

— crenças e valores morais;

— experiências, competências e habilidades;

— identidade profissional etc.

O desequilíbrio de um ou mais desses elementos, em consequência de uma mudança, conduz a um conflito que o indivíduo é compelido a resolver para atingir novo equilíbrio. Essa resolução pode ser complexa e, até mesmo, impossível em casos extremos, como o de Vera e seu esposo.

O "eu" de cada indivíduo contém, portanto, elementos internos a ele, e também externos — os quais ele incorpora como autênticas extensões de sua pessoa (isso fica evidente quando se observa o comportamento de adolescentes com seus aparelhos de comunicação portáteis). Cada indivíduo realiza essa combinação de maneira estritamente particular — por isso, não se estranha o impacto que um simples acidente de trânsito causa em uma pessoa para a qual o veículo desempenha um papel fundamental no seu "eu". No exemplo dado, a colisão vai muito além do choque entre veículos: tudo se passa como se a pessoa tivesse sido atingida; as diferentes reações de Karina e Gersino poderão não aparentar "lógica" para observadores externos.

O "eu" recebe influência do "ter", nas mais variadas formas e proporções. Isso, naturalmente, agrava-se em sociedades que privilegiam os bens materiais e/ou em que tais bens são símbolos perante os pares (de *status*, de poder, de afeto etc.). Percebe-se, facilmente, que o automóvel para Karina, no caso citado, desempenha um papel completamente diferente daquele representado pelo veículo de Gersino.

Compreende-se, pois, que toda mudança, em maior ou menor grau, pode ocasionar reflexos no "eu" de um indivíduo. Necessariamente, isso ocasiona um desequilíbrio e, portanto, um conflito. Este conflito pode estar associado a relacionamentos com outros indivíduos e pode, também, ser administrado em foro íntimo, sem que outras pessoas dele tomem conhecimento; quando isso acontece, a pessoa desloca o conflito para algo dela mesma.

Qualquer que seja a forma como ele se manifesta, o conflito poderá servir para o desenvolvimento da pessoa ou para prejudicá-la de diferentes maneiras; poderá melhorar suas relações de convivência com a sociedade ou dificultá-las ainda mais.

Quando o processo que envolve o conflito mostra-se educativo e benéfico, a pessoa aprende a conviver com as dificuldades de maneira funcional e amplia sua visão de mundo. O psiquismo aprende com a experiência e incorpora novas percepções, enriquece o repertório de respostas e utiliza o conflito para enriquecer o pensamento abstrato. Possivelmente, Márcia e Roberto, Karina e Gersino tiveram, em algum momento, essa opção.

> Ferreira, jovem executivo, teve parte dos clientes de sua empresa "roubada" pelos sócios, que abriram uma concorrência de modo desleal. Ferreira aprendeu com o episódio: cercou-se de mais garantias em seu novo negócio, foi mais cauteloso e, em vez de lamuriar-se e desesperar-se, prosperou ainda mais, empregando os conhecimentos adquiridos na rude escola da experiência.

Em outras situações — por exemplo, quando o indivíduo recebe uma condenação e se vê forçado à reclusão em penitenciária, como aconteceu com o assaltante que baleou Vera —, o processo pode tornar-se prejudicial para ele e para a sociedade, tanto mais quanto maior for a destruição dos valores e a distorção da visão de mundo que a pessoa venha a experimentar. O psiquismo pode regredir para estágios menos desenvolvidos, e o indivíduo, se isso acontece, adquire concepções e comportamentos tanto menos funcionais, do ponto de vista social, quanto maior o trauma que lhe foi infringido.

Benedito, jovem de 18 anos, morador de subúrbio, mulato, em momento de desespero durante uma fase de desemprego, agrediu o guarda de um supermercado para roubar algumas mercadorias; durante o cumprimento da pena, conviveu com delinquentes com os quais fez amizade. Pouco a pouco, envolveu-se com o tráfico de drogas. Morreu aos 20 anos, baleado, em uma tentativa de assalto a banco, incorporando-se às centenas de milhares de pessoas que, rapidamente, passam pela vida — tornada tão curta quanto medíocre.

1.3. Vantagens e desvantagens dos conflitos

Um mesmo tipo de mudança pode conduzir a conflitos de diferentes naturezas, dependendo das características dos envolvidos. O que pode ser visto como altamente desvantajoso para um, pode representar extraordinária oportunidade para outro. O exemplo de Ferreira é paradigmático. Uma colisão de veículos, percebida por um dos envolvidos como um drama intransponível, pode ser encarada pela outra parte como a maneira prática de obter o prêmio do seguro por perda total — naturalmente, um dirige com cautela e o outro com displicência.

Para Eliseu e Célia, a transformação física e psíquica da filha mais velha, no início de sua adolescência, soou como o arauto da destruição dos valores da família; de repente, pareceu-lhes que a identidade familiar construída até ali estaria irremediavelmente destruída; pairavam como fantasmas em suas imaginações os novos e inadequados comportamentos, as experiências com drogas e, pior do que tudo, os efeitos da perda "irresponsável" da virgindade.

Célia desenvolveu crises de depressão e Eliseu passou a enfrentar graves dificuldades para se concentrar no trabalho. O casal, entretanto, em vez de se unir, reagiu da pior forma possível: o pai uniu-se ao filho mais novo e a mãe isolou-se. Com o passar do tempo, o conflito deslocou-se da filha para o casal. Conclusão: a jovem viu-se abandonada e, de fato, os piores prognósticos confirmaram-se. O casamento, naturalmente, não sobreviveu às mudanças.

Para outros, entretanto, a adolescência constitui o período fantástico em que o filho ou filha prepara-se para assumir as responsabilidades da fase adulta, descobre novas amizades, decide-se pela profissão que abraçará, toma os primeiros passos em direção à formação superior, cria novas perspectivas de vida e, ao final dela, coroa seus esforços com a maioridade legal e real. Trata-se de um período mágico em que as mudanças são percebidas com uma certa fascinação, esperadas ansiosamente para que se incorporem ao estilo de vida. Todos se beneficiam.

Os conflitos da adolescência estão presentes em todas as famílias. Serão encarados como destrutivos por algumas, enquanto para outras representarão uma oportunidade de renascimento e fortalecimento de vínculos.

Na partilha de heranças, essa questão pode se tornar pungente. Na família Papst, o patriarca destinou uma parcela maior dos bens para um dos filhos, visto por ele como mais necessitado por reunir menor qualificação. O filho mais velho percebeu este gesto como uma injustiça. Já a filha caçula encarou como uma oportunidade que seria útil para todos, porque, por meio desses recursos, o beneficiado conseguiria dar um novo impulso à vida, tornando-se independente. A partilha tanto pode produzir feridas profundas de difícil cicatrização — talvez, incorrendo na dissolução de laços e rompimentos acompanhados de dor e profunda ansiedade — como consolidar e fortalecer elos enriquecendo os relacionamentos.

Perceba, leitor: o fato pode ser o mesmo, porém, a natureza do conflito depende dos participantes, de suas percepções de mundo, de seus interesses, expectativas, motivações, valores. Uma mesma situação, potencialmente capaz de culminar em desgastante ação judicial, pode conduzir a um momento de enriquecimento mútuo (até mesmo uma colisão de trânsito pode representar uma oportunidade), ou desencadear um rompimento ou uma agressão, acompanhados de sofrimentos físicos e psíquicos de variados graus.

Entre possíveis consequências de um conflito tem-se (adaptado de ACLAND, 1993, p. 71-72):

➢ *produzir as mudanças que lhe deram origem*. Os conflitos da adolescência são essenciais para que a adolescência aconteça. A protelação desses conflitos apenas torna mais tardia a entrada na idade adulta;

➢ *gerar novas ideias*. A mudança produz situações que não recebem adequado tratamento com base nas ideias já existentes; novas ideias devem ser introduzidas para lidar com elas, ampliando-se conhecimentos e visão de mundo; para lidar com um conflito societário, os sócios podem ser forçados a adquirir novos conhecimentos a respeito da condução do negócio e da forma de celebrar acordos;

➢ *avaliar as ideias existentes*. O confronto com as ideias existentes faz com que elas sejam contestadas e, eventualmente, substituídas ou modificadas; por exemplo, em uma ação de indenização trabalhista, o reclamante pode ser levado a confrontar-se com outras realidades associadas aos resultados do seu trabalho;

➢ *comprovar a coesão do grupo*. A mudança introduz questionamentos e pode gerar novas lideranças, novos relacionamentos e exigir revisão dos elementos de coesão e existência do grupo; em uma ação trabalhista coletiva, envolvendo profissionais de nível superior e técnicos de nível médio, os reclamantes deparam-se com a necessidade de avaliar propostas que soaram satisfatórias para uns e indesejáveis para outros;

➢ *revelar diferentes interesses do indivíduo e de grupos*. A mudança força os envolvidos a rever seus interesses em face das novas condições que ela introduz no ambiente — seja ele familiar, organizacional, comunitário ou em toda a sociedade. De repente, as pessoas se dão conta de que antigos interesses tornam-se inadequados ou superados e novas expectativas aparecem; isso pode se revelar de maneira surpreendente diante da perspectiva de uma divisão de herança, com valores substanciais envolvidos;

➢ *explorar personalidades*. A mudança insere novos componentes, valores e condições no sistema, capazes de exigir outros comportamentos, diferentes dos atuais; isso contribui para que se revelem facetas inexploradas das personalidades dos envolvidos — de medo do desconhecido até o prazer de explorá-lo; essa situação é bastante conhecida por profissionais do Direito que iniciam suas atividades, desempenhando papéis como advogados de defesa, para os quais são exigidas habilidades até então pouco empregadas;

➢ *aprender coisas a respeito dos outros*. O desafio de adaptação trazido pela mudança faz com que as pessoas possam conhecer a capacidade e a forma de reação dos demais envolvidos, muitas vezes surpreendentes; jurados, por exemplo, podem surpreender-se com a reação de seus colegas perante os fatos apresentados em determinada sessão do Tribunal do Júri, revelando facetas de suas visões de mundo que, sem o teste proporcionado pela situação, permaneceriam encobertas;

➢ *estabelecer e comprovar os limites entre o possível e o não possível*. Somente a mudança, ao introduzir o conflito nos relacionamentos, consegue testar a extensão com que os valores, as regras, as tradições estabelecidas condicionam e dirigem os comportamentos; de repente, descobre-se que pessoas são capazes de romper compromissos anteriores, formais ou morais, em troca de benefícios;

➢ *permitir que as pessoas manifestem sentimentos fortes*. Sentimentos que permaneceriam ocultos encontram espaço e momento para manifestarem-se quando as forças emocionais presentes no conflito forçam e autorizam a sua revelação; o conflito consegue, muitas vezes, sepultar o tabu; inúmeras agressões físicas e verbais emergem nessas situações, gerando ações de indenização que simplesmente não existiriam se os envolvidos demonstrassem um mínimo de autocontrole (algo muito presente nos crimes passionais — parafraseando Millôr Fernandes: o indivíduo que está fora de si revela o que tem dentro de si);

➢ *descobrir como pensam os demais*. A regularidade das situações do cotidiano favorece comportamentos atrás dos quais as pessoas escondem inconscientemente seus pensamentos e desejos; o conflito está longe de ser um campo propício para tais ocultamentos, porque rompe com o estabelecido e vulnerabiliza emocionalmente aqueles que nele se envolvem; inúmeros conflitos, capazes de gerar agressões e, até mesmo, homicídios, ocorrem porque a revelação do que o outro pensa ultrapassa o limite do emocionalmente aceitável do interlocutor. A agressão pode ser a expressão do "desejo de não saber";

Foi muito comentado, à época, o caso da síndica que assassinou um condômino, logo após a reunião de condomínio, no transcurso da qual ele se referiu, publicamente a ela, como uma pessoa "mal-amada". Aquilo que era uma dor, guardada no inconsciente, explodiu na forma de um ódio incontrolável. Totalmente dominada por ele, a senhora praticou o ato criminoso.

➢ *revelar (e, eventualmente, exorcizar ou fortalecer) temores*. No âmbito do conflito, o desconhecido encontra espaço para aflorar. Muitas vezes, o diabo não se apresenta tão feio quanto se pinta; porém, há ocasiões em que ele se mostra ainda pior;

➢ *estabelecer a realidade dos fatos*. No caso do senhor Mathias, relatado adiante, no estudo da influência das expectativas sobre os comportamentos, o conflito emerge quando o comportamento do chefe da família é revelado pela presença do filho da amante falecida. Se o acobertamento persistisse, essa criança viria a demandar seus direitos quando adulta; o conflito antecipa o conhecimento de uma situação encoberta;

➢ *criar dependência mútua*. No conflito, aprende-se em quem se pode ou deve confiar. No conflito familiar, a agressão é empregada como forma de criação da dependência, por meio do medo; o agredido é convidado a entregar-se ao agressor.

Cleonilda apanhou de Dorival durante todos os 20 anos em que viveram sob o mesmo teto. Com ele permaneceu, contrariando pais, parentes e amigos, até que o companheiro morreu sob os efeitos dos ferimentos, agravados pelo álcool, após uma briga violenta com inimigos, em disputa por território; no funeral, Cleonilda mostrava-se inconsolável — de repente, a vida parecia-lhe incerta. Para ela, filha de pai alcoolista, que havia sido maltratada desde os primeiros dias de vida, a certeza, que o companheiro lhe proporcionava a respeito do dia de amanhã, tinha um valor muito maior do que simples tapas e chutes. Além disso, na hora do amor, sempre pôde contar com Dorival.

Nilbe foi espancada inúmeras vezes por Romeu, seu violento marido, a ponto de precisar ser hospitalizada. Orientada pela socióloga que atendia o hospital, acabou pedindo a separação de corpos e ajuizou a separação. Para surpresa de todos, já recuperada dos ferimentos, alguns meses depois voltou a viver com o marido que tanto amava ...

O psiquismo tem suas razões.

A interpretação que cada indivíduo dá ao conflito recebe influência de um conjunto de fatores diretamente relacionados com a sua história pessoal.

1.4. Fatores que influenciam os conflitos

As pessoas arriscam-se às mudanças, e, portanto, aos conflitos, dependendo de expectativas que nutrem em relação aos possíveis resultados. Benedito, ao praticar o assalto ao supermercado, dispôs-se a cometer um delito acreditando que os benefícios do risco que corria superariam, de alguma forma, os possíveis malefícios.

Qualquer que seja a natureza da mudança, entretanto, ela fará com que os relacionamentos interpessoais sofram modificações que, por sua vez, também influenciarão o desenvolvimento do conflito. Benedito praticou o assalto e foi malsucedido; pessoas que nele confiavam deixaram de fazê-lo; seu círculo de amizades transformou-se; sua vida tornou-se outra. As diferenças de personalidade dos envolvidos interferem profundamente no que acontecerá e a dinâmica das comunicações entre as partes constitui um elemento crucial nesse momento. Benedito poderia vir de um meio em que a prática de determinados delitos fosse corriqueira, ou, inversamente, de uma família em que isso seria percebido como uma real e imperdoável afronta. As consequências serão diferentes em um caso ou outro. Haverá aquele jovem para o qual tudo isto não passará de uma fantástica aventura, que ele terá o privilégio de narrar; outro será estimulado porque, por este comportamento e suas consequências, conquistará uma posição de prestígio em sua comunidade ou perante sua amada... O psiquismo tem suas razões...

À medida que as pessoas se envolvem com as transformações geradas pela mudança, suas idealizações a respeito das consequências e resultados podem distanciar-se das reais possibilidades de obtê-los. Nem sempre esse distanciamento é percebido como "justo" ou "correto". Essa distorção de percepção é muito comum no usuário de drogas psicoativas, que perde a compreensão, gradativamente, de que os benefícios potencialmente prometidos pela droga estão longe de ser concretizados.

1.4.1. Características da mudança

O conflito pode ser provocado pela intenção de uma parte de introduzir uma mudança e de outra parte em resistir a ela (ACLAND, 1993, p. 126). Muitas vezes, instala-se quando as duas partes resistem — cada qual a sua maneira — a mudança, seja ela provocada por terceiros, seja ela decorrente de força maior (*act of God*). Por exemplo:

— processos de transferência ou dispensa de empregados acarretam, obviamente, mudanças em suas vidas particulares;

> Na família de Guido Bampi, engenheiro de projetos transferido de São Paulo para a nova fábrica em Manaus, desenvolveu-se grave conflito. O marido de um lado, a esposa e os dois filhos do outro; os inegáveis benefícios financeiros não foram suficientes para compensar os danos emocionais causados pelo rompimento do círculo de amizades e pelas dificuldades de adaptação ao novo ambiente. O divórcio tornou-se inevitável.

— processos falimentares de empresas são pródigos em gerar conflitos entre os sócios, inclusive destruindo laços de amizade que se pensavam duradouros. Paradoxalmente, o sucesso da empresa pode ocasionar o mesmo efeito: os comportamentos de muitas pessoas modificam-se quando os valores a dividir tornam-se maiores.

Os conflitos encontram-se, portanto, associados à tensão provocada pela mudança, devendo-se distinguir suas duas dimensões (ACLAND, 1993, p. 128):

• o processo de mudança; e

• suas consequências para a homeostase[1] do sistema.

---

(1) Homeostase é a propriedade autorreguladora por meio da qual o sistema se mantém em estado de equilíbrio.

O elemento-chave do processo de mudança denomina-se comunicação. Imperfeições, lacunas e falhas de comunicação provocam medo, insegurança, incerteza. Tamanha é a importância da comunicação na realização de qualquer mudança, que a percepção de "uma mudança leve pode parecer mais ameaçadora do que uma mudança importante da qual não se conhecem todos os detalhes" (ACLAND, 1993, p. 129).

Por exemplo, nas Organizações, quando a comunicação formal é deficiente, o boato encontra campo fértil para prosperar (o leitor encontrará explicação para esse fenômeno no Capítulo 4, no estudo da percepção) e, com frequência, origina conflitos. Algo semelhante ocorre na vida social e familiar: uma frase maldosa propaga-se e pode ser estopim de desconfianças e desavenças, por exemplo, quando levanta suspeitas a respeito da honra de uma pessoa.

A incerteza, cruel madrasta dos conflitos desnecessários, encontra-se presente nas famílias, nos clubes, nas empresas, nas Organizações, na sociedade em geral. Em seu útero, o conflito encontra o ambiente propício para crescer e vir à luz.

A reação à mudança também se origina da suspeita quanto à sua eficácia, assinala Acland (1993, p. 131), e às consequências que ela trará (reais ou percebidas) para a homeostase do sistema. A mudança poderá afetar os elementos necessários à manutenção da homeostase, que incluem:

— valores e princípios;

— crenças;

— hábitos e controles;

— comportamentos;

— relacionamentos, etc.

Nesse sentido, Acland classifica as mudanças em parciais, gradativas e paradigmáticas (1993, p. 132-134).

A mudança pode ser parcial para uma parte e absoluta para outra. Por exemplo, uma demissão (parcial para a empresa, absoluta para o empregado). Se, para a empresa, o empregado era um elemento de produção, para este, ela poderia representar o fator-chave para o seu equilíbrio econômico, familiar e social. O risco da mudança parcial consiste em subestimar suas consequências. Uma ação trabalhista reflete a perda do emprego e, também, a transformação de todo um sistema de vida, que uma simples indenização (se couber) pode não ser suficiente para proporcionar a compensação emocional adequada sob a ótica do empregado.

Silvio, encarregado de almoxarifado, líder de um grupo de repositores de mercadorias, foi demitido porque a empresa reorganizou atividades e centralizou pontos de distribuição; de repente, ele se viu privado de uma posição (*status*) que conquistou após uma década de trabalho. Nenhuma indenização poderia compensá-lo dessa perda. Alguns meses após a demissão, ainda desempregado, passou a desenvolver uma depressão profunda, com graves consequências para a família. Este fato serviu de estímulo para que desse início a um processo de reclamação trabalhista visando à sua reintegração, com discutíveis perspectivas de êxito.

As mudanças gradativas são apreciadas porque reduzem os impactos de implantação; contudo, há o perigo de se eternizarem.

Rogério e Mary mantêm a residência em contínua reforma, que jamais terminará; essa sistemática desempenha o importante papel de desviar suas atenções para um elemento neutro, poupando-os de pequenos conflitos capazes de desembocar no rompimento (intolerável para ambos, por razões profundas relacionadas com os valores e princípios de mundo de cada um). O final da reforma somente encontraria resolução, do ponto de vista emocional, com o divórcio! Felizmente, para ambos, as transformações em arquitetura e decoração trazem contínuos estímulos para novas modificações no lar doce lar.

Na mudança paradigmática, a transformação de um paradigma de conhecimento, desencadeia outras transformações em cascata. O exemplo clássico é a teoria da relatividade de Einstein. No âmbito familiar, pode-se citar o sexo antes do casamento e a união estável substituindo o casamento tradicional.

Este tipo de mudança possui grande importância porque, muitas vezes, constitui a chave para a resolução de um conflito, decorrente da cristalização das percepções em torno de eventos, fatos e conceitos ou agressões a contratos psicológicos estabelecidos em condições ultrapassadas.

Todo relacionamento contém, implicitamente, um contrato psicológico, baseado nas expectativas tácitas e inconscientes de cada pessoa a respeito das demais nele envolvidas. O contrato psicológico pode existir entre duas pessoas ou ser coletivo, como assinala Acland (1993, p. 105), nas equipes de trabalho em Organizações.

O contrato psicológico atua em todos os momentos e entre todos os participantes de um dado relacionamento, por exemplo, em uma família ou Organização. Trata-se de um conjunto de expectativas comportamentais de todos os envolvidos, em relação a todos os demais.

Um conflito insolúvel entre Romeu, um pai ultraconservador, e Sabrina, a filha adolescente "repentinamente grávida", envolveu uma mudança de paradigma paterno: a gravidez precoce era percebida por ele como uma demonstração de que Sabrina tornou-se uma "mulher da vida".

Na concepção contemporânea de relacionamento entre jovens do grupo ao qual ela pertencia, ela não fugiu ao padrão de comportamento dominante; perante os pais, declarava amar o namorado e este demonstrava corresponder ao afeto; uma falha no procedimento contraceptivo desencadeou a situação. A maneira como a família lidará com isso poderá marcar, definitivamente, a vida de Sabrina e de seu namorado; no futuro, isso influenciará a relação dela para com seus filhos e, até mesmo, a estabilidade de seu casamento, se este vier a ocorrer.

O contrato psicológico, embora não explícito, constitui fator de grande influência no comportamento das pessoas. *Quando as necessidades* e as forças externas mudam, também se transformam as expectativas do indivíduo, o que torna o contrato psicológico um pacto dinâmico a ser constantemente renegociado.

Essa atualização contínua, se não acontecer, tornará o contrato psicológico disfuncional e fonte de conflitos. Afinal:

— o que um empregado deseja aos 25 anos de idade será substancialmente diferente daquilo que almejará aos 50 anos;

— as expectativas mútuas de cônjuges na faixa etária de 30 anos diferem bastante daquelas de cônjuges na faixa dos 60 anos de idade;

— as expectativas de uma criança transformam-se quando ela se torna adolescente e mudarão novamente na idade adulta.

Em síntese, as mudanças comprometerão os relacionamentos, a menos que sejam admitidas pelos contratos psicológicos. A violação constitui uma agressão à confiança (ACLAND, 1993, p. 104) e motivo para a manifestação de conflitos.

1.4.2. Expectativas dos envolvidos em relação ao conflito

As pessoas desenvolvem expectativas, conscientes ou não, a respeito de suas possibilidades de obter vantagens por meio de um conflito, a partir de:

— experiências anteriores bem-sucedidas;

— observação do que acontece ou aconteceu com outras pessoas; o indivíduo generaliza a informação e passa a acreditar nela;

— efeito da mídia que cerca determinados acontecimentos ou situações etc.

O recolhimento de impostos é exemplar nesse aspecto. Inúmeras pessoas deixam de honrar seus compromissos simplesmente porque têm notícias de pessoas que adotaram esse comportamento e não sofreram qualquer consequência. Algumas tentativas experimentais podem ter confirmado suas percepções e, a partir daí...

> O caso de Avelino, proprietário de uma indústria de transformação que distribui, diariamente, vários caminhões com produtos acabados, é exemplar. Avelino criou um complexo esquema para sonegar o ICMS, a tal ponto que todo o funcionamento comercial da empresa gira em torno dessa estratégia. Se for detectada a irregularidade, o prejuízo será irrecuperável (o que vem fácil, fácil se vai). Ele, entretanto, vive nesse "fio da navalha" e criou uma rede de corrupção da fiscalização, para garantir a continuidade do processo. A sociedade perde.

Cada novo sucesso — isso acontece com Avelino — reforça a crença de que, no futuro, continuará a obter êxito.

A manutenção de expectativas favoráveis a respeito do futuro apresenta importantes efeitos do ponto de vista psicológico. Acland (1993, p. 102) alerta que, quando as pessoas não veem futuro, nada parece importar e aparece a tentação de envolver-se em conflito. Aquela mulher que sistematicamente apanha do marido e não consegue desenvolver um sentimento de resignação, se não encontrar perspectiva de saída honrosa, pode agredi-lo ou cometer homicídio (ou suicídio); entretanto, uma vez que se acomode à situação, deixa de perceber a agressão como algo a ser eliminado e "consola-se"; fatores culturais — como a religião — estão associados a essa condição.

Um típico exemplo da importância da expectativa, na área de relações no trabalho, liga-se às aptidões (FIORELLI; MALHADAS, 2003, p. 206-209). O indivíduo confiante sente-se tentado a conflitar com o empregador porque acredita que encontrará alternativas razoáveis, caso sua permanência na empresa fique comprometida.

A mudança organizacional que retira do indivíduo o uso de suas aptidões traz para ele expectativas extremamente desfavoráveis. Privado do exercício de perícia, que lhe dá, além da confiança e do conforto, o reconhecimento por parte dos pares, ele se sentirá inseguro e poderá atuar para evitar a mudança — nasce, então, o conflito que, neste caso, pode assumir as mais variadas formas (do absenteísmo ao boicote).

Berenice suportou Nereu durante muitos anos, sofrendo humilhações enquanto criava os filhos pequenos; aos poucos, contudo, aprendeu a fazer bolos e salgadinhos. Foi fazendo amizades com as senhoras ricas para as quais lavava roupa e, quando se sentiu apta a ganhar a vida, para ela e para os filhos, com o seu trabalho, deu entrada ao pedido de divórcio. A expectativa de que o comportamento do marido não mudaria contribuiu, fortemente, para incentivá-la a preparar-se a adotar uma atitude de rebeldia.

Pessoas com expectativas elevadas tendem a assumir os riscos naturais das mudanças e arcar com os conflitos que elas são potencialmente capazes de gerar. Expectativas limitadas conduzem o indivíduo à fixação nas tarefas para as quais possui maior aptidão, resignando-se à condição de vida atual e evitando a tomada de posições que possam ser interpretadas como agressivas ou revolucionárias.

As expectativas sofrem influência da percepção de risco ou sofrimento (não importa se real ou imaginária) originada de experiências anteriores, crenças inadequadas, esquemas rígidos de pensamentos, relatos de pessoas significativas e informações colhidas por intermédio da mídia. Tal tipo de percepção apenas contribui para aumentar a violência potencial do conflito e/ou a dificuldade de resolvê-lo.

Muitas pessoas deixam de exigir seus direitos pelo temor de sofrer retaliações, porque percebem a incapacidade do aparelho estatal de dar a indispensável proteção; isso se acentua quando o conflito envolve tráfico de drogas, pedidos de indenização por diversos motivos e, até mesmo, relações conjugais em que um dos lados é altamente agressivo.

A probabilidade de êxito percebida pelo indivíduo é o resultado de uma avaliação em que tudo se passa como se ocorresse um jogo inconsciente: a pessoa avalia suas chances e isso afeta sua perspectiva de sucesso.

As mudanças, contudo, não acontecem de modo isolado, porque elas:

— ocorrem dentro de uma realidade e as expectativas devem subordinar-se a elas. O conflito entre cônjuges que residem em um subúrbio perigoso de uma metrópole tem coloridos diferentes daquele que ocorre na intimidade de um condomínio de luxo, entre pessoas que desempenham importantes funções em suas organizações de trabalho;

— implicam em modificações nos relacionamentos interpessoais e, em relação a estas, as partes possuem as mais diversas expectativas, as quais desempenham importante papel no início, no desenvolvimento e na natureza dos conflitos.

1.4.3. Aderência à realidade

Um conflito pode guardar, ou não, aderência com a realidade. Denomina-se conflito com bases reais aquele que se estabelece por diferenças de interesses percebidos pelas partes.

O conflito sem bases reais origina-se de falhas de comunicação, de mau entendimento das questões envolvidas.

O fato de o conflito não possuir bases reais não o torna inexistente nem menos doloroso ou complexo. Ele pode, efetivamente, ser tão difícil de resolver quanto aqueles que possuem bases reais.

Esta questão será retomada e devidamente exemplificada nos itens 1.8 e 1.9, em que se trata de interesse e posição.

1.4.4. Expectativas associadas aos relacionamentos

As expectativas associadas aos relacionamentos (ACLAND, 1993, p. 103) constituem um dos fatores principais que influenciam a natureza dos conflitos e encontram-se diretamente associadas aos contratos psicológicos existentes entre os envolvidos, conforme visto anteriormente no item 1.4.1.

As percepções a respeito das características das mudanças contribuem para gerar as expectativas das pessoas envolvidas no conflito, em relação a possíveis benefícios.

Nas Organizações os empregados esperam a manutenção de compromissos pessoais assumidos pelos superiores (garantias de não ser despedido inesperadamente, progressão funcional por mérito etc.). Por seu lado, os dirigentes também nutrem certas expectativas em relação aos empregados: de que contribuirão para melhorar a imagem da empresa, serão leais, manterão segredos profissionais etc.

Na relação conjugal, o contrato psicológico que agasalha os relacionamentos inclui fidelidade, respeito, compreensão, atenção a detalhes pessoais etc. O marido tem expectativas quanto ao comportamento da mulher, dos filhos e vice-versa.

Na gangue, o contrato psicológico contempla a fidelidade, a obediência ao líder, o respeito aos valores do grupo. Indumentária, tatuagens e outros símbolos são manifestações externas do contrato firmado.

Muitas dessas expectativas encontram-se implícitas e envolvem o senso de dignidade e valor da pessoa. Alguns dos mais fortes sentimentos que provocam inquietação têm relação com perspectivas de violações de aspectos do contrato psicológico que rege o relacionamento.

Expectativas são criadas e se transformam a partir de necessidades internas, daquilo que se aprende com os outros, de tradições, leis e normas que possam estar em vigor, da própria experiência passada e de outros fatores. Elas também guardam relação com as personalidades dos envolvidos.

1.4.5. Diferenças de personalidades

Esta questão possui especial interesse para todos aqueles que trabalham com o relacionamento interpessoal e, por esse motivo, o tema "personalidade" recebe, nesta obra, um tratamento à parte, em capítulo específico. Neste caso, o conflito nasce por força de detalhes comportamentais presentes no contato entre as pessoas.

É bastante comum nos casamentos verificar que muitas separações acontecem por detalhes que se acumulam e que, com o tempo, constituem embriões dos conflitos. Estes detalhes passam desapercebidos no ambiente pré-conjugal, mais tarde afloram e as pessoas começam a acreditar que "namoraram com alguém e casaram-se com outrem". Na verdade, não chegaram a conhecer o cônjuge.

> Celina e Eduardo casaram-se exatamente seis meses após terem travado relacionamento por meio da internet, uma das formas contemporâneas de trocar conhecimento mútuo em franca evolução, ainda que marcada, muitas vezes, por imediatismo e superficialidade. Três meses depois, o casal separa-se, repetindo uma fórmula cada vez mais comum. O conflito instaurou-se no momento da divisão dos presentes recebidos (cada vez mais, convém registrar cuidadosamente quem recebeu o quê e de quem).

1.4.6. Hierarquia nas transações durante a interação pessoal

Quando diferentes personalidades envolvidas em um conflito interagem, elas estabelecem comportamentos que se tornam relativamente estereotipados no processo de comunicação. Tais comportamentos podem, muitas vezes, cronificar-se na forma de uma "hierarquia" capaz de contribuir para o próprio conflito — nem sempre de maneira adequada.

A situação de conflito contribui para evidenciar os três comportamentos básicos representados no modelo de "análise transacional" de Eric Berne:

— o adulto, capaz de analisar, aplicar os conhecimentos e técnicas acumuladas com a experiência, pesar o risco diante de possíveis resultados, empregando a "racionalidade";

— a criança: egocêntrica, exigente, vulnerável, dependente, mal-humorada, envergonhada; espontânea, desinibida, interessada, curiosa, afetuosa; representa o estado em que se é criativo;

— o pai: agregando valores, crenças, atitudes, critérios do que é bom e do que é mal.

Segundo o modelo de Berne, os comportamentos indicam o estado que prevalece nas relações interpessoais. Quando a transação, isto é, a troca de informações, se processa entre diferentes níveis, pode ocorrer interrupção ou distorção na comunicação, ou seja, se o emissor transmite informações como "adulto", e o receptor recebe-as como "criança", surge o conflito porque as perspectivas e expectativas são diferentes.

Por exemplo, o pai (adulto) inicia uma conversa para discutir a respeito das férias: onde ir, quanto gastar etc.; se a mãe (ou um filho) estabelece que "só vai se for à praia", a semente do conflito começa a germinar.

1.4.7. Percepção de justiça

A percepção de justiça (FIORELLI; MALHADAS, 2003, p. 210-214) do indivíduo representa a crença de que seus esforços receberão justa recompensa. Trata-se de questão complexa, dada a subjetividade que cerca conceitos como "justo" e "valor do esforço, da ação". Muitos e importantes fatores conjugam-se para formar a percepção de justiça — no lar, no trabalho, e no relacionamento de modo geral.

Aspectos ligados com a prática da justiça comumente encontram-se relacionados a situações em que uma pessoa se compara com outras. Há, pois, um fator de comparação que desencadeia o processo, pelo qual a pessoa se sente prejudicada (este "fator de comparação" poderia ser, vulgarmente, denominado inveja, aquele sentimento lembrado em muitos adesivos de veículos).

As pessoas comparam-se com familiares, colegas, vizinhos, parentes, amigos, etc., e o motivo do sentimento nem sempre é monetário. Esta questão assume grande importância nos casos especiais em que se evidencia a presença de crenças arraigadas (corretas ou não) a respeito dos acontecimentos desencadeantes. Exemplos típicos de crenças relacionadas a conflitos trabalhistas:

— profissionais com a mesma função e mesmo tempo de casa devem receber o mesmo salário; abdica-se da produtividade e confunde-se trabalho igual com produção igual. Foi o que levou os atendentes de um *call center* a iniciar um amplo movimento de equiparação salarial;

— profissionais com maior tempo de exercício na função devem receber um adicional por ano trabalhado (estímulo à permanência — anuênio); parte-se do princípio de que o mais experiente produz mais e melhor. Essa prática é bastante comum no serviço público;

— chefes devem receber salário superior ao dos subordinados; ignora-se a alta especialização e escassez da oferta de profissionais no mercado de trabalho;

— benefícios por metas atingidas devem ser proporcionais ao esforço pessoal para atingi-las; confunde-se quantidade de esforço com valor do resultado.

Subjacente ao conceito de justiça está o de valor*:* a ideia ou conjunto de ideias aceitas pela pessoa e que orienta sua ação. Todo valor possui um fundamento emocional, diretamente associado à visão de mundo da pessoa.

Incorporados desde a infância, os valores fazem parte dos critérios de decisão dos indivíduos. Eles compreendem mensagens do tipo: obedecer às leis, respeitar os mais velhos, fazer o bem, ser leal ao "time" etc. Obviamente, têm forte colorido cultural. Um valor pode ser ou não socialmente correto.

Há um grande aporte de energia na criação dos valores de um indivíduo (por pais, professores e nas empresas, onde se procura incutir os valores da Organização). Uma vez que o indivíduo assuma um valor, será necessário um gasto de energia substancial para modificá-lo ou removê-lo do seu inconsciente. Esse fato torna-se ainda mais marcante quando trata-se de valor assumido por todos os integrantes de um grupo. Por exemplo, o participante de uma gangue pode ter como um valor dominante a fidelidade ao líder; o valor socialmente aceito de obedecer à lei não é significativo para essa pessoa e, por esse motivo, torna-se inútil tentar que ele "traia" o líder; pelo mesmo motivo, a delação é percebida como um gesto inaceitável, ainda que em benefício do bem comum.

Valores podem ser criados e alterados ao longo da vida, por influência de líderes, estratégia organizacional, aprendizagem, comparações etc.

A percepção de injustiça ocorre quando o indivíduo (ou grupo) vê infringido o seu quadro referencial de valores, desencadeando um processo emocional capaz de se tornar traumático, dependendo da rigidez com que a pessoa (ou os integrantes do grupo) interpreta os acontecimentos. Dependendo de suas características de personalidade, o indivíduo reagirá de diferentes formas. Uma delas pode ser a busca de apoio na Justiça. Outra pode ser o conflito em si, com os mais diversos comportamentos (greves, agressões, boicotes, fixações etc.).

Percepção e emoção constituem componentes essenciais da formação do conceito de justiça e da interpretação da ocorrência de injustiça.

A percepção de justiça conduz à ação aqueles indivíduos que emprestam grande valor a esse princípio, acreditando profundamente na importância de sua prática em todos os momentos.

Juízes e advogados encontram, na percepção de justiça, explicação para o nascimento de muitas causas, em que um dos oponentes move-se para demonstrar a validade de um princípio ou valor considerado, por ele, inegociável.

Quando a interpretação dos fatos, dada pelo indivíduo (ou grupo), não é correta, pode se tornar difícil convencê-lo do contrário. Trata-se, em geral, de promover uma revisão na estrutura de crenças, um trabalho complexo, que requer paciência e habilidade. O caminho para isso passa pela identificação das características de personalidade do indivíduo, de sua estrutura e forma de pensamento e da linguagem adequada para atingi-lo. Uma falha nessa estratégia pode significar a perda de vínculo, com prejuízo para ambos.

A percepção de justiça encontra-se diretamente ligada aos valores de cada indivíduo e recebe grande influência dos modelos (pessoas significativas) por ele adotados. Essa influência será analisada mais adiante nesta obra.

Muitas pessoas buscam a justiça pelo prazer de buscar, pelo desenvolvimento de uma percepção aguçada de que a autorrealização virá quando o objeto da busca for atingido e o gozo deste atingimento dar-se-á na relação do indivíduo consigo mesmo, no âmago de seus pensamentos — quando, em suas reflexões, poderá dizer: venci!

1.5. Conflito e poder

Um fator de grande importância no desencadeamento e no desenvolvimento de conflitos é o poder, conceituado como a capacidade de exercer influência, o que não significa, necessariamente, a imposição da própria vontade em toda a sua extensão. Max Weber considerava poder como a possibilidade de impor a própria vontade à conduta de outras pessoas.

Mudanças na estrutura de poder costumeiramente conduzem a situações complexas e merecem uma consideração à parte, conforme exposto a seguir.

Grandes diferenças de poder em uma relação tendem a provocar conflitos, ocasionados pela repressão do mais fraco pelo mais forte (ACLAND, 1993, p. 101), quando aquele tenta provocar modificações nessa relação. A natureza, a extensão e a intensidade desse tipo de conflito são fortemente permeadas por condicionantes socioculturais e psicológicas.

No ambiente em que a autoridade se impõe naturalmente, sem espaço para discussão ou contestação, a percepção da diferença de poder talvez não seja evidente para o "oprimido" — para efeitos práticos, ela pode simplesmente não existir e ser substituída por outros elementos, por exemplo, a proteção.

Uma personalidade dependente encontra na relação de poder assim desequilibrada uma oportunidade de ajustamento, sem que precise justificar-se perante a sociedade próxima. Portanto, sempre é importante a relativização deste e de qualquer fator considerando o contexto em que a relação interpessoal se insere. Para realizar essa análise, deve-se considerar elementos relacionados com o conceito de poder, a forma como ele se manifesta ou é exercido e as consequências de sua prática.

Pode-se classificar o poder em diferentes tipos, conforme ele é exercido.

O poder físico impõe-se pela força; encontra-se, com muita frequência, nos conflitos familiares — notadamente nos casos em que o homem agride fisicamente a mulher ou os filhos e submete-a pelo medo, dela, de que a agressão se repita (comum nos quadros de alcoolismo).

O poder econômico utiliza, em seu exercício, a força proporcionada pela posse de recursos (bens ou capital), muitas vezes exercida indiretamente, o que torna mais complexa a sua identificação.

O poder da informação, que emprega sua capacidade de criar novos conceitos, alertar para fatos e acontecimentos, estabelecer referências e sugerir novas percepções em conformidade com as intenções e ideologias daquele que informa. Em sentido amplo, o poder da informação age de modo altamente sofisticado e contém elementos educativos, por meio dos quais ela desenvolve, dissemina e controla conteúdos ideológicos. A informação é capaz de transformar um marginal em herói e de justificar os mais inaceitáveis comportamentos, em todos os setores da vida social, empresarial e familiar.

São marcantes os conteúdos de ordem emocional presentes no exercício do poder, nas famílias, no trabalho, nas relações societárias etc. Uma situação bem característica é o poder exercido por traficantes e políticos por meio do fornecimento de benefícios a populações de suas áreas de domínio, tornando-as emocionalmente vinculadas a eles e gerando laços de lealdade, reconhecimento etc., que acabam tornando-se estratégicos para a dominação física, econômica e ideológica.

Obviamente, todos os tipos de poder são utilizados de maneira combinada, contudo, em razão das características situacionais e das pessoas que os exercem e daquelas que recebem seus efeitos, um ou outro tipo pode prevalecer. Por exemplo, o alcoolista pode dominar a mulher pela força física, embora não lhe negue dinheiro; o traficante conquista a lealdade por alguns benefícios e mantém o espectro da violência pairando sobre a população.

A busca de poder não se manifesta em igual intensidade em todas as pessoas, nem todas estão dispostas a utilizar os mesmos artifícios para conquistá-lo. Características de personalidade, valores, experiências, motivações influenciam diretamente nessa opção.

O "poder" pode derivar de dois tipos de fontes, externas ou internas aos indivíduos, que podem ou não coexistir.

Entre as externas, encontram-se a riqueza, a posse de bens, a posição na hierarquia organizacional, a participação em grupos de interesse e outras.

Perícia e características de personalidade representam exemplos de fontes de poder internas ao indivíduo, encontrando-se estreitamente ligadas à capacidade de exercer liderança, uma forma de poder inerente ao indivíduo.

Deter poder não significa liderar. Muitas vezes, o fato de o profissional exercer algum tipo de poder na Organização em que trabalha ou comanda gera no indivíduo a falsa crença de que também lidera. O comportamento dos áulicos de plantão, que em torno dele gravitam, contribui para reforçá-la.

Contudo, exerce-se o poder sem liderança apenas enquanto existe a fonte que o alimenta. Aquele indivíduo (gerente, pai, mãe, chefe de quadrilha etc.) cujo poder deriva apenas da posição hierárquica vê sua influência desaparecer tão logo a perca; da mesma forma, a pessoa que se prevalece da riqueza para dominar, deixa de influenciar ao perdê-la. Toda perda de poder é inevitável fonte de conflito — ainda que intrapsíquico — porque significa uma mudança substancial.

Na Organização (de trabalho, familiar, religiosa, criminosa etc.), medo, espírito conservador e respeito encontram-se umbilicalmente associados ao poder que emana da autoridade tradicional. Filhos de líderes carismáticos costumam herdar esse tipo de poder de seus pais. O peso da tradição estende a sombra dos fundadores sobre as imagens dos filhos; todavia, sua força possui limites que o comportamento dos herdeiros se encarrega de mostrar. Em parte dos casos, as novas gerações não conseguem se instalar como líderes porque lhes falta a necessidade de demonstrar, para os demais, a capacidade de liderar. Falta-lhes o componente emocional.

À autoridade legal, estabelecida em função da estrutura da Organização, correspondem sentimentos de aceitação ligados ao costume, ao bom-senso e à racionalidade, especialmente se essa legalidade possui respaldo na perícia do indivíduo. Ainda assim, trata-se de uma relação de poder.

Quando a autoridade é carismática, a personalidade do líder a legitima. Crença e visão impulsionam os liderados (o que não assegura que o líder conduza as pessoas a bom porto, como demonstrou exemplarmente o reverendo Moon). Encontram-se inúmeros conflitos trabalhistas originários de comportamentos de lideranças carismáticas (tanto do lado do empregador quanto dos empregados) desprovidas de bom-senso ou movidas por interesses outros que não os dos liderados.

Acland (1993, p. 149) distingue o *poder de educação* de todos os demais, pelo fato de somente ser exercido com o consentimento da pessoa à qual se dirige. Esta concepção do autor esbarra em algumas teorias da Psicologia, conforme verá adiante o leitor, embora seja aceitável segundo outras. Para o autor, ao se analisar um conflito (1993, p. 151) "é importante ver de onde se exerce o poder, para onde se dirige e o impacto que tem", o qual pode ir desde a manipulação grosseira (ao estilo Moon) até a busca genuína de acordo. De qualquer modo, o fato de a pessoa consentir nos conteúdos educativos que recebe não os torna válidos, porque o educando pode não ser capaz de criticar os mesmos conteúdos e a educação, em lugar de libertadora, torna-se a fachada de um sofisticado esquema de manipulação.

Dada a existência de desequilíbrio de poder, Acland (1993, p. 157) faz uma importante distinção entre calcular o poder por seu potencial e não por seu valor real. Segundo ele, "deve-se medir também sua capacidade de ser exercido. O fato de concentrar-se na capacidade e não no poder estimula as pessoas a fazer cálculos mais realistas a respeito da situação".

De fato, a observação dos comportamentos em Organizações e famílias, apenas para exemplificar em duas áreas, indica a existência de limitações reais ao exercício do poder, por uma série de fatores, tais como (ACLAND, 1993, p. 158):

— a desconfiança que inspiram os que se encontram em posição de poder;

— como se utilizou antes o poder ou como se abusou dele (despertando medidas defensivas dos que sofreram suas consequências);

— o estado de ânimo dos que opõem resistência ao poder e o que está em jogo para eles.

Torna-se evidente que inúmeras transgressões ao que determina a lei originam-se de fatores como os mencionados. Quando aqueles que se encontram investidos da responsabilidade pela aplicação da lei padecem dessas limitações (desconfiança, abuso), surgem "justificativas emocionais" para a desobediência.

Entre os elementos que afetam a capacidade para o exercício do poder encontram-se os custos dos conflitos.

1.6. O custo dos conflitos

Uma vez que os conflitos são inerentes às mudanças e que estas, em muitas situações, são necessárias e, até mesmo, imprescindíveis, compreende-se que as pessoas procurem:

— reduzir os custos, quando inevitáveis, para que os benefícios da mudança não sejam encobertos pelo esforço de realizá-las;

— transformar os custos em ganhos, fazendo com que o conflito apresente um saldo positivo ao longo da transformação.

Acland (1993, p. 137) alerta que se tende a superestimar os benefícios e subestimar o custo dos conflitos porque:

— as pessoas são movidas por paixões e emoções, cujos efeitos sobre o pensamento impedem a plena utilização de critérios e argumentos "racionais" em suas decisões; isso leva, por exemplo, a inúmeras uniões matrimoniais em que os pares acreditam que todos os aborrecimentos da vida anterior serão substituídos pelos benefícios da nova forma; a decepção torna-se imediata e a separação vem em seguida;

— adotam-se posições e defendem-se princípios não quantificáveis; aspectos como "honra", "tradição", "vergonha" constituem idealizações pessoais, geradas e alimentadas por elementos da cultura e da vida de cada um; há conflitos trabalhistas que se eternizam porque os argumentos resvalam para esse pantanoso campo emocional, onde uma única palavra ou gesto apenas contribui para acirrar ainda mais os ânimos;

— a emoção conduz as pessoas a apoiarem outras sem levar em conta seus próprios interesses; ou

— motivos socioculturais levam a sacrifícios heroicos, porém inúteis.

Todos esses motivos traduzem-se em uma única palavra: emoção. Ela encontra-se por trás de comportamentos incompreensíveis a uma análise superficial e que revelam extraordinária lógica quando se incorporam os sentimentos envolvidos no processo decisório dos participantes.

Na avaliação dos benefícios, a emoção faz com que o indivíduo procure informações que confirmem suas próprias percepções — esse fenômeno será estudado mais detalhadamente no capítulo dedicado às funções mentais superiores. Naturalmente, acabará por encontrá-las, ainda que deixe de lado aquelas que demonstrem o oposto.

Um importante fenômeno psicológico que ocorre na avaliação dos benefícios dos conflitos é o tratamento que se empresta a gastos ocorridos no passado. Nos estudos econômicos, a premissa de que "gastos do passado não interessam" é fundamental; nos litígios, acontece o oposto: eles chegam a ocupar o centro das atenções e polarizam as discussões em torno do irremediável.

No transcorrer de um conflito, os gastos (materiais e emocionais) vão se acumulando, criando uma autêntica "caderneta de poupança de sofrimentos" que, para ser resgatada, requer uma vitória que se torna, a cada momento, tão mais importante quanto necessária — e, infelizmente, cara! É comum que o advogado encontre reclamantes dispostos a tudo para "dar um troco", "compensar o que já perdi", etc. No âmbito dos conflitos familiares e societários, isso se torna extremamente visível. Defensores das causas impossíveis acenam, então, com o argumento falso de que "depois de tudo o que já passamos, não podemos voltar atrás".

1.7. Conflito e legitimidade

Legitimidade refere-se ao que os indivíduos percebem como justo e razoável, não obrigatoriamente coincidindo com o que entendem como legal. Para Acland, "a noção do que é legítimo varia com a posição da pessoa. A legitimidade transcende a noção de bem e mal, inclui a sensação pessoal de identidade e integridade" (1993, p. 160).

Assim, "quando a sensação de legitimidade é percebida como diminuída, as pessoas atuam para restabelecê-la com o objetivo de restabelecer a fé nelas mesmas" (ACLAND, 1993, p. 161).

Dona Isaura é uma senhora, cristã fervorosa, que trouxe do interior do Paraná uma garota de dez anos, para os trabalhos domésticos em sua residência. Durante quinze anos a jovem, Lucinda, serviu-a, aprendendo todos os detalhes de um serviço doméstico de qualidade. Ao final desse tempo, Lucinda abandonou a casa de Dona Isaura, indo coabitar com um jovem das imediações; ao mesmo tempo, entrou com uma ação trabalhista pleiteando uma série de benefícios que incluíam décimo terceiro salário, férias, horas extras.

Dona Isaura sentiu-se extremamente indignada, considerando absolutamente ilegítimo o pleito de Lucinda; para ela, a jovem devia-lhe o benefício de ter sido salva da "indignidade da vida que levava no campo", onde "não passaria de uma boia-fria desnutrida, com uma dúzia de filhos". Lucinda, entretanto, estava convencida de que fora explorada por Dona Isaura, a quem se submeteu "de corpo e alma, sem direito a uma vida privada, sempre dependente do bom humor de todos na família, onde valia menos do que um cachorro".

O exemplo de Dona Isaura mostra como a legitimidade encontra-se associada ao contexto sociocultural. Nos dias atuais, percebe-se o pleito de Lucinda de maneira completamente diferente do que seria a cinquenta anos atrás (caso, naquela época, tal demanda chegasse a existir).

O conceito de legitimidade, além do aspecto sociocultural, possui fortes componentes psicológicos, relacionados com crenças, experiências, aprendizagens anteriores do indivíduo e esse complexo estará presente nas ações judiciais, justificando-as, conscientemente ou não, para aqueles que as iniciam.

1.8. Conteúdos do conflito

Distinguem-se dois tipos básicos de conteúdos de um conflito:

— o conteúdo manifesto ou posição; e

— o conteúdo real ou interesse.

Alguns exemplos tornam clara essa diferença.

Neuza e Ivan encontram-se em conflito pela posse de um filho. Essa é a posição de ambos. Uma investigação mais aprofundada revela que o real interesse dos dois é o bem-estar da criança. A posse poderia ser apenas o meio para atingi-lo porque cada um deles não confia totalmente no outro para assegurar que isso aconteça plenamente.

Lindomar busca um aumento de salário por meio de uma ação trabalhista. Esta é a sua posição. Entretanto, uma entrevista em profundidade revela que ele se encontra, de fato, preocupado em manter seu poder aquisitivo para assegurar que os filhos continuem a estudar em escola de bom nível. Esse é o seu interesse.

Fisher, Patton e Ury comentam que "na barganha posicional, cada um dos lados toma uma posição, defende-a e faz concessões para chegar a uma solução de compromisso" (1992, p. 21) e acentuam: a posição assumida adquire, com o tempo, a configuração de um esquema mental que conduz todos os pensamentos em torno da negociação: será rígido, pouco ou nada criativo e conduzirá a soluções estereotipadas, eventualmente, impostas em decisões judiciais ou em procedimentos arbitrais (1992, p. 22-23). O risco é de se chegar a uma solução que não atenda aos interesses das duas partes!

A barganha baseada nas posições, segundo Moore (1998, p. 220), apresenta as seguintes limitações:

— duas propostas ou posições são examinadas de cada vez: a visão torna-se bilateral e excludente — ou a criança fica com Neuza, ou com Ivan;

— desencoraja a integração das ideias e encoraja os negociadores a encarar as propostas como pacotes fechados que requerem sim ou não como resposta; na guarda de uma criança, é difícil estabelecer um meio-termo; deixar a escolha por conta da criança parece sábio, mas pode ser um terrível engano;

— tendem a produzir atitudes do tipo ganhador-perdedor, certo ou errado; no caso de Neuza ou Ivan, um dos dois sairá como derrotado;

— as opções são avaliadas e geradas simultaneamente, tendendo a criar posições mutuamente excludentes e obstar novas ideias.

A luta por posições desperta ou acentua emoções negativas, comprometendo ainda mais o relacionamento entre as partes que, a essa altura, já se encontra abalado (afinal, Neuza e Ivan estão se divorciando; Lindomar encontra-se magoado com a chefia e a empresa etc.).

Segundo Slaikeu (1996, p. 65), são comuns os seguintes interesses por trás das posições manifestas:

— receber indenização por algum dano sofrido;

— terminar com o problema;

— evitar custos de litígio (perda de tempo e de dinheiro);

— evitar as tensões e proteger a saúde;

— obter, da outra parte, o reconhecimento de que causou um prejuízo a alguém (ainda que na forma de desculpas);

— proteger e preservar a reputação;

— estabelecer ou evitar um precedente;

— castigar;

— demonstrar que tinha razão;

— salvar as aparências;

— defender os valores de equidade e justiça.

Slaikeu (1996, p. 66-67) alerta que “em nenhuma disputa basta concentrar-se nos interesses”, porque existem outros fatores que influem no conflito e que não podem ser, simplesmente, ignorados:

— história da disputa;

— custos e perdas;

— tentativas anteriores de solução;

— características das partes (alcoólico, em tratamento, depressivo, com medicação etc.)

— contexto organizacional;

— pautas objetivas relevantes (bens, valores, direitos, etc.);

— legislação aplicável.

Posições e interesses, portanto, são centrais na evolução do conflito e podem ser devidamente explorados pelos advogados. Se essa exploração for no sentido de uma solução consensual, em que as partes têm a oportunidade de aprender e crescer com o processo, caminha-se para o campo da “mediação”. Se a opção é a solução adversarial, a identificação dos interesses ocultos pelas posições será estratégica para os advogados das partes (poderá, por exemplo, influir na fixação de valores em ações indenizatórias).

O motivo pelo qual as partes não conseguem identificar, clarificar ou externar seus interesses, limitando a discussão ao campo da barganha por posições, é a presença dos elementos emocionais que provocam profundas distorções perceptivas, conforme demonstrado em capítulos seguintes. Essa “cegueira perceptiva” impede que os litigantes compreendam que seus interesses podem ser compatíveis em diversos graus, facilitando assim a negociação e potenciais acordos.

Os advogados das partes, conscientes desse fato, podem valer-se da identificação dos interesses para chegar a soluções, ainda que no campo adversarial, adequadas para simplificar, ou até mesmo evitar, todo o trâmite do julgamento. A antecipação dos resultados, nesse caso, mediante negociações, pode representar ganhos financeiros para todos os envolvidos, além dos benefícios emocionais.

A grande dificuldade, entretanto, para estabelecer os interesses de cada uma das partes encontra-se no fato de que as posições ocultam as causas reais (ACLAND, 1193, p. 240) do conflito. A briga pela posse de uma criança e a luta por uma equiparação salarial podem esconder razões muito mais profundas do que as enunciadas. Trata-se, pois, de “descobrir o que se oculta atrás das posições” (ACLAND, 1993, p. 241), para poder encontrar o que existe, realmente, de importante para cada parte envolvida.

A compreensão dos mecanismos mentais que se encontram associados à criação, manifestação e defesa de posições e interesses relaciona-se com o conceito de motivação do indivíduo, que é estudado mais adiante. Interesses são todas as formas de expressão das motivações que se encontram atrás das posições; eles expressam o que as pessoas querem, de fato, obter.

Uma mesma posição cristalizada pode ocultar diferentes interesses — o que normalmente acontece em conflitos manifestos.

Em um acidente de trânsito, Roberto e Jefferson constituíram advogados para buscar suas respectivas indenizações; Roberto, entretanto, pretendia que ficasse reconhecida a culpa de Jefferson pelo acidente (a indenização era secundária para ele); Jefferson, por outro lado, precisava de tempo para poder pagar qualquer indenização e a via judicial apresentava-se como uma forma adequada de protelar o pagamento.

Mesmo que as pessoas em conflito manifestem posições opostas, podem ocorrer interesses comuns. Fisher, Patton e Ury (1992, p. 60) observam que, "a cada interesse, geralmente existem diversas posições possíveis"; no decurso de um conflito, uma delas cristalizar-se-á e passará a ser a expressão da demanda da parte. Esses autores também observam que cada lado possui múltiplos interesses (1992, p. 64) e que, mesmo que as pessoas os identifiquem, apresentam dificuldade ainda maior para estabelecer uma ordem de prioridade entre eles.

Estes aspectos são de grande importância para os advogados que representam os litigantes porque podem determinar estratégias altamente vantajosas (para todos os envolvidos) na condução do processo.

A busca de clarificar, para a outra parte, a natureza e o conteúdo do próprio interesse faz com que a pessoa se veja obrigada a um expressivo autodesenvolvimento, aumentando o conhecimento de si própria e abrindo-se para reconhecer o outro. A existência de interesses comuns, em geral não evidentes, permite buscar soluções criativas e apaziguadoras em significativa parcela dos casos ou acordos altamente vantajosos quando se parte para a negociação.

A relação entre posições e interesses e aquilo que o indivíduo expressa pode ser representada pela figura 1.1.

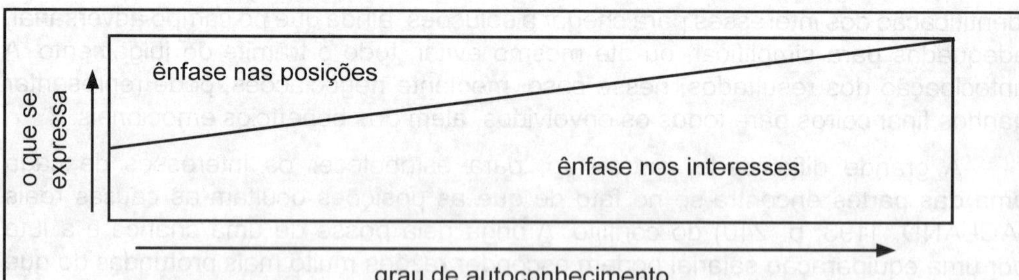

Figura 1 — O que se expressa e o autoconhecimento

Quanto maior o autoconhecimento do indivíduo, maior será a sua capacidade para reconhecer quando manifesta uma posição ou um interesse genuíno.

Posições não se fixam de um momento para outro; elas não surgem do nada e para que se manifestem deve existir, ao menos, algum tipo de desencadeante. Elas resultam de um processo de elaboração (que nas relações societárias, familiares e trabalhistas tende a ser longo e difícil), ao final do qual o indivíduo cristaliza uma percepção dominante.

Paradigmas sociais têm particular importância para a compreensão de como se estabelece, se mantém e produz efeitos uma determinada posição. Um paradigma social é uma crença que se manifesta em critérios de escolha por parte dos indivíduos e, segundo Kritek, "é fácil pensar que tais pontos de vista são a verdade e não modelos relativos" (1998, p. 69). Por exemplo:

— guarda de filhos pela mulher; o paradigma social prevê que a mãe fique com os filhos, no caso de uma separação;

— cônjuge vítima do alcoolista; pressupõe-se que o marido alcoolista comete agressões contra a mulher e é a causa dos sofrimentos dela;

— trabalhador explorado em trabalho fora do horário normal de expediente, etc.

O advogado, o juiz, árbitro ou o mediador, deve estar atento às suas próprias reações e interpretações das narrativas, para que não se torne presa de paradigmas sociais, dependente deles (KRITEK, 1998, p. 69) e, assim, comprometa a condição de investigar e/ou avaliar a realidade dos fatos. Nos exemplos citados:

— a mãe pode não ser a pessoa mais indicada para ficar com os filhos (ou com algum deles);

— o marido pode ter derivado para o alcoolismo porque a mulher impõe uma condição de vida familiar insuportável para ele, ou exige sua permanência em um emprego que não preenche suas expectativas;

— o trabalhador pode estar utilizando o trabalho fora do horário normal de expediente para reduzir a convivência com a família.

Em uma sociedade competitiva e individualista, a posição tende a refletir a busca de compensações ou vantagens ajustadas a essa forma de pensar. Nas demandas, encontram-se os reflexos dos valores que distinguem o social: posse, compensação, revanche, imediatismo, hedonismo, orgulho, poder.

Quanto mais o individual prevalece, tanto mais a posição radicaliza-se em torno desses valores. Radicalizar posições significa:

— criar uma "figura" em torno de um tema; a partir daí, tudo o mais perde-se no fundo indiferenciado da paisagem emocional;

— concentrar as emoções em torno da posição escolhida; aquilo que se afastar dela tem o aroma da perda, o sentimento da derrota;

— prestar atenção a tudo o que signifique ameaça ao objetivo de conquistar a posição; a seletividade da atenção ratifica e cronifica a figura escolhida;

— estabelecer esquemas rígidos de pensamento em torno das ideias obsessivas que cercam a posição eleita;

— desenvolver pensamentos persecutórios em relação ao que possa representar um perigo — ainda que remoto — à conquista esperada.

A posição, aos poucos, torna-se um desejo que domina. Perde o vínculo com a realidade, porque *o* desejado é um ideal e, como tal, somente existe na ideia (Padre Antonio Vieira, *Sermão do Mandato*). Dentro das molduras rígidas deste quadro, tanto mais o indivíduo deixa-se dominar pela paixão — por mais comezinho que seja o objeto do desejo, até que este venha a se confundir com o próprio desejo. Daí o conflito, a dor e até a morte.

A posição provoca a cegueira e gera mecanismos psicológicos de defesa implacáveis para justificar o estreitamento de visão. Para dar conta do desconforto psíquico de submeter-se aos caprichos do desejo, perdendo a paz, a harmonia e até a perspectiva de futuro, o psiquismo precisa se valer de todos os seus instrumentos de ação — mesmo que isso signifique somatizações severas, psicopatologias destruidoras, a construção de um futuro alicerçado em areia.

Alguns exemplos de como funciona e se cristaliza a posição:

— "não posso abrir mão da casa";

— "exijo uma pensão alimentícia, no mínimo, igual à metade do salário dele";

— "meu filho terá que permanecer todos os finais de semana comigo, porque somente eu sei o que ele precisa";

— "se não receber as horas extras pelo que fiz nos últimos vinte anos...";

— "a única maneira de me recompensarem pelos prejuízos sofridos é...";

— "pela agressão que sofri, o mínimo é fazer com que esse malfeitor fique uma longa temporada na cadeia".

A posição é uma construção mental que encobre os reais motivos dos conflitos, um produto do pensamento, e, portanto, o caminho para compreendê-la e entender os mecanismos capazes de transformar a percepção do indivíduo passa pela compreensão do pensamento do litigante.

Esse pensamento, entretanto, manifesta-se por meio de uma linguagem analógica carregada de antagonismos, conforme adverte Linck (1997, p. 105), que somente será decifrada a partir do entendimento dos pensamentos subjacentes a ela.

Daí a conveniência de empregar variantes da linguagem, como as paráfrases, para quebrar o paradigma de comunicação e permitir que as partes comecem a perceber as ocorrências sob a ótica daqueles que "pensam de fora" (LINCK, 1997, p. 107).

Fisher, Patton e Ury (1992, p. 40) assinalam que "compreender o pensamento da outra parte não é meramente uma atividade útil que irá ajudá-lo a solucionar seu problema. O pensamento do outro lado é o problema".

A posição, desde que se instala e cristaliza, torna-se o centro das percepções do indivíduo. Reconhecer os reais interesses pode mudar completamente o enfoque da situação e evitar os problemas desnecessários ocasionados por um processo que poderia ser conduzido de maneira mais adequada.

1.9. Identificando interesses

Interesse é a força que torna a pessoa predisposta a agir. Ela pode estar relacionada com os fatores internos do indivíduo e, nesse caso, ter origem biológica (no próprio organismo da pessoa) e cognitiva (compreendendo aprendizagem, e observação). Aqui se inclui a motivação.

Quando se trata de identificar interesses, a delimitação entre o campo físico ou fisiológico e psíquico é apenas didática, porque um e outro se influenciam continuamente. Por exemplo, a fome é afetada pelo psiquismo, e este pelas condições físicas da pessoa. O que parece algo supérfluo para uns mostra-se essencial para outros. Uma pessoa pode suicidar-se por determinada carência, por exemplo, poder ou prestígio, enquanto para outra o mesmo item mostra-se absolutamente dispensável.

A classificação de uma demanda como interesse contém componentes gerais, válidos para todas as pessoas (há um limite natural para permanecer sem ingerir alimento ou beber, por exemplo) e componentes individuais, relacionados com a história de vida, motivações e padrões genéticos de cada pessoa.

Os fatores sociais e culturais influenciam de modo determinante no nascimento, na manifestação e na busca de satisfação dos interesses de pessoas e de grupos. Isso faz com que um mesmo tipo de interesse provoque as mais diversas reações dependendo de condições e fatores como:

— o momento histórico, social e político;

— as perspectivas de ver a demanda atendida;

— o senso de justiça predominante;

— experiências anteriores.

O interesse também provém de conteúdos psíquicos associados com fortes emoções, originadas das experiências de vida do indivíduo e de influências de condicionamentos, modelos e fatores socioculturais. Aqui se encontram, por exemplo, os valores e princípios, a moda, o poder, a conquista sexual etc. As teorias a respeito da motivação, estudadas mais adiante, ocupam-se, basicamente, da explicação desse processo.

Observe-se que a distinção entre interesse e posição está longe de ser estática e, muito menos, absoluta. Mesmo que a posição seja claramente anunciada, isso pode ter pouco a ver com imutabilidade.

Um princípio ou valor pode dominar a pessoa a ponto de, se não respeitado ou atendido, ela se dispor, por exemplo, a não mais se alimentar — o alimento para a mente dá forças para superar a fome. Manter-se em estado de inanição pode se tornar seu principal interesse em um determinado momento, para comprovar uma convicção ou uma revolta.

Existe, pois, um importante dinamismo entre as diferentes manifestações de interesses de uma mesma pessoa; o que em um momento é imprescindível ou prioritário, em outro pode tornar-se perfeitamente dispensável.

Somente sob transtornos psiquiátricos o indivíduo mantém seus interesses totalmente fixos, rígidos, imutáveis. Vida é movimento e os interesses acompanham esse processo, modificando-se continuamente. Essa mudança, conforme já visto, ocasiona os conflitos interpessoais. Por exemplo, uma depressão severa.

Estas considerações conduzem a algumas conclusões de grande importância para o entendimento do comportamento das pessoas em conflito:

Conclusão 1) A cristalização de um interesse pode tornar-se uma posição

O exemplo típico é o cumprimento do dogma. Se o conflito se instala porque uma das partes possui uma missão de natureza dogmática — um interesse —, então não há negociabilidade, não há como ver "o que há por trás da posição", porque a resposta é nada.

Fischer (1996, p. 60) aponta com muita propriedade que "muitas pessoas apegam-se tanto a uma posição que se esquecem dos interesses que a levaram a adotar essa postura".

Conclusão 2) As posições são rígidas... até que se alterem

As posições, quando se chega a um litígio judicial, tornam-se rígidas por força do processo: elas passam a integrar a estratégia de disputa e, portanto, deverão ser defendidas a todo custo. Não faria sentido uma alteração da posição porque isso, sem dúvida, receberia a óbvia interpretação de fraqueza, dentro do quadro de disputa perde-ganha que caracteriza o procedimento judicial.

Além disso, em um processo judicial, uma vez escolhido o "caminho" (a "tese" ou a "posição"), a parte não pode desviar-se dele ou outro buscar, sob pena de "inovação", não admitida pela regra processual nacional.

Essa percepção é partilhada por Moore (1998, p. 203); segundo ele, as pessoas usam a estratégia de ocultar seus interesses, na suposição de obter maiores proveitos; quando identificam algo como um interesse, dentro da hipótese de um modelo perde-ganha de relacionamento, a única solução possível é a ocultação.

Posições, contudo, foram estabelecidas obedecendo a uma lógica de desenvolvimento típica da cultura, dos conhecimentos e expectativas dos litigantes. O advento de novas informações é capaz de alterá-las substancialmente, desde que isso não represente uma infração à estratégia adotada ou configure uma estratégia ainda melhor.

Conclusão 3) Os diversos tipos de interesses formam um *continuum*

Classificações dos diversos tipos de interesses, adotadas por alguns autores, a rigor, são didáticas e o que existe é um largo espectro de coisas que movem as pessoas; o que para uns é essencial, imprescindível à vida (portanto, uma necessidade básica), para outros pode ser supérfluo.

O grau de essencialidade pode não ter relação direta com o esforço que a pessoa consegue dedicar para conquistar o objeto de seu desejo. Assim, um indivíduo pode matar para conquistar poder, mas não o faria por um prato de comida; outro pode matar pela posse ou conquista da pessoa amada, porém dificilmente tomaria a mesma atitude em defesa de uma propriedade.

De qualquer modo, pode-se e deve-se pensar em coisas negociáveis e não negociáveis.

Conclusão 4) As pessoas possuem dificuldade para identificar seus interesses

"O olho não olha dentro de si", já escreveu alguém. Seria surpreendente se a pessoa, mergulhada na multiplicidade de estímulos, desafios e dificuldades do cotidiano, possuísse o discernimento que a habilitasse a responder, a qualquer tempo, quais são os seus reais interesses.

Isso exigiria um autoconhecimento bastante apurado. Provavelmente, o estilo de vida "moderno" não deixa, exceto para poucas e admiráveis pessoas, a oportunidade de praticá-lo em toda a extensão necessária para conseguir essa proeza intelectual.

Nada mais natural, portanto, que as pessoas, em geral, não saibam identificar, por elas mesmas, seus genuínos interesses (MOORE, 1998, p. 203).

Muitos fenômenos psíquicos concorrem para organizar a forma de ver o mundo das pessoas e tornam o ato de identificar os próprios interesses uma operação de relativa complexidade que, para ser levada a termo, requer a presença de um terceiro que não se encontre dominado pelos mesmos esquemas e mecanismos.

Interesses e posições, do ponto de vista psíquico, estruturam-se de tal forma que as últimas tornam-se proeminentes, ocupando as percepções, porque dizem respeito aos conteúdos mais imediatos. Isso contribui para que as pessoas identifiquem suas posições e enfrentem dificuldades para identificar seus interesses.

Os interesses distribuem-se sob a superfície das posições, eventualmente alternando posições relativas no âmbito das preocupações do psiquismo; quando afloram, identificam-se com elas. A figura seguinte representa essa estruturação na forma de um *iceberg* de motivações:

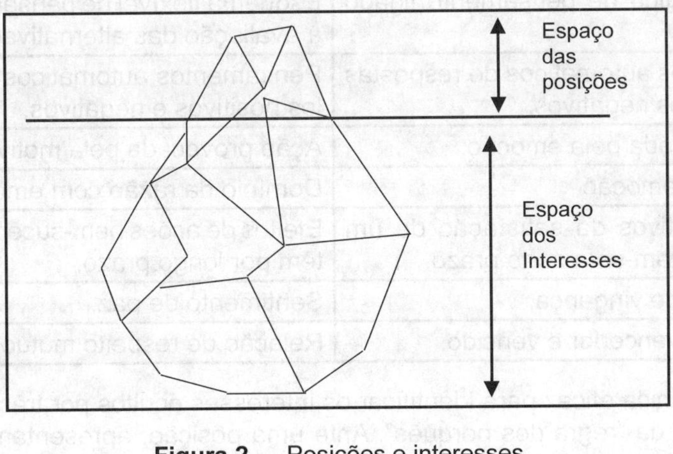

Figura 2 — Posições e interesses

A transição entre essas duas entidades não é, pois, linear e descontínua. Seus conteúdos movimentam-se dinamicamente ao sabor da evolução humana.

A flexibilidade do psiquismo manifesta-se no dinamismo entre os conteúdos desses elementos. O que seria indispensável em um momento (por exemplo, dinheiro) pode ser considerado supérfluo em outro; o que seria inegociável (por exemplo, um princípio religioso) pode se tornar tema de saudável debate entre inteligências flexíveis.

O quadro seguinte apresenta características típicas de posições e interesses, com o objetivo de estabelecer uma distinção do ponto de vista didático. Em um dado momento, pode-se considerar que as pessoas apresentam demandas que se situam em pontos intermediários entre um extremo e outro, oscilando dinamicamente, para cada uma das características elencadas.

QUADRO COMPARATIVO — POSIÇÃO E INTERESSE	
POSIÇÃO	**INTERESSE**
Emoções limitadas, reduzidas; fixação até o extremo da psicopatologia.	Saúde mental. Múltiplas emoções, sucedendo-se dinamicamente.
Visão de mundo focalizada, limitada. Percepção reduzida, concentrada.	Múltiplas visões de mundo. Diversidade perceptiva.
Atenção seletiva a estímulos causadores de emoções negativas.	Sensibilidade a múltiplos estímulos, provocadores de diversas emoções.
Intenso uso de mecanismos de defesa.	Uso reduzido de mecanismo de defesa.
Percepção dirigida para o passado.	Percepção dirigida para o presente.
Futuro sem perspectivas.	Amplas perspectivas para o futuro.
Percepção aguçada para estímulos reforçadores do conflito.	Percepção aberta para diversos tipos de estímulos.
Pensamento rígido, gerando poucas alternativas de ação.	Pensamento flexível, gerando muitas alternativas de ação.
Esquema rígido de pensamento ligado à posição.	Esquema flexível de pensamento, ligado à avaliação das alternativas.
Pensamentos automáticos de respostas aos estímulos negativos.	Pensamentos automáticos para estímulos positivos e negativos.
Ação provocada pela emoção.	Ação provocada pela motivação.
Domínio da emoção.	Domínio da razão com emoção.
Efeitos positivos da satisfação de um desejo esgotam-se a curto prazo.	Efeitos de ações bem-sucedidas se mantêm por longo prazo.
Sentimento de vingança.	Sentimento de paz.
Relação de vencedor e vencido.	Relação de respeito mútuo.

Uma técnica eficaz para identificar os interesses ocultos por trás das posições é a aplicação da "regra dos porquês". Ante uma posição, apresentam-se questões semelhantes às seguintes, sempre iniciando-se por um "por que":

— Por que?

— Por que dessa maneira?

— Por que fazer isso?

— Por que tal resultado?

— Por que nesse prazo?

Esse questionamento leva a pessoa a constatar que muitas de suas demandas são, efetivamente, desprovidas de razoabilidade ou sem vínculo com os pontos de vista dos demais envolvidos. Um bom exercício para o leitor é aplicar esta regra às inúmeras situações mencionadas nesta obra, colocando-se na posição daqueles que delas participam.

A tarefa de identificar interesses passa por transformar as percepções e, para isso, orientam Fisher, Patton e Ury (1992, p. 40), deve-se raciocinar conjugando emoção, percepção e comunicação, com o objetivo de criar opções que possam ser compreendidas como benéficas para todos os envolvidos (1992, p. 29).

2. Comunicação

A comunicação, portadora das mensagens de mudanças, desperta, contribui para manter, aumentar, reduzir ou gerenciar os conflitos. Segundo Folger e Jones (1997, p. 13), para muitos estudiosos "a comunicação é o elemento *sine qua non* do conflito", em que ocupa um papel absolutamente central, porque "do momento em que nascemos ao momento em que morremos as relações são o centro de nossa existência... nossas relações com outras pessoas conformam o contexto para todos os aspectos de nossa vida" (JOHNSON E JOHNSON, *apud* SUARES, 2002, p. 71).

A uma primeira observação, pode-se ter a percepção de que a comunicação constitui um elemento como tantos outros no processo conflituoso, por exemplo, dificultando a compreensão recíproca, aumentando o custo (emocional e econômico) da transmissão de ideias etc. Trata-se de percepção equivocada. A comunicação reflete os mecanismos de pensamento envolvidos nos processos de emissão e recepção dos estímulos (verbais ou não) e encontra-se diretamente associada às construções mentais advindas da experiência, dos conceitos e preconceitos e das intenções dos envolvidos.

Comunicação e emoção encontram-se intrinsecamente interligadas. A emoção delimita, restringe ou amplia a intenção do comunicador e a compreensão do receptor.

A relatividade em relação ao contexto e história de vida dos participantes (emissor e receptor de uma mensagem) é um aspecto dos mais relevantes em comunicação. Por exemplo, a palavra "mãe" pode ter vários significados e despertar diferentes emoções. Se, na atualidade, desperta sentimentos de afeto, trata-se de uma concepção contemporânea da maternidade, construída principalmente a partir do século XIX — já houve tempo em que estaria mais bem associada à ideia de reprodução. Pode ser sinônimo de carinho para uns e de desatenção para outros.

2.1. O processo de comunicação

A Teoria Geral dos Sistemas de Von Bertalanffy e as teorias desenvolvidas por Watzlawick (1973) e colaboradores fornecem importante base conceitual para compreender o processo de comunicação, desde o seu estabelecimento até a análise de suas consequências e os métodos de controle.

A Teoria Geral dos Sistemas estipula que em um sistema, entendido como um conjunto de elementos interdependentes ou um todo organizado:

- o todo possui qualidades que nenhuma das partes possui;
- as qualidades do todo refletem-se em cada uma das partes;
- o que acontece com o todo influencia cada uma das partes;
- o que acontece com cada uma das partes influencia o todo e todas as outras partes;
- cada uma das partes reflete o todo e todas as interações, de alguma forma.

A estudante Lia, 14 anos, é presa sob a acusação de assassinar os pais, com auxílio do namorado de 17 anos, Jucemar. Imediatamente, surgem comentários a respeito da dedicação dos pais à filha e da influência dos amigos de mau comportamento, "que começou já quando ela se matriculou naquele colégio". É pouco provável que se compreenda a razão do comportamento de Lia e Jucemar apenas analisando-se os dois jovens e a influência do colégio; inúmeros comportamentos do pai, da mãe, de colegas e da família contribuíram para construir a cena do duplo homicídio. Qualquer avaliação pontual seria precipitada e incompleta.

O enfoque sistêmico representa uma filosofia e um método de encarar os fatos. Esse conjunto de elementos proporciona um suporte para que o profissional não se deixe surpreender, melhor compreenda e antecipe-se a aspectos ligados aos comportamentos das partes envolvidas em um conflito. Esse enfoque, aplicado aos conflitos, possibilita afirmar que:

— uma única ação pode ter uma série de desdobramentos;

— ao se pensar na parte, deve-se considerar o todo;

— aquilo que acontecer com uma das partes, dentro ou fora do ambiente de conflito, acabará refletindo-se no comportamento dos demais;

— um procedimento bem ou mal adotado no processo de mediação refletirá na percepção de todos os envolvidos;

— a percepção de justiça (ou de injustiça) propaga-se e contamina a todos, etc.

Os princípios da Teoria Geral dos Sistemas alertam o advogado de que o conhecimento de aspectos relacionados com a história do conflito pode ser importante para compreender:

— os comportamentos dos envolvidos;

— suas decisões futuras; e

— os motivos pelos quais elas se estabelecerão.

Os axiomas da comunicação, de Watzlawick e colaboradores (1973), por sua vez, estabelecem que:

— é impossível não comunicar. A não comunicação constitui uma mensagem, como indicam as situações seguintes:

A falta de comunicação tornou-se um suplício para gerentes e empregados durante as discussões que envolviam um acordo coletivo. A demora em se tomar posições a respeito de questões sensíveis, a falta de informações confiáveis, abriu as portas para a profusão de boatos que contribuíram, decisivamente, para o desencadeamento de um conflito tão evitável quanto indesejável pelas partes.

Ieda, jovem dona de casa e diarista, casada e sem filhos, agrediu violentamente o marido, Régis, com o ferro de passar roupa. Na apuração dos fatos, constatou-se que Ieda sentia-se profundamente ofendida pelo comportamento de Régis, que chegava do trabalho, não lhe dirigia a palavra, jantava e sentava-se para assistir a TV, até a hora de dormir. Ieda sentia-se prostituída ao praticar o ato sexual diário com aquele homem que, cada vez mais, tornava-se um estranho para ela. O silêncio era uma mensagem humilhante que ela não conseguia mais suportar — até a explosão emocional.

— toda comunicação possui uma forma e um conteúdo; a relação entre o conteúdo e a forma constitui uma metacomunicação (um comunicado fixado no mural do refeitório provoca um efeito diferente do que ocasionaria se enviado por uma carta para cada empregado; o comunicado mal redigido, encaminhado de maneira imprudente ou incorreta, para as pessoas erradas ou em momento inadequado pode produzir o descontrole de um processo de conflito no trabalho, pondo a perder, muitas vezes, um longo trabalho de negociação amigável);

— a natureza de uma relação encontra-se na contingência da pontuação das sequências comunicacionais entre os envolvidos; quem comunica, quem responde, quando e como, possui substancial importância e significado (a sequência de respostas de uma esposa a exigências do marido contribui para marcar, indelevelmente, a relação entre ambos, cronificando comportamentos e produzindo queixas que se acumulam e acabam por obscurecer fatos positivos do relacionamento, até que estes deixem, literalmente, de existir); segundo Linck (1997, p. 86), na comunicação disfuncional, a tendência de pontuar sempre contra o outro chega ao ponto de contrariar os fatos;

— os seres humanos comunicam-se digital e analogicamente; daí a força de uma comunicação feita face a face, porque os conteúdos analógicos (sorriso, brilho no olhar, aperto de mão, timbre da voz, disposição para ouvir, postura corporal) ganham proporção (essa forma de comunicação ganha especial importância nos setores da sociedade, em que se prestigia sobremaneira o valor da palavra dada, daí a necessidade de ela ser proferida pessoalmente, e não simplesmente retransmitida);

— todas as permutas comunicacionais são simétricas ou complementares, segundo se baseiem na igualdade ou na diferença (isso acontece na relação marido-mulher, pais-filhos, chefe-empregados etc.; a obtenção de simetria pode ser fundamental para restabelecer uma condição de diálogo entre os mediandos). A relação simétrica está presente no conflito em que há uma escalada de violência: ela grita, ele grita, ambos cada vez mais, até a agressão mútua, como acontece com frequência em eventos de trânsito, brigas em bares e casas noturnas etc.; Linck (1997, p. 86) aponta a escalada na relação simétrica acentuando as emoções negativas como uma situação típica de disfunção na comunicação. A relação complementar aparece na situação de dependência: ele manda, ela obedece; ela grita, ele se cala; é a relação típica em que um lado representa a autoridade legal.

A comunicação é essencial para a existência de um sistema e interfere diretamente na percepção dos indivíduos a respeito das mensagens que o sistema troca com o ambiente e internamente.

Watzlawick, Beavin e Jackson (1973, p. 18) assinalam que o observador do comportamento humano "passa de um estudo inferencial da mente para o estudo das manifestações observáveis da relação" e que "o veículo dessas manifestações é a comunicação".

O profissional do Direito, ao adotar o enfoque sistêmico, permanecerá atento a estas questões, porque elas refletem o funcionamento das partes em conflito percebidas como integrando um sistema que integra outros sistemas maiores. Na família, o conflito marido-mulher integra o sistema familiar, que inclui os filhos e, não raro, parentes próximos, notadamente os pais; este sistema, por sua vez, faz parte de outro ainda maior, que inclui outros parentes e relações de trabalho etc.

A forma, o conteúdo e o fluxo da comunicação refletem o sistema como um todo; os paradoxos encontrados nas comunicações alertam para os conflitos ocultos ou explícitos.

Um sistema de comunicação contém, em sua representação mais simplificada (figura 3) três elementos:

— o emissor;

— o canal de comunicação; e

— o receptor.

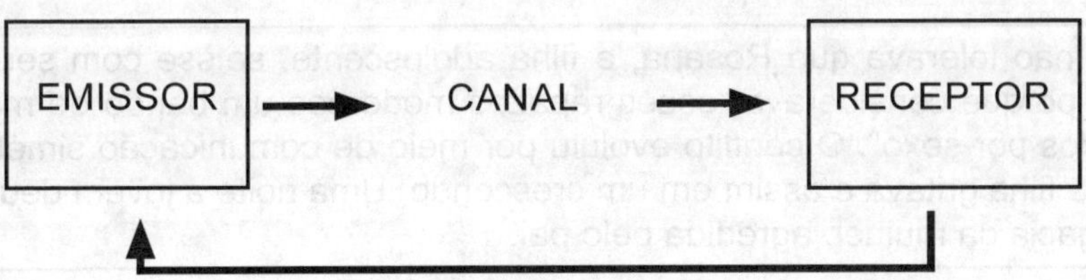

Figura 3 — O processo de comunicação

O emissor liga-se ao receptor de dois modos: pelo canal de comunicação e pelo mecanismo de *feedback*, que utiliza, fisicamente, o mesmo ou outro canal e que sinaliza o estabelecimento da comunicação. A comunicação de *feedback* segue o princípio de que "é impossível não comunicar", o que significa: ainda que o receptor nada faça, estará comunicando uma resposta ao emissor.

"*Feedback* é um processo de ajuda para mudanças de comportamento; é comunicação a uma pessoa, ou grupo, no sentido de fornecer-lhe informações sobre como sua atuação está afetando outras pessoas" (MOSCOVICI, 1995, p. 54). A disposição para aceitar e dar *feedback* contribui para assegurar a boa qualidade da comunicação com o cliente.

Nesse sistema, trafega a mensagem, que é o conteúdo enviado e recebido. Dependendo do significado da mensagem enviada do emissor para o receptor, será o teor da resposta de *feedback*.

Patterson e Eisenberg (1988, p. 57) alertam:

- é muito difícil receber *feedback*;
- a dificuldade é tanto maior quanto menos o conteúdo da mensagem se ajusta à imagem que a pessoa faz de si mesma;
- há considerável demora para o *feedback* ser incorporado pelo indivíduo;
- é mais fácil de ser aceito se provém de fonte confiável, transmitido em linguagem direta e clara, com calma, como uma "hipótese para consideração".

A aplicação das teorias de Von Bertallanfy e da equipe de Watzlawick ao processo de comunicação possibilita uma série de conclusões, como as seguintes:

— O emissor influencia a comunicação por suas intenções, expectativas, valores e conteúdos relacionados com o conteúdo intrínseco da mensagem.

— Ele também é afetado por seus pressupostos em relação ao receptor, os quais afetam suas concepções a respeito da receptividade (disposição para entender) e capacidade de compreensão; isso influencia, no mínimo, a forma como a mensagem é elaborada e transmitida.

— Quanto maiores o autoconhecimento do emissor e sua competência técnica para transmitir a mensagem (isto é, quanto mais aderente for o conteúdo manifesto com o conteúdo idealizado por ele), maior será a probabilidade de criar uma mensagem adequada a seus propósitos.

Rogério não tolerava que Rosana, a filha adolescente, saísse com seus novos amigos, porque considerava "esses rapazes modernos um bando de marginais, obcecados por sexo". O conflito evoluiu por meio de comunicação simétrica: ele gritava, a filha gritava e assim em um crescendo. Uma noite a jovem deu entrada na delegacia da mulher, agredida pelo pai.

— O conflito entre Rogério e Rosana espelha conteúdos ligados aos valores do pai e, ao mesmo tempo, reflete natureza de seu conhecimento do novo ambiente social, cercado de pressuposições e inferências. A situação agrava-se, ainda mais pelo caráter simétrico da comunicação, que impõe limites óbvios às possibilidades de diálogo entre pai e filha. A omissão da mãe constitui outro dado do conflito, a ser considerado...

— A competência técnica inclui aspectos comportamentais (gestos, estratégias de aproximação) e conhecimentos (linguagem ajustada às condições do receptor, informações a respeito do assunto etc.). Rogério dirige-se para a filha com a agressividade aprendida em sua infância, quando foi criado pela avó, imigrante húngara. Uma resposta mais áspera de Rosana leva-o a descontrolar-se e agredi-la, na frente da mãe e dos irmãos. A mãe não sai em defesa da filha...

— O canal utilizado desempenha papel de grande importância para a qualidade da comunicação. No exemplo, Rogério poderia dirigir-se diretamente à filha ou fazê-lo por intermédio da mãe (como é comum em famílias de "marido ausente" por motivos profissionais — ou assim justificados) ou de um irmão ou irmã; qualquer que seja o canal utilizado — mesmo a conversa direta —, podem ocorrer (e, em geral, ocorrem) distorções, ampliações, atenuações e transformações de conteúdos originais, que dependem do canal. O que poderia ser uma posição radical do pai, pode transformar-se em uma simples recomendação ou vice-versa, dependendo de circunstâncias relacionadas com o canal utilizado. Joana, a mãe, não quer se indispor com a filha; porém, concorda com o marido; ela opta por dizer-lhe que “seu pai” tem aquela posição — dando a entender que isso não acontece com ela, e assim por diante. O canal pode afetar o momento da comunicação — há situações em que ele tem fundamental importância: levar a questão à filha no exato instante em que ela está preparada para sair é muito diferente de conversar com ela na semana anterior, antes de ela assumir o compromisso. O canal de comunicação pode, também, retardar ou atrasar a entrega da mensagem.

— Nos relacionamentos interpessoais, em geral, existem canais ativos — isto é, capazes de interferir na comunicação agregando seus conteúdos (por exemplo: Reginaldo, supervisor de uma equipe de manutenção de redes telefônicas, inclui suas percepções ao relatar o comportamento do empregado ao superior, quando o acusa de ser relapso, apresentar-se mal vestido etc.; Denis, professor de História, faz algo semelhante em relação ao aluno encaminhado à direção da escola, por perturbação da ordem na sala de aula; o advogado pode ser um canal ativo quando intermedia uma comunicação entre marido e mulher em um divórcio etc.). Portanto, o resultado da comunicação pode — e em geral, isso acontece — depender, em algum grau, do canal utilizado. O empregado defende-se dizendo que o supervisor não levou em consideração que havia chovido muito e que o túnel de cabos estava sujo e alagado e que, na sua opinião, tratava-se de perseguição; o aluno alega que seu comportamento é o mesmo dos demais colegas, mas o professor antipatiza-se com ele.

— O receptor deve decodificar a informação recebida e, ao fazê-lo, poderá eliminar, modificar ou ampliar conteúdos — um elemento considerado pouco significativo para o emissor, repentinamente, ganha extraordinária importância; outro poderá simplesmente sofrer supressão e assim por diante. Valores, conhecimentos, experiências anteriores do receptor encontram-se presentes na atividade de receber e interpretar a mensagem.

— De maneira similar à que acontece com o emissor, é importante na comunicação a percepção do receptor a respeito da mensagem em si e da pessoa do emissor. Pressuposições e ideias preconcebidas, a respeito das intenções do emissor, experiências anteriores, exercem papel relevante na interpretação da mensagem. Uma comunicação é interpretada como verdadeira ou falsa, sincera ou enganosa, dependendo da relação interpessoal entre quem emite e quem recebe.

— Emissor e receptor (e também determinados canais) são seres emocionais e a emoção estará presente no processo de comunicação, afetando a interpretação das mensagens. Em outras palavras: a relação possui tanta importância na comunicação quanto o fato. Isso explica a importância da credibilidade.

A influência da emoção será analisada adiante, em maiores detalhes. De antemão, pode-se dizer que qualquer emissão ou recepção de mensagem será interpretada e mediada pelo estado emocional dos participantes do processo de comunicação.

Dona Geni, acompanhada da filha, procurou o advogado Dr. Daniel, a quem fez um eloquente relato da agressão que ela havia sofrido, no dia anterior, por parte do genro, com a intenção de processá-lo. A riqueza do colorido e a extensão das lesões supostamente causadas não pareciam coerentes com a aparência forte e saudável da moça. Antes de se decidir por qualquer atitude, Dr. Daniel convidou para uma conversa o irmão do genro, César, citado pela esposa como testemunha, uma pessoa "tão diferente do marido".

César declarou ao Dr. Daniel que, de fato, o irmão havia imobilizado a cunhada para evitar que ela, moça forte e temperamental, o agredisse em um de seus acessos de raiva. A violência relatada pelo irmão do agressor é de natureza e grau diferentes daquela narrada pela mãe da vítima. Cada um dos envolvidos percebe os fatos à sua maneira.

O processo de comunicação explica essa incompatibilidade de interpretações. A questão não se encontra apenas nas mensagens trocadas, mas, também, nos papéis e nas percepções de emissor, canal e receptor e nos conteúdos emocionais que todos eles incorporam à comunicação.

A esse respeito, Gregory Bateson (*apud* SUARES, 2002, p. 114) alerta que na comunicação o significado é atribuído pela pessoa que recebe a informação. Muitas vezes, as tentativas de melhorar a comunicação resultam inócuas porque se tenta atuar no emissor, enquanto o desafio consiste em melhorar as condições de compreensão do receptor. Mensagens de conscientização a respeito do risco de utilização de drogas não produzem os efeitos esperados porque o conteúdo não afeta emocionalmente, como deveria, o público-alvo.

Para se compreender a importância de considerar as condições particulares (físicas, fisiológicas e psíquicas) de emissor e receptor, deve-se ter em mente que a informação é altamente propensa a ser erroneamente processada.

Em primeiro lugar, existe a diferença de linguagem entre emissor e receptor, já assinalada: a decodificação pode não ser capaz de reproduzir a mensagem original — é a situação dos universitários semialfabetizados.

Essa situação agrava-se porque a memória em nada contribui para melhorar a qualidade das informações, sujeita a limites quanto ao armazenamento e recuperação de conteúdos pelo cérebro. Nela, tudo se mistura e, com relativa facilidade, se distorce. Entretanto, a memória desempenha papel fundamental na percepção, por meio da qual dados são transformados em informações relevantes no cérebro.

O fenômeno da percepção é estudado em detalhes no capítulo seguinte porque constitui a base para o estabelecimento do raciocínio que envolve uma comunicação. A qualidade da comunicação encontra-se diretamente associada às percepções de emissor e receptor a respeito dos fatos a ela relacionados.

Tudo o que se disse a respeito da recepção da mensagem emitida, obviamente, vale a respeito do *feedback*, que é a mensagem de retorno. A situação, então, se inverte: aquele que era o emissor passa a fazer o papel de receptor. Nesse aspecto, emissor e receptor se igualam. Na comunicação, o emissor transforma-se em receptor e vice-versa: os papéis se alternam.

A Teoria Geral de Sistemas aponta para o fato de que qualquer alteração no processo de comunicação afetará todos os seus elementos — daí os conflitos de adolescência: o processo se estabelece com o receptor em um estágio de desenvolvimento intelectual e, de repente, o receptor modifica-se: a mensagem passa a ser decodificada de outra forma; o *feedback* altera-se e o emissor permanece inalterado. Inúmeros conflitos conjugais desenvolvem-se dentro dessa perspectiva: os cônjuges encontram-se relativamente equiparados à época das núpcias; com o tempo, um deles, ou ambos, desenvolve atividades que lhe proporcionam novas visões de mundo, novos conhecimentos e concepções da vida — de repente, percebe que não existe mais comunicação entre eles e a separação torna-se não mais uma alternativa, mas, uma necessidade para cada um deles. A persistência em evitá-la acaba por se transformar na causa-raiz de uma crise de proporções, sem a qual o sistema estabilizado não conseguirá se transformar.

Suares (2002, p. 115) alerta que o significado de um termo cria-se e recria--se permanentemente na comunicação humana. Para a geração de 1950, o termo "homossexual" possuía um determinado significado que, nem de longe, é o mesmo para a geração de 2000.

Transformações desse tipo explicam o fato de surgirem dificuldades de comunicação, por exemplo, na forma de paradoxos.

2.2. A comunicação paradoxal

Esta forma de comunicação, em geral inconsciente, possui extrema importância para a compreensão dos conflitos em famílias, Organizações e sociedades.

Comunicações paradoxais são aquelas impossíveis de ser cumpridas. Três tipos fundamentais se destacam:

— instruções paradoxais;

— ilusões de alternativas; e

— predições paradoxais.

2.2.1. Instruções paradoxais

Nas instruções paradoxais, a pessoa se depara com comandos contraditórios. Segundo Suares (2002, p. 124), elas possuem interesse especial porque ocasionam efeitos sobre a conduta.

Este tipo de instrução, amplamente estudado por Bateson (1972) e sua equipe, constitui a essência da comunicação esquizofrênica. Encontra-se, com surpreendente frequência, nas relações familiares e empresariais.

Dona Zilda, mãe pela primeira vez aos 40 anos, sempre apregoou para a filha única, Zelinda, que ela deveria sentir-se livre para fazer suas opções de vida; no entanto, chegam os bailes da adolescência, e ela reluta em "soltá-la", "à mercê das influências nocivas dos colegas e amigos". Para desespero da garota, a mãe se dispõe a levá-la e apanhá-la em casas dos amigos e danceterias; um belo dia, Zelinda, com apenas 16 anos, muda-se para a casa do namorado... A mãe, indignada, insurge-se contra o rapaz, acusando-o de corromper a filha...

Neste tipo de mensagem, surge o que Bateson (1972) e equipe denominaram de "duplo-vínculo". Tratam-se de mensagens com as seguintes características (SUARES, 2002, p. 125):

— há uma forte relação complementar (pai-filho; chefe-empregado);

— dentro dessa relação dá-se uma instrução que se deve obedecer, mas, também, desobedecer para obedecê-la ("seja independente");

— a pessoa em situação de inferioridade não pode sair fora do contexto e assim resolver o paradoxo por meio de um comentário ou metacomunicação (por exemplo, desobedecendo).

Suares exemplifica com a seguinte sentença: "quero que meu marido me traga um presente, porque ele quer, não porque eu lhe peço". A esposa não pode saber se o marido trouxe porque quis ou porque ela sugeriu, mas, se o marido não traz o presente, é porque não quis. Em qualquer situação, ela se sente desprezada.

A instrução paradoxal possui uma grave consequência prática (SUARES, 2002, p. 126): sempre se perde, qualquer que seja o comportamento adotado em função dela.

Outros exemplos de instruções paradoxais evidenciam-se em orientações, decisões, declarações e situações do tipo:

— o técnico é orientado para realizar "x" serviços por hora; porém, ao cumprir essa meta, sabe que não terá tempo para atender ao requisito de qualidade obrigatório de cada serviço, que ele também deve cumprir; está lançada a semente de uma demanda trabalhista;

— o diretor afirma que a empresa se encontra em período de contenção de despesas e, por isso, não pode atender a determinada solicitação dos empregados; entretanto, inicia uma dispendiosa redecoração de sua sala, gerando ressentimentos entre os empregados;

— efeito semelhante acontece quando o gerente administrativo declara que não pode atualizar os equipamentos da equipe de vendas, mas recebe novos computadores para sua própria área de trabalho que, como todos sabem, não constitui atividade-fim da empresa;

— a equipe de produção tem as horas extras reduzidas (para diminuir os custos) e a equipe de vendas recebe novas e mais desafiadoras metas para aumentar as receitas, que ocasionam aumento de produção (e, portanto, maiores custos); os conflitos entre os gerentes e supervisores podem voltar-se contra a diretoria;

— os sócios-gerentes querem realizar retiradas de igual valor; todavia, uns trabalham mais e outros menos na empresa, embora participem com igual aporte de capital;

— determinado sócio considera natural empregar seus filhos na empresa; contudo, os demais sócios e os gerentes consideram-nos sem preparo para os cargos que desejam ocupar;

— o pai estimula que o filho seja independente; no entanto, a mãe faz o possível para mantê-lo em casa, a ponto de desdobrar-se em esforços para buscar e levar à escola o garotão de 17 anos;

— os pais mantêm um discurso de autonomia para os filhos, mas continuam a controlá-los totalmente pela via financeira, administrando suas despesas item por item;

— a mulher decide tornar-se independente do marido, e este, ao longo do tempo, parece estimulá-la a "encontrar seu próprio espaço"; ela descobre, porém, que o marido não está preparado para lidar com uma esposa autônoma e com agenda própria;

— o jovem tem como única experiência de vida ver todos os seus gostos satisfeitos; os pais lhe proporcionam tudo o que quer, de roupas a automóvel; finalmente, depara-se com a garota que se recusa a namorá-lo, provocando-lhe profundo rancor etc.

Pesquisas consolidadas indicam forte influência das mensagens paradoxais na geração de graves quadros de estresse; elas comprometem a confiança e afetam os mecanismos de motivação, conforme estudado no capítulo seguinte.

2.2.2. Ilusões de alternativas

Nas ilusões de alternativas, são oferecidas possibilidades de ação que não esgotam as opções ou que as limitam a um grupo predeterminado pelo emissor da mensagem. Assim, quando o supervisor chama o empregado e lhe pergunta: "você prefere trabalhar no almoxarifado ou no serviço de transporte?", automaticamente elimina uma série de possibilidades do tipo: permanecer onde está, trabalhar no recebimento de mercadorias ou na linha de produção etc. Ocorre com muita frequência na família: os pais oferecem aos filhos a opção de passar as férias em Florianópolis ou em Campos de Jordão, lugares que eles apreciam.

A ilusão de alternativas contém, pois, uma espécie de paradoxo: pode-se alegar que a pessoa possui liberdade de escolha; porém, ela está limitada ao conjunto oferecido — este, eventualmente, pode ser composto por opções inadequadas para ela.

Ilusões de alternativas encontram-se facilmente em "propostas de acordo", nos mais diversos tipos de conflitos (familiares, societários, empresariais). Uma das partes oferece duas ou três opções que ela considera "totalmente aceitáveis". A outra parte percebe-as como absolutamente inaceitáveis e assim o conflito continua, deixando a decisão para o tribunal, quando poderia ser encontrado um meio-termo conciliador. Ocorre que o formulador das opções não consegue se colocar no lugar da outra parte.

2.2.3. Predições paradoxais

Nas predições paradoxais, torna-se impossível antecipar o que acontecerá em virtude de os enunciados serem contraditórios entre si. Os pais dizem à filha para escolher o curso que julgar mais apropriado, "mesmo que não seja medicina", porque, para eles, o que interessa é a felicidade dela. Ficarão, segundo declaram, "satisfeitos da mesma forma". A filha sabe que o sonho dos pais é que ela estude medicina, e a mensagem ratifica essa percepção. Ela gostaria de atuar em artes plásticas — como ter certeza de que essa opção não magoará os pais? Como eles reagirão ao seu futuro ambiente de trabalho — certamente, em nada parecido com o de clínicas, consultórios e hospitais? Como receberão seus futuros colegas de estudo, que em nada parecerão com estudantes de medicina?

2.3. Análise da comunicação no conflito

Segundo Folger e Bush (1997, p. 14), três princípios orientam a perspectiva comunicacional no estudo do conflito:

- Atenção à microanálise dos indícios verbais e não verbais detalhados.

Inclui a configuração e o desenvolvimento temporal do processo, para identificar todos os aspectos evolutivos relevantes e seu impacto sobre os resultados. Sintetiza-se em uma frase: "atenção aos detalhes".

A comunicação deve ser apreendida em um micronível. É justamente nas breves, sutis e sensíveis mensagens emitidas e recebidas no cotidiano das interações interpessoais que os conflitos instalam e radicalizam-se.

As pessoas dificilmente conflitam por questões de elevada profundidade filosófica ou complexidade técnica. Conflitos dessa natureza raramente levam a agressões físicas ou morais capazes de terminar nos tribunais ou que requeiram a ajuda de um profissional de Direito para ser solucionados. Na maior parte das vezes, os conflitos que chegam à Justiça resultam do somatório de pequenos incidentes. Se estes não forem identificados e compreendidos, as soluções resultarão artificiais e pouco duradouras.

Não se trata de esquecer ou dar pouca atenção às dinâmicas globais; porém, deve-se reconhecer a importância das mensagens simples que acabam por se constituir no combustível dos antagonismos mais difíceis de serem superados.

- Apreciação da construção social do significado e das estruturas interpretativas utilizadas para descobri-lo na comunicação (FOLGER; BUSH, 1997, p. 15).

Qualquer significado é construído e modificado continuamente mediante a interação social, ou seja, o fato, em si, será interpretado de acordo com a relação que ele conserva com o ambiente físico e sociocultural.

O social constitui a chave para identificar regras e estruturas que as pessoas utilizam a fim de dar sentido ao discurso, construir significados e colocar as mensagens a serviço de metas múltiplas. As pessoas são seres relacionais e constroem suas individualidades dentro de um social que, em algum grau, a influencia, delimita e condiciona. Por exemplo:

— O significado de um divórcio depende da sociedade (e do grupo social) em que se encontra a pessoa.

— Admoestar publicamente um empregado, por uma falha de procedimento, possui diferentes conotações dependendo do ambiente, da cultura da empresa, do nível socioeconômico do envolvido e da natureza da atividade.

Severino, trabalhador de rua, retalhou a golpes de canivete o supervisor da equipe de abertura de valetas, porque, na frente de todos os colegas de trabalho, foi chamado de "frouxo". A ofensa, que poderia ser facilmente ignorada por outra pessoa, ultrapassou o limite de tolerância no ambiente social em que ele foi criado, levando-o a uma explosão de cólera incontrolável. Mais tarde, declarou ao delegado: "não sei o que aconteceu, quando vi, o homem já estava morto". A emoção é má conselheira para uma faca amolada.

O mesmo raciocínio aplica-se às tentativas de subornar policiais de trânsito ou fiscais de tributos municipais, estaduais ou federais. Diretores de áreas técnicas de empresas costumam arguir que, se há suborno, ele é praticado pelo Gerente Financeiro ou equivalente..., ou seja, é assunto "de outro departamento". Contudo, participam ativamente nas decisões a respeito de estratégias empresariais, especialmente quando se trata da distribuição dos lucros... Em contrapartida, o diretor financeiro não percebe como parte de suas responsabilidades interferir em assuntos que digam respeito à degradação ambiental — exceto quando eles representam desembolsos que afetam o orçamento...

- Avaliação do contexto (FOLGER; BUSH, 1997, p. 16).

O contexto recebe influência da comunicação que, por sua vez, afeta o emprego e o significado dos elementos textuais.

Uma festa de debutante, que seria considerada imprescindível em um ambiente "normal" para uma adolescente de determinada condição social, compreensivelmente não seria realizada em decorrência do divórcio dos pais. A realização da festa pode influenciar no início do processo de divórcio, com o objetivo de preservar o acontecimento social, ainda que isso represente substancial sofrimento para uma ou ambas as partes.

Em uma situação que envolve advertência a um empregado, em decorrência de uma falha atribuível a mau comportamento, imperícia ou desatenção, o contexto pode tornar obrigatória uma análise pública da ocorrência, para que ela seja exemplar e, por meio do impacto, possa prevenir casos futuros — por exemplo, quando há grande risco de vida no acontecimento, efeito sobre a opinião pública, "vazamento" de informações sensíveis etc.

2.4. Comunicação e características pessoais

As características pessoais que afetam diretamente a comunicação, podendo facilitá-la ou dificultá-la, podem ser divididas em dois grandes grupos:

— as associadas ao pensamento e linguagem; e

— as associadas ao comportamento.

2.4.1. Características associadas a pensamento e linguagem

Algumas delas já foram comentadas anteriormente, referindo-se ao nível de pensamento envolvido na comunicação: criança, adulto e pai. Quando há um desnível (de criança para pai ou adulto etc.), a comunicação fica prejudicada.

Um dos aspectos fundamentais relacionados com o pensamento (e, portanto, com a linguagem) trata de compreender o estágio em que ele se encontra. A classificação de Jean Piaget presta-se notavelmente para essa finalidade.

O pensamento compreende todas as atividades mentais, como raciocinar, resolver problemas e formar conceitos. A compreensão de seus mecanismos ainda é muito incompleta. Para Jean Piaget, talvez o maior estudioso do desenvolvimento do pensamento, a inteligência, em essência, é a capacidade de utilizar o pensamento para a solução de problemas. O sucesso na solução de problemas liga-se à forma de pensar. Para ele, as pessoas desenvolvem sua capacidade de pensar passando por vários estágios, desde o nascimento, cada um deles apoiado no anterior.

Ao primeiro deles, denominou "estágio sensório-motor" (do nascimento até o final do 2º ano de vida aproximadamente), onde acontece a descoberta do mundo e de si mesmo, fisicamente, pela criança. O domínio do corpo é incompleto e inicia-se a aquisição da linguagem.

No segundo estágio, chamado de "pré-operacional" (aproximadamente do 3º até o 7º ano), a criança inicia a solução de problemas com objetos concretos; até o final do 5º ano, a maioria delas utiliza a mesma linguagem empregada pelos adultos em seu ambiente.

A aquisição da linguagem significa o início da capacidade de abstração. Surgem brincadeiras imaginativas e ela começa a representar a realidade com figuras. Egocêntrica, a criança vê o mundo a partir de suas perspectivas e confia cegamente no sensorial.

Entre o 7º e o 11º ano, aproximadamente, a criança atravessa o estágio operatório-concreto, em que passa a dominar uma estrutura lógica e perde a confiança cega no sensorial. Expande-se a capacidade de distinguir aparência de realidade, características temporárias de permanentes. Ela tende a resolver problemas por ensaio e erro; porém, persiste a dificuldade para lidar racionalmente com ideias abstratas.

No estágio de operações formais, que se inicia após os 11 anos, a criança desenvolve a capacidade de compreensão lógico-abstrata, de pensar sobre o pensamento, pensar a respeito do que pensa. Consegue gerar alternativas para os problemas e confrontar mentalmente suas soluções (permitindo-se abandonar a técnica de "ensaio e erro"). Ao final deste estágio, atinge a capacidade mental do adulto.

Essa evolução, longe de estacionária, continua por toda a vida, inclusive em idades avançadas, como bem o demonstram os estudos a respeito do desenvolvimento da inteligência. Havendo estimulação, o cérebro continua a se desenvolver indefinidamente, ainda que o organismo apresente dificuldades motoras e sensoriais para acompanhar e demonstrar essa evolução.

Verifica-se, segundo a teoria de Jean Piaget, que a evolução do pensamento se dá do concreto para o abstrato, do real para o imaginário, da análise para a síntese, do racional para o emocional, acompanhando a evolução anatômica, fisiológica e psicológica do indivíduo.

Ao longo desse tempo, a linguagem também evolui. A pessoa não desenvolverá o pensamento no último estágio se não conseguir desenvolver uma linguagem que possa operacionalizá-lo.

Este sofisticado processo evolutivo levanta uma questão essencial para o profissional do Direito, assinalada por *Kaplan* e *Saddock*: as pessoas não necessariamente chegam ao último estágio piagetiano. Em lugar disso, "a maioria dos adolescentes e adultos funciona em algum ponto entre o estágio de operações concretas e de operações formais" (...) "apenas uns poucos atingem seu potencial pleno" (KAPLAN; SADOCK, 1993, p. 47).

Assim, enfatizam os autores, "dependendo da capacidade dos indivíduos, alguns podem simplesmente não alcançar o estágio das operações formais, permanecendo na modalidade de operações concretas por toda a vida" (1993, p. 113). Essa conclusão tem grande significado e sugere cautela, quando se pensa na argumentação, na identificação dos interesses ocultos pelas condições e nas propostas para a celebração de acordos. Ela também tem a ver com a causa dos conflitos, porque a interpretação que se dá a uma mensagem relaciona-se com o estágio de pensamento do indivíduo: o que é percebido como agressão por um pode representar simples desafio para outro ou, simplesmente, nada para um terceiro.

Fiorelli e Malhadas (2003, p. 118-119) sintetizam essa questão no campo do Direito do Trabalho e suas conclusões podem ser extrapoladas para outras áreas do Direito. Os autores pontuam que muitas das dificuldades de advogados com seus clientes residem no conflito entre os níveis de desenvolvimento mental e linguagem associada. O conflito maior ocorre quando o advogado não se dá conta de que atua em um nível — o operatório formal — e o cliente estabilizou no nível inferior — o operatório concreto. A comunicação fica, inevitavelmente, comprometida. O mesmo fenômeno acontece na comunicação entre as partes.

As orientações devem guardar sintonia com o estágio de desenvolvimento mental do público-alvo, ajustando-se pensamento e linguagem na comunicação. Isso funciona nos dois sentidos: do advogado para os clientes e vice-versa.

Pessoas simples, praticando atividades que pouco exigem das funções mentais superiores, notadamente do pensamento lógico e abstrato, facilmente estabilizam seu desenvolvimento mental em níveis pouco evoluídos por falta de estímulo. A partir daí, suas visões de mundo e formas de pensar ajustam-se às possibilidades do que assimilaram e acomodaram até então. O caso "A mulher do trabalhador rural" (FIORELLI; MALHADAS, 2003, p. 122) constitui um exemplo bastante didático da influência do pensamento sobre a compreensão da pessoa a respeito de uma dada situação.

Aquilo que parecerá um argumento lógico e definitivo para um indivíduo em elevado nível cognitivo poderá simplesmente não fazer sentido para outro, que não desenvolveu a mesma capacidade de abstração. Tais pessoas terão grande dificuldade, por exemplo, para aceitar ganhos no futuro, trocando vantagens menores e asseguradas no presente por vantagens possivelmente maiores, mas não asseguradas, mais adiante. Ficarão altamente tentadas a trocar direitos futuros por dinheiro em caixa, por exemplo.

No ambiente empresarial, elas valorizam menos oportunidades de treinamento e desenvolvimento; tendem a considerar o aprendizado algo de responsabilidade do empregador ou do governo, e assim por diante. Questões rotineiras, ligadas aos procedimentos, podem levá-los a conflitos interpessoais de variados níveis de gravidade.

Acostumadas a lutar pela sobrevivência no dia a dia, para elas torna-se difícil a construção de visões do futuro, não se estranhando que se revelem presas fáceis de inescrupulosos que lhes prometem grandes vantagens com pequeno esforço.

Isso leva, por exemplo, inúmeros indivíduos a se deixar iludir por ofertas de crédito fácil, assumindo compromissos que jamais poderão honrar, na ilusão de que existe algo “de graça”. Mais tarde, quando os documentos de cobrança trouxerem a crueza da realidade, buscarão ajuda na Justiça ou se submeterão à exploração pelos credores, de maneira aparentemente inexplicável.

Enfim, a capacidade de absorção e elaboração, pelo indivíduo, das informações que recebe vincula-se ao estágio de desenvolvimento do pensamento por ele atingido. O raciocínio abstrato mais elaborado foge às possibilidades do indivíduo no estágio de operações concretas.

Mensagens não ajustadas às limitações do receptor perdem em eficácia e podem constituir fontes de conflito ou serem inúteis para gerenciá-los, porque a incompreensão da diferença de estágios de pensamento conduz à falta de sintonia de linguagem.

O nível de pensamento, entretanto, ainda que o indivíduo atinja os mais elevados estágios de desenvolvimento, pode apresentar regressões situacionais, ocasionadas por eventos carregados de conteúdos emocionais.

Isso faz com que, de um momento para outro, o indivíduo abandone uma linguagem e um pensamento de elevado grau de elaboração e desça para níveis característicos de pessoas não tão evoluídas; deixando-se tomar por suas paixões, chega a comportar-se como criança nos estágios iniciais do desenvolvimento mental. Dominado por uma profunda emoção — a raiva, por exemplo —, pode regredir, para um egocentrismo característico dos primeiros anos de vida, sem que se dê conta de que isso acontece.

O advogado deve estar atento a esta condição, para compreender por que o envolvimento emocional retira do indivíduo a capacidade de raciocinar de acordo com determinados padrões, esperáveis de alguém em sua condição, tornando-se vulnerável a realizar acordos ou a adotar procedimentos (de agressão a, até mesmo, homicídios) que seriam impensáveis em outras condições.

Em outras palavras, a capacidade de raciocinar de acordo com padrões socialmente aceitos ou esperados tem uma relação inversa com a intensidade das emoções experimentadas pelo indivíduo em situações específicas.

A emoção modifica todos os processos mentais, muitas vezes de modo surpreendente, levando as pessoas a conclusões, expectativas e comportamentos absolutamente insuspeitáveis. O advogado deve estar atento a esta condição do cliente para evitar que ações e decisões por ele recomendadas provoquem danos econômicos e emocionais que serão percebidos apenas tardiamente, quando o impacto emocional do conflito for devidamente processado pelo psiquismo.

Recomenda-se, pois, ao advogado cuidadosa atenção em relação às condições emocionais do cliente, para evitar que uma compreensão inadequada de suas orientações leve-o a frustrar-se com os resultados obtidos (muitas vezes, esta frustração com o resultado obtido é percebida pelo cliente como um "desleixo" ou como uma "irresponsabilidade" do advogado, a ponto, inclusive, de levá-lo a responder processo ético-disciplinar perante o Conselho de Ética da Ordem dos Advogados).

2.4.2. Características associadas ao comportamento

Fisher, Patton e Ury (1992, p. 51) assinalam dois grandes problemas associados aos comportamentos na comunicação:

— as pessoas podem, simplesmente, não falar umas com a outras;

— mesmo quando se fala direta e claramente com a outra pessoa, talvez ela não escute — a cultura ocidental privilegia o falar, mas não o ouvir.

Estes aspectos comportamentais possuem grande importância porque de nada adianta sintonizar pensamento e linguagem se a comunicação, do ponto de vista físico, não acontecer ou ocorrer de modo imperfeito, incompleto ou incorreto.

Efetivamente, não existe um desenvolvimento comportamental dirigido para promover a boa comunicação. A cultura ocidental valoriza a agitação, o comportamento exuberante — aspectos notadamente superficiais — que se espera de um bom "comunicador". Contudo, pouco ou nada se diz de outros comportamentos indispensáveis à boa comunicação e que estão muito mais ligados às atitudes mentais que devem acompanhar e fundamentar o comportamento.

O primeiro empecilho comportamental à boa comunicação é a falta de atenção, isto é, a escuta superficial. O seu oposto é a escuta ativa, que compreende:

— prestar atenção ao conteúdo global da comunicação e, também, às palavras;

— solicitar que a outra parte repita para não haver dúvidas de interpretação; na cultura brasileira, fazer isso, muitas vezes, pode dar a impressão de desatenção, quando ocorre (ou pode ocorrer) exatamente o oposto — solicita-se a repetição porque se estava atento e a mensagem não havia sido formulada com clareza ou de modo inequívoco;

— prestar atenção aos conteúdos paraverbais (altura, velocidade, tom de voz, etc.) e não verbais da comunicação — muitas vezes mais significativos do que os verbais.

O segundo grande empecilho, associado ao primeiro, mas independente dele, é a falta de modelos de "escutadores" (MIRANDA; MIRANDA, 1993, p. 75).

As pessoas admiram os bons oradores; porém, aquelas pessoas compenetradas, que ouvem com atenção, que se deixam envolver nas mensagens que recebem para compreendê-las, não causam semelhante admiração (se é que provocam alguma) em uma sociedade conduzida pelo visual, pela aparência, pelo superficial.

Isso faz com que seja pertinente a observação de Acland (1993, p. 213) de que a menor parte da escuta refere-se ao conteúdo. Por isso:

— pouco se escuta do que se diz;

— do que se escuta, apenas parte se compreende;

— parcela do que se compreende, nem sempre se aceita;

E, além disso, nenhuma das partes admite que isso aconteça (essa atitude se torna compreensível após o estudo dos mecanismos de defesa, no capítulo seguinte).

Uma terceira barreira à boa comunicação e que se traduz em um empecilho à boa escuta é o fato de que se fala mal, sem clareza e determinação (ACLAND, 1993 p. 216). Esta situação agrava-se quando as pessoas não sabem escrever e, por isso, não conseguem expressar suas ideias com consistência, coerência, ordem e, muito menos, precisão e clareza.

Acland (1993, p. 216) também destaca o aspecto puramente psicológico de que, na comunicação, parece haver uma satisfação por falta de compreensão da outra parte, porque assim fica demonstrada a estupidez do outro.

Na comunicação por escrito (*e-mail*, carta), também ocorre a falta de atenção. Inúmeras experiências demonstram a superficialidade e a falta de entendimento na leitura como um padrão nacional. É notória a dificuldade de se conseguir que as pessoas leiam e, além disso, compreendam as normas e procedimentos transmitidos por escrito.

A falta de atenção ao material escrito relaciona-se diretamente ao estágio de pensamento — o texto não consegue se repetir com outras palavras, uma mensagem escrita não possui segunda chance —, o que não ocorre com a mensagem verbal.

Por conta do analfabetismo funcional, já fartamente denunciado pela mídia mais esclarecida, fruto indigesto das políticas de aprovação a todo custo de alunos nos cursos básicos, as comunicações por escrito são lidas superficialmente, precariamente compreendidas e, quando retransmitidas, sofrem as piores distorções.

O dialeto praticado pelos "internautas" coloca uma pá de cal na possibilidade de autodesenvolvimento para muitos de seus aficcionados. Totalmente desvinculado da fonética, esse dialeto prostitui a linguagem escrita, não permite construções evolutivas e provoca as esperáveis consequências cognitivas para aqueles que o utilizam. Com o tempo, perdem a capacidade de aprender a comunicação culta. Lamentavelmente, há os que consideram essa forma de comunicação "engraçada" e "criativa".

Este fenômeno acentua-se pela influência das Redes Sociais. Os integrantes de uma rede encontram nela um reforço para a utilização da linguagem por eles praticada. A rede transforma-se em um nicho linguístico nada desprezível, considerando-se a quantidade de participantes.

Se existe dificuldade na leitura, os obstáculos à escrita tornam-se crescentes, porque desaparece gradativamente do sistema de ensino a ênfase nessa forma de comunicação. Imagine-se a complexidade da comunicação por escrito: o emissor escreve com dificuldade e o receptor lê com precariedade. Cria-se o círculo vicioso da má comunicação.

Uma estratégia eficaz para a boa comunicação no relacionamento interpessoal consiste em concentrar o foco nos próprios sentimentos. Falar a respeito de si mesmo constitui uma estratégia para evitar despertar, no receptor, sentimentos de resistência à mensagem.

Outra regra importante é ordenar os pensamentos antes de falar: "a língua deve entrar em ação depois do cérebro". O cérebro possui grande dificuldade para processar mais de um conteúdo na mesma mensagem. Portanto, escolher um objetivo e fixar-se nele auxilia a compreensão.

Essas orientações simples valem para a comunicação escrita e falada. Esta apresenta a grande vantagem de permitir o contato pessoal e, com isso, a utilização de facilitadores para auxiliar o receptor da mensagem a compreendê-la, compensando a dificuldade natural de escuta, tais como: esboços, desenhos, representações, símbolos ou qualquer material que possa tornar mais tangível a ideia transmitida.

A proximidade física, o olhar dirigido ao olhar do receptor, constituem importantes elementos de uma boa comunicação verbal.

As características comportamentais, entretanto, não se esgotam nos elementos até aqui comentados. É preciso que se compreenda que os comportamentos podem estar associados a características da personalidade dos envolvidos (emissor e receptor), as quais contribuem decisivamente para facilitar ou dificultar a comunicação.

No capítulo dedicado ao estudo da personalidade, essa questão fica clarificada. Dependendo da manifestação de tais características, diversos sentimentos são despertados no emissor e no receptor de uma mensagem. Por exemplo, o indivíduo que se mantém discreto, demonstrando timidez ou dependência, provoca um tipo de *feedback* para o emissor de uma mensagem; o indivíduo detalhista pode demonstrar-se claramente insatisfeito com uma informação enquanto para outro ela apresenta-se suficiente, e assim por diante.

O estudo da personalidade proporciona ao profissional do Direito a compreensão de detalhes capazes de melhorar a comunicação em função das características pessoais dos clientes, por meio de escolha de vocabulário, detalhamento das informações, rituais de verificação do entendimento etc.

2.5. Comunicação e linguagem

A linguagem (falada, escrita, gestual) empregada pelas pessoas recebe a influência de diversos fatores, entre eles:

— o hábito: é emitida sem que a pessoa tome conhecimento. Por exemplo, no meio de uma sentença que se esperaria que fosse educada, imiscui-se inconscientemente um termo de baixo calão ou uma gíria inadequada. Aquilo que se faz repetidamente, sem qualquer aviso, revela-se; a palavra mal colocada tem o poder de despertar emoções negativas no interlocutor;

— a emoção: a mente "escolhe" palavras sintonizadas com a emoção, à revelia daquele que fala. Uma frase que deveria ser conciliadora, de repente pode soar ameaçadora. A linguagem reflete o pensamento (ACLAND, 1993, p. 308);

— crenças arraigadas, esquemas rígidos de pensamento e mecanismos de defesa: estes mecanismos mentais, associados com o funcionamento do psiquismo, são estudados adiante e constituem fatores que se manifestam inconscientemente, expressando-se na linguagem. "A linguagem cotidiana reflete nossas suposições e preconceitos e, nos conflitos, dizemos mais do que queremos dizer" (ACLAND, 1993, p. 309), como bem exemplificam as situações abaixo:

Jonas, no transcorrer de uma reunião para tratar do divórcio, comenta com os advogados, ao se referir à divisão dos bens do casal, a respeito da inflexibilidade típica das mulheres, embora, reiteradamente, afirmasse que "compreendia" e que "sempre havia apoiado a esposa"; sem o perceber, deixa transparecer um sentimento de oposição aos comportamentos dela e, para isso, vale-se da generalização; por meio do geral, agride o particular: sua esposa, sendo mulher, não poderia deixar de ser inflexível.

Durante uma negociação trabalhista, ao discutir a composição de benefícios, Nilton, supervisor de equipe constituída por trabalhadores braçais, comenta a respeito da "falta de lógica dos peões", criando a insinuação de que a outra parte, sendo constituída por indivíduos sem qualificação profissional, não teria competência para ou seria propensa a não tratar com lógica os temas em negociação. Inconscientemente, Nilton revela que se considera intelectualmente superior a seus colegas de trabalho.

Tais crenças em nada contribuem para uma negociação ou um acordo. Cabe ao advogado permanecer atento a essas manifestações, para questioná-las no momento em que acontecem e propiciar àquele que fala a oportunidade de aprender a substituir as palavras, a entonação, os gestos empregados, por outros mais adequados ao momento ou que melhor demonstrem o que ele, conscientemente, deveria ou gostaria de expressar. Caso isso não aconteça, surgirão falhas na comunicação que apenas contribuirão para aumentar as dificuldades no relacionamento com a outra parte.

Quando a comunicação verbal mostra-se improdutiva, pode-se estimular a troca de mensagens escritas (MOORE, 1998, p. 163), em geral mais explícitas, embora mais difíceis de operacionalizar. Segundo Moore, a comunicação oral direta pode ser boa para algumas negociações e deficiente para outras.

O advogado deve atuar objetivamente, para clarificar o entendimento e despertar a consciência do cliente para o discurso que emite, questionando:

— "É sua intenção afirmar que sua esposa não muda de opinião?"

— "O senhor quer dizer que a empregada, por ser mulher, não estaria avaliando logicamente a situação que os traz aqui?"

Cuidados com a linguagem são indispensáveis e cruciais no relacionamento porque a linguagem é o estopim da emoção. Um único olhar, uma palavra, um gesto — para aqueles que se encontram manietados pelo conflito — basta para provocar desde o perdão até uma explosão de ira.

As interpretações de tom e volume da fala e do significado das palavras são mediadas pelas circunstâncias emocionais. A palavra "linda" pode significar um elogio à beleza de uma mulher ou um comentário a respeito de seu cinismo e falta de sensibilidade ou a confirmação de um assédio. "Bonito" pode representar uma apreciação ou uma crítica; trata-se da polissemia — a um mesmo vocábulo atribuem-se múltiplos significados.

O mesmo aplica-se à linguagem corporal. O advogado deve estar atento a possíveis mensagens relacionadas com:

— o olhar para baixo, para cima, para os lados;

— as posições do corpo;

— os movimentos das mãos;

— os trejeitos faciais etc.

A compreensão dos mecanismos de linguagem contém aspectos técnicos e artísticos. Acland (1993, p. 232) alerta para o fato de que em diferentes regiões utilizam-se diferentes expressões corporais — isso exige cuidado ao interpretar. Alguns exemplos:

- Postura é algo muito pessoal, influenciada por diversos fatores, tais como observação de modelos (pais, amigos, parentes etc.), cultura local, condicionamentos adquiridos por diversos motivos (por exemplo, relacionados com a postura profissional — um bailarino apresenta postura muito diferente daquela de um professor universitário ou digitador).
- A linguagem corporal, da mesma forma que a linguagem falada, não é universal. O sinal americano de "O.k.", utilizado por Armstrong ao pisar na lua e transmitido ao vivo para o mundo, foi recebido com naturalidade pelos norte-americanos; entretanto, causou espanto entre muitos brasileiros...
- Em alguns casos, os significados de um mesmo sinal corporal são opostos: os esquimós, para significar "não", balançam a cabeça para baixo e para cima; sinalizam "sim" quando giram-na para os lados.

Fala e linguagem corporal não devem ser interpretadas ao pé da letra. Cruzar os braços pode ser uma manifestação de defesa, de enfado ou de nada — simplesmente um costume adquirido.

Segundo Folberg e Taylor (1985, p. 128), os movimentos das mãos estão sujeitos a interpretações errôneas e (esses e outros sinais) não devem ser considerados de modo isolado. Gestos podem indicar sentimentos, mas, também, podem indicar hábitos.

Acland (1993, p. 233) relaciona uma série de posições e movimentos da linguagem corporal que merecem atenção, com os cuidados aqui mencionados, para evitar conclusões precipitadas e totalmente incorretas e cujo estudo é recomendado. Não se trata de "adivinhar" pensamentos ou sentimentos, mas de permanecer atento a indícios que podem ser utilizados preventiva ou corretivamente para iniciar, manter ou melhorar a comunicação.

Movimentos ou posições de corpo, cabeça, olhos, mãos, dedos, punhos, braços, pernas, pés, podem indicar reação defensiva, nervosismo, ansiedade, abertura para um acordo, compreensão, ira, revolta, medo, etc. Por exemplo, a inclinação da parte superior do corpo em direção à outra pessoa — uma possível indicação de tentativa de aproximação ou filiação (e, também, de conquistar a simpatia, muito utilizada por vendedores).

Merecem atenção as atividades realizadas durante os encontros, do tipo brincar com a caneta, coçar o nariz, remexer-se na cadeira etc., capazes de indicar estados emocionais.

Segundo Moore (1998, p. 164), "a comunicação não verbal pode ser a principal maneira de as pessoas comunicarem domínio, autoridade e *status*".

Tudo, entretanto, pode não passar de indícios. Pode ser que o indivíduo com os olhos semicerrados, que lambe os lábios e tem as pernas cruzadas esteja simplesmente com sono e precise ir ao banheiro para despertar-se. Convém certificar-se disso antes de admitir ou suspeitar que esse comportamento demonstra, por exemplo, indiferença. Visto por um oponente, pode ter essa interpretação, o que fortalece a animosidade.

Podem existir motivos fisiológicos para tal postura, como ocorre na situação do senhor Wanderley, a seguir relatada.

> Wanderley padece com os efeitos de uma rara e curiosa patologia. Ele, em qualquer lugar ou situação, simplesmente "apaga". Para o observador que não o conhece, Wanderley causa a percepção de que se encontra em sono profundo. Mantém, entretanto, a postura. Ocorre que, apesar do "sono", ele escuta e compreende do que se fala à sua volta. A doença é resultado de um parasita alojado no cérebro e que não pode ser removido cirurgicamente. Contudo, o invasor encontra-se encapsulado e não há risco imediato de maiores danos.

Prestar atenção aos interlocutores, obviamente, é uma recomendação necessária; todavia, vários especialistas recomendam que ela seja especialmente concentrada nos seguintes momentos de uma reunião ou encontro:

- nos instantes iniciais, quando todos se encontram nervosos e tentam acalmar-se;
- nos intervalos, quando as pessoas se movimentam e a tensão relaxa naturalmente;
- em momentos de descontração e brincadeiras.

Acland acentua que, em geral, "é mais importante observar as mudanças de posturas do que lhes atribuir um significado, antes de ter tempo de observar as pessoas" (1993, p. 233).

O advogado, pelo papel de liderança que desempenha em relação a seu cliente, serve de modelo de comportamento para ele e para as testemunhas. Isso se aplica à linguagem. Se o causídico utiliza uma linguagem corporal que indica descontração, interesse, atenção igual para todos, preocupação em ouvir, busca da harmonia, exercerá influência no sentido de reproduzir tais comportamentos, sentimentos e atitudes.

O advogado, por meio da linguagem corporal, consegue marcar o ritmo, sem exageros, buscando promover sintonia com os participantes. Isso é facilitado pelo emprego de técnicas de espelhamento, em que o advogado, dentro de limites, reproduz comportamentos daquele que se manifesta.

Especial atenção deve ser dada para o uso de palavras e expressões que traduzem generalizações e particularizações. Elas são especialmente perigosas e podem introduzir graves distorções na comunicação, porque, em geral, traduzem preconceitos e rigidez de pensamento.

Algumas dessas palavras são:

— todo(s), toda(s): aparecem em frases do tipo "paciência, todos os homens são iguais". Tem a notável virtude de colocar o oponente em uma situação de inferioridade pela generalização. Por utilizar lugares comuns, essas palavras facilmente passam despercebidas, embora produzam efeitos danosos;

— nunca: quando empregada em "nunca se pôde contar com ele(a)", elimina a possibilidade de reconhecimento de uma situação particular em que o comportamento da outra parte poderia ser diferente;

— sempre: sugere, por exemplo, a impossibilidade de um dado comportamento ser alterado. "Ele sempre agirá dessa maneira".

— jamais: estabelece a impossibilidade de um acordo ou um sucesso: "ele(a) jamais faria isso" etc.

Acland (1993, p. 310) destaca a importância de se reduzir os exageros. Eles dão a um conflito particular o colorido de conflitos amplos, de difícil ou impossível solução, criando nas partes a percepção de que, também em seus casos específicos, isso acontece.

Palavras e expressões inadequadas ocorrem durante as tratativas, porque "os disputantes usam uma linguagem julgadora, posicional e tendenciosa resultante de suas visões subjetivas" (MOORE, 1998, p. 198). Obviamente, o componente emocional encontra-se presente.

Também existem palavras que possuem grande conteúdo do ponto de vista sociocultural, por exemplo, aquelas associadas a determinadas ideologias. Colocadas na argumentação, costumam conduzir o oponente a situações de defesa ou de inferioridade, se não forem bem trabalhadas. Por exemplo:

— liberdade ("o supervisor tira toda a liberdade dos empregados, criando um ambiente de absoluta tensão no trabalho");

— ditatorial ("o comportamento do meu marido sempre foi ditatorial");

— violento ("meu marido sempre foi muito violento, comigo e com as crianças");

— luxo ("ele sempre preferiu gastar dinheiro com luxo, mesmo prejudicando a educação das crianças");

— cristão ("um cristão jamais cometeria tamanha atrocidade");

— participativo ("se a gerência fosse mais participativa, esse conflito nem teria começado").

Tais palavras, pelo fato de expressarem juízos de valor, devem ser destacadas pelo advogado, que deverá solicitar a quem as emitir que explique o que quer dizer com elas ("Por favor, explique-nos o que quer dizer com 'gerência mais participativa', para que possamos compreendê-lo com exatidão"; "por favor, o que a senhora quis dizer quando afirmou que seu marido sempre foi muito violento").

Muitas vezes, o uso da palavra esconde generalizações, elaboradas a partir de umas poucas situações observadas e que não levam em conta situações de natureza oposta, às quais não se prestou a devida atenção.

Assim, o gerente pode ter sido "participativo" em algumas situações e não em outras, sendo que estas ficaram registradas na memória enquanto as outras foram esquecidas. Conforme se verá adiante, isso afeta diretamente a percepção dos fatos.

Estes exemplos relacionados com a linguagem dão ideia da importância do papel de instrutor que o advogado, ainda que inconscientemente, desempenha (MOORE, 1998, p. 163), e que pode ir do simples esclarecimento até a interpretação das mensagens, dependendo das condições emocionais e aptidões dos participantes.

2.6. Orientações para o advogado

Além daquelas já transmitidas anteriormente, as seguintes orientações são de valia para o advogado gerenciar a comunicação.

a) Insistir em argumentos lógicos

O risco de apelar para a lógica é chegar a conclusões falsas, ou que não se aplicam a determinados contextos; contudo, os argumentos lógicos possuem a indiscutível vantagem de delimitar as argumentações ao campo da racionalidade, o que é particularmente necessário quando um ou ambos os litigantes apresentam-se dominados pela emoção. (ACLAND, 1993, p. 311)

Em uma negociação, relacionada com o pedido de reintegração de um empregado, o gerente da empresa fundamentava a impossibilidade do retorno do reclamante sob a alegação de que empregados que estudam no período noturno recusam-se a realizar horas extras; o reclamante tinha iniciado o curso superior de administração de empresas e, no entender do gerente, isso impediria que a empresa pudesse contar com ele para trabalhos eventuais, fora do horário normal de expediente. O advogado do reclamante baseou sua argumentação na hipótese de que essa regra poderia ser geral; mas não se aplicaria, *a priori*, na relação com o envolvido porque este poderia gerenciar convenientemente suas ausências. O motivo inconsciente do gerente, entretanto, era o receio de que pudesse perder sua posição caso os empregados obtivessem graduação de nível superior — que ele não possuía ...

Marcelina, profundamente angustiada, procurou uma advogada para saber o que poderia fazer para "defender seus direitos", agora que tomou conhecimento de que o marido a traía. Indagada a respeito das evidências, ela narrou que, no encontro de confraternização do dia das mães, constatou que as mulheres dos técnicos de manutenção predial da empresa eram traídas pelos maridos, todas elas. Eles faziam turnos diversos e aproveitavam-se das ausências fora de horário para trair as esposas, segundo ela descobriu. "Como todos traem as esposas, não posso esperar outro comportamento do Alberto", concluiu, dominada por um misto de desespero e desconfiança. A emoção movimenta a lógica da conclusão que atormenta Marcelina. Tão indignada, não encontrou forças, sequer, para conversar com seu querido Alberto.

b) Gerenciar as comunicações não verbais

Comunicações não verbais incluem inúmeros gestos e posturas, tais como: olhares, movimento dos lábios, acenos com a cabeça, agitação das mãos etc. Elas têm muita importância quando uma parte atribui significados emocionais à comunicação não verbal manifesta pela outra. Por exemplo, um dos cônjuges não consegue suportar o olhar do outro, manifestando visível ansiedade ou inquietação, ocasionada por vários tipos de sentimentos: medo, raiva, desprezo, indignação etc.

Os advogados devem estar atentos para impedir que as mensagens não verbais bloqueiem ou distorçam a comunicação, mesmo porque os envolvidos podem não ter (e, em geral, é o que ocorre) consciência de seus comportamentos. Algumas das possíveis estratégias são as seguintes (MOORE, 1998, p. 166):

— usar de reuniões reservadas com as diversas pessoas envolvidas, se possível, para eliminar efeitos de gestos e outros sinais;

— solicitar diretamente a modificação do comportamento;

— alterar a disposição física dos participantes no local de reunião;

— sugerir mudança de comportamento indiretamente, por meio de sinais. Profissionais experientes na condução de conversações sabem empregar com muita propriedade a sinalização com as mãos, os olhos e/ou movimentos do corpo e da face, para transmitir mensagens objetivas a um ou ambos os interlocutores.

Na impossibilidade de obter cooperação da parte oponente, cabe ao advogado preparar o cliente para lidar com a situação. Naturalmente, isso pode tornar-se difícil de realizar quando se trata de uma pessoa agredida pela outra e que nutre genuíno medo de que a agressão se repita; o mesmo ocorre quando há uma forte relação de dependência, de submissão, resultante de muitos anos de convivência; o medo também é um sentimento esperável quando, do lado oposto, encontra-se um indivíduo reconhecido por sua periculosidade.

c) Aplicar técnicas de clarificação das mensagens para estimular a comunicação

Estas técnicas, se bem aplicadas, evitam que as comunicações sofram interrupções ou bloqueios. Elas requerem a escuta ativa, para identificar os melhores momentos em que podem ou devem ser utilizadas.

As mais conhecidas encontram-se a seguir relacionadas. Elas são bastante conhecidas de psicólogos e advogados experientes, porque constituem ferramentas inerentes ao exercício da profissão.

Técnica	Ação
Reafirmação	Repetir com as mesmas palavras de quem falou.
Paráfrase	Repetir com palavras diferentes, sempre empregando termos simples e objetivos
Escuta	Ativa — decodificar a mensagem para os clientes.
Sumário	Condensar a mensagem.
Expansão	Repassar a mensagem elaborando e ampliando para melhorar a compreensão.
Ordenação	Ajudar a ordenar as ideias (no tempo, no espaço, por tamanho, por prioridade, por impacto financeiro, etc.).
Agrupamento	Combinar ideias (por semelhança, oposição, etc.).
Estruturação	Ajudar a organizar e dispor o pensamento e o discurso com coerência.
Fracionar	Dividir uma ideia em partes menores.
Generalizar	Identificar aspectos gerais.
Aprofundar	Fazer perguntas para aprofundar a compreensão de uma ideia ou de suas consequências.
Esclarecer	Fazer perguntas para clarificar aspectos relacionados com uma ideia.

Estas ações possibilitam que a pessoa que expressa uma ideia avalie se o entendimento foi correto. Especialmente indicadas em julgamentos, possibilitam clarificar depoimentos de testemunhas, quando qualquer dúvida pode comprometer a compreensão do julgador.

d) Estabelecer o tom da conversação

Quando o advogado utiliza linguagem não adversarial, desvia as energias do conflito para o entendimento, o que é altamente recomendável em negociações, ou, no mínimo, consegue que as atenções não se concentrem na adversariedade.

Vale, aqui, uma conhecida regra, utilizada extensamente nos cursos e livros de autoajuda: palavras boas engendram bons pensamentos. Estes facilitam aos envolvidos — réu e testemunhas — organizar e expressar melhor suas ideias.

e) Administrar o momento para a comunicação

Uma boa proposta, uma comunicação esclarecedora, uma orientação necessária perdem a eficiência quando empregadas no momento inadequado.

Muitas vezes, as partes precisam que o processo se estenda para que elas possam justificar, para elas mesmas, o esforço empreendido na tentativa de encontrar uma solução para o conflito, ainda que por via adversarial. Uma tentativa precoce de acordo encontrará os participantes ainda imaturos quanto à disposição para realizá-lo e sem motivação para aceitar os termos.

Quando qualquer das partes encontra-se dominada por visível emoção (raiva, suspeita, dor, insegurança etc.), torna-se difícil avaliar os benefícios de uma proposta, ainda que razoável. Durante a efervescência das paixões, as pessoas tornam-se surdas e cegas a argumentos e ponderações. É preciso dar tempo para que os batimentos cardíacos e a pressão arterial voltem ao normal.

Um copo de água, um pequeno intervalo, a oportunidade de respirar profundamente e enxugar o suor possuem o poder de interromper um círculo vicioso de ódio e ansiedade.

f) Ensinar e estimular a prática do *feedback*

Transmitir informações a respeito da mensagem recebida não é uma prática intuitiva. As técnicas de *feedback* enfrentam restrições socioculturais porque a sociedade, em um ambiente nitidamente visual, privilegia a escuta precária, com todas as suas limitações.

Moscovici (1995, p. 53-64) alinha uma série de atributos para que um *feedback* seja útil à boa comunicação.

Ele deve, em primeiro lugar, ser descritivo; se assim não for, desencadeará mecanismos de defesa na outra parte, reduzindo ou bloqueando a escuta e interrompendo a comunicação.

É importante que o *feedback* seja específico, associado a um determinado tema, para que a compreensão se torne inequívoca. Ele deve ter um efeito pragmático, deve ser dirigido para comportamentos que se encontram ao alcance da ação do emissor. Por exemplo, o *feedback* dirigido para o comportamento de proferir palavras de baixo calão.

Aquele que emite o *feedback* deve estar atento ao momento de fazê-lo, para que ele seja percebido como oportuno; se assim não for, gerará mecanismos de defesa. Outra preocupação é utilizar uma linguagem compreensível para o destinatário da mensagem; o *feedback* empregando termos pouco acessíveis ao interlocutor apenas dá ideia de pedantismo, aumenta a separação e bloqueia a comunicação entre os envolvidos.

O *feedback* deve concentrar-se nos sentimentos daquele que o emite, para que o outro os compreenda.

Para Suares (2002, p. 59), conseguir que as partes se expressem já no início do processo proporciona efeito de catarse, que evitará, mais tarde, obstruções em decorrência de emoções que se mantiveram reprimidas.

Essa catarse, entretanto, se possui eficácia para dar vazão a conteúdos emocionais, pode ser muito pouco útil para a eficácia da compreensão dos fatos. Os participantes, quando puderem controlar suas emoções, voltarão aos mesmos assuntos e nada impedirá que surjam novas versões.

A comunicação eficiente contribui para eliminar o mal-entendido, em que, segundo Acland (1993, p. 86), combinam-se percepções errôneas entremeadas com má informação; suposições não comprovadas; estereótipos; expectativas não realistas; rumores e fofocas; recordações, exatas e inexatas, de experiências passadas.

A comunicação equivocada causa e agrava conflitos (ACLAND, 1993, p. 84) porque a interpretação de novas mensagens recebe influência das lembranças que os interlocutores possuem do que antes se comunicou e do clima que foi criado.

Segundo Heloisa Primavera (2003, p. 213-252), algumas operações elementares permitem o redesenho das conversações e seu adequado manejo:

1 — Discriminar permanentemente "fatos" de "interpretações"

Quando a emoção predomina, a informação qualitativa toma o lugar da objetiva e estabelece um obstáculo à comunicação, no campo da linguagem.

Neuzidete relatou, de um só fôlego, a última briga que envolveu o marido, Paulo, e sua mãe. Segundo ela, "Paulo foi extremamente grosseiro, estúpido. Humilhou-a o quanto deu, até que ela saiu de casa chorando". Isso fez com que ela decidisse se separar, definitivamente, de Paulo. Dr. Rafael encarregou-se de transformar a narrativa emocional de Neuzidete em descrição dos fatos. Iniciou perguntando o que ela queria dizer por "grosseiro, estúpido". "Paulo bateu em sua mãe?", perguntou. Descobriu, então, que não houve agressão física.

Neuzidete acabou por deixar claro que Paulo se limitou ao uso de palavras de baixo calão, elevando a voz, sendo que sua mãe também o xingou de modo semelhante... Objetivamente, ambos se ofenderam... Expressões como "extremamente grosseiro, estúpido, humilhou-a o quanto deu" não contribuem para o entendimento dos fatos.

Márcio, empregado de um grande escritório, liderou as reclamações a respeito das condições de trabalho. Alegava a existência de excesso de pessoas na mesma sala. A gerente, Suzete, ponderava que nunca ninguém havia reclamado e que, para a maioria, o espaço era mais do que adequado e insinuava que Márcio, de fato, não passava de um agitador. Expresso de modo numérico, eliminam-se dúvidas a respeito da questão: naquele escritório, 20 pessoas dividiam um espaço de 50 m^2.

Nas relações familiares, a informação qualitativa acontece com muita facilidade porque, naturalmente, predomina a emoção.

Um dos argumentos utilizados por Nilza, para justificar a separação, era de que o marido, Jorge, engenheiro de obras, "sempre" chegava muito tarde do trabalho, provocando-lhe sentimentos de abandono e solidão e prejudicando definitivamente a criação dos três filhos pequenos. Trata-se de uma informação vaga, muito diferente de afirmar que, no último mês, o marido chegou entre as 21 e 23 horas em 75% dos dias trabalhados. Para Jorge, isso acontecia apenas "de vez em quando". O pouco para um pode ser muito para outro...

Quando as pessoas aprendem a relatar os fatos, os conflitos tendem a se transformar, porque "dados exigem dados" para serem respondidos.

2 — Identificar interpretações representando "posição de justificação" e "posição de responsabilidade"

Quando o marido diz que é impossível conviver com o excesso de gasto da família, tem-se uma posição de justificação; a mesma situação expressa por "precisamos encontrar uma forma de fazer com que os gastos da família tornem-se compatíveis com os recursos" denota responsabilidade.

3 — Definir com a maior precisão possível os padrões de declarações e juízos

O quadro seguinte compara declarações obscuras com declarações objetivas a respeito dos mesmos conteúdos:

Declaração obscura	Declaração objetiva
A maioria dos empregados não concorda com a oferta da empresa.	85% dos empregados não concordam com a oferta da empresa.
A maior parte dos clientes mostra-se satisfeita e não há por que mudar o procedimento.	95% dos clientes, em uma pesquisa com 90% de confiabilidade e 7% de margem de erro, mostraram-se satisfeitos com o procedimento adotado e, por isso, a empresa não vê motivos para alterá-lo.
Meu marido quase nunca aceita as sugestões dos filhos.	No último ano, nenhuma das sugestões dos filhos foi aceita por meu marido.
O acusado sempre trafega em alta velocidade pela avenida.	As observações realizadas pela polícia comprovaram que, durante uma semana, o acusado trafegou, por três vezes, em alta velocidade pela avenida.

As declarações objetivas ensejam uma percepção mais adequada das condições que cercam a situação.

4 — Definir com a maior precisão possível as condições de satisfação de pedidos, ofertas e promessas

Frases como as seguintes constituem sementes de conflitos:

— os apartamentos serão entregues no final do ano;

— a empresa assegura que os novos equipamentos funcionarão com muito mais confiabilidade do que os anteriores.

Colocadas de modo preciso, elas não dão margens a dúvidas e más interpretações:

— os apartamentos serão entregues até o dia 10 de dezembro;

— a empresa assegura que os novos equipamentos apresentarão uma taxa de defeito igual ou inferior a 5% no primeiro ano de funcionamento.

O redesenho das conversações aplica-se às partes e suas testemunhas e também pode ser praticado pelos próprios advogados. Eles devem estar atentos à compreensão dos conteúdos pelas partes, principalmente quando existem conhecimentos especializados envolvidos. A tendência entre os especialistas é subestimar a dificuldade de entendimento dos outros.

Essa questão é particularmente importante nos processos em que há necessidade de intervenção do Júri Popular.

Juízes e advogados devem ter presente que os membros do júri, pessoas como todas as demais, estão sujeitos aos mesmos fatores emocionais que provocam a má escuta, aos quais o advogado precisa manter-se atento para neutralizá-los por meio de manobras específicas. Esses fatores incluem (ACLAND, 1993, p. 214):

— *distorção ou omissão de conteúdos*: as pessoas tendem a prestar maior atenção aos conteúdos que coincidem com suas ideias;

— *sobrecarga de conteúdos*: o excesso de elementos a considerar dificulta o registro e o processamento das informações, principalmente porque o raciocínio acaba polarizado para aquelas que desencadeiam emoções mais intensas;

— *alteração da sequência de informações*: as pessoas, dominadas pela emoção, não conseguem ordenar seus relatos, estabelecer sequências lógicas ou dar a prioridade mais conveniente;

— *reação emocional*: temas sensíveis ocasionam as mais diversas reações, da explosão à apatia, da depressão à euforia;

— *percepção, pelos envolvidos, de diferenças de categoria entre as pessoas*: fatores emocionais relacionados com a cultura e condições de vida dos envolvidos podem conduzir a comportamentos dificultadores da comunicação, relacionados a sentimentos de inveja, medo, raiva etc.;

— *estereótipos*: também aqui os fatores emocionais, associados à etnia, à religião, à política, ao sexo, a opções de vida também conduzem a dificuldades na comunicação, gerando sentimentos que vão do desprezo à ira, da compaixão à repulsa etc.;

— *reações ante o tom e o aspecto* (e não ante o conteúdo): indumentária, aspecto físico, higiene, enfeites, joias etc. despertam emoções diversas nas pessoas, especialmente quando um ou mais desses elementos despertam lembranças indesejáveis ou causadoras de desconforto; segundo Moore (1998, p. 167), os objetos mais importantes usados pelos negociadores para influenciar as outras partes são suas roupas, sendo que elas podem também influenciar a aceitabilidade e a credibilidade da parte ou das testemunhas. Folberg e Taylor (1985, p. 127) destacam a importância de o advogado desenvolver a capacidade para interpretar o verdadeiro significado atrás das frases e do tom utilizado;

— *sensibilidade a fatores físicos associados ao ambiente em que se realiza a sessão*: há pessoas notavelmente sensíveis à ergonomia, à temperatura, à iluminação e às cores do ambiente.

Quando uma situação aparentemente trivial gera mais paixão do que o justificado, pode-se ter a certeza de que se encontram em jogo fatores encobertos (ACLAND, 1993, p. 83) e cabe ao advogado e ao juiz avaliarem se (1993, p. 215) todos os interessados (advogados, jurados) realmente ouvem e entendem o que se quer dizer.

3. Teorias em Psicologia: uma visão geral

Este capítulo tem por objetivo propiciar uma visão geral dos principais conceitos ligados à psicologia. *Skinner* (1992, p. 50) registra que "o comportamento humano é, talvez, o objeto mais difícil dentre os que já foram alvo dos métodos da ciência ...".

Nesta obra, distingue-se atitude de comportamento. Considera-se "atitude" "uma predisposição a responder cognitivamente, afetivamente e comportamentalmente a um objeto específico de modo particular" (HUFFMAN; VERNOY; VERNOY, 2003, p. 616). Predisposição, entretanto, não significa ação; ela pode, simplesmente, não se consumar.

As atitudes transformam-se ao longo da vida e a discrepância entre elas e os comportamentos podem provocar variáveis níveis de tensão psicológica. O indivíduo modifica sua atitude com o objetivo de reduzir essa tensão. A cultura influencia fortemente nos efeitos que essa discrepância ocasiona, assim como na escolha das estratégias de cada indivíduo para reduzir a tensão.

A extrema complexidade do comportamento humano ensejou o surgimento de diversas escolas de Psicologia, muitas delas iniciando-se a partir da década de 1950. Cada uma delas enfoca o comportamento humano de maneira diferente quanto à sua origem e às possibilidades de atuar sobre ele. Todas possuem pontos em comum e complementam-se, propiciando que se encontrem psicólogos utilizando diferentes procedimentos e estratégias.

Obviamente, não há como estudar e tentar compreender o comportamento humano utilizando um único modelo teórico. A riqueza psíquica e comportamental do ser humano requer uma apreciação ampla, desprovida de preconceitos e padrões, de todos os elementos que influenciam os comportamentos emitidos.

A Psicologia concentra-se, pois, no estudo dos fenômenos relacionados com o funcionamento de indivíduos e grupos. Sua ação estende-se a crianças, adolescentes, idosos, executivos, famílias e Organizações, sob diferentes enfoques. Os conhecimentos de Psicologia mostram-se de grande valor para a compreensão dos mecanismos mentais que se encontram presentes no conflito interpessoal e, por isso, apresentam interesse imediato para o profissional do Direito.

As teorias em Psicologia são apresentadas sem preocupação com a sequência histórica que marcou seu desenvolvimento e, também, sem a intenção de esgotar a variedade de abordagens teóricas, o que seria incompatível com as possibilidades e objetivos da obra. Procurou-se, pois, proporcionar ao texto uma amplitude que permita ao profissional ou estudante do Direito, compreender qualitativamente a diversidade de entendimentos que cerca esse tema tão complexo: o comportamento humano.

3.1. Abordagens psicodinâmicas

Nestas abordagens, entende-se que forças relacionadas com os mecanismos psíquicos, na relação entre o consciente e o inconsciente, impulsionam o comportamento humano. Para elas, e para a Psicologia em geral, foram marcantes as contribuições e teorias de Freud, Jung e Adler, entre outros estudiosos.

Sigmund Freud (Tchecoslováquia, 1856-1959), médico e escritor brilhante, foi a primeira grande influência nessa forma de perceber o que impulsiona e se esconde por trás do comportamento. Devem-se a ele conceitos fundamentais que orientaram seus discípulos e inúmeros estudiosos, inclusive aqueles (que foram muitos) que com ele acabaram por entrar em irreconciliáveis conflitos.

Ele conceituou a existência do inconsciente, cujas manifestações de conteúdos estudou extensamente. A compreensão da força do inconsciente e do modo como ele se manifesta apresenta grande importância para todos que interagem com pessoas.

Para Freud, os processos mentais não acontecem ao acaso (FADIMAN; FRAGER, 1986, p. 7) e um comportamento aparentemente surpreendente de um cônjuge, empregado, empregador, advogado, juiz ou testemunha tem suas razões para acontecer.

Freud percebe conexões entre todos os eventos mentais (FADIMAN; FRAGER, 1986, p. 7), não havendo como um indivíduo desempenhar papéis diferentes em casa, no lazer, no trânsito e no trabalho e ajustar-se a todas essas situações sem experimentar algum tipo de consequência (patológica ou não) do ponto de vista psíquico. Cônjuges não conseguirão abordar seus problemas sem que as questões do trabalho se encontrem presentes, e assim sucessivamente.

Segundo ele, a maior parte dos processos mentais é absolutamente inconsciente (FREUD, 1974, p.171). Quando o indivíduo declara, referindo-se a alguma ação por ele cometida, que “não sabia o que estava fazendo”, ele, de fato, não percebe que agia dominado pelo inconsciente, em que não existe o conceito de tempo, de certo e errado e não há contradição (FREUD, 1974, p. 237). No sonho, isso se evidencia: o inconsciente encontra-se livre da censura e da ordenação lógica do consciente.

Esse entendimento sugere que comportamentos considerados “inaceitáveis”, “imprevisíveis”, “inusitados” podem ser frutos de forças originadas no inconsciente, das quais o indivíduo não tem a menor percepção.

Uma das contribuições teóricas de Freud que alcançou grande impacto e que possibilita uma série de interpretações é o seu modelo de estrutura do aparelho psíquico, que seria composto por três elementos: o *id*, o *ego* e o *superego*, sendo:

— *Id* ou *isso*: a parte mais primitiva e menos acessível da personalidade, constituída de conteúdos inconscientes, inatos ou adquiridos, que buscam a contínua gratificação (FADIMAN; FRAGER, 1986, p. 10-11).

— *Ego* ou *eu*: responsável pelo contato do psiquismo com a realidade externa, contendo elementos conscientes e inconscientes (FREUD, 1974, p. 11).

— *Superego* ou *supereu*: atua como um censor do *ego*. Tem a função de formar os ideais, a auto-observação etc. (FREUD, 1974, p. 70-71). O *superego* constitui “a força moral da personalidade. Ele representa o ideal mais do que o real e busca a perfeição mais do que o prazer” (CAMPBELL; HALL; LINDZEY, 2000, p. 55).

O comportamento, na concepção psicodinâmica, “é quase sempre o produto de uma interação entre esses três sistemas e raramente um sistema opera com a exclusão dos outros dois” (CAMPBELL; HALL; LINDZEY, 2000, p. 53).

O *id* não conhece juízo de valor (bem, moral), busca sempre a satisfação imediata; atua de acordo com o princípio do prazer e a ele não se aplicam as leis lógicas do pensamento. Nele podem habitar conteúdos contrários sem que um anule ou diminua o outro (FADIMAN; FRAGER, 1986, p. 11).

O *ego* atua de acordo com o princípio da realidade (FREUD, 1974, p. 39). Ele procura unir e conciliar as reivindicações do *id* e do *superego* com as do mundo externo, buscando harmonizar seus reclamos e exigências — frequentemente incompatíveis (FREUD, 1974, p. 99).

O *ego,* portanto, faz o papel de estrategista: adia exigências do *id*, adquire conhecimentos, avalia riscos e oportunidades; ao mesmo tempo, realiza a interação com o mundo exterior, procurando comportar-se do modo mais adequado a cada situação. Ele ajusta-se às situações, com uma flexibilidade que o *id* e o *superego* não possuem.

O *superego* recompensa o *ego* por comportamentos aceitáveis e cria sentimentos de culpa para castigá-lo por ações ou pensamentos contrários a princípios morais (DAVIDOFF, 1983, p. 521). O *superego*, por conseguinte, julga: censura ou aprova.

O indivíduo dominado pelo *id* ou pelo *superego* tem o senso de realidade prejudicado — estará mais propenso, por exemplo, a cometer crimes e delitos, para auto-gratificação, ainda que em prejuízo da sociedade. Levado ao extremo, poderá nem mesmo compreender porque é punido ao cometer um roubo ou um homicídio.

O caso de Nelson repete o de inúmeras crianças que desconheceram limites em suas infâncias e adolescências, protegidas pelo poder econômico dos pais. Acostumado a receber prontamente tudo o que sempre pediu, sem critérios de escolha e de valor, deparou-se com seu primeiro limite na escola — quando um colega tomou-lhe à frente na conquista da primeira namorada. Com o revólver do pai, assassinou o colega à saída da aula. Na concepção de Freud, trata-se de uma criança totalmente dominada pelo princípio do prazer. A recuperação desse indivíduo para a sociedade será extremamente difícil e a fragilidade dos sistemas educativo e penitenciário contribuem para torná-lo um desafio para a sociedade.

Deve-se também a Freud o conceito de “mecanismos psicológicos de defesa”, empregados de maneira “mais ou menos consciente” (SILLAMY, 1998, p. 70), para diminuir a angústia nascida dos conflitos interiores. Constituem uma forma, adotada pelo psiquismo, de enfrentar situações estressantes por meio da distorção da realidade (HUFFMAN; VERNOY; VERNOY, 2003, p. 478).

Eles são utilizados pelas pessoas para adaptar-se a uma situação provocadora de conflito, real ou percebido. Alguns dos mecanismos descritos na literatura, encontráveis com muita frequência em relações interpessoais no ambiente de trabalho e familiar, são os seguintes:

— *deslocamento*: a pessoa transfere a emoção ligada a uma ideia de difícil ou impossível aceitação para outra, desviando "sentimentos emocionais de sua fonte original a um alvo substituto" (WEITEN, 2002, p. 351); pode ser uma estratégia, por exemplo, para lidar com uma paixão inaceitável do ponto de vista social — o indivíduo "bebe para esquecer";

— *distração*: o indivíduo desloca a atenção, inconscientemente, para objeto diferente daquele com o qual se ocupava (SILLAMY, 1998, p. 81); a testemunha ou o jurado pode perder a concentração para não enfrentar o tema tratado; a pessoa se distrai no trânsito e origina um acidente;

— *fantasia*: "a troca do mundo que temos por aquele com o qual sonhamos" (VERGARA, 1999, p. 49), muito comum nos adultos normais em épocas que precedem ou sucedem os períodos de crises; pode justificar a esperança do litigante, mesmo com todas as indicações em contrário, de que obterá sucesso em sua demanda; a pessoa transgride a lei, fantasiando que, com ela, nada acontecerá; o indivíduo torna-se um traficante, justificando, para ele mesmo e para os outros, que fará isso "apenas pelo tempo necessário para dar um jeito na vida";

A fantasia explica o comportamento daquele advogado que presta serviços a pessoas que não honram seus compromissos (de qualquer espécie) e que, portanto, envolvem-se corriqueiramente em conflitos, e acredita que "com ele vai ser diferente". De um lado, encontra-se alguém que se considera acima das obrigações dos mortais comuns (tal como pagar o honorário do advogado), e de outro, um profissional que se sente valorizado pelo fato de atender pessoas de prestígio e/ou poder...

A fantasia leva a jovem a se prostituir, acreditando que encontrará uma pessoa sensível e amorosa que se apaixonará por ela e lhe dará uma "outra vida".

— *identificação*: o indivíduo modela sua conduta para tornar-se parecido com outra pessoa (SILLAMY, 1998, p. 124); por meio da identificação, a pessoa estabelece "uma aliança real ou imaginária com alguém ou algum grupo" (WEITEN, 2002, p. 351); componentes de gangues identificam-se com os líderes, vestindo-se e comportando-se como eles; as Redes Sociais são formadas por pessoas que se identificam, para o bem ou para o mal, por exemplo, para combinar ações da vandalismo, para conseguir doações destinadas a um projeto beneficente.

— *isolamento*: mecanismo adequado à evitação de conflitos ou à fuga ao convívio com pessoas; certas atividades desempenham o papel de refúgio eficaz, socialmente aceito; há sempre justificativa para uma solitária "hora extra" na empresa;

— *negação da realidade*: o indivíduo recusa-se a reconhecer fatos reais e os substitui por outros imaginários (SILLAMY, 1998, p. 162); uma ou ambas as partes recusam-se a aceitar evidências; o filho foi visto com um grupo de dependentes de drogas, mas os pais preferem acreditar que se trata apenas de uma coincidência social, afinal, "eles se conhecem desde pequenos";

Muitas pessoas possuem enorme dificuldade para aceitar que tenha ocorrido abuso sexual de crianças, praticado por parentes próximos. Em um primeiro momento, podem até mesmo acreditar que se trata de imaginação da vítima. O psiquismo tudo faz para preservar a imagem da pessoa, especialmente se ela é bastante querida entre os familiares. Isso, naturalmente, dificulta a ocorrência de denúncias e favorece o acobertamento.

Em localidade do interior do Estado de São Paulo, inúmeros devotos de uma comunidade religiosa recusaram-se a acreditar nas evidências de prática de pedofilia pelo apreciado sacerdote que nela prestava serviços.

— *racionalização*: consiste em buscar um motivo lógico para determinado comportamento ou sentimento (SILLAMY, 1998, p. 198); trata-se de "criação de desculpas falsas, mas plausíveis, para poder justificar um comportamento inaceitável" (SILLAMY, 1998, p. 351); situação bastante comum nos julgamentos;

— *regressão*: "a adoção mais ou menos duradoura de atitudes e comportamentos característicos de uma idade anterior" (SILLAMY, 1998, p. 201); a regressão é muito comum em situações de conflito. No criminoso, evidencia-se na expressão de comportamentos típicos de indivíduos que esperam uma solução paternalista, livrando-os de assumir a responsabilidade por seus atos: a "culpada" é a sociedade que não lhe deu oportunidades de progredir na vida;

— *projeção*: consiste em o indivíduo atribuir a outra pessoa (ou grupo, ou mesmo ao mundo) algo dele mesmo; muito comum entre indivíduos normais e causa de certos erros de juízo (SILLAMY, 1998, p. 185); merece toda atenção daqueles que venham a exercer a tarefa de "jurado" perante o Tribunal do Júri, que não devem projetar no réu suas próprias virtudes ou defeitos, mágoas ou preconceitos (merece ser visto, a esse respeito, o filme "Doze homens e uma sentença", em que um dos jurados é um pai amargurado pelo desprezo do filho e que projeta, no réu, sua imensa amargura — absolutamente imperdível, tanto na versão de 1955 com Henry Fonda, como na mais moderna, com Jack Lemmon. O filme, de grande sucesso, é encontrável nas videolocadoras);

— *sublimação*: consiste em desviar a energia para algo socialmente aceito (SILLAMY, 1998, p. 225), facilitando a adaptação ao meio social.

A projeção constitui um dos mecanismos de defesa mais frequentes na situação de conflito. Acland (1993, p. 176) reporta que:

> Alguns dizem que todo conflito é uma projeção: os conflitos com o mundo exterior são reflexo dos nossos conflitos interiores. Os demais são utilizados como uma desculpa e uma oportunidade para desafogar os sentimentos que afloram do nosso mundo interior.

Assim, a pessoa reclama do barulho da festa, que ela mesma não pode fazer porque não tem amigos; queixa-se das crianças ao síndico do edifício, em que vive só; o marido condena a esposa que o traiu, negando o sentimento de humilhação, etc. Com certeza, quanto maior a carga emocional, tanto maior a tendência a realizar projeções, e essa questão pode influenciar, decisivamente, a opinião de um Juiz, por exemplo.

Ademir, gerente de uma pequena empresa, envolveu-se em grande conflito com o pai, um senhor aposentado que jamais teve uma vida conjugal harmoniosa com a esposa. Por meio de terceiros, soube que o pai mantinha um relacionamento amoroso esporádico com outra mulher; um determinado dia, discutiu com ele e agrediu-o violentamente, acusando-o da traição. Pouco tempo após o episódio, o mesmo gerente é visto por alguns conhecidos acompanhado de outra mulher, repetindo o comportamento que tanto admoestara no pai. Curiosamente, os demais integrantes da família, que tanto criticaram o pai pela infidelidade, foram mais complacentes com o filho...

A presença de mecanismos de defesa pode justificar inúmeros comportamentos de resistência às exigências do processo (ações evasivas, falta de pontualidade etc.). Advogados, juízes e promotores devem estar atentos à manifestação dos seus próprios mecanismos de defesa, por meio dos quais, inconscientemente, poderão estar lidando (possivelmente de modo inadequado) com situações ou pessoas que lhe ocasionam desconforto psíquico. A atração sexual por um réu ou testemunha, por exemplo, merece particular atenção, para que ela não desperte algum desses mecanismos.

Essa questão torna-se crucial em demandas com evidentes aspectos ligados a poder, credo, etnia, opção política etc., em que podem eclodir, ainda que inconscientemente, preconceitos. Exemplo típico encontra-se no julgamento relacionado com a guarda de filhos, em que "o perigo maior continua residindo nos preconceitos decorrentes do sexo, sempre negativos em relação ao homem, quando se trata de guarda. A referência ao papel tradicional da mãe, 'naturalmente' boa [...] continua exercendo um fascínio sobre os julgadores, que não conseguem se desembaraçar de uma tradição, hoje contestada a nível fático" (LEITE, Eduardo de Oliveira, *apud* CARBONERA, 2000, p. 148-149).

Quando o julgamento envolve personalidades da vida pública, a questão torna-se crucial, porque a mídia incumbe-se de criar imagens em torno de tais pessoas. Algumas são apresentadas como arrogantes, outras como pretensiosas; há aquelas eleitas como ícones da virtude e da nobreza de caráter, enquanto se insinuam comportamentos francamente condenáveis para outras. Todas essas imagens são construídas em função de interesses que escapam ao conhecimento do público e que se prestam a construir uma opinião em torno dos envolvidos. Juízes, advogados, promotores, jurados, testemunhas são atingidos e afetados por essas informações, ainda que de maneira inconsciente.

Deve-se a Carl Gustav Jung (Suíça, 1875-1961), um dos discípulos de Freud, o conceito de símbolo: um produto natural, espontâneo, que "significa sempre mais do que o seu significado imediato e óbvio" (JUNG, 1995, p. 55), existindo muitos símbolos de natureza e origem coletiva, sobretudo as imagens religiosas.

As pessoas costumam carregar seus símbolos com elas (crucifixos, por exemplo) e estar atento a isso é uma forma de conhecer a respeito de seus valores, o que para eles possui especial significado, ambientes que frequentam, características do círculo de amizades. Existem símbolos que dignificam e outros que produzem o efeito contrário. Há os que denotam alinhamento ideológico; outros marcam descontentamento, revolta. Inúmeras tatuagens representam símbolos, e não simples desenhos decorativos sobre a pele.

> Organizações religiosas desenvolvem símbolos que unem e transmitem energia a seus filiados; esses símbolos, nos momentos de solidão, mantêm o indivíduo ligado ao coletivo, proporcionando-lhe conforto psíquico. Símbolos encontram-se presentes nos grupos policiais e criminosos, desempenhando papel semelhante: estimular a coragem, amedrontar os inimigos, criar sentimento de comunhão em torno de objetivos; os símbolos são respeitados, reverenciados e protegidos por todos, evidenciando-se diversos rituais em torno deles.

Determinados bens podem fazer o papel de símbolo (ACLAND, 1993, p. 93). Quando isso acontece, disputas relativas à sua posse podem se tornar de difícil solução, porque inevitavelmente estarão impregnadas de profundas emoções. Por exemplo, a posse de um objeto artístico, um móvel antigo etc., durante uma partilha ou divisão de bens em separação. Para muitos jovens (e adultos) a posse de determinados modelos de automóvel representa um símbolo notável, associado ao *status* que ela proporciona.

Alfred Adler (Viena, 1870 — Escócia, 1937), influenciado por Darwin, baseava-se "na premissa de que a adaptação ao meio ambiente constitui o aspecto mais fundamental da vida" e que, portanto, o ser humano era dirigido pela "luta pela superioridade" (FADIMAN; FRAGER, 1986, p. 73). Para ele, "o interesse social é inato, mas os tipos específicos de relacionamentos com pessoas e instituições sociais que se desenvolvem são determinados pela natureza da sociedade em que a pessoa nasce" (CAMPBELL, HALL; LINDZEY, 2000, p. 118). Acreditava que a "cooperação e o sentimento comunitário são mais importantes do que a luta competitiva" (FADIMAN e FRAGER, 1986, p. 73).

Adler conceituava como "saudável" o indivíduo que luta construtivamente pela superioridade, com forte interesse social e cooperação. Segundo sua concepção, os maiores obstáculos ao crescimento do indivíduo encontram-se na inferioridade orgânica, já citada, na superproteção e na rejeição — não sem motivo, presentes na gênese de tantas questões trabalhistas e conflitos societários e familiares.

Pais que superprotegem seus filhos; sócios, gerentes e supervisores que limitam os desafios inibem o crescimento das pessoas. O protecionismo traz o gérmen da acomodação e a incapacidade de enfrentar mudanças, que se refletem na extrema dificuldade que tantas pessoas apresentam para aceitar pequenos sacrifícios. Muitas vezes, um pai ou uma mãe superprotetores, ou mesmo um gerente bem-intencionado, desempenham papéis decisivos nas histórias desses indivíduos. Naturalmente, esperam que seus advogados decidam por eles. Possivelmente, terão expectativas similares em relação a juízes, árbitros e mediadores (quanto a estes últimos, o cuidado deve ser muito maior, à medida que, na maioria das arbitragens e mediações, são os próprios litigantes que elegem o árbitro ou o mediador que deverá dar a decisão ou buscar a melhor solução para o conflito).

O protecionismo encontra-se relacionado com as queixas de toda a sociedade a respeito da atuação da Justiça. Quando as autoridades investidas de poder possibilitam que os mais diversos cargos ligados ao Judiciário sejam preenchidos por filhos e parentes, abre-se mão do critério de competência, semeia-se a acomodação e cerceia-se a crítica construtiva e indispensável que deve emanar do próprio sistema. Os efeitos maléficos do nepotismo são incontáveis: pessoas de elevada competência deixam de ser aproveitadas para inúmeras funções; perdem-se soluções criativas para os problemas; ratificam-se procedimentos arraigados por falta de profissionais dispostos à contestação; criam-se redes de compromissos que apenas contribuem para acentuar a falta de perspectivas de transformação. O nepotismo traz consequências que vão muito além da democratização do acesso, como pode ser muito bem avaliado à luz das teorias aqui apresentadas, sejam elas sistêmicas, cognitivas ou comportamentais.

Adler também assinalou que "os problemas psicológicos e emocionais não podem ser tratados como questões isoladas" (ADLER, 1956, p. 77). Quando a integração não acontece, tem-se uma doença física ou mental — algo, enfim, de ampla aceitação nos dias de hoje. Pensar no indivíduo como um ser integral — corpo, mente e espírito — é imperativo.

3.2. Abordagem cognitiva

As ideias são cárceres de longa duração,
fora dos quais não podemos viver.
BRAUDEL, *apud* ACLAND, 1993, p. 242

O entendimento de que o conceito de mundo da pessoa determina seu comportamento constitui uma das contribuições fundamentais de Adler e alinha-se com uma concepção cognitiva da motivação. Segundo ele, os sentidos não recebem fatos reais, mas, apenas, uma imagem subjetiva deles, um reflexo do mundo externo.

Esta questão, extensamente estudada na neurologia, tem sido ratificada em experiências laboratoriais. Estudioso do tema, o renomado neurologista Oliver Sacks é conclusivo: "o mundo não nos é dado: construímos nosso mundo através de experiência, classificação, memória e reconhecimento incessantes" (1995, p.129). Dessa maneira, cada indivíduo age e reage conforme sua visão de mundo.

Quando ela se mostra restritiva, anêmica, limitada, o indivíduo não consegue dedicar-se a esforços substanciais, não se motiva e elege modelos de conduta, no mínimo, medíocres, condizentes com sua percepção. Por exemplo, não se conseguem acordos aparentemente lógicos e simples em determinadas ações envolvendo conflitos societários, trabalhistas, familiares, simplesmente porque a limitada visão de mundo de uma ou de ambas as partes torna-as incapazes de compreender outras perspectivas. Essas pessoas vivem em um mundo demasiadamente anêmico para serem capazes de compreender horizontes amplos e desafiadores. A vida, que já é curta, torna-se pequena.

Frederick S. Perls (Berlim, 1893 — Vancouver, 1970) acentuou a importância da análise da estrutura de percepção e da situação da pessoa no presente (BURROW; SCHERPP, 1984, p. 29). Para ele, os seres humanos são organismos unificados, dotados de uma "unidade, corpo, alma e espírito" (1984, p. 30) e qualquer aspecto do comportamento seria uma manifestação de todo o ser.

"Na teoria de Perls", assinalam Fadiman e Frager (1986, p. 132), "a noção do organismo como um todo é central — tanto em relação ao funcionamento intraorgânico quanto à participação do organismo em seu meio...".

A conscientização constitui ponto central da sua abordagem terapêutica e seus três principais conceitos são a ênfase no aqui e agora, a visão holística do organismo e a preponderância do *como* sobre o *porquê* (1986, p.135). A ênfase no aqui e agora pode ser vital para lidar com situações em que a ligação do indivíduo com fatos ocorridos no passado apenas reforçam suas mágoas — tão comum em eventos traumáticos e conflitos interpessoais.

O advogado observa, com facilidade, o cliente preso ao passado. A fala evidencia: a pessoa apega-se obsessivamente a relatos, histórias e acontecimentos. Eventualmente, dará pouca atenção a orientações sobre novos procedimentos e não emprestará o devido valor a ideias que possam, de alguma forma, colocar em confronto suas crenças.

A essência da estratégia consiste em deslocar as atenções do indivíduo e concentrá-las no momento presente, para que ele possa avaliar melhor as condições atuais e as melhores formas de agir. Presa do passado, a pessoa escolhe formas ou alternativas de ação que, muitas vezes, revelam-se inadequadas ou encontram-se ultrapassadas para lidar com um novo contexto. Além disso, pode estar sendo dirigida pelo desejo de vingança, desencadeado por alguma frustração ocorrida, que a leva à demanda judicial e dirige suas ações.

Perls foi um dos pioneiros na utilização do conceito de processo na análise das situações, isto é, a série de acontecimentos interligados que conduzem à situação final. Em muitos conflitos, a pouca ou nenhuma atenção ao processo priva os advogados e o juiz de informações essenciais. Os aspectos emocionais fazem com que a atenção dos litigantes concentre-se em um ou outro aspecto mais marcante. Busca-se o porquê e, facilmente, se esquece do como. Por exemplo, a descrição da vida familiar, de como os fatos se sucederam ao longo de um período, pode mostrar-se relevante para se compreender o comportamento das partes, evidenciando os detalhes que levaram, por exemplo, a agressões físicas ou psicológicas.

Para Aaron T. Beck (Rhode Island, EUA, 1921), as interpretações que um indivíduo faz do mundo estruturam-se progressivamente, durante seu desenvolvimento, constituindo regras ou esquemas de pensamento. Estes orientam, organizam, selecionam suas novas interpretações e ajudam a estabelecer critérios de avaliação de eficácia ou adequação de sua ação no mundo (RANGÉ, 1995b, p. 80-90).

Assim, o comportamento decorre, em parte, do modo como a pessoa processa as informações a respeito do ambiente (RANGÉ, 1995a, p. 22), isto é, "dependendo das interpretações específicas e momentâneas que um indivíduo faz de cada situação, o afeto e comportamento que apresenta serão diferentes" (1995a, p. 37). Essas interpretações, explica Rangé (1995b, p. 89), "estruturam-se progressivamente, formando regras ou esquemas. Estes esquemas orientam, organizam, selecionam suas interpretações e ajudam a estabelecer critérios de avaliação de eficácia ou adequação de sua ação no mundo".

Exemplo clássico é o da pessoa que ingere bebida alcoólica para se excitar sexualmente, quando se sabe que o álcool possui propriedades inibidoras da função sexual. O poder da crença é tamanho que as expectativas do indivíduo afetam o efeito da substância psicoativa (MYERS, 1999, p. 152) e opera-se uma melhora de desempenho por efeito emocional que se sobrepõe ao fisiológico.

Reconhecer a presença de crenças subjacentes *às* interpretações permite identificar elementos que contribuem para desencadear comportamentos. Esta visão cognitiva é bem conhecida dos psicoterapeutas: os indivíduos processam determinadas informações sob influência de suas crenças e outros componentes de sua organização cognitiva, conforme assinalam Beck e Freeman (1993, p. 23), muitas vezes em flagrante contradição com informações e dados de que dispõem.

Dentro dessa linha de pensamento, Ellis (Pensilvânia, EUA, 1913) considera que a causa dos problemas humanos encontra-se nas ideias irracionais que levam as pessoas a um estado de não adaptação ao seu meio ambiente.

Ideias ou crenças desprovidas de vínculo com a realidade são comuns, mesmo entre pessoas de grande cultura. Confrontadas com a realidade, ocasionam impactos emocionais os mais variados e, eventualmente, contribuem para gerar conflitos interpessoais.

Sugar, citado por Amazarray e Koller (1998), aponta para o fato de que muitas pessoas, inclusive profissionais, têm dificuldade de aceitar que o abuso sexual de crianças ocorra com aqueles de variado grau de consanguinidade e de proximidade. Essa dificuldade, que pode ter origens de natureza sociocultural e, também, em crenças arraigadas do profissional, se desconhecida pelo profissional, tornar-se-á um obstáculo ao seu relacionamento com a vítima, com o acusado e com os familiares.

Crenças tolhem ou ampliam as opções de ação dos indivíduos — são os seus cárceres. Dependendo de sua natureza, a partir delas as pessoas edificam visões de mundo distorcidas, muitas vezes perigosas para a saúde física e mental, deles e dos que convivem com eles. Elas estão presentes em todos os ambientes: no trabalho, na vida social, no lar, no trânsito etc., e manifestam-se em declarações do tipo:

— nós sempre fizemos o melhor; os amigos é que estragaram nosso filho;

— se não fosse a pressão excessiva da escola, ele nunca teria entrado para a gangue e se tornado um drogado;

— a maior parte dos bandidos é morena, porque isso é genético;

— pais ricos são sempre ausentes; não é à toa que seus filhos são drogados.

Quando a pessoa acredita em enunciados desse tipo (o que é comum), comporta-se de acordo com o que eles expressam ou aceita justificações para comportamentos neles fundamentadas.

O poder de uma série de crenças é tamanho que elas acabam por se tornar aceitas como verdades absolutas e incorporam-se à cultura da sociedade. Por exemplo, a ideia popular de que "todo político é desonesto". Daí a importância de se identificar as crenças e ideias que se encontram por trás dos comportamentos. Elas influenciam as partes em um julgamento e, também, afetam as interpretações de advogados, promotores, juízes, árbitros e jurados. Um exemplo de como isso está presente na sociedade brasileira é a diferença de percepção que dirige as reações das pessoas quando se deparam com um "branco bem-vestido" e um "moreno mal trajado". As crenças a respeito desses estereótipos de indivíduos são tais que, de imediato, ao primeiro se atribuem virtudes e ao segundo, defeitos; ignora-se a possibilidade de o primeiro ser um estelionatário bem-sucedido e o segundo ser um honestíssimo pedreiro, por exemplo.

As crenças constituem a base de comparação empregadas pelas pessoas para interpretar os acontecimentos. A interpretação é incorreta? Investigue-se a crença que está por trás e os esquemas de pensamento subjacentes ou consequentes a ela.

> Há muitos meses, Joana desconfiava da fidelidade do marido, Miguel. Excessivo número de reuniões de trabalho, longas viagens, inúmeros jantares que se estendiam por altas horas da madrugada. Além disto, Miguel se apresentava muito distante quando a sós com ela, em casa. Joana estava convicta de que Miguel tinha outra mulher, mas para que pudesse, de uma vez por todas, resolver o problema, decidiu buscar a ajuda de amigos e de um profissional de investigação. Após poucos dias de trabalho, o detetive contratado por Joana descobriu que Miguel, efetivamente, a estava traindo... com o porteiro de seu escritório... O inusitado causou, em Joana, um extraordinário sentimento de revolta e de humilhação, que lhe provocou violenta explosão de cólera.
>
> Agrediu violentamente o marido. A novidade da situação encontrou-a totalmente despreparada para lidar com ela.

Os esquemas de pensamento falham quando o psiquismo se depara com o inimaginável. Reações absolutamente inesperadas justificam o espanto de conhecidos que comentam "nunca iríamos pensar que ela fosse fazer algo como aquilo..."!

O aspecto positivo (e essencial) dos esquemas de pensamento consiste no fato de que eles permitem "lidar com situações regulares de maneira a evitar todo o complexo processamento que existe quando uma situação é nova" (RANGÉ, 1995a, p. 90); são, portanto, essenciais à vida. Sem eles, lidar com as inúmeras situações do cotidiano tornar-se-ia um trabalho de decisão exaustivo e impossível de concluir; o desenvolvimento cognitivo se tornaria impraticável. Cada ação, por mínima que fosse, deveria receber uma consideração por parte do cérebro.

Por outro lado, e nisso reside seu lado negativo, eles fazem com que as pessoas, em muitas situações, procedam de forma estereotipada, ou deixem de visualizar interpretações alternativas e válidas. Tornam-se, pois, esquemas rígidos de pensamento, tal como "de alguém que vem de uma família como aquela, não se poderia esperar outra coisa".

Ao se deparar com os eventos, o psiquismo "dispara" esquemas de pensamento, que funcionam como caminhos predefinidos, por meio dos quais o pensamento do indivíduo trafega, sem experimentar outras estradas. Isso permite uma grande economia de energia psíquica e possibilita agilidade no tratamento das questões. Ocorre, dessa forma, um pensamento automático.

O pensamento automático possui grande utilidade prática: ao perceber o sinal vermelho, o motorista imediatamente aciona os freios. Imagine-se como seria o trânsito se, a cada mudança de cor do sinal, o condutor tivesse de gastar um tempo para refletir a respeito de qual ação tomar.

Quando ocorre o pensamento automático, o psiquismo "provoca as emoções correspondentes e, por meio delas, pode-se vir a descobrir os esquemas que as geraram" (RANGÉ, 1995a, p. 90). Assim, se a pessoa depara-se com alguém que ela não aprecia, imediatamente ocorre alguma reação de cólera, repulsa etc. O esquema rígido, portanto, funciona segundo uma equação bem simples: se... então... Não existe a opção, o talvez, a escolha.

O visual do réu pode despertar pensamentos automáticos no juiz e entre os integrantes do júri, por mais que estas pessoas estejam instruídas a respeito de sua missão e a despeito de suas integridades e princípios pessoais. O fato de a pessoa parecer-se com alguém que se encontra em evidência pode induzir sentimentos atribuíveis a essa personalidade. Isso se acentua ainda mais em decorrência de semelhanças de sotaque, gesticulação, indumentária etc., e em função da natureza do que está sendo julgado.

Existem esquemas rígidos e pensamentos automáticos essenciais e úteis à vida, e também aqueles que em nada contribuem para o bem-estar e a felicidade. Pessoas dominadas por esquemas rígidos de pensamento tornam-se incapazes de enxergar outros pontos de vista, negam-se a tomar conhecimento de novos conceitos. O exemplo típico é o dos fanáticos religiosos.

O fanático torna-se dominado por seus dogmas; ele os elege como verdades absolutas (portanto, dispensam demonstração) e, a partir delas, constrói outras verdades, e assim sucessivamente, edificando uma construção aparentemente lógica e inabalável — sobre um alicerce de areia.

Tais esquemas rígidos geram os preconceitos — o indivíduo não consegue perceber outra coisa a não ser aquela que lhe provoca ódio, repulsa ou revolta. Essa situação torna-se nítida quando se comparam os esquemas de pensamento de pessoas pertencentes a grupos que se opõem: por exemplo, policiais e delinquentes.

O preconceito está presente em situações em que uma pessoa (ou grupo de pessoas) nega a realidade (um mecanismo psicológico de defesa que pode ser adotado coletivamente).

É o caso de uma família que "desconhece" a homossexualidade entre um de seus integrantes e o respectivo parceiro. Ambos convivem com a família, mas a relação não é percebida como uma "união estável" — com as responsabilidades e direitos que ela acarreta. Esse reconhecimento torna-se importante com o falecimento do integrante da família, cujos bens foram registrados, em sua totalidade, em nome de seu companheiro (que não possuía qualquer rendimento próprio).

Nesse momento, a família se dá conta de que sempre se omitiu em relação à questão, e parte para reclamar os direitos, o que desencadeia uma longa batalha judicial, tornando pública uma situação que se pretendeu cuidadosamente ocultar, para preservar a honra de todos.

Este quadro exemplifica por que certos clientes não seguem determinadas orientações do advogado. Eles consideram "impossível" alterar seus modos de fazer e ver as coisas para ajustar-se às novas exigências. Surgem, então, inúmeras justificativas para explicar por que alguma coisa não foi ou não poderá ser feita conforme se orienta: a família não colabora, precisa comparecer a um encontro, não pode faltar à aula, o marido (ou esposa) viaja com frequência, os filhos necessitam apoio nas lições, excesso de trabalho etc.

Preconceitos geram estereótipos. As pessoas constroem imagens mentais de indivíduos e lhes associam comportamentos — bons ou maus. Para isso, contribuem decisivamente as mensagens que a mídia e a cultura disseminam a respeito de "comportamentos esperáveis" associados ao tipo físico e a padrões de apresentação.

O estereótipo do estuprador é bastante conhecido: "violento, dominado por instintos sexuais irreprimíveis, constantemente envolvido em conflitos, morador de subúrbio, sujo, alcoolista, fracassado". Profissionais do Direito costumam encarar com ceticismo a hipótese de um jovem branco, forte, de família estável, rico, com excelentes perspectivas sociais e econômicas, estuprar uma "feia" senhora de idade avançada, "sem atrativos sexuais". A presença do estereótipo é tão marcante que pessoas nessas condições nem mesmo se aventuram a prestar queixa contra seus agressores, pela absoluta certeza de que não serão acreditadas.

Qualquer coisa que tente modificar ou simplesmente ameace os esquemas existentes será percebida como intromissão. Romper esses esquemas constitui a estratégia para permitir ao indivíduo identificar novas possibilidades de ação, dar novas interpretações aos fatos, desenvolver novas formas de tratar e resolver os problemas e, quem sabe, eliminar os dogmas que o dominam.

O advogado deve desenvolver o autoconhecimento para identificar, nele mesmo, a presença de tais esquemas rígidos de pensamento. Por exemplo, muitos profissionais experimentam nítida dificuldade para relacionar-se com homossexuais, pessoas que cometeram violência, portadores de deficiências, mutilados, traficantes ou usuários de drogas etc. A presença dessas pessoas gera, em uns, compaixão, em outros, ódio — em qualquer caso, a atuação profissional torna-se comprometida.

Pensamentos automáticos e esquemas rígidos de pensamento encontram-se em grande quantidade e variedade no cotidiano dos ambientes de trabalho, nas relações familiares e na vida social. Toda mudança é uma ameaça aos esquemas de pensamento existentes e, portanto, geradora de conflito. O conflito estimula o extremismo, em defesa desses esquemas — assim, mantém-se a situação inalterada. O indivíduo, nessa situação, deixa de aceitar outras opiniões, considera-se acima da sociedade e adota medidas extremas para defender seus pontos de vista (ACLAND, 1993, p. 180). Um tipo de conflito diretamente relacionado com a presença desses esquemas é o conflito por princípios (FIORELLI; MALHADAS; MORAES, 2004, p. 137).

Esquemas rígidos de pensamento manifestam-se em qualquer idade (são comuns os jovens fanáticos e dogmáticos), mas tendem a acentuar-se com o passar dos anos, tornando o relacionamento com algumas pessoas algo extenuante, para profissionais que não estão devidamente preparados para lidar com elas ou não atuam com suporte multidisciplinar adequado.

Beck citado por Rangé (1995b, p. 90), considera que um dos esquemas de pensamento mais fundamentais de um indivíduo é o de domínio pessoal. Para Beck, um dos componentes do domínio pessoal é o trabalho, e o indivíduo estará propenso a uma resposta perturbada quando perceber os eventos como redutores, ameaçadores ou invasores do seu domínio. Observe-se que prevalece a interpretação dada ao evento, compatível ou não com a realidade.

A modificação de um processo de trabalho, a inclusão de nova tecnologia, ou a simples troca de companheiros de equipe podem produzir esse efeito, gerando conflitos — como sempre a *mudança* é a causa fundamental.

Muitas vezes, não se consegue a cooperação de um cliente para lidar com uma situação difícil porque ele não tem consciência dos esquemas, dos pensamentos automáticos, das crenças que o levaram ao seu processo de pensamento. Quando o advogado procura persuadir o indivíduo, corre o risco de apenas dificultar o diálogo. A reestruturação cognitiva, nestes casos, constitui uma estratégia oportuna para lidar com essas situações, empregando técnicas psicológicas desenvolvidas para esse fim.

Associado ao conceito de crenças encontra-se o de dissonância cognitiva (CAMPBELL; HALL; LINDZEY, 2000, p. 81), proposto por Leon Festinger. Segundo ele, quando uma pessoa apresenta duas crenças inconsistentes, ela experimenta um desagradável estado de tensão, o qual ficam motivadas a reduzir. O leitor pode comparar esse conceito com as conclusões de Bateson e equipe a respeito de mensagens paradoxais (WATZLAWICK; BEAVIN; JACKSON, 1973).

O advogado, com certeza, deparar-se-á com clientes que se apresentam inquietos, ansiosos, inseguros em razão da presença de crenças inconsistentes em suas mentes: declaram que querem separar-se dos respectivos cônjuges, mas não querem abrir mão de facilidades que o casamento atual proporciona; manifestam o desejo de sair da empresa, recebendo uma indenização, todavia, não gostariam de perder a companhia dos colegas de trabalho ou mudar de bairro ou de cidade; reconhecem que devem pagar dívidas trabalhistas ou fiscais que se encontram em atraso, porém, não estão dispostas a economizar (abrindo mão de uma série de prazeres e facilidades) para arcar com os desembolsos e assim por diante.

A dissonância cognitiva manifesta-se por uma incoerência entre o que a pessoa professa e o que faz, e, em teoria, o indivíduo atuará para eliminar essa incoerência (ACLAND, 1993, p. 162).

Entretanto, alerta Acland (1993, p. 162), "na realidade há pessoas sem senso de legitimidade, sumamente irracionais, imunes à persuasão amigável, indiferentes às perdas para si e para os outros". Elas persistem em comportamentos socialmente inaceitáveis e somente deixam de emiti-los mediante o medo da punição. Esse tipo de característica é estudado, adiante, no capítulo dedicado à personalidade. Os advogados devem estar sensíveis a esse fato, para não se deixarem iludir, ainda que nem sempre seja fácil identificar tais comportamentos.

3.3. Abordagem comportamental

Segundo o antropólogo Géza Roheim (Budapeste, Hungria, 1891-1953), pioneiro na aplicação da teoria psicanalítica de Freud no estudo das culturas primitivas, a essência da natureza humana é estar condicionada. No mínimo, isso significa funcionar de acordo com esquemas de pensamento, o que representa uma forma de poupar energia psíquica. De fato, substancial parte das atividades do cotidiano é realizada sem que a pessoa se dê conta de que faz e perceba o motivo pelo qual procede desta ou daquela maneira. Esse fenômeno denomina-se condicionamento.

Ele é produzido por agentes que, necessariamente, encontram-se no ambiente, os quais despertam, no sujeito, forças interiores que o colocam em ação — elas constituem o efeito de condicionamento. Exemplos desses agentes são familiares, colegas de trabalho e lideranças com os quais o indivíduo se relaciona.

O condicionamento, por sua importância na determinação do comportamento humano, é estudado em maiores detalhes no Capítulo 6.

Weiten acentua que os processos cognitivos desempenham um papel importante no condicionamento (WEITEN, 2002, p. 183). Segundo esse autor, "o reforço não é automático quando consequências favoráveis seguem uma resposta (...) ela será fortalecida mais provavelmente se a pessoa pensar que a resposta causou o resultado".

O condicionamento possui a desvantagem de, uma vez estabelecidos os comportamentos, perder-se (potencialmente) a crítica a respeito da validade desses comportamentos. Corre-se, por exemplo, o risco de se praticar um comportamento desnecessário; de criar situações constrangedoras, quando um comportamento aceitável em um ambiente mostrar-se inconveniente em outro.

O condicionamento é observável em situações de conflito: determinadas palavras ou gestos de um litigante podem desencadear palavras ou gestos condicionados no outro (por exemplo, um cônjuge fala e o outro, imediatamente, rebate) — despertando emoções indesejáveis e comprometendo a racionalidade de uma negociação.

Para Marlow (1999, p. 57), as pessoas, muitas vezes, não chegam a um acordo porque estão condicionadas a olhar o passado, onde "havia uma relação que uma vez manteve unido seu mundo de significados [...] Estão olhando o passado, e para as estratégias de adaptação que então utilizaram com êxito, quando essas estratégias já não conseguem funcionar. Isso as impede de olhar para a frente [...]". O sucesso de uma negociação, que pode ser interessante para as duas partes, dependerá de se conseguir estabelecer um novo condicionamento, que proporcione aos litigantes a possibilidade de enxergar novas opções. Para isso, o advogado poderá usar recompensas, reforçando os comportamentos favoráveis (MOORE, 1998, p. 155).

Observe-se que a estrada do condicionamento é de mão dupla. Gerentes condicionam empregados e estes aprendem, inconscientemente, as técnicas de condicionamento aplicadas, replicando-as em seus superiores e colegas, criando-se um círculo vicioso: chefes condicionam subordinados e vice-versa, da mesma forma que cães e gatos condicionam os donos. Os delinquentes condicionam os policiais e vice-versa por seus comportamentos e rituais. Nas famílias, o condicionamento é uma constante: mães, pais e filhos criam comportamentos condicionados uns nos outros e, com o tempo, atuam sem o perceber.

As grandes transformações representadas pela adolescência e entrada na fase adulta constituem momentos de conflito porque os comportamentos condicionados na fase anterior tornam-se inadequados para a seguinte, e modificá-los não é tarefa simples. Fenômeno similar ocorre entre as pessoas que perdem seus empregos: a rotina de ir para o trabalho desaparece de um dia para o outro, tornando obsoletos ou inúteis uma série de procedimentos e atividades; o conflito tanto pode ocorrer no campo interpessoal, com familiares, parentes e/ou amigos, como intrapsíquico.

O poder do condicionamento manifesta-se nos mais inusitados momentos da vida, em todas as situações, das mais sérias às mais ingênuas. Condicionar, em essência, consiste em criar esquemas rígidos de pensamento e produzir pensamentos automáticos: nada mais confortável para poupar trabalho do psiquismo.

3.4. Abordagem motivacional

A observação dos conflitos e das ações tomadas pelas partes mostra que o condicionamento, por si só, é insuficiente para explicar uma série de comportamentos. Muitas vezes, o conflito está associado a situações jamais vividas por qualquer dos litigantes e seria difícil de se imaginar que uma determinada reação fosse resultado de aprendizagem, tomada em seu sentido convencional.

Entre as explicações buscadas encontra-se a motivação, considerada, por inúmeros estudiosos, uma das forças fundamentais que levam as pessoas a apresentar determinados comportamentos. Ela é "uma força, uma energia, que nos impulsiona na direção de alguma coisa [...] que nasce de nossas necessidades interiores" (VERGARA, 1999, p. 42). A motivação, pois, tem origem "interna" no indivíduo.

As teorias que compõem a abordagem motivacional são apresentadas em capítulo específico desta obra, considerando-se a sua relevância. Esta abordagem parte do pressuposto de que o indivíduo é movido por forças que se originam em seu psiquismo e que superam a simples relação de estímulo-resposta preconizada pela abordagem comportamental.

A prática, contudo, demonstra que os comportamentos, além de aprendidos, muitas vezes, resultam da observação de modelos. Essa constatação levou ao desenvolvimento de importante e respeitada linha teórica.

3.5. Observação de modelos

Albert Bandura (Alberta, Canadá, 1925) concluiu que "os seres humanos adquirem uma parcela muito maior do seu repertório comportamental por modelação" (RANGÉ, 1995a, p. 21), isto é mais pela observação e imitação do comportamento de um modelo, do que pelo condicionamento.

> O prestigiado engenheiro Stival, reconhecido por usar perícia e respeitado entre seus colegas, decidiu ingressar com uma ação trabalhista contra sua empresa, ocasionando grande surpresa entre os diretores e notável perplexidade entre os companheiros de trabalho, que nunca esperavam dele tal comportamento. Rapidamente, mesmo sem uma expectativa favorável quanto aos resultados, foi imitado por um grupo de engenheiros, que o percebiam como autêntico modelo de conduta. Sem o exemplo de Stival, dificilmente outros engenheiros adotariam tal iniciativa. Sintomaticamente, quando a empresa celebrou um acordo com ele, não houve qualquer dificuldade em celebrá-lo com os demais.

No Tribunal do Júri, dentro do quadro de jurados, a opinião daquele que se destaca por seu comportamento influenciará a todos. Uma pessoa, por sua cultura, saber diferenciado, habilidade de expressão, convicção com que expõe suas ideias, pode tornar-se um modelo eventual, naquela circunstância, para os demais. Esse fenômeno é bastante compreensível considerando-se que uma parte dos presentes pode estar se sentindo insegura, ou por estar ali ou em relação ao tema tratado ou ambos.

Uma separação acaba sendo seguida de outras. É comum que psicólogos e advogados acabem tratando de casos que envolvem amigos e amigas de pessoas que se separaram. Quando um casal altamente considerado se divorcia, não é invulgar que outros casais os imitem.

São incontáveis os casos de adolescentes que se iniciam nas drogas simplesmente porque pessoas que eles consideram modelos dão o exemplo, incluindo-se entre elas colegas, professores e artistas de cinema.

> Márcio destruiu o carro, um belo automóvel importado, em um "racha", durante a madrugada, em uma das avenidas mais frequentadas pelos jovens na localidade em que reside.
>
> Ao provocar o acidente, colidiu com o automóvel de um músico que saía de um clube noturno, onde trabalhava. O músico faleceu no local e Márcio sofreu ferimentos leves. Um único ato impensado destruiu uma vida e trouxe a infelicidade para uma família.

Nesse tipo de comportamento é comum que o indivíduo demonstre sua solidão, sua necessidade de autoafirmação. Outras vezes, esse é o comportamento do líder do grupo. As pessoas não devem se surpreender pelo fato de o adolescente estar replicando o comportamento do herói, com o qual o indivíduo se irmana em suas fantasias. O modelo, nesta situação, faz parte dos elementos que integram os mecanismos de defesa.

A observação de modelos não se faz exclusivamente de forma presencial. As Redes Sociais, os meios de comunicação, são eficazes na promoção e divulgação de "modelos", muitos construídos de forma estritamente mercadológica, principalmente entre adolescentes. Inúmeros comportamentos, entre eles o uso de drogas psicoativas, são estimulados dessa maneira. Observe-se também que um "modelo" extraído da Rede Social não necessariamente é real, ou, ainda que o seja, suas ações podem ser meramente imaginárias ou idealizadas.

3.6. Abordagem sistêmica

Na abordagem sistêmica, os integrantes de um conjunto de pessoas unem-se por laços que possuem componentes pragmáticos (tarefas, por exemplo) e afetivos (integração da equipe de trabalho, relações familiares). Seus conceitos são particularmente úteis para o estudo, a análise e a interpretação de inúmeras situações do cotidiano de advogados e juízes e a utilização desses conceitos não impede que outras interpretações, empregando diferentes abordagens, também possam ser feitas, enriquecendo ainda mais o entendimento.

Fonkert (2000, p. 106) alerta que "a pessoa não é um ser isolado, mas um membro ativo e reativo de grupos sociais". A autora acentua que "o enfoque sistêmico não apenas observa como se organizam as interações entre as pessoas e seus efeitos recíprocos, mas também que padrões de relação problemática e organização conformam o contexto de cada situação. (...) são importantes as noções de contexto e de transformação evolutiva" (2000, p. 106).

Portanto, na concepção sistêmica, as pessoas são vistas como partes constituintes de uma rede de relações onde cada membro influi e é influenciado pelo outro reciprocamente. As mudanças devem ser enfrentadas por meio de um atributo de flexibilidade do sistema, que deve ser suficiente para reorganizar-se diante das distintas demandas e exigências que surgem em cada período.

Sempre que existe um sistema, surgem forças de natureza oposta em seu interior: de um lado, a busca de preservar o *status quo*; de outro, a tendência de evoluir e ampliar as fronteiras do sistema — a mudança.

Mudança, aqui, entenda-se em sentido amplo. Na família, por exemplo, ela inclui o casamento (ou união estável) de um dos integrantes: o evento tanto significa uma celebração como uma ameaça — por isso, é tão comum mães e pais que sofrem (ou se enchem de raiva) pela "percepção de perda da filha". Na empresa, a criação de uma filial pode significar a transferência de pessoas que não gostariam de mudar de endereço; um novo procedimento pode ser percebido como risco para a estabilidade no emprego.

No sistema, tudo o que acontece com qualquer integrante afeta todos os outros e o comportamento resultante do sistema, visto como um todo, não é a simples soma do comportamento de cada uma das partes.

Augustin Sarat (1996, p. 186), tratando de mediação de conflitos, esclarece com precisão a concepção sistêmica, quando escreve:

> Penso que se resolve tudo como se fora uma única peça. (...) Deve-se compreender todas as relações entre os temas. Não se pode resolver nenhum até que se compreendam todos e se identifiquem os princípios que demarcarão a resolução.

Em síntese, "para compreendermos como as ideias sistêmicas aplicam-se às pessoas, precisamos ter sempre em mente a ideia das conexões e dos padrões repetitivos. Precisamos também prestar atenção a outras características de qualquer sistema: a presença de subsistemas, a maneira com que suas partes influenciam uma a outra, e o fato de que todo sistema inevitavelmente passa por períodos de estabilidade e de mudança" (MINUCHIN; COLAPINTO; MINUCHIN, 1999, p. 20).

3.6.1. Sistemas ampliados

Quando se trata da compreensão dos conflitos, verifica-se que o sistema sofre "ampliações". O sistema familiar, por exemplo, amplia-se para estender suas fronteiras ao trabalho, ao clube, à escola, às relações familiares: "a família se tornou aberta, diversa e plural" (CARBONERA, 2000, p. 14). No conflito trabalhista, o sistema amplia-se para incorporar elementos de política, religião, família e outros, recebendo influência até mesmo de sistemas de organizações parceiras ou concorrentes. Nas relações empresarias, a Organização dominante tradicional passa a incluir, por seu poder e influência tecnológica, parceiros e terceirizados, em uma autêntica rede de fornecimento de bens e serviços.

Um bom exemplo disso são determinados conflitos trabalhistas que, efetivamente, acontecem em decorrência da situação familiar. O indivíduo, por si só, nada faria, porém, para dar conta do complexo relacionamento com os familiares, elege a Organização como uma válvula de escape: nela, concentram-se as energias de todos e ele preserva-se do conflito emocional que teria com o cônjuge e os filhos, por exemplo. A ação trabalhista desempenha o papel de estabilizadora das relações familiares; alguns exemplos são apresentados por Fiorelli e Malhadas (2003).

Há situações em que o litigante apenas demonstra para a família que "também é capaz de defender seus direitos". O cônjuge ou os filhos observam esse comportamento em outras pessoas e levam o questionamento para o lar: esperam do parceiro, do pai ou da mãe o mesmo comportamento que verificaram com outras pessoas. As expectativas dos filhos ou de um cônjuge podem ser decisivas para o comportamento de um dos pais. A família, em tais casos, atua nos bastidores, impondo exigências nem sempre compatíveis com a questão e, em outras situações, torna-se o fator que coloca a pessoa em ação (o que ela, possivelmente, não faria se fosse deixada para decidir).

Verificam-se conflitos trabalhistas que eclodem acompanhando outros movimentos: a ação desenvolve-se em cadeia, cada sindicato incentivando seus filiados para que se mantenha a equiparação de conquistas. Surge um fenômeno similar ao da motivação por modelos, que é adiante estudado. O modelo estabelece paradigmas a serem atingidos por todos.

Fishman destaca que o trabalho e a vida em família influenciam um ao outro (FISHMAN, 1998, p. 142) e que as atitudes no trabalho tornam-se enraizadas e são levadas para a vida doméstica. Por outro lado (1998, p. 143), o que acontece no local de trabalho pode ser uma consequência ou antecedente do que ocorre na família.

Raciocínio similar aplica-se à escola: uma disfunção na família frequentemente manifesta-se na conduta e desempenho das crianças (1998, p. 179). Há pais que se vingam da escola que tiveram: a ação contra a escola apenas reflete uma transferência, para a escola dos filhos, das angústias que enfrentaram em suas próprias escolas quando eram crianças, das quais ainda se encontram em recuperação (1998, p. 182); existem filhos que colocam os pais contra os professores, muitas vezes, para, simplesmente, obter a atenção que lhes é negada ou por deficiências da educação que deveriam receber no lar.

A ampliação aplica-se a todos os setores da sociedade e a todo tipo de sistema e ela torna-se tanto mais poderosa quanto mais se divulga o que acontece em um determinado sistema capaz de exercer influência. As Redes Sociais podem desempenhar papel importante nesse processo, inclusive sob o aspecto de despertar expectativa favorável (ou não) à mudança.

As famílias, evidentemente, exercem grande (senão a maior) influência nos valores dos indivíduos. Quanto mais rígidas, tanto mais os indivíduos delas provenientes tenderão a lutar por tais valores, porque neles acreditam, mostrando-se contrários a mudanças que se proponham a modificá-los ou favoráveis àquelas que os ratificam. Situações similares verificam-se nas empresas, inclusive no que se refere à tecnologia de produção, processos de trabalho e manutenção dos quadros funcionais. Os conflitos domésticos — e suas soluções — ampliam-se e repetem-se em todos os ambientes organizacionais, mesmo os mais "profissionalizados".

3.6.2. Subsistemas: conflitos e alianças

Todo sistema compõe-se de subsistemas, que são organizações internas destinadas a aumentar a eficácia ou eficiência do sistema maior e/ou contribuir para a sua estabilidade. Os subsistemas, por sua vez, compõem-se dos mesmos elementos que constituem o sistema: pessoas, máquinas, patrimônios etc.

Os subsistemas constituem especializações internas indispensáveis à sobrevivência do sistema, cada qual com objetivos e metas específicos, relativa independência e culturas particulares, inseridas em maior ou menor grau da cultura geral do grande sistema que os contém. Eles, bem como os elementos que os constituem, compõem o sistema maior.

O advogado deve estar atento às alianças e coalizões entre subsistemas e os elementos que os compõem porque elas afetam diretamente os comportamentos. Alianças são aquelas uniões ocasionadas pelas identidades de interesse, simpatias e afeto entre pessoas, na busca de objetivos comuns. Reserva-se o termo coalizão para aqueles casos em que as pessoas são unidas por uma oposição a outras (estratégia muito comum entre políticos). As coalizões têm um caráter mais transitório, naturalmente, do que as alianças. As uniões saudáveis não podem ser exageradas ou excessivamente tênues.

Nas Organizações, os subsistemas são exemplificados pelas áreas de planejamento, marketing, vendas, manufatura, armazenagem, distribuição, compras etc. Quanto maior a Organização, tanto mais complexa torna-se a estrutura de subsistemas. A funcionalidade da Organização resulta da funcionalidade de seus diversos subsistemas, considerando-se os seus produtos e serviços finais.

Verifica-se, também, que as Organizações possuem subsistemas de natureza não funcional, tais como: o conjunto dos técnicos de determinada especialização; as pessoas que se relacionam com os clientes, etc. Estes subsistemas mesclam-se, matricialmente, com os anteriores, tornando as relações intraorganizacionais tão mais complexas quanto maior for a Organização. Estes subsistemas originam-se de fatores como formação, escolaridade, experiência, área de resultados e outros, em que prevalecem denominadores comuns a todas as pessoas que compõem um determinado subsistema.

Ao longo do tempo, dependendo de uma série de condições (maturidade das pessoas, tecnologia de trabalho, situação da competição, estilo dos gerentes, etc.), os integrantes de subsistemas estabelecem alianças entre si, com diversos objetivos: demarcar territórios, facilitar suas tarefas, obter vantagens para seus integrantes, etc. Nem sempre isso beneficia a Organização maior.

Podem ocorrer conflitos de diversas naturezas, sendo frequentes aqueles relacionados com a luta pelo poder, em que determinados grupos (políticos, profissionais, religiosos etc.) ganham posição de destaque na hierarquia da Organização. Com o tempo, tornam-se o embrião de processos de fusão ou de desmembramento. Conflitos e alianças entre grupos internos (DESIDÉRIO, 1993, p. 8) podem ser tão devastadores que a instituição se enfraquece perante clientes e concorrentes pela redução da qualidade dos serviços e da competitividade. O conflito consome extraordinária energia do sistema, e, quando não produz o crescimento, o resultado é o oposto.

Fenômeno semelhante acontece no ambiente familiar. Surgem coalizões, por exemplo, entre pai e filho, mãe e filha; filho ou filha e avó ou avô. Quando os cônjuges encontram-se em lados opostos, nessas lutas, pelo poder na família, cada um procura outros integrantes para com eles se aliar e tem-se preparado o campo para o divórcio. Nas Organizações, a cena repete-se: departamentos inteiros unem-se para obter benefícios específicos, comprometendo a estabilidade da empresa.

Os comportamentos abusivos intrafamiliares encontram-se muito associados à confusão de papéis, fazendo com que os subsistemas se tornem disfuncionais. Dessa maneira, a satisfação do desejo sexual de um dos cônjuges pode ocorrer com a criança que lhe proporciona o carinho que o outro não lhe dá. Essa troca de papéis vem acompanhada da imposição de um segredo que o medo da violência se encarrega de manter.

A *oportunidade* favorece a ocorrência desse comportamento. É comum que os progenitores se separem e os filhos permaneçam sob a guarda exclusiva de um deles (principalmente quando o outro se encontra impossibilitado de acolhê-los por um ou mais motivos). Com a ausência de um dos progenitores (eventualmente, a presença do outro constituía um limitante à prática da ofensa sexual), os filhos ficam literalmente à mercê daquele que detém a guarda e/ou de pessoas que desfrutam da privacidade do núcleo familiar modificado.

Por extensão, conclui-se que o mesmo acontece em toda a sociedade: em vez de sentimentos de cooperação, podem prevalecer sentimentos de desunião que acabam por enfraquecê-la sensivelmente. Basta ver o quanto custa o aparato policial e social para dar conta da violência — despesas que poderiam ser transformadas em investimentos úteis; partidos políticos, para conquistar benefícios que lhes fortaleçam o poder, não hesitam em promover medidas em nítido prejuízo para a sociedade vista como um todo; são inúmeros os exemplos de atividades de grupos (ecológicos, religiosos, setoriais) que representam imensos prejuízos à ordem econômica e social.

As uniões internas (entre empregados, entre empregados e superiores, entre sócios, entre familiares) criam subsistemas dentro de um sistema maior e possuem fronteiras, "marcando limiares que não devem ser ultrapassados e também as condições sob as quais elas são permeáveis" (MINUCHIN; MINUCHIN; COLAPINTO, 1999, p. 25). O funcionamento do sistema como um todo é afetado pela forma como se fazem as trocas de informações por intermédio delas, porque a permeabilidade das fronteiras expressa como se dá o acesso às áreas por elas demarcadas e qual é o sentido e a intensidade da privacidade que determinam.

Em situações de conflito com várias pessoas envolvidas, identifica-se a presença de subsistemas competindo pelo poder. Qualquer que seja a maneira como isso aconteça, o fato é que as uniões originam modificações nos padrões de funcionamento do sistema.

3.6.3. Padrões de funcionamento

O sistema, para lidar com os desafios externos, desenvolve padrões de funcionamento. Dois tipos de mudanças ocorrem continuamente:

— *mudanças no ambiente externo*. Novos agentes, culturas e tecnologias aparecem ao mesmo tempo que os existentes modificam-se ou desaparecem; isso faz com que o cenário de competição transforme-se e exija adaptações do sistema para lidar com o ambiente em mutação;

— *mudanças no meio interno*. Elementos (humanos ou não) que integram o sistema alteram-se; novos elementos são incorporados e outros descontinuados, promovendo transformações endógenas. Algumas delas são desencadeadas para lidar com as exigências do ambiente externo; outras ocorrem em decorrência dos mecanismos evolutivos do próprio sistema.

Observando-se os subsistemas que compõem o sistema maior, o mesmo raciocínio aplica-se a cada um deles, sendo que os estímulos externos a um subsistema podem originar-se no seio do sistema ou no ambiente externo.

Para lidar com toda essa dinâmica, os subsistemas desenvolvem padrões de funcionamento, por meio dos quais respondem aos estímulos. A sobrevivência do sistema maior (e, portanto, de cada subsistema) depende da qualidade dessas respostas. Enquanto elas se mostram satisfatórias, diz-se que os padrões de funcionamento do sistema são funcionais; quando isso não acontece, ou seja, as respostas não atendem aos requisitos para a confrontação com os desafios ou para a evolução esperada, os padrões são disfuncionais.

Exemplos:

— Um casal tem um único filho, que atinge a idade escolar. O padrão de funcionamento esperado é: um dos cônjuges leva o filho à escola; ambos sofrem com a separação; a criança fica na escola e aquele que o levou volta para casa. A separação inicial apresenta-se difícil porque surge uma mudança no subsistema "mãe-filho" ou "pai-filho"; entretanto, quando o padrão de funcionamento é funcional, ela é aceita, ainda que se evidencie emoção consequente ao ato. O padrão é disfuncional quando o cônjuge que leva a criança, condoído pelo choro porque ela não aceita ficar na escola, deixa-se dominar pela emoção e leva o filho para casa. Se esse comportamento não for modificado, haverá prejuízo para todos: pai, mãe e filho: o processo natural de separação ficará comprometido com sequelas posteriores.

— Uma empresa premia pessoas quando a produtividade alcança índices acima de determinadas metas. Esse critério, entretanto, por simpatias pessoais, deixa de ser obedecido em determinado setor. Isso é observado pelos demais e surgem movimentos de contestação. O procedimento foi disfuncional, comprometendo a estabilidade das relações interpessoais no sistema maior, em função de benefícios considerados inadequados para um subsistema.

Amazarray e Koller *(1998)* acentuam a disfuncionalidade das famílias onde ocorre o incesto, destacando algumas de suas características, tais como a violência doméstica, a presença de pai alcoolista, passividade ou ausência materna, relacionamento sexual inadequado entre os cônjuges, violação da privacidade sexual, filhas promíscuas, crianças isoladas ou retraídas ou com poucos amigos, entre outros.

Por que surgem os padrões disfuncionais? A explicação é simples: a disfunção tem por objetivo proteger o subsistema ou o sistema das mudanças que os estímulos (internos ou externos) antecipam.

Os empregados se insurgem contra as demissões: sem elas, o subsistema mantém-se estático. As demissões transformam o sistema pela incorporação de novas tecnologias, pela assunção de novas atividades pelos empregados remanescentes, pela integração de diferentes setores etc. A disfunção, na forma de queda de produtividade, falta de empenho, excesso de reuniões e deliberações, burocratização e tantas outras estratégias que a reação à mudança consegue estimular, é um movimento de proteção do *status quo*.

A disfunção no comportamento de um ou ambos os cônjuges em relação à criança, quando chega o momento de deixá-la na escola, ou em relação à(ao) filha(o), quando esta(e) opta por sair com o(a) namorado(a) em vez de viajar com a família, são tentativas de preservar o sistema familiar, mantendo-o à parte de um mundo que está prestes a "destruí-lo".

Uma situação crítica é aquela em que ocorre abuso sexual prolongado extrafamiliar da criança. "As reações parentais comuns são de desamparo, sentimento de completa perda de controle, autocensura e sentimentos de culpa. Deve haver um tratamento direcionado à família, com grande valor preventivo" (FURNISS, *apud* AMAZARRAY e KOLLER, 1998). Os pais, possivelmente, não têm consciência da enorme distância emocional que os separava dos filhos, dos sentimentos de rejeição e percepção — ainda que inconsciente — de negligência, responsáveis pela vulnerabilização da criança. O sentimento de culpa que se instala reflete a disfunção no comportamento dos cônjuges em relação à criança e resolvê-lo é indispensável para que se procurem caminhos capazes de restaurar a integridade física e psíquica da vítima.

Ao promover o encontro entre as partes, por exemplo, em uma tentativa de estabelecer negociação, o advogado tem a oportunidade de identificar os processos disfuncionais. A criatividade limitada de uma ou ambas as partes constitui um sinal de disfuncionalidade dos processos internos de relacionamento entre elas. Famílias, empresas, sociedades, comunidades disfuncionais apegam-se a determinadas formas de proceder, criam rígidos esquemas de pensamento e deixam-se conduzir por crenças inadequadas do ponto de vista individual, grupal e social. O "padrão da disfuncionalidade" é a paralisia, a repetição, que acontece porque transmite a sensação de segurança trazida pela habitualidade.

Por trás de qualquer disfunção encontra-se o espectro de algum dogma que engessa e turva a visão e torna qualquer mudança muito difícil — daí o conflito. Se a virgindade antes do casamento é um dogma da família, não será fácil fazer com que os pais aceitem o namoro "moderno" da filha. Dogmas passam por cima do amor. Fischman (1998, p. 143-144) alerta que o local de trabalho pode ser tão disfuncional quanto um sistema familiar... Isto é especialmente verdadeiro nos negócios em família, que podem combinar duplo desajuste: no trabalho e no lar.

Processos disfuncionais podem refletir estrutura de relacionamento inadequada: excessivamente rígida ou demasiadamente flexível. No primeiro caso, ninguém aceita que outros invadam seu espaço: não há troca afetiva. Por exemplo, nas famílias em que há abuso sexual, verifica-se a rejeição da presença de estranhos. A estrutura muito flexível também não proporciona boas condições de funcionamento, porque todos invadem os territórios de todos e perde-se a individualidade: onde tudo se permite, nada se tolera.

As estruturas de relacionamento contribuem para que os envolvidos tenham criado e cronificado, ao longo dos anos, padrões de conduta, associados a esquemas rígidos de pensamento e poderosos condicionamentos — que funcionaram em determinadas situações, porém não são mais úteis para o novo ciclo do sistema vivo.

A esse respeito, Fischman (1998, p. 21) alerta para um fenômeno de grande importância do ponto de vista sistêmico, referindo-se a pacientes clínicos: "certos padrões estruturais disfuncionais podem ser isomórficos em todos os contextos do indivíduo. (...) padrões de comportamento dentro da família podem se repetir nos relacionamentos externos à família".

Entre as consequências diretas da existência de padrões disfuncionais no sistema ou suas partes encontra-se o prejuízo à boa comunicação, assim entendida como aquela necessária à eficiência e à eficácia.

3.6.4. Conteúdo da comunicação

Na família, organização ou sociedade disfuncional, isto é, que perdeu a funcionalidade, as mensagens são pouco coerentes quanto à forma e ao conteúdo. Encontram-se situações em que as comunicações se apresentam encobertas e distorcidas, gerando-se momentos de elevada tensão emocional. Essas comunicações tornam-se ainda mais truncadas nas situações de mudanças, criando-se inevitáveis conflitos. As comunicações paradoxais, que são estudadas adiante, têm especial importância.

Na gestão de conflitos, um passo fundamental consiste em identificar os agentes formadores de opinião. De nada adianta convencer a pessoa que não decide; de repente, em um conflito conjugal, a sogra comanda o filho ou a filha — ela passa a ser o foco da atenção, porque o que quer que ela determine, será pleiteado pelo litigante. Tentar exercer influência sobre a pessoa errada apenas desgasta o profissional e lhe reduz a eficiência, com perdas econômicas e emocionais. O mesmo acontece em uma ação trabalhista, tanto do lado do empregado quanto do empregador. Fiorelli e Malhadas (2003, p. 122) citam o caso da "mulher do trabalhador rural", em que toda a ação trabalhista transcorre em função de uma relação de autoridade que a senhora exercia sobre o marido.

O passo seguinte é observar a narrativa. O conflito tem uma história em relação à mudança. Quando os envolvidos narram essa história, encontram-se importantes informações a respeito de como eles perceberam as transformações e de como a comunicação se processou.

Em muitas Organizações, a figura do fundador permanece como uma sombra sobre os novos diretores, reduzindo-lhes a ousadia; em muitas famílias, avôs e avós encarregam-se de perpetuar costumes, dogmas e estilos, levando o conflito às novas gerações. O advogado deve sintonizar-se com a história.

Em famílias e Organizações saudáveis, as pessoas demonstram uma noção de conjunto, uma perspectiva de microcosmo social; porém, respeitam as individualidades de seus integrantes. Suas histórias são ricas em personagens, os novos constroem seus próprios espaços e as dimensões do sistema vivo ampliam-se para acolhê-los. Nos sistemas vivos disfuncionais, não há espaço para novas figuras; o passado domina o presente com rigidez e impermeabilidade.

As narrativas esclarecem detalhes da história e tornam possível identificar padrões de comportamentos que permitem compreender o sistema e que contribuem para manter acesa a chama do conflito. Por isso, não se deve perder de vista as narrativas trazidas pelas partes e suas testemunhas. Qualquer acordo fracassará se não se levar em conta que esses padrões deverão ser alterados por aqueles que os emitem.

Nas situações de conflito, o advogado estará face a face com pessoas que pensam de modo pouco satisfatório e que se encontram dominadas por emoções negativas; isso proporcionará narrativas pontuadas por eventos e aspectos negativos; daí a importância de ouvi-las, para compreender o que poderá, a qualquer momento, emergir durante o processo. O advogado deve estar atento à ênfase nas questões negativas, que podem se tornar o lugar-comum na narrativa, para não perder de vista a identificação de aspectos positivos vitais para o desenho de um acordo satisfatório, mantidos ocultos pelas emoções.

Durante as narrativas, surgem "distorções cognitivas" (RANGÉ; DATTILIO, *apud* RANGÉ, 1995b, p. 177), do tipo:

— *inferências arbitrárias*: conclusões sem evidências que a apoiem (pelo fato de o marido não estar no serviço, a mulher conclui que está com a amante; o jovem é considerado suspeito de um assalto por ser moreno e estar desempregado);

— *hipergeneralização*: conclusões tiradas a partir de uma ou outra situação (considera-se o empregado relapso porque faltou em duas ocasiões em um mesmo mês; a mulher conclui que o marido quer abandoná-la porque se esqueceu da data de casamento etc.).

As distorções cognitivas podem, em vez de serem episódicas, incorporar-se à estrutura de pensamento do indivíduo, tornando-se parte de seus "esquemas rígidos"; dessa maneira, a pessoa que pratica inferências arbitrárias (ou hipergeneralizações) acaba por eleger, inconscientemente, essa forma de pensar como a preferencial e assim procede nas mais diversas situações.

A narrativa é um caminho útil para identificar expectativas irrealistas a respeito do conflito, percepções incorretas e atribuições de comportamentos ou ideias sem fundamento de uma parte em relação à outra. O produto das narrativas não são os fatos reais, mas as imagens que os litigantes possuem dos acontecimentos e de seus relacionamentos. As expectativas irrealistas (RANGÉ; DATTILIO, 1995, p. 179) encontram-se na gênese de padrões disfuncionais de comportamento.

Famílias, empresas, sociedades e comunidades apresentam um processo mais ou menos longo em que as relações oscilam entre o amor e o ódio, dentro de um contexto e um histórico que o advogado deve compreender para, assim, penetrar no mundo emocional dos litigantes e identificar a melhor solução (ou a menos ruim, ou, ainda, a possível).

Para isso, é indispensável compreender a linguagem dos clientes e suas testemunhas. Cada família, empresa, comunidade ou sociedade possui sua própria linguagem. Bateson citado por James Kein (*apud* ELKAÏM; MONY, 1998, v. 1, p. 281), observa que "toda comunicação é, simultaneamente, um relato e um comando", e nas interações, encontram-se presentes metáforas insuspeitas.

O que para uma das partes significa "amor", para outra pode ser apenas "atenção"; quando alguém diz que "fará tudo pelo outro", ou "ainda mato aquele desgraçado", pode significar muito ou apenas retórica — somente quem compreende a linguagem pode interpretá-la. A compreensão da linguagem possibilita entender as narrativas e o funcionamento do pensamento dos envolvidos e, em decorrência, seus comportamentos.

Na linguagem, expressa-se a intenção de dominação e controle; o desejo de ser amado; o sentimento de ódio ou amor; o arrependimento e a vontade de perdoar — são dimensões que se escondem por trás das metáforas utilizadas e que a cultura dos envolvidos se encarrega de camuflar.

3.6.5. Ciclos vitais

Os sistemas vivos (famílias, sociedades, comunidades, empresas, instituições) possuem ciclos vitais. O momento do ciclo vital possui correlação direta com as linhas de ação adequadas a ele. Na evolução de uma fase do ciclo vital para outra, surge o momento ou fase de transição, em que ocorrem desequilíbrios: são as mudanças. Muitos processos conflituosos resultam dessa instabilidade, que pode ou não ser passageira.

Alguns exemplos de momentos críticos do ciclo vital de sistemas vivos:

— Em famílias: casamento de filhos, nascimento, adolescência, saída de filho ou filha da casa, retorno à vida a dois, velhice, internamento definitivo de um progenitor, morte (GARNEIRO; SAMPAIO, 2002, p. 8).

— Em empresas: aquisições, fusões, mudança de tecnologia, mudança de local de funcionamento, implantação de novos processos, mudança de diretoria, demissões coletivas etc.

— Em sociedades: inclusão e exclusão de sócios, alterações nos regulamentos sociais, fusões, dissolução etc.

— Em comunidades: inclusão e exclusão de participantes, implantação ou encerramento de atividades de novas organizações, afastamento de líderes ou pessoas significativas, processos eleitorais, surgimento de novas lideranças, ocorrência de sinistros de grandes proporções, novos empreendimentos de porte significativo etc.

O momento do ciclo vital influencia no estado emocional dos litigantes, em suas expectativas, e pode estar relacionado com os comportamentos manifestos, em função de medos, pressuposições etc. Determinados momentos fazem com que todos os subsistemas sejam redesenhados, as fronteiras se reorganizem, novas coalizões se estabeleçam, os padrões de funcionamento se modifiquem e promovam-se novas formas de comunicação.

Por exemplo, a crise da adolescência simboliza um pedido para reduzir a união, aumentando a liberdade daquele que se prepara para deixar o lar; um pai ou mãe extremamente ligado a uma filha ou filho pode procurar aumentar ainda mais essa união na tentativa de defender-se do risco que a separação representa. A comunicação que se fazia reticente ou aberta pode alterar-se, aumentando ou até mesmo sofrendo grave colapso. Dessa complexa etapa no desenvolvimento resulta a pessoa na idade adulta — que nunca mais será a mesma.

Na empresa, uma crise entre empregado e patrão pode significar um pedido (consciente ou não) de maior liberdade de ação, busca de autodesenvolvimento, ou, inversamente, de maior controle, com o objetivo de obter proteção, quando o processo de trabalho gera insegurança real ou percebida como tal; dependendo da evolução da crise, a comunicação entre eles poderá tornar-se facilitada ou dificultada; o empregado poderá aliar-se a outros colegas em sua demanda ou afastar-se dos demais; a demissão pode ser uma solução.

Leovigildo, religioso ultraconservador, praticante, zeloso de suas obrigações, viu-se às voltas com desgastante crise conjugal. A evolução dessa crise sinalizava para possível separação, que iria contrariar todas as suas convicções e colocá-lo, perante ele mesmo e também amigos e familiares, em situação inaceitável. Nessa época, Leovigildo entrou em conflito com seu gerente imediato, na empresa em que trabalhava; as desavenças ampliaram-se e ele conseguiu ser transferido para outro setor, em que poderia viajar constantemente. As seguidas ausências do lar — amplamente justificadas perante todo o seu círculo de amizades — serviram para reduzir os conflitos com a esposa.

Um divórcio pode ser o resultado de uma separação mal resolvida entre um dos cônjuges e seus progenitores, em que a necessária independência não foi obtida. Esse cônjuge continua demasiadamente vinculado à família de origem, o que afeta seu relacionamento com filhos, parentes, amigos etc. Os reflexos poderão extrapolar o âmbito familiar para incluir as relações com amigos, conhecidos e colegas de trabalho.

O advogado identifica, em seus clientes, indivíduos atravessando tais crises. Alguns estarão traumatizados por elas e seus estados emocionais os impedirão de visualizar soluções ou perceberão sua vida entrando em colapso; alguns encontrarão, nesses momentos, oportunidades para grandes transformações; outros regredirão para estágios primários por força de mecanismos de defesa.

3.6.6. Fronteiras entre sistemas e subsistemas

Fronteiras são as delimitações que os subsistemas estabelecem entre si, dentro de um sistema maior, e que os sistemas estabelecem em relação a outros sistemas. As fronteiras permitem aos elementos de um subsistema ou sistema compreenderem — ainda que inconscientemente — onde termina o seu espaço vital e onde se inicia o espaço dos outros. A fronteira existe, também, para a pessoa, tomada individualmente, e corresponde ao conceito de individualização.

Diversos autores assinalam o quanto é nebulosa a divisão de fronteiras nas famílias onde ocorre a violência sexual. Essa situação, além de tornar muito mais difícil a revelação da ocorrência de abuso ou violência, gera na criança uma visão de mundo distorcida.

Esse fenômeno torna-se muito nítido acompanhando-se a evolução das relações familiares: as fronteiras entre os pais e os filhos são tênues, permeáveis, tanto mais quanto menores são eles; elas tornam-se mais firmes, demarcadas, menos permeáveis, à medida que a adolescência se impõe. Com a saída do lar, elas se consolidam. Nova transformação acontece com a velhice dos pais, podendo ocorrer, novamente, maior permeabilidade — muitas vezes provocada pelo retorno ao mesmo teto.

A visão sistêmica das relações familiares proporciona nítida compreensão da importância do trabalho interdisciplinar, que conjugue aspectos jurídicos e psicossociais, para bem subsidiar a decisão que venha a ser tomada quando se trata da guarda de filhos (unilateral, alternada ou compartilhada), em que se promove uma modificação de fronteiras por força de lei. A dificuldade torna-se ainda maior quando se trata de atribuir a guarda a terceiros.

Observe-se que são nítidas as vantagens da guarda compartilhada em relação às outras duas modalidades, sob a ótica de preservar as propriedades do sistema familiar original, em que pesem as transformações inevitáveis que a separação ocasiona.

Por outro lado, algumas vezes, na disputa judicial, o foco encontra-se na partilha de bens; outras vezes (não raras), a luta pela guarda dos filhos apenas reflete a busca de maior poder.

Algo semelhante acontece nas Organizações: um departamento recém-criado possui fronteiras mal demarcadas, emaranhadas com as de outros departamentos, em fase de consolidação; à medida que ele se desenvolve e atinge a maturidade, suas funções se tornam bem estabelecidas e mais bem compreendidas por todos e isso se reflete nas fronteiras formais e/ou informais. Em grandes empresas, pode ocorrer uma separação maior, quando um departamento transforma-se em "Unidade de Negócio", passando a desfrutar de grande autonomia, ainda que sem perda de vínculo.

A identificação e a delimitação das fronteiras torna-se complexa — e favorece o surgimento de inúmeros tipos de conflitos — naquelas Organizações em que as relações de negócio misturam-se com as relações sociais e familiares. A situação seguinte ilustra com propriedade este fato.

Romualdo, pessoa favorecida pela sólida situação financeira da família, conhece Matilda, moça sedutora pertencente a família tradicional (mas não tão sólida financeiramente) da localidade. O relacionamento, celebrado nas colunas sociais, ampliou-se para o âmbito familiar: em pouco tempo, Romualdo, Matilda e Celso, irmão dela, abrem um restaurante registrado em nome dos irmãos (por motivos fiscais). O restaurante foi bem conduzido por Celso e acabou sendo ampliado, gerando novos empreendimentos na cidade: dois bares sofisticados e um outro restaurante. Matilda, surpreendendo a todos, revelou-se uma ótima administradora e passou a dedicar-se intensamente aos negócios.

Passaram-se dois anos e Romualdo, no *réveillon*, foi fotografado em companhia de conhecidíssima senhorita da sociedade local, enquanto Matilda e Celso desdobravam-se para dar vazão à clientela de final de ano. A notícia caiu como uma bomba nas fofocas da localidade... Em retaliação, Matilda e Celso excluíram Romualdo dos negócios, negando-lhe as participações de lucros devidas e levando-o a dar início a um longo e rumoroso processo judicial.

O advogado encontrará famílias cujos integrantes experimentam fusão emocional intensa. Amam-se e odeiam-se com notável intensidade; porém, uns não vivem sem os outros. Há famílias, entretanto, cujos integrantes tornaram-se absolutamente desagregados (uns não vivem com os outros) — ocorre baixa fusão emocional. Comportam-se como se fossem visitantes ocasionais do núcleo familiar maior, movidos por interesses de parentesco. Cada uma requer uma forma de abordagem (BOWEN, *apud* GARNEIRO; SAMPAIO, 2002, p. 47). Isso acontece em todos os tipos de ambientes e situações, aplicando-se a pessoas e, também, a subsistemas e sistemas inteiros.

Encontram-se departamentos de empresas em que as pessoas mostram-se verdadeiramente aglutinadas (umas não vivem sem as outras) e que desenvolvem processos tais que contribuem para reduzir os limites entre eles e outros departamentos. São departamentos altamente integrativos, ansiosos para participar da vida organizacional — até mesmo ultrapassando os limites do bom-senso.

Por outro lado, há departamentos de empresas que estabelecem tamanhas barreiras (fronteiras rígidas) entre eles e os demais (valem-se, por exemplo, da burocracia) que se comportam como sistemas estranhos dentro do sistema empresarial maior (estão dentro, mas funcionam como se fossem externos ao sistema).

Quando o sistema ou os subsistemas não funcionam adequadamente, as fronteiras refletem essa situação, tornando-se menos nítidas, inadequadamente permeáveis — rígidas demais, emaranhadas demais, excessivamente fluidas.

Entender o sistema de fronteiras facilita a compreensão das possibilidades de acordos e das condições com que se realizam as comunicações entre indivíduo e subsistema, indivíduo e sistema, subsistema e sistema. O conflito pode estar relacionado com uma mudança que, para ser realizada, precisa que ocorram alterações nas fronteiras existentes entre os subsistemas, os quais reagem para manter a homeostase. Acontece nas Organizações e nas famílias. As fronteiras tornam-se impermeáveis para neutralizar as comunicações e outros estímulos portadores dos vírus das mudanças.

A impermeabilidade de fronteiras não é, necessariamente, um mal ou um defeito: no sistema penitenciário, ela se faz relativamente necessária, para evitar que o contato excessivo entre o pessoal administrativo e os detentos comprometa a segurança do próprio sistema, além de outras mazelas facilmente imagináveis, que podem ir desde o simples protecionismo até a formação de subsistemas que incluam administradores e detentos. A corrupção, neste caso, representa a consequência de fronteira mal estabelecida.

Há gerentes que não respeitam as fronteiras dos supervisores a eles subordinados: tratam diretamente com os empregados e isso ocasiona graves perturbações na cadeia de autoridade e responsabilidade, originando conflitos que eclodem quando um supervisor tenta modificar esse funcionamento; há pais que se acostumam a dirigir a vida de um filho ou filha e não compreendem que o casamento (formal ou não, convencional ou não) configura nova fronteira, interposta entre eles; a tentativa de desrespeitar as regras estabelecidas pela mudança gera um conflito inevitável, nem sempre resolvido a contento, podendo culminar em uma desavença ou, até mesmo, em separação para restaurar a fronteira anterior.

Os mecanismos de comunicação virtual — inclusive, nas Organizações, as redes internas — podem ser fatores de perturbação das fronteiras entre subsistemas, pela acessibilidade, rapidez e abrangência. Em muitas Organizações, as comunicações pelas redes superam em rapidez aquelas pelas vias convencionais, inclusive o tradicional "boca-a-boca", que fica substituído pelo "tela-a-tela".

3.6.7. Sistema social

Muitas demandas existem porque pessoas perdem o senso de realidade e acreditam que os sistemas aos quais pertencem ou nos quais se encontram inseridas são capazes ou têm a obrigação de responder a essas demandas. Esta aparente falta de sintonia com a realidade pode não ser um mecanismo de defesa, mas o efeito, sobre essas pessoas, da cultura maior em que elas se encontram inseridas.

Famílias, organizações, grupos da sociedade, muitas vezes deixam de acompanhar as transformações do momento sociocultural e isso torna-se motivo de conflito, recomendando-se, pois, que o advogado preocupe-se com o sistema social mais amplo que afeta as crenças e as percepções de todas as pessoas. Os profissionais da Justiça (advogados, juízes, promotores, árbitros e jurados) estão sujeitos aos mesmos estímulos de origem sociocultural que afetam as partes envolvidas em um litígio, e suas percepções a respeito dos fatos sofrem os efeitos do sistema social, pois essas pessoas — por mais que busquem atuar perante o rigor da ética — não são invulneráveis.

Assim, uma ação em que se encontre presente a figura do preconceito étnico pode ter sua gênese no fato de que algumas pessoas (ou toda uma Organização) não acompanharam a evolução sociocultural que estabelece — legalmente — o fim desse preconceito.

Empresas que não respondem aos reclamos de aumento de remuneração, levando os empregados a experimentar um distanciamento de poder aquisitivo em relação à comunidade; famílias que não conseguem fornecer a um ou mais de seus integrantes determinados privilégios, criando percepção de inferioridade em relação a pessoas de sua convivência ou ao grupo social em que se inserem, enquadram-se nesse aspecto.

Essa preocupação estende-se às mudanças culturais recentes, às transformações de valores, que devem ser absorvidas por meio de alterações do sistema existente, as quais nem sempre ocorrem com a presteza que seria necessária, ou, pelo menos, desejável.

Fishman (1998, p. 12) alerta que as transformações socioeconômicas "têm-se associado às tensões nas famílias, tornando mais difícil a convivência entre as pessoas". Essa constatação estende-se, naturalmente, para o contexto empresarial e organizacional de modo geral.

O complexo "sociedade — Organização — família" encontra-se de tal maneira interligado que se justifica o fenômeno do isomorfismo disfuncional. Por meio dele, o indivíduo expande um padrão de comportamento disfuncional para todos os ambientes que frequenta e em que atua (FISHMAN, 1998, p. 21). Fishman acredita que, quanto mais disfuncional é um sistema, mais provável é a expansão do isomorfismo em outros contextos. Naturalmente, compreende-se que o isomorfismo também possa ocorrer positivamente: o indivíduo que apresenta um comportamento construtivo e adaptado em um sistema tende a repeti-lo em outros ambientes.

Os autores estudaram algumas Organizações em que puderam evidenciar condutas inadequadas de grupos de integrantes (por exemplo, equipes de vendas atuando por meio de práticas eticamente condenáveis). O acompanhamento da vida familiar dessas pessoas indicou a existência de comportamentos similares no ambiente doméstico, indicando que os profissionais procuravam atuar, em seus lares, de maneira similar à que empregavam no trabalho.

A visão sistêmica requer atenção às emoções em jogo. Estruturas, fronteiras entre subsistemas, conteúdos das narrativas, uniões e desagregações, padrões de comportamento e outros elementos existem dentro de um universo de emoções que influenciam as percepções de todos os envolvidos e que constituem elemento determinante na realidade psíquica de cada um. Entrar nesse jogo é a única maneira de sintonizar-se com as frequências irradiadas por essas emoções. O advogado, em seu trabalho, passa a integrar um novo sistema: o do litigante. Muito mais do que simples expectador, ele faz parte da cena.

Ao atender uma das partes, o advogado, queira ou não, inclui-se no sistema ao qual ela pertence. Por seu papel legal, burocrático, humano e profissional, influi no sistema, afeta as percepções dos envolvidos e pode ser determinante na linha de pensamento do cliente, especialmente dependendo da personalidade dele.

A visão sistêmica apresenta vantagens insuperáveis. O advogado encontrará situações em que o conflito no trabalho é consequente ou antecedente do que ocorre na família (FISCHMAN, 1998, p. 143). A família pode exaurir o indivíduo, levando-o a conflitar no trabalho e vice-versa.

Compreendendo o contexto, o ciclo de vida do sistema, a linguagem, os esquemas de pensamento, o advogado aumentará sua eficácia, sob a ótica do processo judicial (ou arbitral) em si, e sua eficiência, sob a ótica da produtividade no trabalho.

O advogado também deve estar ciente de que a visão sistêmica longe está de ser impessoal, negligenciando os sentimentos, as emoções das pessoas que compõem sistemas e subsistemas. A compreensão de qualquer conflito não se torna satisfatória sem que se compreenda o jogo de emoções nele presente. A intervenção, para ser eficaz, há de reconhecer os laços emocionais presentes nas relações interpessoais. Naturalmente, quanto mais rígidas as fronteiras de um sistema, tanto mais essa compreensão será dificultada, porque o próprio advogado será considerado, inconscientemente, um elemento estranho pretendendo invadir a privacidade que a fronteira assegura. Isso dificulta a comunicação com as partes e constitui um desafio a ser enfrentado pelo advogado, caso ele se proponha a tal.

Há, também, de se considerar que compreender as emoções das pessoas não é algo simples, cartesiano e descompromissado. Quando o expectador mergulha no labirinto emocional em que se enredam litigantes e pessoas de seus relacionamentos, ele corre o risco — ao fazer parte desse sistema — de se envolver pessoalmente.

O risco do advogado, caso isso aconteça, é deixar-se dominar pela emoção, além do que seria controlável por ele. De repente, surpreende-se sofrendo pelo cliente, assume suas dores e deixa-se dominar pelos sentimentos compartilhados. Possivelmente, isso sempre acontecerá com muitos profissionais e, em alguns casos, é praticamente impossível evitar que ocorra.

O ideal, do ponto de vista psíquico, seria limitar tal envolvimento ao transcorrer das ações e, tão logo elas chegassem a termo, o profissional pudesse desligar-se e voltar à sua individualidade. Será isso possível para o verdadeiro profissional, para aquele que abraça suas causas e as defende com a indispensável paixão e motivação para vencer?

O profissional que permanece presa (ou vítima?) da paixão com que se empenha em sua missão não sairá impune do processo. Seu inconsciente assegurará que resquícios — alguns, talvez, muito dolorosos — acompanhem-no.

4. As funções mentais superiores

Este capítulo tem por objetivo proporcionar ao leitor uma visão ampla e sistêmica das funções mentais superiores, por meio das quais se realizam as principais atividades mentais, cujo conhecimento interessa para a compreensão do comportamento humano.

Por intermédio das funções mentais superiores os indivíduos desenvolvem imagens mentais de si mesmos e do mundo que os rodeia, interpretam os estímulos que recebem, elaboram a realidade psíquica e emitem comportamentos.

Por razões didáticas, estudam-se as funções mentais superiores separadamente, como se cada uma pudesse se constituir em entidade única, da mesma maneira que se faz no estudo da fisiologia, por exemplo.

As principais funções mentais superiores são: atenção, sensação, percepção, memória, pensamento, linguagem, emoção e orientação. A orientação não será abordada neste texto, porque as observações a respeito dela têm cunho preponderantemente fisiológico.

Destaque-se que a emoção constitui uma função mental superior que sempre influencia as demais, a ponto de ser determinante no modo de interpretar os estímulos e reagir a eles, conforme é visto adiante.

4.1. Sensação

Segundo Braghirolli *et al.* (1998, p. 73), "as informações relativas aos fenômenos do meio externo e ao estado do organismo são processadas em dois níveis: os níveis da sensação e da percepção". Sem esse mecanismo, o cérebro se perderia em um oceano de informações, em parte contraditórias (por exemplo, o indivíduo pode sentir fome enquanto digita um documento: ele continua o trabalho ou procura alimento?).

"Sensação" e "percepção" constituem um processo contínuo, desde a recepção do estímulo até a interpretação da informação pelo cérebro, valendo-se de conteúdos nele armazenados (figura 4).

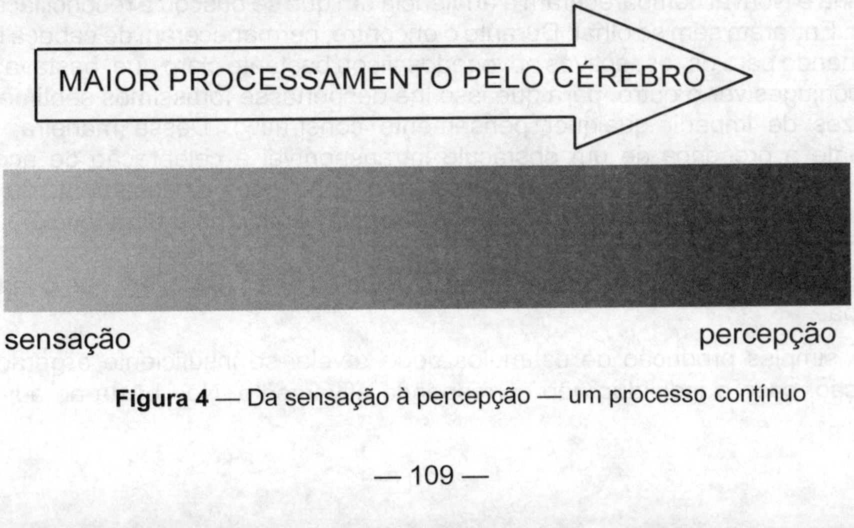

Figura 4 — Da sensação à percepção — um processo contínuo

"Os processos de sensação e percepção são normalmente difíceis de separar", explica Weiten (2002, p. 93), "porque as pessoas automaticamente começam a organizar a recepção de estimulação sensorial no momento em que ela chega". Efetivamente, todos os fenômenos mentais superiores encontram-se interligados e ocorrem simultaneamente. Não há percepção sem atenção e memória para recuperar informações anteriores e compará-las com as novas. A comparação requer um pensamento que a realize; este depende de uma linguagem. A emoção determina a natureza das interpretações e assim por diante.

Sensação é a operação responsável pela comunicação entre o mundo interno do indivíduo e o mundo externo, por meio dos órgãos dos sentidos. Sem ela, nenhuma atividade (física ou mental) seria possível. Essa comunicação pode ser prejudicada por fatores físicos (traumas, sequelas, patologias) e emocionais (o indivíduo dominado por uma intensa raiva concentra todas as energias e sentidos em um único alvo: o oponente).

Por intermédio da sensação, as informações relativas a fenômenos do mundo exterior ou ao estado do organismo chegam ao cérebro e constituem a "matéria-prima" a partir da qual será construída a compreensão do meio ambiente e do próprio corpo. Duas conclusões são óbvias:

a) O sucesso de qualquer comunicação depende de como o indivíduo toma contato com ela. A comunicação deve atuar sobre os mecanismos da sensação. Daí a vantagem de se combinar, por exemplo, estímulos verbais com a comunicação por escrito, para aumentar a possibilidade de contato. Há pessoas que "não ouvem", mas conseguem ler com eficácia; outras necessitam ouvir porque possuem dificuldade para a leitura.

b) Não haverá comunicação sem a formação de imagem mental correspondente à sensação (a interpretação dessa imagem mental, em seguida, constitui a percepção). O conteúdo não garante que a comunicação aconteça. Na maior parte das situações, a forma possui tanta importância quanto o conteúdo. Isso se aplica às empresas, famílias, sociedades etc., e explica porque a simples visão de um desafeto desencadeia inúmeras e poderosas emoções: antes que ele fale, por exemplo, o cérebro já ativou a memória e o ódio aflora; da mesma maneira, a figura da pessoa amada desencadeia emoções positivas.

Lucinha e Norival compareceram à audiência em que se buscou a reconciliação do casal. Entraram sem se olhar. Durante o encontro, permaneceram de cabeça baixa ou olhando para os respectivos advogados; ficou bastante claro que, bastava a um dos cônjuges ver o outro, para que isso lhe despertasse fortíssimos sentimentos, capazes de impedir qualquer pensamento construtivo. Dessa maneira, ficou evidente a presença de um obstáculo intransponível à celebração de acordos mutuamente vantajosos. A imagem do outro ocupava todo o pensamento de cada um deles de modo tão negativo que não sobrava espaço para uma reflexão.

c) Sensações são processos ativos, assinala Luria (1991), em que o indivíduo participa.

A simples produção de estímulos pode revelar-se insuficiente à geração da sensação, caso o indivíduo não corresponda ativamente. Não basta ao advogado promover um encontro entre as partes se uma ou ambas não se empenham na busca de uma solução. Fenômenos de natureza psicológica estão por trás de posturas aparentemente sem lógica, do tipo atrasar-se, não prestar atenção, delegar a decisão ao advogado ou a um outro preposto, agredir desnecessariamente, ignorar os argumentos do outro lado etc.

O leitor encontra um estudo detalhado da sensação em Fiorelli (2004). As seguintes características da sensação têm interesse direto para o profissional de Direito, porque estão sempre presentes nas mais diversas situações:

• Algumas pessoas possuem extraordinária capacidade de experimentar sensações decorrentes de mínimas transformações fisiológicas em seus interlocutores. Tem-se a impressão de que elas "adivinham emoções", detectando, por exemplo, que seu interlocutor está mentindo ou irá fazê-lo. Em geral, mal tomam conhecimento dessa habilidade. O contato frequente com os mais variados tipos de pessoas contribui para desenvolver e aperfeiçoar essa capacidade, reconhecida em delegados de polícia, investigadores, juízes e advogados experientes.

• No calor do conflito, em que fortes emoções encontram-se presentes, os participantes tendem a se tornar mais sensíveis a estímulos como luz, calor, ruído, movimentos dos opositores, etc. De modo similar, pode ocorrer redução seletiva da sensibilidade, dependendo de como um estímulo confirme ou não determinado sentimento (uma forma de o psiquismo proteger-se contra algo que o agride profundamente). A organização do ambiente deve levar isso em consideração, para assegurar boas condições operacionais.

Um exemplo é a escolha da cor para o ambiente. Cores afetam o estado emocional, contribuindo para inibir, acentuar ou manter determinadas emoções. Elas podem despertar a atenção, relaxar, aumentar ou reduzir o nível de ansiedade, evocar o passado etc.

A cor afeta a fixação de imagens, a noção de distância, a sensação de dor, além de influir no estado emocional e em vários transtornos de natureza psíquica, podendo acentuar ou reduzir suas manifestações. A correta escolha das cores no ambiente contribui para a eficácia geral e, até mesmo, para o relacionamento entre os litigantes. Considerando a contribuição para a eficácia dos trabalhos, seria recomendável que os diferentes ambientes (salas em que se realizam audiências do poder judiciário, câmaras de mediação e arbitragem) fossem pintados tendo em vista o objetivo de desarmar e relaxar as pessoas. Naturalmente, a escolha de padrões e cores deve respeitar características locais e regionais, porque os efeitos obedecem a influências socioculturais.

• A sensação possui um limiar inferior, isto é, um nível mínimo de intensidade abaixo do qual o estímulo não é reconhecível pelo indivíduo. O limiar inferior varia de indivíduo para indivíduo e depende de vários fatores, tais como a habitualidade, o fundo de estímulos inicialmente existentes, o estado emocional, etc. Uma informação pode ser ignorada porque o estímulo (visual, auditivo etc.) foi insuficiente para produzir a sensação.

• Existe um limiar superior, acima do qual o estímulo danifica os mecanismos de recepção (eventualmente, provocando dor) e/ou atinge um "patamar de saturação", de tal ordem que suas variações deixam de ser detectadas pelos receptores. Informações em excesso deixam de ser registradas porque o cérebro descarta uma parte delas, pois não consegue administrar a totalidade.

• As sensações, conforme enfatizado, recebem influência do estado emocional. Ansiedade e depressão, por exemplo, provocam profundas alterações no metabolismo. Os limiares também são extremamente afetados. Quando se tem ódio de alguém, qualquer som que essa pessoa produza é imediatamente ouvido; uma risada soa como uma provocação, podendo levar à agressão ou ao homicídio, ainda mais quando o oponente encontra-se sob o efeito de droga, como o álcool.

• Existem mecanismos de *bloqueio da sensação*: ultrapassado um nível máximo de estímulo, o organismo "desliga" — o que não significa que o estímulo, de alguma forma, não o afete. O *desmaio* pode ser uma reação de fuga para poupar o cérebro do enfrentamento de uma situação altamente desagradável (capaz de provocar dor física ou moral). Um sentimento de extrema raiva torna a pessoa "surda" aos argumentos da outra parte e do próprio advogado — um fato bastante comum.

• O álcool (e outras substâncias com efeitos no psiquismo) altera a interpretação dos efeitos de diversos estímulos, como distância, temperatura e dor. A pessoa até toma consciência, mas não consegue reagir de forma adequada. Alcoolistas podem ter grande dificuldade para compreender orientações e esquecer ou confundir seus conteúdos; isso explica porque a ingestão de bebida alcoólica (mesmo em pequenas quantidades) encontra-se na causa-raiz do acidente de trânsito.

• Pessoas submetidas a estresse podem desenvolver extrema sensibilidade a ruídos, tornando-se agressivas e aumentando o próprio estresse. Isso afeta seus comportamentos em situações de conflito, particularmente quando se deparam com pessoas que lhes despertam emoções negativas.

O advogado que trata com estressados deve cuidar para não se envolver emocionalmente com as descrições dos eventos originadores, ou comprometerá sua capacidade de absorver detalhes essenciais para o bom entendimento do caso e se contaminará por meras opiniões dos clientes.

4.2. Percepção

Kaplan e Sadock (1993, p. 237) definem percepção como um "processo de transferência de estimulação física em informação psicológica; processo mental pelo qual os estímulos sensoriais são trazidos à consciência".

Davidoff (1983, p. 214) assinala que a percepção pode ser considerada "[...] o ponto de partida em que a cognição e a realidade se encontram" e constitui a "atividade cognitiva mais fundamental, da qual emergem todas as outras".

A percepção é o mecanismo por meio do qual a pessoa interpreta os fenômenos do mundo que a cerca e do mundo interno a ela. Ela conjuga a *sensação* com um significado que a experiência anterior lhe atribui (DAVIDOFF, 1983, p. 74). Portanto, depende da memória e do pensamento. A percepção possibilita ao homem os sentidos de completude e continuidade: objetos e formas constituem imagens inteiras, construídas a partir de estímulos fragmentários recolhidos pelos órgãos dos sentidos.

Enquanto a sensação depende fundamentalmente do estímulo e da capacidade do indivíduo de captá-lo, a percepção depende de acontecimentos anteriores que envolveram o mesmo estímulo e que afetarão a interpretação da sensação pelo cérebro. Segundo Damásio (1996, p. 256), "ter percepção do meio ambiente não é apenas uma questão de fazer com que o cérebro receba sinais diretos de um determinado estímulo [...] O organismo se altera ativamente de modo a obter a melhor interface possível. O corpo não é passivo".

4.2.1. Fatores que afetam a percepção

A percepção é afetada por vários fatores:

a) A sensação em si:

"O homem", observa Jung, "nunca percebe uma coisa ou a entende por completo. (...) Os sentidos do homem limitam a percepção que ele tem do mundo à sua volta" (1995, p. 21). A sensação constitui a base da percepção e ao mesmo tempo a limita.

Existe o fenômeno denominado "captura visual" (MYERS, 1999, p. 129), por meio do qual, ocorrendo conflito entre o sentido da visão e os demais, predomina a percepção provocada pelo estímulo visual. Isso contribui para divergências na explicação de determinadas situações: as pessoas prestam menor atenção a sons, por exemplo, do que ao movimento.

Diferenças de interpretações podem acontecer em decorrência de diferenças nos estímulos. Assim, enquanto uma pessoa considera-se agredida por um gesto, outra é extraordinariamente afetada pelas palavras. O que passa totalmente desapercebido para uma pode ser altamente significativo para outra.

b) Características particulares do estímulo (BRAGHIROLLI *et al.,* 1998, p. 74-75):

— intensidade (tende-se a selecionar estímulos de maior intensidade);

— dimensões (presta-se mais atenção a anúncios maiores);

— mobilidade (percebem-se estímulos móveis mais facilmente);

— cor (um amarelo destaca-se em relação a um cinza);

— frequência (a continuação monótona pode reduzir a receptividade ao estímulo; por exemplo, deixa-se de ouvir o ruído de um relógio). Por isso, excesso de informação constitui um erro, porque as pessoas perdem a capacidade de diferenciar umas das outras e de assimilá-las.

Essas características são muito empregadas em sites: movimentos, cores e outros elementos combinam-se para que o usuário perceba a mensagem veiculada.

c) O estado psicológico de quem recebe o estímulo (BRAGHIROLLI, 1998, p. 75), englobando:

- Experiências anteriores (positivas, negativas, neutras) com o estímulo.

Por exemplo, a pessoa desenvolve pensamentos automáticos em relação a qualquer comunicação originada do seu oponente. Em tudo, ela percebe intenções ocultas.

- A formação do indivíduo, incluindo seus valores, crenças, preconceitos, regras, normas, maturidade, saúde física, nível de conhecimento, fatores culturais etc. Ela constitui a matriz em cima da qual irão se desenhar os esquemas de pensamento da pessoa.

Por exemplo, se o oponente é um político, a pessoa pode perceber sinais de desonestidade em suas propostas porque, para ela, "todo político é desonesto"; acredita nisso, embora nunca tenha convivido com outros políticos.

"Valores" são fundamentais na percepção. Há indivíduos para os quais a vida humana possui valor secundário — não lhes custa matar para atingir seus objetivos; para outros, apossar-se de bens alheios (sem que se trate de um transtorno mental) faz parte de um simples confronto entre risco e oportunidade. O conceito de valor inclui instituições, como o casamento: a escalada de divórcios contempla a facilidade da realização e a perda do valor da relação duradoura.

- Motivos, emoções e expectativas envolvendo o estímulo ou as circunstâncias que o geram.

É comum que empregados convivendo com situações familiares traumáticas sejam mais propensos a se envolver em conflitos com clientes, porque interpretam como ofensivas observações, gestos ou reclamações mais agressivas por parte deles. O estado emocional afeta a percepção.

Wright (1996, p. 66) acentua que "o indivíduo percebe de acordo com suas expectativas". Naturalmente, "acreditamos mais depressa nas descrições lisonjeiras que fazem de nós do que nas pouco lisonjeiras" (MYERS, 1999, p. 310).

Esse fenômeno é amplamente conhecido dos especialistas em combate ao uso de drogas. Segundo Nalini (2003), "jovens aparentemente saudáveis que surpreendem seus pais e amigos na prática de uma infração penal com requintes de crueldade já estavam há tempos na senda do consumo da droga. A família preferia ignorar a conduta estranha, as ausências, a necessidade de mais e mais dinheiro". Os pais adquirem extraordinária cegueira a inúmeros detalhes que denunciam o comportamento inadequado do(a) filho(a). O psiquismo defende-se: é melhor não ver do que aceitar a demonstração cabal de que a família não se encontra bem estruturada como deveria, ou assumir a culpa por ter falhado em alguma coisa. É o que ilustra a curta história de Heleninha.

Heleninha teve diagnóstico positivo para HIV. Veio à tona, então, o fato de que há mais de dois anos ela e algumas amigas utilizavam droga injetável. Assim se explicavam as longas ausências em final de semana, a dificuldade em manter namoros, os constantes pedidos de dinheiro, o desaparecimento de algumas joias da família, a recusa de ir à praia com a família nos finais de semana etc.

• Pressuposições a respeito do estímulo.

A esposa inicia um conflito com o marido porque este foi visto em um restaurante, durante a tarde, com outra mulher. Para ela, isso significa que uma traição estava em desenvolvimento.

d) A situação em que a percepção acontece. O mesmo estímulo pode ser interpretado de diferentes maneiras, dependendo do lugar, do momento, do ambiente social e cultural. Uma substituição de equipamentos em uma empresa, que seria vista como algo corriqueiro, pode ser interpretada como uma provocação se efetuada durante um projeto de demissão voluntária de empregados; a mesma troca de sorrisos entre um homem e uma mulher pode nada significar no encontro casual dentro de um elevador, ou ser interpretada como um assédio, no ambiente de trabalho etc. A situação combina-se com a expectativa. A ação do indivíduo pode, por exemplo, expressar o desejo de ser assediado.

Suares (2002, p. 191) acentua que "os termos com os quais compreendemos o mundo são dispositivos sociais, produtos de intercâmbios entre as pessoas e historicamente situados". Idêntico entendimento encontra-se em Kuhn (*apud* SUARES, 2002, p. 191), para quem "os 'fatos' não são coisas em si, senão um produto de um 'consenso social'. Não é o mundo real que determina as descrições e explicações científicas, mas certos processos sociais inerentes à ciência e à sociedade são o que determinam o mundo chamado 'real' ou ao menos sua percepção".

Exemplo típico desse fenômeno são as doenças ocupacionais, cuja incidência e prevalência relacionam-se nítida e diretamente com o contexto. A mesma atividade repetitiva, em um grupo de empregados, gera queixas generalizadas de dores nas costas; em outro, responde pelas reclamações a respeito de dores nas articulações de punho e ombro; um terceiro grupo pode não apresentar qualquer sintoma. Essas diferenças, aparentemente surpreendentes, são fartamente conhecidas pelos médicos dedicados ao atendimento de doenças ocupacionais.

e) Aprendizagem: percepção se aprende ao longo da vida. Aplica-se a todos os tipos de assuntos e o seu aperfeiçoamento possibilita detectar detalhes de conversas e gestos, importantes para interpretar os comportamentos das pessoas. Há pessoas notavelmente capazes de desenvolver a percepção e de utilizá-la em seu benefício nas mais diferentes atividades. Advogados, professores, líderes religiosos são exemplos de profissionais para os quais o desenvolvimento da percepção é de grande valia, particularmente quando as partes são extremamente hábeis em suas argumentações ou quando apresentam grande dificuldade para manifestar-se. Observe-se que a percepção pode regredir se não for exercitada. A sensação, em si, nada representa sem a elaboração anterior proporcionada pela percepção.

4.2.2. Fenômenos da percepção

Os fenômenos da percepção contêm três tipos de componentes: inatos, de aprendizado e de maturação e recebem forte influência das condições ambientais (iluminação, ruídos, temperatura etc.). Todos eles podem ser afetados pelo uso de drogas — entre elas, o álcool. Por exemplo, o indivíduo alcoolizado facilmente comete erros na avaliação da distância — um dos motivos para acidentar-se quando dirige ou trabalha.

Aqui, apresentam-se alguns desses fenômenos, de interesse mais imediato para o profissional de Direito, porque estão amplamente presentes no cotidiano das pessoas, especialmente quando submetidas a situações de conflito.

a) Constância Perceptiva

A constância perceptiva, uma ilusão construída pelo cérebro, permite admitir que os objetos possuem sempre as mesmas características (tamanho, cor, localização, peso, etc.). É essencial para a sobrevivência. Possibilita, por exemplo, apanhar objetos e locomover-se.

b) Organização Perceptiva

A organização perceptiva consiste em receber diversos estímulos, de um ou vários objetos e integrá-los na forma de um todo unitário. Ela é regida por alguns princípios e tendências universais.

b.1) Relação Figura e Fundo

Tendência organizadora fundamental (BRAGHIROLLI *et al.,* 1998, p. 79), comum a toda percepção, ela possibilita que, em qualquer conjunto de estímulos, eleja-se uma porção mais definida e organizada — a figura — com um fundo coadjuvante. Para Kurt Goldstein (Polônia, 1878, Estados Unidos, 1965), eminente médico-cientista, a relação figura e fundo ocupa o centro da consciência que permanece atenta, constituindo a organização primária do funcionamento do organismo (CAMPBELL; HALL; LINDZEY, 2000, p. 349).

Seu caráter é dinâmico: o que em um dado instante é figura, pode, logo a seguir, tornar-se fundo (BURROW; SCHERPP, 1984, p. 25). O cérebro dá prioridade ao que ocupa o lugar de figura. Por exemplo: ruídos repentinos modificam ou tiram a concentração: tornam-se a figura. Podem ser usados estrategicamente para chamar ou desviar a atenção.

Este conceito tem importância na conversação. Quando uma parte diz "compreendo o seu aborrecimento" (ênfase em "compreendo"), ela dirige a percepção do outro para a compreensão, abrindo espaço para o diálogo e o entendimento. Quando a ênfase está em "aborrecimento", a mesma sentença pode soar como falsa ou sem convicção.

Conflitos entre empregados e supervisores, marido e mulher, pais e filhos, sócios etc. podem estar diretamente ligados à relação figura e fundo. Quando uma situação criada ocupa, cronicamente, o lugar de figura, mais tarde, transferi-la para o fundo torna-se uma operação complexa.

Identificar a figura presente nas percepções constitui, pois, uma forma de separar o que realmente importa, o que é interesse, do que não passa de posição no conflito manifesto. Inúmeros conflitos ocorrem porque as pessoas concentram-se na figura inadequada a um acordo: por isso, chega-se a matar. A linguagem, nesse momento, tem importância fundamental.

b.2) Princípio do Agrupamento

O agrupamento ocorre pelo critério da proximidade e da semelhança entre os elementos. Isso acontece com a figura seguinte:

```
  -  -  o  -  - + =  =  -  *
   + + o o - +  =   =  -  -
  -  o o o o + - _ = + + =
  o o o o o o - - - + - - +
```

A semelhança faz com que o conjunto de símbolos "o" seja percebido como um triângulo, distinto dos demais. O cérebro produz a percepção dentro de uma lógica aprendida. Este critério possui grande aplicação em comunicação.

A intensa utilização da comunicação por meio de telefones móveis celulares e outros dispositivos portáteis demonstra que a compreensão da voz transmitida não requer grande qualidade. O cérebro produz a interpretação necessária.

O princípio do agrupamento afeta a percepção que se tem das pessoas. Quando se identifica alguém em um grupo, a essa pessoa são atribuídas, inconscientemente, qualidades e características do grupo — eventualmente, sem motivo algum. Por isso, "assim é, se lhe parece". Naturalmente, este princípio é amplamente utilizado pela polícia, para a identificação de suspeitos. Em julgamentos, obviamente, influencia na avaliação das testemunhas: juízes, árbitros e jurados empregam o princípio do agrupamento ao construir suas percepções a respeito do caráter, do compromisso com a verdade e dos comportamentos das pessoas em função de sua origem, local de moradia, amizades, companheiros de trabalho, atividades religiosas, etc.

O princípio do agrupamento também faz com que alguns indícios constituam um conjunto integrado de informação para um avaliador, enquanto, para outro, não passam de fatos isolados e sem qualquer relação entre uns e outros. Em outras palavras, o agrupamento depende de experiências e conhecimentos do observador.

b.3) Princípio da Boa Forma ou da Continuidade

Por este princípio, o cérebro atribui a uma série de elementos uma continuidade, para que a forma resultante seja a mais aceitável pelos padrões dos observadores. Por isso, aceitar uma mudança de comportamento, de intenções, de atitudes requer argumentações muito fundamentadas. Para o cérebro, é confortável acreditar que tudo continuará como sempre foi. Manifestam-se crenças do tipo "ele sempre foi assim, e nunca mudará", etc. É mais fácil acreditar, entre dois suspeitos, que alguém que já cometeu um homicídio ou uma agressão reincida.

O supervisor que demitiu diversos empregados terá grande dificuldade para demonstrar que não pretende repetir esse comportamento. O empregado que não foi pontual durante um determinado período terá uma imagem capaz de persegui-lo por muito tempo. O marido que traiu a esposa será percebido como potencialmente infiel. O indivíduo que já se drogou será olhado com desconfiança. Resgatar a imagem é mais difícil do que criá-la.

c) Ilusões Perceptivas

Denomina-se ilusão a "percepção ou interpretação errônea de estímulos sensoriais externos reais" (KAPLAN; SADOCK, 1993, p. 237). O estado emocional impede que os estímulos (visuais, auditivos, táteis, gustativos e olfativos) recebam a adequada interpretação.

Pesquisas comprovam que existem componentes culturais na percepção de ilusões, ou seja, a ilusão tem a ver com expectativas socialmente ajustadas. Não se estranhe, pois, que as ilusões a respeito de "objetos voadores não identificados" concentrem-se em determinados pontos do planeta e sejam absolutamente improváveis em outros (afinal, um disco voador causa muito mais impacto aparecendo em um ponto remoto da Serra de Paranapiacaba, no interior de São Paulo, ou na Chapada dos Guimarães, em Mato Grosso, do que esvoaçando sobre a Avenida Paulista, sob os holofotes e a segurança eletrônica do mercado financeiro ou perturbando o sono dos trabalhadores abrigados sob os telhados de zinco de algum subúrbio...).

A influência da emoção sobre a percepção, produzindo ilusões, é reconhecida. Os torcedores percebem melhor as faltas que o outro time comete; o juiz erra mais contra o time pelo qual se torce; os filhos dos outros cometem mais impropriedades; a professora é sempre a culpada; o gerente nunca orienta corretamente; o empregado não presta atenção à orientação; somente a polícia agride os manifestantes etc.

As ilusões perceptivas (inconscientes, convém reforçar) se encontram, com frequência, nos depoimentos de testemunhas de cenas de impacto emocional, porque a emoção do momento desencadeia processos mentais que favorecem o seu surgimento. Daí a importância de confrontar as diferentes percepções dessas pessoas. O comportamento de um gerente, durante uma conversa com determinada empregada, pode ser percebido por uma colega como altamente profissional, enquanto outra pode perceber nítidos sinais de assédio sexual.

Obviamente, o ambiente que cerca o conflito constitui um campo fértil para despertar as mais inesperadas ilusões perceptivas.

4.2.3. Como o cérebro trata a percepção

René Spitz (1980, p. 65), estudioso do desenvolvimento infantil no primeiro ano de vida, destaca que "a percepção, no sentido no qual os adultos percebem, (...), deve ser aprendida". Esta aprendizagem, acentuada nos primeiros anos, continua ao longo da vida e, considerando-se que, a cada dia, ocorrem fenômenos ainda desconhecidos (que a tecnologia se incumbe de criar impiedosamente), toda pessoa permanece aprendiz.

A aprendizagem acontece nas interações do indivíduo com os fenômenos, a partir de um processo denominado *assimilação*, por Jean Piaget, no qual os novos dados são incorporados aos já existentes (DOLLE, 1981, p. 50).

Para administrar novos dados e situações com os quais continuamente se depara, o cérebro utiliza a generalização (LUNDIN, 1977, p. 127). Por meio dela, o indivíduo trabalha novas situações utilizando fatos semelhantes já ocorridos. Ela possibilita desenvolver conceitos encontrando propriedades comuns a diferentes objetos (LUNDIN, 1977, p. 136). Sem a capacidade de generalizar, torna-se impossível o autodesenvolvimento, porque ela é a essência da aprendizagem conceitual.

O cliente ou testemunha que fala demais facilmente torna-se presa de seus próprios esquemas de pensamento: o psiquismo o conduz a uma sequência de ideias que, sem mecanismos de controle, acabam levando a revelações potencialmente indesejáveis. A pessoa perde a percepção para o que fala e o inconsciente aflora.

Fiorelli e Malhadas apresentam um caso bastante ilustrativo dessa situação em "O litigante tagarela" (2003, p. 104). O reclamado entusiasmou-se com a oportunidade de falar diretamente com o juiz do trabalho e "lavou a alma". Saiu convicto de que havia dito tudo o que deveria ser dito e que, com isso, o veredicto seria a seu favor. Não foi sem uma grande surpresa que tomou conhecimento do veredicto, dando ganho de causa ao reclamante.

Quando muitos insucessos foram assimilados, as pessoas também generalizam essa percepção. Após sucessivos conflitos com o marido, a esposa generalizará as mesmas interpretações para outros comportamentos dele. Observe-se que um novo fracasso na tentativa de um acordo aumentará ainda mais as dificuldades no futuro, por efeito da generalização. Isso vale para conflitos societários, trabalhistas, empresariais e outros. Desconfiança gera desconfiança.

Esse fenômeno ocorre, de modo geral, em relação à Justiça. Os indivíduos que se sentiram injustiçados tenderão a não repetir a tentativa de obtê-la, pelo processo de generalização. Além disso, transmitirão esse tipo de percepção para as pessoas do seu círculo, que aprenderão com elas.

Lundin (1977, p. 127) destaca a importância da discriminação: "a base sobre a qual aprendemos a pensar e a resolver problemas" e que consiste em identificar os elementos relevantes dentro do todo percebido. Quando a pessoa desenvolveu acentuada percepção para discriminar sinais de ofensa, eles bloquearão suas reações positivas em direção a reatar um relacionamento; em local propício — um bar, uma boate —, um simples olhar pode desencadear um sério conflito, capaz de terminar em homicídio que, por sua vez, acende o rastilho da vingança.

Sabe-se também que o cérebro não privilegia, ou procura alternativas para ignorar, estímulos capazes de promover desconforto. Esta característica denomina-se eliminação. Muitos pais demoram — demasiadamente — a encarar a drogadição do filho porque o cérebro evita o terrível desconforto de assumir a falha na educação; o filho envolve-se com traficantes e a família "ignora". A eliminação, portanto, constitui um mecanismo psicológico de defesa.

4.2.4. Percepção subliminar

Conceitua-se como "subliminar", do ponto de vista psicológico, "qualquer estímulo abaixo do limiar da consciência, estímulo que — não obstante — produz efeitos na atividade psíquica" (CALAZANS, 1992, p. 26). A estimulação subliminar, segundo Campbell, Hall e Lindzey (2000, p. 75), "consiste em apresentar um estímulo tão rapidamente que ele não consiga ser reconhecido".

O estímulo ou mensagem subliminar produz efeitos no inconsciente, podendo ressurgir a qualquer momento (às vezes, com o nome de "intuição"). Por exemplo, quando as pessoas são dispostas frente a frente, a mensagem subliminar é competição, enfrentamento; quando colocadas lado a lado, ela torna-se cooperação. Isso acontece porque tais formações repetem as disposições das pessoas em jogos e batalhas: frente a frente, são oponentes; lado a lado, pertencem ao mesmo grupo.

Wilson Bryan Key (*apud* CALAZANS, 1992, p. 29) demonstrou existir um componente morfológico na captação dos registros subliminares, o qual possibilita ao cérebro organizar as informações: o que não consegue se tornar centro da atenção (isto é, "figura") permanece no depósito indiferenciado do inconsciente, de onde pode retornar (por exemplo, em sonhos e pressentimentos).

As mensagens subliminares afloram em situações de conflito, despertando ódios reprimidos, simpatias, mágoas, provocações, expectativas frustradas, etc.

Destaque-se, entretanto, que o fato de, logo após uma exposição ao estímulo subliminar, a pessoa apresentar determinado comportamento pouco ou nada significa em relação à permanência desse mesmo comportamento.

Várias pesquisas indicam a irrelevância das mensagens subliminares sobre a persuasão, ou seja, não há indicações seguras de efeitos sobre o comportamento habitual (MYERS, 1999, p. 106), ainda que possam desencadear reações imediatas. Portanto, o fato de a pessoa demonstrar compreensão durante um julgamento ou uma audiência de conciliação nada significa em relação à permanência futura desse sentimento.

4.2.5. Percepção e comportamento

A percepção errada ou distorcida provoca barreiras perceptuais, cuja remoção pode ser de grande interesse para o advogado, promotor, mediador, árbitro ou juiz, ou mesmo para as partes envolvidas em um conflito, dependendo do efeito que ocasiona.

O litigante poderá, por exemplo, ter desenvolvido a percepção de que o advogado ou o julgador "protege" a outra parte; ou de que, uma vez contratado o advogado para defender seu ponto de vista, tudo passa a ser "problema dele".

Acland (1993, p. 261) alerta que as percepções nunca devem ser consideradas "equivocadas". Em vez disso, devemos considerar as percepções inadequadas como resultado de má interpretação, má orientação ou má informação.

A percepção inicial que o litigante desenvolve a respeito do advogado é influenciada por detalhes que compreendem estilo pessoal, maneira de falar e de vestir, qualidade e estilo das instalações e, até mesmo, a localização do escritório de advocacia (além, naturalmente, da maneira como a comunicação é estabelecida entre ambos).

Uma questão crucial relacionada com a percepção inicial em relação à figura do advogado é a confiança. Estabelecê-la e mantê-la contribui para o bom andamento do processo e para a harmonia nos entendimentos.

Os clientes estarão atentos a detalhes, tais como a disponibilidade de tempo, o cumprimento de horário, a proximidade física, a forma de olhar, a linguagem, a demonstração de seriedade e preocupação efetiva com a questão que o leva ao advogado.

O advogado, por outro lado, pode ter interesse, para a boa condução da questão, em transformar a percepção que o cliente possui a respeito da própria demanda, com o objetivo de determinar melhores opções e conseguir acordos ou satisfações mais vantajosas.

Trata-se, nesse caso, de promover uma transformação perceptiva, que elimine as barreiras estabelecidas ao longo do próprio conflito e abra novas possibilidades, invisíveis para o cliente.

O processo, para isso, é promover uma autêntica "crise cognitiva", por meio da construção de cenários totalmente diferentes a respeito das mesmas situações que conduziram e mantiveram o conflito. Este mecanismo introduz um fator de desordem dentro de uma ordem que não era funcional.

A partir daí, as pessoas conseguem, à medida que compreendam e acatem esses novos cenários, criar disposição para enfrentar seus esquemas rígidos de pensamento, reconhecer seus mecanismos de defesa, identificar os pensamentos automáticos e estabelecer novas referências, desenvolvendo novo quadro perceptual. Muda-se o ângulo, modifica-se a visão.

Em todo conflito existem diferenças fundamentais de percepção entre os litigantes. O que é a figura para um pode encontrar-se encoberto no fundo para outro, ou, pelo menos, existem diferenças marcantes de percepção a respeito do que seja a figura principal em uma demanda. Por exemplo, o empregador pode ter como figura principal a rentabilidade, enquanto o empregado pode estar buscando preservação do emprego; o marido pode estar preocupado com a preservação do patrimônio, enquanto a mulher pode concentrar sua percepção na manutenção de sua rede de relações sociais. Essas grandes diferenças, costumeiramente, manifestam-se na forma de demandas que se concentram em elementos alternativos: o empregado luta por aumento de salário, uma forma indireta de obter menor dependência financeira em relação à empresa; a mulher empenha-se em obter uma pensão tanto maior quanto possível, como uma estratégia para continuar a frequentar os mesmos lugares.

> Dificuldades financeiras, decorrentes da redução dos lucros após a perda de uma fatia de mercado, tornaram indispensável uma revisão organizacional em uma empresa familiar. Uma das medidas consideradas indispensáveis foi a redução das retiradas mensais dos dois diretores; estes estavam de acordo quanto à necessidade de reduzir os gastos; porém, um deles não concordava com a proposta redução de honorários. Essa discordância, verificou-se, era proveniente da postura da esposa desse diretor, uma senhora de intensa vida social cujo orçamento doméstico "não poderia ser comprimido ainda mais", segundo sua percepção. Totalmente polarizada para a sua vida em sociedade, convenceu o marido a lutar pelo rompimento com o sócio, gerando-se uma difícil batalha jurídica entre ambos. Ao final, a grande prejudicada foi a Organização.

Note-se, pois, que existe uma complexa interação entre as questões substantivas e psicológicas a permear um conflito. A esse respeito, Fisher, Patton e Ury (1994, p. 39) comentam que o caminho para enfrentar problemas de natureza psicológica é a utilização de técnicas psicológicas.

Acland (1993, p. 84-85) chama a atenção para as percepções equivocadas que ocasionam conflitos irreais. Elas são causadas por compreensão inadequada, interpretação prejudicial de uma situação ou má leitura das ações dos demais. Na gestão dos conflitos, deve-se levar a sério as percepções reais e as equivocadas e corrigir estas últimas.

Segundo Acland (1993, p. 260), é ingênuo acreditar que a compreensão das percepções do oponente traduzam-se na solução do problema. Pode acontecer o oposto: quanto mais as pessoas se compreendem, mais irreconciliáveis se tornam, porque, à medida que isso acontece, ficam mais claras as diferenças entre os princípios e valores que as conduzem. Um empregador que considera inaceitável determinado comportamento do empregado pode sentir-se ainda mais ofendido se os motivos que levam o empregado a adotar aquele comportamento apenas reforçarem a diferença de valores entre ambos. A mulher traída pelo marido, ter conhecimento de que ele adotou esse comportamento porque se apaixonou por outra, e que esta paixão aconteceu porque ele identificou, na amante, qualidades que ela não possuía, em nada contribui para reduzir a desavença.

Não se pode, pois, afirmar que a identidade de percepções a respeito da situação que levou ou leva a um conflito contribui para reduzi-lo. Com mais segurança, pode-se admitir que o conhecimento das reais percepções dos litigantes tem valor para o advogado porque este passa a conhecer aspectos substantivos que se encontram por trás das paixões que os conflitos deixam aflorar, e que podem ser úteis para a condução do processo.

4.3. Atenção

A atenção é o mecanismo que permite a fixação em alguns estímulos, internos ou externos, organizando as informações significativas para possibilitar algum tipo de ação. Não há percepção sem atenção. Ela é, portanto, seletiva, no sentido de que se focaliza apenas em alguns estímulos e descarta os restantes. A seletividade torna-se possível pela existência de células especializadas no cérebro, denominadas detectores de padrão (HUFFMAN; VERNOY; VERNOY, 2003, p. 125).

A atenção seletiva é influenciada por motivações, interesses e personalidade do observador (HUFFMAN; VERNOY; VERNOY, 2003, p. 128). O indivíduo identifica seu desafeto no meio de uma multidão, com inusitada facilidade. Durante um diálogo, pessoas em conflito prestam atenção aos mínimos detalhes que confirmam suas crenças a respeito do oponente. Uma cicatriz que passa desapercebida aos olhos de um leigo é facilmente notada por um médico legista.

Conteúdos culturais afetam a atenção seletiva; portanto, ensinar as pessoas a prestar atenção às semelhanças, em vez das diferenças, constitui um método para combater os preconceitos (FISHER, PATTON e URY, 1994, p. 622) e, também, para buscar a convergência em situações de conflito.

A atenção é também afetada pela constância ou modificação dos estímulos, por meio do fenômeno da habituação. Aqueles que permanecem constantes tendem a ser ignorados pelo cérebro. O cérebro humano desenvolveu habilidade para privilegiar o movimento — possivelmente, isso deve ter sido muito útil para a sobrevivência da espécie em seus primórdios, habitando um meio absolutamente adverso.

A atenção desempenha, ao mesmo tempo, duas funções essenciais:

a) filtragem dos estímulos recebidos; e

b) gatilho que dispara a percepção, a memória e o pensamento.

A informação ignorada (isto é, eliminada no processo de filtragem) não participará do processo de percepção. A emoção contribui intensamente para ativar a atenção para inúmeros detalhes que desencadeiam os mais variados sentimentos, do amor ao ódio. O indivíduo empenhado em vingar-se de alguém tem a atenção concentrada em tudo o que possa causar dano a essa pessoa. Esse fato também contribui para que muitos criminosos, ao prestar atenção concentrada no fim ilícito por eles buscado, esqueçam de apagar ou evitar pistas que possam conduzir a eles.

Outro aspecto importante, para o advogado, é a falta de atenção. Há clientes que deixam de prestar informações relevantes porque, simplesmente, não se concentram o suficiente. Diversos fenômenos podem ocorrer:

— a pessoa pode, simplesmente, não compreender a importância dos temas tratados, por falta de capacidade cognitiva;

— pode estar havendo falha na comunicação com o advogado;

— mecanismos inconscientes de defesa podem estar impedindo o indivíduo de prestar atenção a detalhes capazes de lhe trazer lembranças dolorosas, por exemplo;

— motivos fisiológicos podem justificá-la (ocorrência mais comum em idosos).

A obtenção e a permanência da atenção dependem de dois conjuntos de fatores:

— as características dos estímulos: intensidade, novidade, repetição; e

— fatores internos aos indivíduos: necessidades e objetivos (o que se quer obter); coisas que proporcionam prazer; indícios de algo temido, esperado ou antecipado etc.

Obter e manter a atenção de um indivíduo em um determinado estímulo significa conseguir que ele se torne e se sustente como a figura na percepção.

Um exemplo típico encontra-se no caso das "preferências técnicas": inconscientemente, o advogado pode prestar maior atenção a determinadas situações ou detalhes em detrimento de outros. Para isso, contribuem sua formação e experiência de vida. Um psicólogo terá propensão a concentrar-se nos elementos relacionais; um engenheiro focalizará mais o processo; um economista estará atento às questões financeiras etc.

A técnica de substituir posições por interesses contribui para prender a atenção das pessoas, porque rompe um círculo vicioso construído pelo cérebro em torno da questão.

Atenção e memória são funções mentais fortemente interligadas. Infelizmente, a atenção prima pela inconstância e padece da dificuldade de fixar-se no que quer que seja, enquanto a memória costuma ser protagonista de notáveis confusões.

4.4. Memória

... se a realidade é precisa, a memória não o é.

Jorge Luiz Borges — o *Elogio da sombra*

Memória é “a faculdade de reproduzir conteúdos inconscientes” (JUNG, 1991, p. 18).

Um conteúdo da memória pode ser desencadeado a partir de sinais — informações recebidas pelos sentidos —, ocorrendo, neste momento, o fenômeno da atenção. Caso o sinal não corresponda a atenção, a informação se perde sem ativar a memória.

Uma vez que se preste atenção e registre o estímulo, ocorre a possibilidade de recuperação de informações, vasculhando-se os “depósitos” da memória, por meio de três processos-chave e sequenciais (WEITEN, 2002, p. 195):

— a formação de um código de memória;

— a armazenagem dos dados codificados, que nela permanecem; e

— a recuperação da informação armazenada.

O material verbal seria armazenado por seu significado (suas ideias — as pessoas não se lembram da forma das letras). O material visual, na forma de quadros.

Na recuperação do material, entretanto, a mente humana faz composições, preenche lacunas, aumenta, distorce, abrevia etc. Questões dolorosas tendem a ser “esquecidas”. Coisas agradáveis tendem a ser mais facilmente recuperáveis, e assim por diante. Acredita-se que a tendência de esquecer fatos desagradáveis contribui para que muitas pessoas não consigam recuperar detalhes importantes de eventos ocorridos com elas ou com outras pessoas, quando chamadas a testemunhar. O cérebro, nesses casos, encarregou-se de “eliminar” uma lembrança que apenas traria dor ou desconforto — o que em nada contribui para a Justiça.

Sabe-se, contudo, que fatos traumáticos podem ter efeito oposto: além de não serem esquecidos, permanecem vivos na memória, interferindo sob a forma de pensamentos obsessivos. Por exemplo: um homicídio de pessoa querida.

Fenômeno bastante comum é o da “ampliação de atributos”. Algo que foi percebido como “ruim” pode ser lembrado como muito pior do que foi na realidade; o que foi “bom” torna-se extremamente melhor! A emoção desempenha papel notável nos mecanismos de ampliação de atributos.

Há pessoas, entretanto, que se fixam em fatos desagradáveis (não necessariamente relevantes) e, obstinadamente, ruminam a respeito deles; quando esse fenômeno encontra-se envolto em um quadro emocional intenso, tudo contribui para que ocorram importantes distorções de interpretações.

Efetivamente, não há consenso entre os estudiosos quanto à hipótese de que as questões dolorosas são preferencialmente esquecidas. De qualquer modo, as coisas interpretadas como relevantes parecem ser lembradas com maior facilidade, ainda que o critério de relevância seja situacional e fortemente mediado pela emoção. Por esse motivo, um grave acontecimento (por exemplo, o envolvimento em um acidente de automóveis com vítimas) pode ser superado com relativa facilidade por alguns indivíduos e tornar-se inesquecível para outros.

Pela facilidade de associar a uma imagem mental, lembra-se melhor as coisas que se referem ao concreto do que ao abstrato (MYERS, 1999, p. 195).

O estupro, do ponto de vista psicológico, é um crime gravíssimo, porque além da enorme agressão do ponto de vista psíquico, existe um dano físico irreparável, que contribui para a formação de imagem mental, possivelmente irremovível, em que se misturam os mais degradantes sentimentos. Ele corresponde a uma "mutilação irrecuperável", cujos danos são ampliados ainda mais, dependendo da cultura e condições da vítima.

À preocupação com a memorização da informação soma-se a preocupação com ocorrências de falhas na recuperação, em virtude de:

- codificação: pode ter sido ineficiente, por exemplo, por falhas na atenção — algo muito comum no ensino; o cérebro privilegia o significado do item, mas não a sua forma;
- armazenamento: desvanecimento dos traços com o passar do tempo; lembra-se "o quê", mas não "como", "de onde", "quando" etc. (HUFFMAN; VERNOY; VERNOY, 2003, p. 242);
- recuperação: mesmo que o armazenamento seja perfeito, o processo de recuperação distorce (HUFFMAN; VERNOY; VERNOY, 2003, p. 242);
- interferência: competição com outros conteúdos já existentes; novos conteúdos incorporados à memória influenciam os registros anteriores;
- resgate: o código de busca não corresponde ao de armazenamento.

Investigações a respeito de falhas de recuperação têm conduzido a conclusões que merecem reflexão.

Pessoas que fantasiavam costumeiramente durante a infância, assinala Myers (1999, p. 147), "reviviam experiências ou imaginavam cenas com tanto ardor de vez em quando que mais tarde tinham dificuldade para distinguir as fantasias lembradas das lembranças de eventos reais". Fantasias, pois, podem fazer parte das narrativas que cercam as histórias dos conflitos.

A esse respeito, Linck (1997, p. 114) alerta que "aprendemos a falar para poder contar e contamos para poder organizar a experiência. Assim forma-se a cultura e o pensamento se estrutura de acordo com a forma como são feitas as narrações (...) As narrações refletem mas também constroem a experiência (...) nossa 'realidade' e o sentido que damos a nossas vidas".

A fantasia — que acontece também entre adultos — afeta a percepção. Pesquisas indicam (HUFFMAN; VERNOY; VERNOY, 2003, p. 247) ser possível criar falsas lembranças e Myers alerta que as pessoas completam os hiatos da memória com suposições plausíveis, como se, de fato, tivessem observado ou experimentado aquilo de que se recordam (MYERS, 1999, p. 208). Isso se observa corriqueiramente em acidentes envolvendo automóveis.

Não há consenso quanto à possibilidade de uma pessoa reprimir e depois recuperar a lembrança inteira de um evento traumático. Para muitas pessoas, o desafio maior consiste em esquecer — as situações vividas em processos de "demissão incentivada" constituem exemplos típicos.

Por outro lado, "a vivacidade de uma lembrança não é uma prova de que algo realmente aconteceu"; por mais nítidas que sejam as imagens, elas não se encontram isentas de alterações com o tempo (HUFFMAN; VERNOY; VERNOY, 2003, p. 246).

Afinal, a memória é "tanto uma reconstrução quanto uma reprodução", não se podendo ter certeza de que algo é real por parecer real; as memórias irreais também parecem reais (MYERS, 1999, p. 210).

Um exemplo muito conhecido desse fenômeno são as alucinações pelas quais passam as pessoas que jejuam por longo período — mais tarde, as visões de inferno ou paraíso tornam-se reais em suas mentes. A atenção, pois, a relatos de conflitos em família e no ambiente de trabalho, particularmente quando há grande envolvimento emocional e transcorreu um extenso lapso de tempo, é imprescindível ao advogado, mediador ou julgador.

Myers (1999, p. 213) também registra que são particularmente não confiáveis as memórias relativas a períodos anteriores aos 3 anos de idade e aquelas recuperadas sob hipnose ou influência de drogas.

Há um poderoso componente cultural na memória. Pessoas em sociedades de cultura oral lembram-se melhor do que ouvem do que daquilo que leem (HUFFMAN; VERNOY; VERNOY, 2003, p. 249). Obviamente, a ligação existente entre memória e cultura tem relação com os esquemas de pensamento, anteriormente estudados, que favorecem as associações entre tudo aquilo que tem a ver com os conteúdos culturais sedimentados.

Portanto, quando há a necessidade de obter informações a respeito dos acontecimentos, uma boa estratégia é estimular a memória empregando recursos adequados à cultura do indivíduo. Algumas pessoas somente conseguem recordar-se vivenciando o local em que os fatos aconteceram; outras têm a memória estimulada pela fala; para outras, o estímulo provém da audição e assim por diante. O uso de diferentes sentidos (visão, audição, tato), ao tratar de um determinado assunto, ativa, por sua vez, diferentes formas de memória. Daí a conveniência (ou necessidade, em muitos casos) de reconstituir, fisicamente, os acontecimentos.

Reconhece-se a possibilidade de enriquecer a memória por meio de técnicas adequadas, tais como a concentração da atenção; o enriquecimento do material por associações de ideias, informações e imagens; organização; classificação; integração com outros assuntos, além de técnicas específicas.

Associações e analogias sempre constituem excelente forma de melhorar a memória quando se trata de grande série de eventos, eventos complexos e/ou distantes no tempo. Outra estratégia de reconhecido êxito é a criação de imagens mentais. A descrição de um acontecimento pode ser acompanhada pela imaginação da cena, das pessoas que participavam, de detalhes do ambiente.

Reconstituir o contexto do acontecimento também proporciona resultados satisfatórios: como os fatos aconteceram, seus antecedentes e consequências. Percebe-se que, dada a diversidade de percepções, quanto maior o número de pessoas envolvidas na recuperação de informações tanto mais precisa será a reconstituição dos acontecimentos.

O uso das técnicas de ativação da memória requer cuidadoso preparo do profissional que as executa, porque informações mal colocadas, utilizando palavras inadequadas, por exemplo, modificam o resultado e podem produzir "falsas lembranças".

Experiências indicam que as pessoas, inconscientemente, introduzem dados inexistentes em um acontecimento quando, na sua descrição, fatos que não ocorreram são sugeridos pelo apresentador, em forma de narrativa.

Um caso particular, de crescente interesse, é a indução de falsas lembranças na criança por um de seus progenitores ou por pessoas inescrupulosas. Na tentativa de vingar-se, essa pessoa promove a construção de recordações falsas de situações gravíssimas, capazes de afastar definitivamente a criança do pai ou da mãe e/ou levá-la a depor contra a pessoa acusada.

Essa possibilidade merece atenção ao se tomar depoimentos, porque, para o depoente, a memória é percebida como real.

A ativação da memória merece especial atenção quando se trata com pessoas de idade avançada, para evitar incorrer no fenômeno da confabulação, por meio do qual o indivíduo preenche, com aparente lógica, lacunas da recuperação. O conteúdo da confabulação, entretanto, ainda que verossímil, não apresenta vínculo com a realidade.

A teoria mais aceita é a de que todo conteúdo codificado e armazenado na memória ali permanece indefinidamente, a menos que exista algum dano físico nas estruturas cerebrais. Todavia, isso não assegura possibilidade de recuperação. Segundo Weiten (2002, p. 207), "a evidência sobre a natureza reconstrutora da lembrança mostra claramente que as lembranças das pessoas não são réplicas exatas de suas experiências. Distorções da lembrança são introduzidas durante a codificação ou armazenamento".

4.5. Linguagem e pensamento

4.5.1. Linguagem

"A linguagem é a maior realização do homem e o sinal que, acima de todos os outros, o distingue dos antropoides" (KRECH; CRUTCHFIELD; BALLACHEY, 1973, p. 317). Ela é "uma forma especializada de comunicação (...) demarcada por um repertório limitado de sons ou movimentos que são realizados sempre que certos estímulos os evoquem" (HUFFMAN; VERNOY; VERNOY, 2003, p. 286) e, efetivamente, um produto social (CAMPBELL; HALL; LINDZEY, 2000, p. 434).

As palavras ajudam a pensar sobre pessoas e objetos não presentes. Assim, contribuem para expandir, restringir ou limitar o pensamento. Para Hobbes, "a linguagem é o instrumento que capacita o homem a estabelecer maneiras diferentes de obter os objetos de seu desejo" (*apud* SOUZA, 1996, p. 199).

"É por meio da linguagem (...) que se passa do nível dos sentidos ao nível do racional, possibilitando a formação do pensamento abstrato e lógico" (DAVIS; OLIVEIRA, 1992, p. 72). Portanto, aperfeiçoá-la contribui para desenvolver as pessoas, ampliando-lhes as condições de identificar novas perspectivas de ação. Ela depende do pensamento e o influencia. Constitui funções mentais associadas.

Diferenças de pensamento e linguagem encontram-se, costumeiramente, na gênese de inúmeros conflitos. Pais e professores, patrões e empregados, condutores de veículos, apenas para citar casos corriqueiros, dão demonstrações de quanto esse fenômeno encontra-se presente na sociedade.

Ganha particular importância a criação de diferenças de linguagem a partir de novas formas de comunicação, propiciadas pelos contínuos avanços tecnológicos. As Redes Sociais constituem exemplos claros de como isso acontece, especialmente pelo fato de ser possível acessá-las a partir de dispositivos portáteis, de pequenas dimensões e custo relativamente baixo. Os usuários de Redes Sociais desenvolvem termos próprios e os utilizam de maneira mais ou menos hermética, conforme o interesse de seus integrantes.

Essa linguagem diferenciadas aumenta a distância intergeracional e cria nichos linguísticos no seio da Sociedade. Os participantes desses nichos não apenas se distinguem pela linguagem, mas, também, pelas características do pensamento a elas associado.

4.5.2. Pensamento

O pensamento é "a atividade mental associada com o processamento, a compreensão e a comunicação de informação" (MYERS, 1999, p.216) e compreende atividades mentais como raciocinar, resolver problemas e formar conceitos. Pouco se entende, ainda, de seus mecanismos.

Damásio (1996, p. 197) assinala, com propriedade, que "quase nunca pensamos no presente e, quando o fazemos, é apenas para ver como ilumina nossos planos para o futuro". Conseguir que o litigante concentre seus pensamentos no presente contribui para estabelecer os interesses reais, uma vez que as posições encontram-se impregnadas de passado e expectativas futuras.

No estudo da comunicação, foram apresentados conceitos fundamentais criados por Jean Piaget, a respeito do desenvolvimento do pensamento. Deve-se salientar que o aspecto essencial da teoria de Jean Piaget a respeito do desenvolvimento do pensamento não se encontra nas idades em que um determinado desempenho ou marco é atingido, mas na sequência em que os estágios se sucedem: do concreto para o abstrato.

É reconhecida a importância do afeto, da estimulação e do ambiente, nos primeiros anos de vida, para o desenvolvimento do pensamento. Por esse motivo, crianças recolhidas a instituições de cuidado de menores abandonados são — por motivos óbvios e que transcendem até mesmo as possibilidades teóricas e práticas de serem superados, por maiores que sejam os esforços dos responsáveis por elas — virtualmente condenadas a ingressar na adolescência e na idade adulta em desvantagem do ponto de vista de formação das estruturas de pensamento. Essa realidade torna obrigatória a agilização do processo de adoção. Entretanto, é difícil levar a termo tal tipo de processo, especialmente quando se trata de estrangeiros que procuram a adoção internacional. Enquanto a burocracia se arrasta, prejudica-se a sociedade e, principalmente, a criança.

Para o advogado, interessa especialmente a capacidade do pensamento abstrato — que possibilita inserir elementos de natureza emocional na balança dos acordos. O advogado deve compreender que a maior parte das pessoas não atinge o potencial pleno da capacidade de pensar: a evolução do pensamento não é homogênea em todas as pessoas e os indivíduos atingem variados níveis de desenvolvimento mental. Além disso, o estado emocional pode fazer com que o indivíduo regrida para estágios menos desenvolvidos do pensamento: assim, uma pessoa de elevado nível intelectual pode fixar-se na obtenção de uma compensação financeira aparentemente injustificável.

Quando a linguagem empregada não é compatível com o nível de desenvolvimento do pensamento, atenção, percepção e memória, não é convenientemente estimulada, dificultando o entendimento e a geração de novas alternativas.

O advogado poderá surpreender-se com ações do cliente simplesmente porque este não entendeu (falha de percepção) as mensagens por ele enviadas, observando-se que a linguagem compreende a fala e toda uma série de maneiras de se comunicar: postura física, comportamentos, imagens etc.

4.5.3. Pensamento e geração de opções

É o pensamento que possibilita a geração de opções. Os conflitos iniciam-se e cronificam-se pela impossibilidade enfrentada, pelos litigantes, de encontrar opções de soluções que os dois lados considerem satisfatórias. A dificuldade de fazer isso está muito associada, conforme já se estudou, com os esquemas de pensamento e com a presença de figuras que polarizam as emoções e a atenção.

Segundo Myers (1999, p. 218), “um grande obstáculo para a resolução de problemas [geração de opções] é a nossa ansiedade em buscar informações que confirmem nossas ideias”. Isso tem a ver com a criatividade e, naturalmente, agrava-se em uma situação de conflito.

O pensamento segue esquemas que conduzem à tendência de aplicar às novas situações as mesmas soluções praticadas historicamente. Portanto, o tratamento habitual que o cérebro dá às informações que recebe contribui para dificultar a resolução de problemas. A linguagem, por outro lado, influencia no quê e como se pensa — a mesma linguagem, que seria coloquial e passaria desapercebida em condições habituais, no ambiente em que se desenvolve um conflito, contribui para fortalecê-lo e limitar a geração de opções para satisfazer as partes. A palavra "bonito" tanto significa um elogio quanto um deboche: depende de quem emite e de quem recebe a informação.

Tirar o pensamento dos "trilhos mentais" aos quais se encontra atrelado, ou seja, abandonar os procedimentos previsíveis e estereotipados, constitui uma estratégia produtiva. O advogado deve considerar que os esquemas de pensamento acometem tanto os clientes quanto ele próprio (e seus adversários e julgadores).

A geração de opção, portanto, relaciona-se com os esquemas mentais, cuja flexibilização amplia as possibilidades de criar e de raciocinar de maneira alternativa. São exemplos de esquemas de pensamento que se tornam barreiras à solução de problemas:

— a *fixidez funcional*, que consiste em atribuir sempre as mesmas utilidades a um determinado objeto ou processo (HUFFMAN; VERNOY; VERNOY, 2003, p. 278);

— a *fixidez profissional,* por meio da qual se atribui determinadas qualidades e defeitos a pessoas que exercem esta ou aquela profissão ("arquitetos são sempre...", "de um engenheiro não se poderia esperar outra coisa", "é típico de médicos, todos são...", "já se viu um advogado que não..." e assim por diante).

Existe convergência de opiniões em torno da ideia central de que o medo de decidir, agir, propor, fazer contribui para cercear a criatividade. Carl Rogers (*apud* CAMPBELL; HALL; LINDZEY, 2000, p. 380) considera que "a criatividade construtiva é mais provável na presença de três condições:

— abertura à experiência;

— *locus* interno de avaliação; e

— capacidade de brincar com os elementos e conceitos"

e que essas condições são favorecidas por "liberdade e segurança psicológicas". Naturalmente, não se espere que estas condições encontrem-se presentes na maior parte das situações de conflito. Pessoas envolvidas em graves conflitos não são as mais abertas a "experimentar" ou "brincar com elementos e conceitos".

A criatividade, entretanto, é favorecida pela informação, que permite ampliar a visão de mundo e de si mesmo de cada indivíduo. Desprovido de informações, o raciocínio torna-se limitado e dominado por esquemas de pensamento. A informação, base para desenvolver o conhecimento, contribui para criar segurança psicológica e proporciona matéria-prima para o desenvolvimento de opções.

Isto sugere que o advogado tem a ganhar se conseguir desenvolver a habilidade de transmitir informações objetivas e que deem segurança a seus clientes. Também estará desenvolvendo o potencial criativo de seus clientes para articularem opções válidas em suas demandas por meio de questionamentos que rompam o círculo vicioso dos esquemas rígidos de pensamento, dos pensamentos automáticos e das falsas crenças que, inevitavelmente, encontram-se nas situações de conflito.

Algumas estratégias para conseguir que isso aconteça são as seguintes:

— separar os problemas das relações interpessoais que os acompanham, estabelecendo relações de figura *e* fundo convenientes para coibir a manipulação emocional;

— atuar como "advogado do diabo", por meio de perguntas incômodas ou difíceis, do tipo "e se...", "já pensou se...", "que tal considerar...", "o que aconteceria se..." etc.;

— desenvolver o pensamento sistêmico em torno das questões, fazendo com que os clientes clarifiquem, para eles e para o advogado, detalhes que permitam a correta compreensão do quadro de conflito; trata-se de responder às perguntas básicas "quem", "o quê", "onde", "por quê" e "quando" para cada opção ou situação.

Fisher, Patton e Ury assinalam que "o julgamento entrava a imaginação" (1992, p. 77). Antecipar o resultado de um julgamento e trabalhar como se ele fosse fatalidade incontornável limita a criação de opções e cria uma figura que, automaticamente, coloca todas as demais alternativas no fundo indiferenciado. Cessa a crítica.

4.6. Emoção

Quando você está fora de si, o pessoal vê melhor o que você tem dentro.

Millôr Fernandes

Kaplan e Sadock (1993, p. 230) conceituam emoção como "um complexo estado de sentimentos, com componentes somáticos, psíquicos e comportamentais, relacionados ao afeto e ao humor".

O afeto é a experiência da emoção observável, expressa pelo indivíduo; ele apresenta correspondentes nos comportamentos: gesticulação, voz etc. O humor é experimentado subjetivamente (KAPLAN; SADDOCK, 1993, p. 230-231) e dele somente se pode obter informação questionando-se a pessoa, pois trata-se de experiência interior, subjetiva e que tem a ver com a percepção de mundo do indivíduo.

A emoção delimita o campo de ação e conduz a razão. Damásio (1996, p. 204) enfatiza que "a atenção e a memória de trabalho possuem capacidade limitada. Se sua mente dispuser apenas do cálculo racional puro, vai acabar por escolher mal e depois lamentar o erro, ou simplesmente desistir de escolher, em desespero de causa".

Jung já reconhecia o primado da emoção sobre a razão: "a emoção é a principal fonte de consciência" (1995, p. 96). Perls considerava "a emoção como a força que fornece toda a energia para a ação" (*apud* FADIMAN; FRAGER, 1986, p. 140).

Reich considerava que a experimentação plena dos sentimentos positivos somente ocorreria se o indivíduo lidasse, inicialmente, com as emoções negativas. A criação de boas percepções é proveitosa por esse motivo: elas deslocam as emoções negativas e mudam a relação de figura e fundo nas percepções dos indivíduos e, por esse motivo, esta estratégia deve estar sempre presente nos procedimentos do profissional de Direito, no relacionamento com pessoas.

Ao se estudar a emoção, deve-se considerar que emoções não são entidades com significado próprio. Em vez disso, elas "adquirem seu significado do contexto de sua utilização" (SUARES, 2002, p. 190). Assim, amor tem um significado em um lugar e em um determinado tempo, dentro de uma dada cultura. Portanto, em larga medida, a emoção é um produto do meio — não fosse assim, os mesmos fenômenos produziriam as mesmas emoções em todos os lugares.

Alguns exemplos tornam isso bastante claro: diante de uma ofensa, determinada pessoa opta por conspirar contra o ofensor, eventualmente, encontrando instrumentos que possibilitem denegrir sua honra; outra preferirá agredi-lo e, assim, "lavar a honra perante seus pares" e, eventualmente, matá-lo, em uma inequívoca demonstração de força e poder; uma terceira opta pelo perdão. O meio social influencia decisivamente na escolha da opção, ainda que a emoção originadora do comportamento seja a mesma.

A emoção apresenta três componentes básicos (HUFFMAN; VERNOY; VERNOY, 2003, p. 426):

— cognitivo: pensamentos, crenças e expectativas. A combinação deles determina o tipo e a intensidade da resposta emocional;

— fisiológico: modificações internas no organismo, resultantes do alerta emocional;

— comportamental: sinais exteriores das emoções vivenciadas pela pessoa.

Segundo Schachter (*apud* WEITEN, 2002, p. 300), a estimulação do sistema nervoso autônomo (uma das subdivisões do sistema nervoso) e a interpretação cognitiva dessa estimulação concorrem para a formação da experiência emocional. Para ele, "os fatores cognitivos têm um papel fundamental na determinação de como um sujeito interpreta suas sensações corporais".

A influência das crenças e expectativas sobre as emoções é notória. Segundo Henry Murray (1893-1988) (*apud* CAMPBELL; HALL; LINDZEY, 2000, p. 204), "o indivíduo não só aprende a responder de maneira a reduzir a tensão e experimentar satisfação, mas também aprende a responder de maneira a criar tensão, que mais tarde precisará ser reduzida, o que aumentará o prazer". Isso acontece, por exemplo, nos preparativos para a conquista sexual, para um concurso, etc.

As emoções básicas possuem componentes nitidamente culturais. Seis delas são identificadas em todas as culturas: felicidade, surpresa, raiva, tristeza, medo e repugnância (HUFFMAN; VERNOY; VERNOY, 2003, p. 437).

4.6.1. A emoção e as funções mentais superiores

A emoção atua sobre todas as funções mentais superiores:

• Componentes emocionais modificam a sensação e a percepção. A percepção recebe grande influência da emoção do momento, por exemplo, no que se interpreta em um acidente ou uma briga. Note-se que o expectador interpreta os acontecimentos sob os efeitos de seus mecanismos de defesa, preconceitos e esquemas de pensamento; o resultado da observação de um acidente em que participem um negro, vestido com simplicidade, dirigindo um veículo em precárias condições, e um branco, finamente trajado, conduzindo um automóvel importado de alto valor, tem tudo para receber tais influências.

Ganhou notoriedade o caso dos rapazes morenos que foram presos para investigação e impedidos de participar do vestibular porque estavam em desabalada carreira pela rua de acesso à Universidade, no exato momento do fechamento dos portões... Se fossem brancos, não teriam sido detidos.

Myers sugere que os fatores emocionais produzem uma predisposição perceptiva (1999, p. 129), de tal forma que "é preciso acreditar em algumas coisas para vê-las". Esse fenômeno faz parte, por exemplo, do combustível emocional de crenças religiosas. Em locais serranos, sob forte neblina, enxerga-se com facilidade o vulto de "fantasmas" produzidos pela projeção da sombra da própria pessoa sobre a névoa, que funciona como um espelho. A visão pode ser interpretada de diversas maneiras.

A emoção e o contexto imediato produzem percepções completamente diferentes para o mesmo estímulo: a interpretação de um acidente de trânsito dada por um familiar pode diferir completamente daquela de um observador neutro. Em um diálogo, o estado emocional amplia ou reduz a percepção para sinais faciais ou gestos do oponente.

- O estado emocional exerce poderosa influência sobre os mecanismos de atenção seletiva (MYERS, 1999, p. 205). A atenção atua no sentido de confirmar as percepções que se ajustam aos sentimentos da pessoa.

- A emoção atua sobre a memória, inibindo-a ou estimulando-a, dependendo da situação e de características do indivíduo. No tribunal, pessoas embaralham ou se esquecem de informações sabidamente conhecidas por elas, ainda que estando bem preparadas para o depoimento; boas ações podem ser esquecidas e prevalecem as lembranças dos momentos ruins, por exemplo, durante o conflito que cerca uma separação etc.

O indivíduo que se encontra deprimido ou muito triste, sem disposição para encarar os desafios do futuro, tende a não prestar atenção a inovações e oportunidades; quando se recorda de outras pessoas (chefes, colegas, clientes, fornecedores), predominam as memórias ruins.

Pessoas alegres mostram-se mais dispostas a enfrentar novos desafios. A alegria, levada ao extremo, pode ocasionar dificuldade de concentração em tarefas imediatas ou até à assunção de riscos excessivos (físicos, financeiros, sociais etc.).

- O efeito da emoção sobre o pensamento e a linguagem é inquestionável; uma testemunha emocionalmente afetada pode não encontrar a melhor forma de se expressar e ser vítima de manipulação pelo advogado da parte adversa.

- Rangé e Dattilio (1995, p. 177) apontam "distorções cognitivas" presentes durante períodos de sofrimento psicológico, entre elas a inferência arbitrária e a hipergeneralização; ampliação ou minimização dos efeitos de um dado evento (ganha uma vez na loteria e conclui que ganhará sempre; é demitido e acha que nunca mais se reerguerá); personalização (autoatribuição de acontecimentos externos — conclui que choveu porque Deus ouviu suas preces); pensamento dicotômico (pensa em termos de tudo ou nada, certo ou errado); rotulação incorreta (comete um engano e acredita que é um inútil).

• A experiência emocional requer uma interpretação consciente do estímulo que a provoca; por isso, o pensamento é um ingrediente da emoção (MYERS, 1999, p. 292). Tanto isso acontece que a mesma piada que provoca extrema euforia em algumas pessoas causa efeito nulo ou totalmente contrário em outras, porque a pessoa identifica-se com a situação ou esta a faz lembrar-se de um acontecimento desagradável. Uma observação neutra para uns ofende outros.

Exemplo típico: um aumento de salário provocará diferentes emoções dependendo dos pensamentos que despertar nos beneficiados; certamente, para a pessoa endividada, o efeito será diferente daquele que experimentará uma outra, cujas expectativas são bastante elevadas, para a qual o acréscimo é percebido como pouco significativo.

Existem, certamente, reações emocionais pouco influenciáveis pelo pensamento consciente, como, por exemplo, determinados medos (do escuro, de répteis etc.). Em outras situações, contudo, as interpretações e expectativas que o pensamento incorpora desempenham papel fundamental na formação da emoção. Assim, o mesmo fato pode gerar culpa em uma pessoa e ódio em outra. O fato gera a emoção; o pensamento estabelece sua natureza. Esta relação entre pensamento e emoção merece cuidadosa atenção do advogado, porque influencia diretamente a perspectiva futura de cada litigante e afeta o desenho de possíveis acordos. Na pessoa do juiz, esse fenômeno possui especial interesse, porque dele se espera o julgamento "isento de emoções".

• Emoções negativas inibem a criatividade. A fixação em posições, que destroem relacionamentos, contribui para desenvolver esquemas rígidos de pensamento e pensamentos automáticos, dificultando a geração de opções criativas e decisões sábias (MOORE, 1998, p. 78). Manter um ambiente propício ao bom humor aumenta a criatividade.

• Laços de amizade, afeto e admiração tendem a maximizar virtudes de um amigo ou modelo e minimizar seus defeitos; esquemas de pensamento favorecem as interpretações (WRIGHT, 1996, p. 159-177). Naturalmente, afetam a percepção.

• As pessoas julgam com mais tolerância as ações (falhas) de quem se encontra em posição social superior à delas, e com mais severidade as ações daqueles que estão em posição inferior; este fato, pela sua obviedade, acentua com muita clareza a importância do aspecto emocional (WRIGHT, 1996, p. 159-177), mesclado a padrões culturais arraigados.

• A emoção faz com que "a percepção do indivíduo torne-se seletiva no sentido de perceber apenas o que for confirmatório da sua própria filosofia" (ELLIS, *apud* RANGÉ, 1995a, p. 83), ou leva a pessoa a "ignorar informações incompatíveis com suas expectativas" (WRIGHT, 1996, p. 66); ou seja, as pessoas veem, ouvem e interpretam de acordo com suas crenças — daí a impossibilidade de argumentar com o fanático religioso ou político.

• Existe congruência entre ânimo e memória (MYERS, 1999, p. 205). O empregado deprimido tende a recordar o chefe como opressor, enquanto um empregado independente e ativo consegue perceber o mesmo superior como um líder que estimula a criatividade. Conclui-se que o estado emocional afeta a interpretação que se dá às ações de outras pessoas — um fato que se evidencia em inúmeras situações do cotidiano e que a mídia incumbe-se de acentuar.

A recusa de um litigante em realizar determinados acordos que contribuam para pôr fim a um conflito pode ser creditada a emoções intensas que bloqueiam a comunicação, capazes de suscitar, nesse indivíduo, a percepção de que, ao fazê-lo, isso poderá ser interpretado como demonstração de fraqueza (MOORE, 1998, p. 82).

4.6.2. Emoção e motivação

Para o advogado, é importante que o cliente demonstre motivação para defender seus interesses. Estar motivado significa mais do que acreditar na vitória: é a disposição para atuar em sua construção.

O profissional, por outro lado, motivando-se para vencer, encontrará energias para enfrentar os inúmeros desafios nas mais desanimadoras e difíceis situações. Em capítulo seguinte, são estudadas diversas teorias a respeito da motivação, cuja importância, na gestão moderna, é amplamente reconhecida.

Essa poderosa força interior relaciona-se diretamente com a natureza das emoções que os litigantes experimentam. Quando negativas, despertam a motivação para a radicalização em torno dos posicionamentos; quando positivas, estimulam a busca da satisfação de interesses.

Esse fato recomenda que as emoções sejam consideradas já desde o início do processo, para que, mais tarde, não possam "bloquear um acordo essencial ou inibir a formação de relacionamentos mais positivos" (MOORE, 1998, p. 146).

Por exemplo, um litigante pode estar dominado pela raiva e, por isso, apresentar-se demasiadamente tenso a ponto de não conseguir reter as informações e orientações do advogado — o excesso de tensão bloqueia a percepção, a atenção e a memória. Outro pode estar dominado pelo medo da parte contrária ou de perder a ação e, por esse motivo, encontra-se disposto a aceitar qualquer tipo de acordo, mesmo que flagrantemente desvantajoso.

As emoções podem ser ampliadas ou despertadas por sinais ou comportamentos da outra parte, provocando a "reedição" de sentimentos similares aos do passado. A manifestação e a exploração dessas emoções têm, pois, grande importância desde o início e em todas as etapas do processo para que o advogado possa lidar com os mecanismos de defesa inconscientes que poderão aflorar, associados a elas.

Ao advogado não cabe o papel de terapeuta, mas ele deve estar atento à presença de quadros emocionais que afetem o raciocínio de seu cliente, em benefício de ambos. Os seguintes passos são recomendados:

— reconhecer a presença de uma emoção forte; o indivíduo pode aparentar apatia ou indiferença e, no entanto, estar apenas disfarçando a emoção que o domina; isso, sem dúvida, contribui para melhorar o relacionamento;

— identificar a emoção disfarçada: medo, ódio ou repulsa são emoções diferentes e que requerem estratégias diferentes; a pessoa pode mostrar-se agressiva porque está com medo — possivelmente, a estratégia de transmitir informações tranquilizadoras será positiva; tentar apaziguá-la poderá apenas aumentar o medo;

— escolher uma estratégia de intervenção apropriada ao estado emocional e às características pessoais do cliente. Tais características serão mais bem compreendidas mais adiante.

A chave para abrir o cofre onde as pessoas escondem suas emoções denomina-se "relacionamento interpessoal". Naturalmente, o advogado deve estar atento aos componentes socioculturais que influenciam na forma como as pessoas as manifestam e que, nesse momento, possuem grande importância. Descendentes de japoneses manifestam emoções, em geral, de maneira muito diferente de descendentes de italianos ou angolanos. As pessoas do sul do Brasil, em geral, mostram-se muito mais contidas do que as do nordeste.

As estratégias para lidar com as emoções devem considerar as características de personalidade dos envolvidos, além dos fatores socioculturais e dos condicionantes que o conflito específico impõe. Quanto maior for a interação, mais fácil será, para o advogado, interpretar corretamente as emoções presentes, evitar que comportamentos maliciosos conduzam-no a falsas percepções e escolher as estratégias mais indicadas para orientar sua atuação.

Tem especial importância o controle das emoções negativas, porque elas conseguem criar uma figura em torno de suas manifestações, cerceando a criatividade, despertando pensamentos automáticos na outra parte e crenças inadequadas entre os participantes de um processo. As emoções negativas também exercem poderosa influência sobre juízes e jurados, quando for o caso, sendo particularmente estratégico evitar que elas contaminem os observadores, em prejuízo do litigante.

Por exemplo, uma explosão de raiva durante um depoimento despertará inúmeros sentimentos negativos, em relação ao depoente, no corpo de jurados e — ainda que inconscientemente — no mediador, juiz ou árbitro. O ideal seria que essas pessoas soubessem como neutralizar esses sentimentos; mas seria pouco provável que a totalidade (ou, mesmo, a maior parte delas) estivesse preparada para isso. O mesmo aplica-se a crises de choro e outras demonstrações (não necessariamente reais) de sentimentos, os mais variados, muitas vezes meramente demonstrativos.

Uma estratégia que contribui para despertar a motivação do cliente em relação ao sucesso de determinada ação consiste em combinar confiança na competência do advogado com expectativa de sucesso.

A confiança no advogado contribui para que o cliente aceite sua liderança — um papel de extrema importância no relacionamento com os clientes e que é motivo de aprofundamento em capítulo posterior nesta obra.

O exercício da liderança proporciona ao advogado condições mais favoráveis para lidar com as emoções que dominam o cliente. Elas dificultam ao cliente explicar sua situação, estabelecer seus objetivos com a ação jurídica, relatar os acontecimentos e assim por diante. Ao aceitar a orientação do advogado, o cliente terá melhores condições de restaurar a racionalidade do seu pensamento e adotar atitudes favorecedoras.

A emoção faz com que as pessoas envolvidas em um conflito misturem os sentimentos a respeito delas mesmas e de outras pessoas com os sentimentos a respeito dos problemas. Isso, naturalmente, torna muito difícil estabelecer metas adequadas para o trabalho no campo jurídico. Por exemplo, em ações trabalhistas, frequentemente confunde-se a vingança contra as pessoas de superiores com o pagamento dos direitos pela rescisão do contrato de trabalho. Em um divórcio, o desejo de manter a posse dos filhos encontra-se permeado com os sentimentos de rancor em relação ao ex-cônjuge e com a busca de segurança econômica, ensejando que um desses elementos se torne dominante e dirija as aspirações do cliente — possivelmente, em prejuízo dele mesmo.

Manoel e Miriam, jovens e ambiciosos, casaram-se em uma bela e pomposa cerimônia, coroando com gala seis meses de namoro. O casamento foi o ponto de partida para ásperas discussões envolvendo o futuro do casal. Ele queria ter um filho imediatamente, porque se preocupava em formar um sucessor para sua cadeia de lojas; ela queria terminar sua terceira faculdade e conquistar o seu espaço na direção do empreendimento do marido. Ao final do quarto mês de casamento, resolveram se separar. Um ano após a separação de corpos, Miriam ajuizou uma ação de indenização por danos morais e uma ação de alimentos. Na primeira conversa com o advogado, demonstrou sua imensa raiva e frustração por não ter conseguido levar avante seus ideais de progresso profissional.

O advogado, ao identificar de que maneira as emoções dirigem as motivações do seu cliente (ou de seu oponente), reunirá melhores condições para bem delinear opções que o beneficiem, ultrapassando as expectativas dele.

Todas estas considerações, naturalmente, aplicam-se ao próprio advogado. Ele pode estar vivendo um momento difícil — por exemplo, necessita de recursos financeiros para lidar com uma emergência familiar. Isso, inconscientemente, pode provocar-lhe uma ansiedade inadequada, que se manifesta na busca de soluções rápidas (e não as melhores) para as questões.

As emoções também estão presentes em juízes, árbitros e jurados (seus efeitos sobre a pessoa do mediador encontram-se extensamente tratados por Fiorelli, Malhadas e Moraes em *Psicologia na mediação*). Um jurado totalmente envolvido com uma questão externa ao julgamento, inconscientemente, pode motivar-se para buscar soluções que encerrem a deliberação o mais rápido possível, em prejuízo da justiça. O mesmo pode acontecer com o próprio Juiz da causa ou o árbitro (ou árbitros) escolhido(s) pelas partes para solucionar a demanda arbitral.

4.6.3. Manifestações de emoção

Explosões emocionais podem ocorrer durante o relacionamento com os clientes e é conveniente, para maior eficiência e eficácia, que o advogado saiba compreendê-las e comportar-se adequadamente, para utilizá-las em seu benefício e de seu cliente.

O primeiro passo para administrá-las é não reagir a elas. Reagir significa demonstrar fragilidade e, possivelmente, comprometer a confiança que o cliente deposita em sua pessoa.

Alguns comportamentos podem levar a interpretações enganosas por parte do advogado. O choro convulsivo — comumente apresentado por histriônicas (uma característica de personalidade que será adiante comentada) pode representar a necessidade de desabafar ou de manipular o profissional (por exemplo, para obter vantagem econômica). A pessoa pode mostrar-se agressiva porque encontra-se frustrada diante da falta de soluções que a satisfaçam, ou por não tolerar que seus desejos — ainda que inadequados ou indevidos — deixem de ser satisfeitos.

Uma necessidade de desabafo deve ser acolhida com tranquilidade e naturalidade. O efeito mais provável é facilitar a continuidade do processo e, no momento certo, a comunicação de que houve uma compreensão empática para a ação (um choro, uma elevação da voz etc.) pode reforçar a confiança entre o advogado e o cliente. Já a tentativa de manipulação pode refletir a presença de má-fé e o advogado estar sendo encarado como um objeto dessa estratégia do cliente.

A ira constitui uma emoção altamente prejudicial ao cliente e ao advogado. Ela favorece condutas inadequadas, que drenam a energia do indivíduo; este deixa de se concentrar na busca de novas opções e fecha-se para os argumentos dirigidos a um possível acordo negociado.

Por motivos culturais, as mulheres tendem, costumeiramente, a voltar a ira para elas mesmas e geram distúrbios emocionais que as prejudicam em variados graus. Podem tornar-se depressivas, obesas, anoréxicas etc. Homens tendem a manifestá-la na forma de comportamentos agressivos, obsessivos, sarcásticos etc.

O advogado deve explorar as causas da irritação, que pode estar sendo ocasionada por outros sentimentos que o conflito desperta no cliente. Por exemplo, a pessoa demonstra-se irritada porque um determinado comportamento da outra parte provoca-lhe profunda humilhação e ela mesma não se dá conta de que isso acontece (ou, se percebe, não sabe como lidar com a situação). O advogado pode, inconscientemente, irritar-se porque transforma sua atuação em uma autêntica "competição" com o advogado da parte contrária.

O advogado deve estar atento para não demonstrar ao cliente que esse comportamento lhe ocasiona irritação, porque apenas contribuirá para que ele se irrite ainda mais. Eventualmente, o cliente pode ter essa manifestação porque considera que a outra parte não tomará conhecimento de outras formas de comunicação; pode ser que, na relação entre as partes, o comportamento irado tenha sido o padrão de comunicação estabelecido e, agora, ele se manifesta naturalmente (algo extremamente comum entre casais que se separam).

Uma forma de administrar os acessos de irritação é instituir rituais que permitam canalizar adequadamente essa energia. Procedimentos ritualizados representam um importante papel na relação de figura e fundo das percepções das pessoas e podem ser cuidadosamente planejados para que não prejudiquem as atividades. Assim, o advogado consegue obter maior produtividade em seus encontros com o cliente.

Jefferson era um executivo (demitido injustamente, segundo sua opinião) que não conseguia conversar com o advogado sem dar murros na mesa, agitar os braços e gritar quando recordava a situação da demissão e a pessoa do chefe. A raiva dominava-o. O advogado adotou um ritual simples para contê-lo e conseguir que ele se concentrasse nos fatos. Jefferson era gaúcho e apaixonado por chimarrão. Em sua segunda reunião com o cliente, o advogado esperou-o com a cuia, o mate e a água quente. Juntos, prepararam o chimarrão e conversaram sentados lado a lado. Com as mãos ocupadas segurando a cuia e os sentidos voltados para a prática do chimarrão, tornou-se fácil administrar a raiva.

O ódio é um violento psicotrópico. Ele inibe a capacidade de raciocínio e, com frequência, gera pensamentos do tipo "tudo o que eu quero é matar esse indivíduo". Há uma notável concentração de energia psíquica alimentando essa obsessão que, pouco a pouco, consome a capacidade de reagir da pessoa.

De maneira aparentemente paradoxal, encontra-se o ódio, com inusitada frequência, entre aqueles que se declaravam perdidamente apaixonados. Caetano Veloso explica magistralmente essa transformação, nas letras de *Queixa*:

"Um amor assim violento, quando torna-se mágoa,

É o reverso de um sentimento, oceano sem água.

Ondas, desejos de vingança, nessa desnatureza

Batem forte, sem esperança, contra a tua dureza."

João e Maria, jovens ao redor de 20 anos de idade, após seis meses de um ardente namoro, resolvem contrair matrimônio. A rica família de João proporcionou uma extraordinária festa, a ponto de inibir os humildes parentes de Maria, uma estudante universitária moradora do subúrbio industrial. Quatro meses depois, que pareceram uma eternidade para João, o casal separou-se. Maria, imediatamente, ingressou com diversas ações judiciais, pleiteando desde pensão alimentícia até indenizações por danos morais e materiais.

Em muitas situações, o convívio transforma uma paixão infinita, porém, sem fundamento na realidade, em imenso ódio. Há situações, entretanto, que o comportamento da(o) reclamante deve ser avaliado considerando-se suas características de personalidade, que são estudadas no sétimo capítulo.

A paixão outorga poderes a seu objeto. Aquele que pretende dominar é dominado e não se dá conta da extensão em que isso acontece. Encontra-se corriqueiramente esse sentimento permeando as ações judiciais relacionadas com o assédio sexual. Não se confunda o superior hierárquico que assedia, movido pela busca do prazer fácil, com aquele que se entrega ao objeto de seu desejo e se dispõe a tudo fazer para obtê-lo — até mesmo sem a realização plena de suas intenções no campo da sexualidade (as dimensões em que isso pode acontecer estão magnificamente retratadas no filme *M. Butterfly*, que narra a aventura amorosa entre o representante francês na então "Ásia Francesa" e uma artista, com impressionante desenlace após longos anos de profunda humilhação para o diplomata).

O assédio movido pela paixão, do ponto de vista estritamente psicológico, pode significar a completa vulnerabilização do assediador. Nas palavras de Gonçalves Junior (2003): "basta imaginar a hipótese de se exigir sexo mediante a ameaça de revelar algo que possa comprometer o chefe"; hipótese esta mais do que viável considerando-se a extraordinária presença de acertos ilegais que permeiam os negócios e a fragilidade emocional tão presente entre os profissionais nesta conturbada sociedade contemporânea.

Ao demonstrar seu interesse, o assediador escancara as portas para a chantagem e, para acentuar essa situação, o "assediado" conta com a complacência daqueles que veem o superior hierárquico como alguém sempre propenso a se impor e exigir vantagens.

O ódio e a paixão cantados por Caetano, naturalmente, irmanam-se na construção dos assim denominados "crimes passionais", a respeito dos quais o texto da Dra. Eluf (2002) é de extrema clareza e precisão. Aquele que mata o parceiro ou parceira movido pela paixão, efetivamente está se deixando conduzir pelo ódio. Nas palavras da Dra. Eluf, "esses assassinos costumam ser péssimos indivíduos (...) quando descobrem que a companheira cedeu a outrem, arvoram-se em juízes e executores. Não os impele qualquer sentimento elevado ou nobre. (...) É o despeito de se ver preterido por outro. (...) É o medo do ridículo — eis a verdadeira mola do crime".

É extraordinária a quantidade de homicídios, na maior parte praticados por homens, tomados pela paixão. A morte do(a) parceiro(a) encerra um ciclo de vida, muitas vezes, na aparência, dominado pelo afeto e por demonstrações de bem-querer. Com frequência, esses comportamentos apenas escondem sentimentos obsessivos de posse, de dominação, que, ao se verem contrariados, explodem de forma incontrolável. Não há motivo para sentir pena daquele que foi, pretensamente, ofendido em sua honra. A história de vida do casal não correspondia aos reais sentimentos que os uniam e o final apenas coloca à luz aquilo que cuidadosamente se tentou dissimular.

O antídoto para o ódio é conseguir utilizar sua força em benefício do próprio cliente que o manifesta; muitas vezes, a pessoa encontra no ódio a força motivacional para demonstrar o quanto está certo em suas demandas. Por exemplo, a mãe encontra ânimo para cuidar dos filhos para provar que é capaz de fazê-lo — sozinha — sem o apoio do pai, e ainda melhor. Aquele que se considerou traído pode, movido por ele, encontrar forças para realizar uma transformação em sua vida, procurando novas soluções.

Ao se deparar com o ódio, o advogado deve conseguir que o foco do cliente mude do passado — onde o conflito terá colorido toda a paisagem da memória — para o futuro, que ainda é percebido, por ele, como o lugar da vingança. É essencial colocar o foco das atenções nos problemas, tirando-o do inimigo, que é a outra parte.

Uma estratégia é fazer o cliente relatar como ele vê o futuro, caso tudo o que pretenda, de fato, aconteça. Possivelmente, ele constatará que não sabe exatamente o que pretende, que a vingança é uma coisa ainda vaga e merecedora de esclarecimentos para sair da emoção e entrar no campo da racionalidade. Expressões que refletem apenas "posições", do tipo "quero que ele me pague tudo o que deve", "aquele miserável há de me recompensar por tudo o que passei", transferidas para um momento no futuro, tornam-se relativamente vazias.

A colocação das ideias por escrito constitui uma estratégia para lidar com tal tipo de emoção poderosa e negativa. Dominada pelo ódio, a pessoa não escuta com clareza e raciocina mal. Desafiada a colocar por escrito, ela se obriga a organizar o pensamento para lhe dar consistência — possivelmente, ficará muito surpresa com o pouco que conseguirá produzir sem a ajuda do advogado.

O bom humor pode ser empregado para opor-se à ira e ao ódio e, também, para fazer um contraponto às explosões emocionais, introduzindo descontração no ambiente. Contudo, sua utilização requer tato e sensibilidade porque, ao mesmo tempo em que pode tornar o ambiente mais descontraído, também pode ser o estopim de conflitos dirigidos contra a própria figura do advogado.

Possivelmente, a grande importância do bom humor encontra-se associada à sua relação com o sentimento de felicidade. A felicidade é uma emoção de extrema importância, porque se reconhece amplamente que pessoas felizes (MYERS, 1999, p. 286):

— tomam decisões com maior facilidade;

— percebem o mundo como mais seguro;

— mostram maior satisfação com a vida em geral;

— apresentam relacionamentos interpessoais mais promissores;

— contribuem para despertar esperança nas outras pessoas;

— são mais propensas a ajudar os outros.

Paradoxalmente, pouco se investiga a respeito da felicidade nas organizações familiares e de trabalho, apesar de todas as reconhecidas vantagens de se conviver e trabalhar com e para pessoas felizes.

Felicidade, contudo, é uma emoção complexa e despertá-la é muito mais fácil do que mantê-la. Os efeitos de eventos positivos, ainda que de grande impacto (como ganhar na loteria), sabidamente duram pouco.

Falsas crenças a respeito da felicidade podem dificultar o acordo. É comum que se ouça que "quando eu me vingar, ficarei feliz"; entretanto, desafiada a explicar o que é "ficar feliz após a vingança", encontra-se, em geral, a ideia de que a felicidade resultará da infelicidade do outro, o que, obviamente, não tem nenhum nexo com a realidade.

Estabelecer esse fato com o cliente permite retornar ao campo da razão, transformando a questão de "tornar o outro infeliz" para "tornar feliz o cliente". Por exemplo, observa-se que a falta de recursos pode ser fonte de infelicidade; porém, a posse não a garante. Aquilo que, em um primeiro momento, poderia ser percebido como um luxo, após algum tempo de uso torna-se uma necessidade, e assim sucessivamente. O advogado deve estar atento a tais tipos de crenças: as pessoas podem estar buscando atingir uma felicidade idealizada por um método inadequado.

A felicidade é comparativa, e quando o resultado da comparação é insatisfatório, pode ocorrer seu oposto, a infelicidade, motivada pela inveja. A pessoa sente-se bem ou mal dependendo de quem são e como são as pessoas com as quais se relaciona. A percepção de que um adversário "será mais feliz com um acordo" pode despertar um sentimento de infelicidade. Isso explica porque a ascensão na escala socioeconômica não constitui passaporte para a felicidade. Simplesmente, os termos de comparação sempre serão os que se encontram em degraus superiores.

Não se estranhe, pois, o prazer com que tantas pessoas assistem a programas de televisão construídos sobre desgraças humanas: o telespectador compara-se com pessoas em situação real muito pior em relação a ele. Se isso não o torna propriamente feliz, auxilia a sentir-se menos infeliz!

Possivelmente, um bom acordo pode não garantir a felicidade, mas pode ser, simplesmente, aquele que minimize os sentimentos de infelicidade dos envolvidos no conflito.

5. Comportamento

5.1. Fatores que influenciam o comportamento

O comportamento do indivíduo recebe influência de inúmeros fatores, exógenos ou endógenos a ele. Fatores exógenos são aqueles ligados ao estímulo, ao ambiente e à cultura. Há estudiosos que defendem a concepção de que os fatores sociais e ambientais são os mais determinantes no comportamento humano. Enxergam o ser humano como um produto do meio.

Endógenos são os fatores relacionados com os conteúdos físicos e psíquicos do indivíduo: valores, esquemas de pensamento, características de personalidade, conhecimentos, habilidades e competências do indivíduo, entre outros. Aqui, incluem-se, além da estrutura anatomofisiológica, inúmeros fenômenos relacionados com as funções mentais superiores, já estudadas.

O conceito adotado nesta obra é o de que o comportamento humano resulta de uma complexa combinação dos fatores exógenos e endógenos; porém, nenhum deles constitui um determinante exclusivo, ainda que, em uma dada condição, algum fator possa prevalecer sobre os demais. Os exemplos seguintes ilustram esta concepção.

O indivíduo se dispõe a buscar comida porque sente fome (estímulo físico, endógeno); sacia-se e encerra sua busca; pode postergar a procura de alimento porque realiza determinada atividade (estímulo endógeno, psicológico, em sentido oposto); pode intensificar essa procura porque se encontra ansioso (estímulo endógeno, psicológico, de mesmo sentido). A protelação da busca pode ocorrer por motivos culturais (para não perturbar, por exemplo, um concerto ou peça teatral) ou ambientais (a pessoa encontra-se em local desprovido de alimentos).

Raciocínio semelhante aplica-se à presença de um estímulo exógeno, por exemplo, uma ameaça de agressão. Experiências anteriores, força física, habilidade para lutar, posse de uma arma podem influenciar na conduta. O local, a presença de estranhos, o grupo social ao qual o indivíduo pertence, as determinações morais provenientes de credo ou valores familiares podem ser estímulos para fuga ou confrontação.

Existe, pois, um complexo de fatores presentes em cada comportamento emitido pelo indivíduo — do mais simples ao mais sofisticado. Não há uma teoria consolidada capaz de conjugar todos eles; em vez disso, são tratados como entidades isoladas, cabendo aos leitores a tarefa de refletir sobre as diferentes teorias e hipóteses e tirar suas próprias conclusões. Estas, por sua vez, também dependerão do contexto no qual o leitor se insere. Este capítulo aborda três teorias amplamente estudadas por inúmeros especialistas: o condicionamento, a motivação e a modelação, que é o comportamento de imitação de um modelo.

5.2. Condicionamento

O condicionamento constitui forma básica e universal de aprendizagem, amplamente estudada por cientistas (em especial, russos e americanos), e que remete à teoria de B. F. Skinner, cujo "impacto foi impressionante, em alcance e magnitude" (KAPLAN; SADOCK, 1993, p. 205). Para Skinner, o comportamento resulta da interação entre o indivíduo e o ambiente e apenas ele pode ser estudado, por ser passível de percepção, descrição e mensuração por meio de instrumentos. Segundo Skinner, "não existe a mente como tal, apenas um cérebro que aprende, afetado por estímulos no ambiente interno e externo" (FADIMAN; FRAGER, 1986, p. 205).

Skinner desenvolveu técnicas de condicionamento operante, que consistem em modelar e manter, por suas consequências, um determinado comportamento (1992, p. 195). Deve-se a ele o conceito de reforço: qualquer estímulo que aumenta a probabilidade de uma resposta (DAVIDOFF, 1983, p. 178-179), por exemplo: uma punição que deveria ser aplicada e não foi; um benefício conseguido por meio de um comportamento. A impunidade é o exemplo típico do reforço, que acentua a prática do comportamento ilícito.

O programa de combate à criminalidade identificado como "tolerância zero", da Prefeitura de Nova York, seguiu esse conceito: a pessoa condiciona-se a não transgredir a lei por receio de uma punição considerada assegurada, mesmo para pequenos delitos.

As técnicas de aprendizagem desenvolvidas pelos estudiosos do condicionamento são amplamente empregadas por especialistas de marketing e estrategistas das mais diversas Organizações. Elas não devem ser confundidas com manipulação grosseira, embora possam ser utilizadas de modo indevido, sem respeito à ética. Nos bingos e cassinos, o jogo utiliza extensamente as técnicas de condicionamento; sob muitos aspectos, o mesmo acontece no tráfico de drogas.

A utilização do condicionamento costuma vir cercada de rituais, cuja presença mostra-se marcante em entidades religiosas, órgãos de classe, clubes, entidades beneficentes, associações esportivas, etc. Por exemplo: aplausos e abraços. O Poder Judiciário adota rituais em seus procedimentos (indumentária, expressões de tratamento, gestos e postura, disposição na sala, etc.) que contribuem para estabelecer a diferença entre a figura do magistrado e as dos demais presentes.

O ritual desenvolve esquemas rígidos de pensamento e desencadeia automatismos eficazes, aos quais o indivíduo se submete sem a percepção consciente e em relação aos quais passa a apresentar dependência física e psíquica.

5.2.1. Formas e técnicas de condicionamento

O comportamento condicionado ou comportamento de resposta automática proporciona notável agilidade e conforto; por isso é tão apreciado pela mente. Trata-se de um notável economizador de energia psíquica. Ele é obtido por duas formas de condicionamento:

— o condicionamento respondente; e

— o condicionamento operante.

a) Condicionamento respondente

Ao comportamento de resposta desencadeado por um estímulo denomina-se comportamento respondente. Em geral involuntário, engloba a ação de componentes físicos do corpo (glândulas, músculos) (LUNDIN, 1977, p. 64). Neste caso, o estímulo antecede o comportamento. É o caso, por exemplo, do trabalhador que coloca a mão em uma chapa quente e, imediatamente, a retira.

O estudo do comportamento respondente levou ao desenvolvimento do condicionamento "clássico", "simples" ou "respondente", que opera da seguinte maneira:

a) observa-se que determinado estímulo (por exemplo, a presença de uma pessoa sedutora) provoca um certo comportamento de resposta (o observador sente-se estimulado). Este tipo de estímulo denomina-se "incondicionado": ele pode ocasionar a mesma resposta em todos os indivíduos de uma dada espécie;

b) faz-se um pareamento deste estímulo com outro (por exemplo, a pessoa sedutora aparece ao lado de um bem de consumo que se pretende comercializar);

c) após algum tempo, a estimulação, que era provocada pela presença daquela pessoa, será igualmente provocada pela presença do automóvel. Ocorreu um condicionamento respondente.

A propaganda utiliza essa técnica de inúmeras maneiras: um bebê saudável acompanha o leite em pó; um ambiente de luxo e requinte emoldura o copo de uísque e um charuto cubano; vendedores pagam almoço ou jantar para clientes; sindicatos oferecem churrascos de confraternização etc. Busca-se estabelecer um vínculo emocional para que a percepção favorável desencadeie o comportamento esperado.

O condicionamento simples possui grande efeito por ser involuntário. Muitos dos comportamentos individuais resultam de condicionamentos simples estabelecidos desde a infância, por exemplo, os hábitos de higiene, e são difíceis de alterar. Por exemplo, o advogado recomenda que o cliente passe a obedecer o supervisor sem manifestar qualquer reclamação, para evitar conflitos durante um certo tempo; o cliente, condicionado a "dar o troco", terá grande dificuldade para permanecer passivo quando o supervisor se manifestar de forma que ele considera inadequada (qualquer gesto do supervisor pode tornar-se o estopim de uma explosão emocional).

A agressividade de muitas pessoas é de difícil controle quando se torna resposta condicionada. Ao ouvir uma expressão que considera ofensiva ou um gesto percebido como agressivo, elas imediatamente partem para a agressão, sem refletir a respeito.

O desenvolvimento do autocontrole é uma tarefa difícil, principalmente quando esse comportamento instalou-se já nos primeiros anos de idade (observa-se claramente em crianças abandonadas, recolhidas da rua e em crianças que cresceram em um meio onde a violência estava sempre presente, acostumadas a reagir agressivamente, em autodefesa (KORTE *et al.*, 1998). Muitos agressores, do ponto de vista psicológico, dizem a verdade quando alegam que "agiram sem pensar": eles, de fato, não estavam conscientes do que faziam no momento da ação — o que, entretanto, de modo algum a justifica (afinal, eles têm consciência de suas reações e poderiam atuar para evitá-las).

Quando a violência faz parte do cotidiano, aqueles que a ela são submetidos, especialmente crianças e adolescentes, acabam por desenvolver mecanismos mentais que a suprimem. Polanczyk *et al.* (2003) ensinam que elas

> podem desenvolver uma dessensibilização emocional à violência, ou seja, podem passar a percebê-la como componente normal da realidade, deixando de reagir negativamente a eventos dessa natureza e a incorporando aos seus contextos culturais. O comportamento agressivo pode passar a ser um modo predominante de expressão dos sentimentos, conforme experiências prévias, impedindo o desenvolvimento de empatia e outros modos adaptativos de funcionamento.

Algo semelhante acontece com crianças que foram vítimas de abuso sexual — predisponente importante para futuros quadros de fobia, ansiedade e depressão (saliente-se que diversos autores elencam inúmeros transtornos, alguns de curto e outros de longo prazo, associados à idade, ao sexo e a condições de vida da vítima). Kaplan e Sadock (1993, p. 832) assinalam a tendência à hipervigilância, à incapacidade de lidar com os impulsos agressivos próprios ou com a hostilidade alheia a elas dirigida, situação amplamente corroborada por Fiorelli em estudos comportamentais com crianças de rua.

b) Condicionamento operante

Um segundo tipo de comportamento exemplifica-se pela atribuição de pontos em uma escala de avaliação de desempenho. Neste caso, o comportamento antecede o estímulo e denomina-se operante. O indivíduo atua, opera, para obter o resultado de sua ação. Trata-se de tradicional estratégia no ambiente de trabalho: "o empregado que atinge a cota estabelecida ganha um brinde especial". O estímulo (o prêmio) é externo ao indivíduo e ocorre após a manifestação do comportamento. Nesse caso, cessando o estímulo, o comportamento pode deixar de ser realizado.

O condicionamento operante, desenvolvido por Skinner, constitui uma estratégia de aprendizagem (DAVIDOFF, 1983, p. 178). O indivíduo realiza uma ação sobre o meio (por exemplo, executa uma atividade com perfeição) e recebe uma resposta (um elogio, o "estímulo"). Repete, então, o comportamento para continuar a merecer o estímulo e, se necessário, ajusta-se aos requisitos da tarefa. Condiciona-se, assim, a proceder segundo o padrão aceitável.

Este comportamento inclui substancial parte das respostas por meio das quais se age conscientemente sobre o meio ambiente. É a essência do jogo: a pessoa joga porque tem a expectativa de receber o prêmio. A frequência e a intensidade de emissão de um determinado comportamento operante dependerão:

a) das consequências (reais ou imaginárias) para o indivíduo: uma resposta satisfatória (denominada “reforço”) tende a manter o comportamento e a aumentar sua frequência; uma resposta insatisfatória (“punição”) pode conduzir ao oposto. O comportamento de vendedores, costumeiramente, é operante. Eles esforçam-se para cumprir as metas, evitando punição (perder rendimentos) e/ou ganhando recompensa (gratificações). A pessoa condiciona-se a acessar, continuamente, a Rede Social porque as respostas que obtém são altamente satisfatórias: mensagens de afeto, concordância com uma ideia, informações tidas como agradáveis; além disso, a conexão acontece com rapidez e facilidade, tornando compreensível a cena tão comum: grupos de pessoas concentradas na manipulação de seus dispositivos, alheias ao que acontece ao redor.

A história de Everaldo é típica: iniciou praticando pequenos furtos, nunca tendo sido punido por eles; quando adolescente, chegou a ser detido uma única vez; porém, foi liberado rapidamente, por bom comportamento (e, também, porque a instituição não tinha mais espaço para abrigá-lo). Já adulto, participou de alguns assaltos, escapando ileso na maior parte das vezes; quando detido, era rapidamente liberado e acostumou-se a correr o risco, acreditando que a perspectiva de ser punido era menor do que de ser gratificado. Tornou-se “assaltante profissional”, até ser baleado e morto na saída de uma boate, por outro marginal, cuja companheira Everaldo havia conquistado.

b) da expectativa de sucesso: as pessoas perseveram enquanto consideram possível o êxito. Uma pessoa pode deixar de propor uma ação judicial porque considera pouco satisfatórios os benefícios, considerando todo o esforço (real ou imaginário) que teria que despender para obtê-los.

A vantagem pode ser uma probabilidade, como em sorteios, ou um potencial, como nas milhagens. O importante é ser percebida como factível.

c) da frequência e da intensidade do estímulo responsável pela sua evocação (o estímulo consequente ao comportamento) (SKINNER, 1992, p. 105-112). Principalmente pessoas cujo pensamento corresponde ao nível operatório concreto precisam desse tipo de reforço constante, para não esmorecerem. Elas têm dificuldade de atuar para obter benefícios a longo prazo; as mensagens, então, precisam causar a percepção de que os benefícios acontecerão em breve. O traficante utiliza essa técnica: mantém interação frequente com o dependente (que, em geral, não recebe a mesma atenção dos pais — o vício é o resultado do abandono).

Segundo Skinner (1992, p. 74), o meio ambiente, por meio do condicionamento operante, *modela* o repertório do indivíduo e, ao mesmo tempo, aumenta a eficiência do comportamento.

Também ocorre, no comportamento operante, o fenômeno da generalização, indispensável para o desenvolvimento intelectual (LUNDIN, 1977, p. 136), já citado no estudo da percepção. Assim, estímulos semelhantes podem levar a uma única resposta — tem-se a generalização de estímulos (LUNDIN, 1977, p. 127).

As entidades de classe, habilmente, divulgam as ações trabalhistas que conduziram a resultados favoráveis aos empregados, porque sabem que outros, em situação similar, acreditarão que obterão respostas igualmente satisfatórias. Nas ações indenizatórias de "Planos de demissão voluntária", a notícia de que alguns obtiveram resultados favoráveis desencadeia uma série de ações semelhantes.

Ocorre também a generalização de respostas: um único objeto ou fenômeno pode provocar diferentes tipos de reações.

A notícia de que um empregado iniciou uma determinada ação trabalhista contra a Organização pode levar os administradores a adotar uma série de medidas para evitar outras ações: transferência de empregados para outros setores, modificações nos procedimentos de trabalho, alterações em rotinas de supervisão, cancelamento de benefícios etc. Recomenda-se a leitura do caso 25, citado por Fiorelli e Malhadas (2003, p. 151).

Três tipos de estímulos possuem especial interesse na promoção do condicionamento: o reforço positivo, o reforço negativo e a punição.

➢ **Condicionamento operante por reforço positivo**

Neste método, provoca-se aumento na frequência de um comportamento pela apresentação posterior de um estímulo percebido como agradável pelo indivíduo (reforço positivo), após a ocorrência do comportamento. Vários exemplos já foram citados. A obtenção e a manutenção do comportamento dependem da forma como apresentam-se os reforços.

- O reforço deve ocorrer próximo à emissão do comportamento: o passar do tempo enfraquece a associação entre ele e o estímulo.

Fiorelli e Malhadas apresentam um estudo de caso (2003, p. 153) em que analisa-se o desenvolvimento do comportamento agressivo de um advogado. O profissional atuou agressivamente, em algum momento (possivelmente, ainda na infância), e isso lhe trouxe resultados positivos: quando a agressividade é recompensada, a pessoa tende a tornar-se cada vez mais agressiva. O comportamento que funcionou em uma situação pode ser generalizado para outras, tornando-se uma verdadeira "marca" da pessoa. A partir do momento em que conquistou reconhecimento pelos resultados trazidos por sua agressividade, passou a ser procurado ainda mais intensamente por pessoas que apreciam esse comportamento, criando-se um círculo vicioso. O comportamento condicionado leva ao encontro de condicionadores que se ajustam a ele.

- Deve ficar perceptível para o indivíduo a vinculação do estímulo ao comportamento, em particular se vários comportamentos ocorrerem simultaneamente.

A dra. Biguitz concluiu, a partir de algumas experiências bem-sucedidas, que a ênfase na sexualidade era uma boa estratégia, principalmente para lidar com oponentes masculinos (FIORELLI; MALHADAS, 2003, p. 155). Adotando o comportamento de canalizar as discussões para essa temática ao mesmo tempo que exibia uma insuspeita e inesperada sensualidade, ela conseguia obter o equilíbrio necessário ao bom andamento do processo, compensando comportamentos intimidadores de seus adversários. Com o passar do tempo, ela condicionou-se a empregar essa técnica, fazendo isso com absoluta naturalidade, a ponto de surpreender as pessoas que a conheciam do tempo de faculdade: uma advogada tímida, retraída.

• O estímulo deve ser contingente ao comportamento: o indivíduo deve, necessariamente, manifestar o comportamento para receber o reforço. Os casos citados anteriormente ratificam essa condição: os profissionais puderam balizar seus comportamentos antes e depois da mudança efetuada, comprovando os benefícios de modificar seus estilos de atuar.

Essas três características às quais deve obedecer o reforço positivo explicam a inutilidade do aumento de salários para a obtenção de ganho de produtividade. O aumento, uma vez concedido, não pode ser revertido e perde sua utilidade como reforço.

Por outro lado, observe-se que os mesmos estímulos, as mesmas estratégias, conduzem a diferentes resultados quando aplicados a diferentes pessoas, ainda que em situações idênticas na aparência. Fatores ligados aos indivíduos, à cultura local e ao momento influenciam o comportamento, muitas vezes de maneira inusitada; basta a presença de forte conteúdo emocional.

➢ **Condicionamento operante por reforço negativo**

Nesse método, promove-se aumento na frequência de um comportamento pela retirada de um evento desagradável (aversivo) logo após sua emissão. Por exemplo, se um comportamento prescrito pelo médico reduz a sensação de dor, ele tende a ser repetido. A droga é exemplar: ao utilizá-la, a pessoa livra-se, repentinamente, de uma série de sentimentos angustiantes que a afligiam; logo, tende a repetir o procedimento.

Existem duas situações particulares em que o condicionamento negativo traz consequências perceptíveis para o comportamento:

— a fuga, em que o indivíduo emite um comportamento por meio do qual elimina o estímulo aversivo presente; a pessoa foge ao ver um potencial meliante; e

— a evitação, em que o comportamento impede a ocorrência de estímulo aversivo, real ou imaginário, não presente; a pessoa desvia-se de um caminho em que ela perceba a presença de algum perigo. Pessoas com aversão a conflitos apresentam comportamentos de evitação. Elas deixam de realizar procedimentos que, possivelmente, levem-nas a enfrentá-los.

O advogado agressivo, inconscientemente, pode contar com o comportamento de fuga ou evitação de seu oponente; caso este seja um profissional avesso à confrontação:

— evitará levantar uma questão que, em sua opinião, dará oportunidade ao outro colega agressivo para manifestar-se com violência;

— adotará um comportamento de modo a não prolongar um debate ou uma manifestação reduzindo sua exposição ao estímulo aversivo;

— colocará seus argumentos de modo a evitar que eles despertem o comportamento indesejado do colega agressivo.

Tratando-se de testemunhas, com muito mais facilidade intimidáveis pelo estilo do advogado, essa situação pode tornar-se ainda mais marcante. Torna-se evidente que o comportamento do juiz, ou do árbitro, é de extrema relevância para assegurar o equilíbrio no processo e, para isso, ele deve estar atento às características comportamentais dos depoentes, identificando sinais de medo, timidez, insegurança e agindo para restabelecer a autoconfiança da pessoa, na medida do necessário e conveniente.

Fuga e evitação, portanto, são formas como se apresenta o condicionamento operante por reforço negativo. Contorna-se uma situação desagradável (fugindo ou evitando-a) e, com isso, se obtém maior bem-estar. A sensação de bem-estar confirma que a estratégia foi válida; por conseguinte, ela tenderá a ser repetida.

O condicionamento, portanto, instala-se, possivelmente indo ao encontro de características de personalidade que, se não privilegiam a sociabilidade, a harmonia, a boa convivência, ao menos dão preferência a estratégias não adversariais para lidar com o conflito.

Manifestações somáticas também constituem estratégias de fuga e evitação que o psiquismo adota para lidar com situações provocadoras de grande sofrimento. O corpo sofre para que a mente encontre recompensas de natureza secundária.

Fiorelli e Malhadas (2003, p. 160) relatam o caso de uma atendente de público que desenvolveu sério transtorno de fundo osteomuscular, a ponto de torná-la praticamente incapacitada para o trabalho e que se originou pela postura física adotada nas situações em que se relacionava com os clientes. Sempre curvada para a frente, forçando em demasia a coluna, desenvolveu grave disfunção, a qual a levou a afastar-se do serviço por um longo período, incapacitada de permanecer sentada por mais do que alguns minutos, tendo de usar um incômodo colete e submeter-se a inúmeras sessões de fisioterapia.

A situação dessa atendente é típica. A pessoa condiciona-se a adotar determinada postura porque, concentrando-se em tal comportamento, suporta melhor o sofrimento de ordem psíquica que a atividade lhe proporciona. Ela desloca, inconscientemente, o sofrimento psíquico para o sofrimento físico, com o qual consegue conviver melhor, até mesmo porque outras pessoas reforçam esse comportamento, manifestando pena e elogiando-a pelo esforço por trabalhar “apesar da dor” etc.

Um dado comportamento pode significar a eliminação de outro indesejável ou menos adequado à situação. O uso da sensualidade pela advogada possivelmente significou, para ela, deixar de suportar sentimentos de inabilidade ao lidar com pessoas agressivas, que lhe provocavam reações inevitáveis e lhe perturbavam o raciocínio; a agressividade possibilitou ao advogado não ter de se expor aos colegas; a manifestação de dor física pela atendente servia como um amortecedor para o mau humor dos clientes.

5.2.2. Punição

Na punição, apresenta-se um estímulo aversivo ou retira-se um estímulo positivo após o comportamento, para diminuir sua ocorrência (LUNDIN, 1977, p. 308). O uso da punição, cercado de componentes culturais, permanece extenso e intenso nas famílias e em todos os setores da sociedade.

Na vida em sociedade, ela se torna tanto mais necessária quanto menor a disciplina e o espírito de cidadania da população. Sem a multa de trânsito, o tráfego de veículos nos grandes centros entraria em colapso; sua eficácia apenas não é maior pela dificuldade de identificar o infrator, pela pequena representatividade dos valores cobrados e pela escassez de profissionais para aplicá-la. Nas famílias, compreende desde o castigo físico até a abstinência sexual. Nas empresas, é representada pela suspensão, demissão, preterimento em promoções e benefícios, desconto por atrasos ou ausências não justificadas etc.

A eficácia da punição aumenta quanto menor o grau de maturidade na relação interpessoal. Ela revela-se, por exemplo, bastante eficaz quando corretamente aplicada a crianças, especialmente em situações de risco, em que existe urgência de se estabelecer um comportamento satisfatório. A maior dificuldade da aplicação da punição adequada em crianças encontra-se no sofrimento que ela impõe àquele que a exerce — daí a pessoa justificar-se, apelando para teorias insustentáveis que a reprovam ou proíbem.

Muitos profissionais da área de recursos humanos reconhecem a necessidade de se utilizar algumas formas de punição na relação empregador-empregado. No campo da criminalidade, a punição tem forte aplicação como instrumento de proteção das vítimas; contudo, sua eficácia na recuperação do criminoso é muito limitada em função da precariedade do sistema carcerário, da morosidade da Justiça, da inadequação das penas e do retorno do indivíduo às mesmas condições de vida após o cumprimento da sentença.

Ainda que, dos pontos de vista ético e filosófico, prefiram-se reforços às punições, estas acabam sendo adotadas por vários motivos, tais como:

- pouca disposição para correr determinados riscos: em determinadas situações, as punições são essenciais para fins exemplares (a punição de alguns elimina expectativas em outros);
- aspectos culturais do ambiente ou ligados ao evento específico: em pessoas no estágio de pensamento operatório-concreto, a punição moral ou intelectual pode, simplesmente, não ser percebida, não estabelece referência de comportamento desejável e não alerta para ações indesejáveis;
- experiências traumáticas anteriores relacionadas com o comportamento indesejado: o medo da reincidência leva a medidas mais radicais;
- segurança física de pessoas ou patrimônios: a probabilidade de ocorrência pode até não ser elevada; porém, não há como admitir a exceção, ainda que mínima; o caso típico é o sequestro;
- urgência na obtenção de resultados para efeito-demonstração ou evitar complicações maiores.

Quando se trata de delito de fácil realização, praticável por um grande número de pessoas, tanto mais a punição se apresenta como necessária pelo efeito-demonstração. Essa estratégia vem sendo adotada por muitas administrações públicas para reduzir a incidência de pequenos roubos; a aplicação de penalidade inibe a generalização e a banalização do delito e serve como desestímulo para aqueles que não o praticam, criando uma expectativa negativa em relação às suas consequências. Do ponto de vista da Psicologia, a relevância subordina-se ao efeito-demonstração.

Fiorelli e Malhadas (2003, p. 163-166) analisam tal situação em detalhes, no caso intitulado "o roubinho", em que uma senhora, caixa de supermercado, é punida por furtar uma quantia aparentemente insignificante. O juiz decidiu pela punição, reconhecendo que o efeito-demonstração superava de longe o argumento da irrelevância. O efeito psicológico entre os demais colegas foi, obviamente, decisivo e definitivo.

Dada a inevitabilidade de que, em determinadas situações, a punição constitua a ação de eleição, o profissional encarregado de aplicá-la deve avaliar suas potenciais consequências e os melhores procedimentos para reduzir seus efeitos psicológicos, negativos, colaterais.

Afinal, toda punição desagrada. Ela transforma-se em "figura" na percepção dos punidos e ocupa o espaço que deveria ser preenchido pelo comportamento desejado. Ela torna claro o que não deve ser feito; no entanto, em certas situações, não ensina, efetivamente, o que deve ser feito.

Sendo desagradável, afeta emocionalmente aquele que a recebe, podendo gerar sentimentos de ódio e vingança. Decidido a utilizá-la, o profissional deve assegurar-se de que:

a) ela seja exemplar e sirva de advertência, para que a pessoa saiba da sua existência e possível intensidade. Trata-se de promover a memorização do fato — se for rapidamente esquecida, o esforço terá sido inútil;

b) ela aconteça tão logo ocorra o fato gerador, não só pela exigência da lei (imediatidade), mas, também, para que o indivíduo e outros que tiveram conhecimento do fato possam associá-la a ele;

c) o indivíduo compreenda os motivos que conduziram a ela e aprenda a discriminar as ações merecedoras de punição. Assim, ele aprende com o processo.

Skinner (1992, p. 180-189) apresenta extensa análise das consequências da punição, destacando:

a) sua inutilidade na eliminação da tendência à emissão do comportamento: o comportamento poderá ser reprimido; porém, nada garante que não poderá aflorar havendo oportunidade para tal; a característica de personalidade que levou ao comportamento continuará presente, porque ela é inerente ao indivíduo;

b) sua ineficácia em obter o comportamento desejado, ainda que elimine o inadequado: o fato de se eliminar um comportamento socialmente indesejado não assegura que o comportamento desejável encontra-se condicionado. Por exemplo, o indivíduo pode deixar de furtar ou roubar, por medo de retornar à prisão; entretanto, isso não garante que ele terá disposição para trabalhar;

c) a supressão do comportamento indesejado apenas enquanto durar a punição ou a perspectiva desta;

d) a inexistência de garantia de que ela sempre ocorra para uma determinada situação indesejada: a punição sempre será contingente à existência de um processo de detecção do comportamento e de aplicação da penalidade;

e) o risco de conflito emocional pela insegurança na emissão do comportamento: o indivíduo pode não saber, com certeza, qual o comportamento adequado e em que situações ocorrerá a punição, afinal, nem sempre a punição é aplicada por um motivo claro.

A má aplicação da punição acende o estopim de um barril de pólvora: cria mágoas, destrói a motivação, canaliza energias para a vingança; não alimenta a cooperação e a solidariedade. Em vez disso, constitui o adubo para que brotem futuros conflitos. Portanto, os benefícios devem estar muito claros ao se pretender aplicá-las.

Entretanto, muitas vezes, a pior de todas as decisões é nada fazer.

5.3. Motivação

A pessoa motivada encontra forças insuspeitas para defender seus interesses — válidos ou não — dos pontos de vista legal, social e moral; ela encontra energia para lutar por seus direitos; investe na disputa, rejeita acordos inadequados e não esmorece na defesa do que considera um direito seu. Sem a motivação, qualquer obstáculo mostra-se suficiente para demovê-la; diante de uma pequena dificuldade, chega a desistir de demandas já encaminhadas para uma solução favorável; evita os menores aborrecimentos e cede facilmente a pressões.

A importância de o indivíduo encontrar-se motivado, satisfeito com o que realiza, é tamanha que a falta de motivação encontra-se diretamente associada à gênese de inúmeros transtornos de saúde e de comportamento. Uma constatação notável é indicada por Belsky (*apud* AMAZARRAY; KOLLER, 1998), observando a relação entre alienação e baixos níveis de satisfação com o trabalho e a presença de práticas sexuais abusivas.

Não existe unanimidade quanto à origem dessa energia interior. Teorias que parecem explicar os fenômenos motivacionais em um contexto falham em outros. Conforme assinalam Bouditch e Buono (1992, p. 56),

> talvez o melhor modo de proceder seja, ao invés de interpretar essas teorias como regras universais que expliquem exatamente o comportamento em todos os casos, considerar os modelos motivacionais como teorias intermediárias (...) úteis para se considerar como (despertar a motivação) de pessoas de diversas maneiras.

A motivação origina-se, em alguns casos, dos mecanismos de homeostase do corpo humano, destinados a regular o equilíbrio do meio interno (LENT, 2001, p. 484); aqui se incluem o calor, a fome, o frio, a sede. São ajustes fisiológicos indispensáveis à vida. Outras motivações encontram-se ligadas à sobrevivência da espécie, como é o caso do sexo (LENT, 2001, p. 484).

Outras, ainda, são ligadas ao equilíbrio psicológico e constituem aquelas que mais despertam a atenção dos estudiosos do comportamento humano (LENT,

2001, p. 484). São comportamentos complexos, sem qualquer determinação biológica identificável, motivados por forças interiores puramente subjetivas (LENT, 2001, p. 485).

5.3.1. Teoria de *Maslow*

A teoria motivacional de Abraham Maslow (EUA, 1908-1970) é amplamente divulgada e aceita como válida por muitos psicólogos e administradores.

O conceito principal nessa teoria é o da autorrealização, que consiste no pleno uso e exploração de talentos, capacidades e potencialidades do indivíduo. Segundo Maslow, a pessoa, ao atingir o nível de autorrealização, desenvolve saúde física e mental, com produtividade e satisfação. Como não se sabe bem o que esse nível representa ou significa, quando e como será atingido, a teoria torna-se uma verdade sempre à espera de comprovação. Aliás, não se sabe, nem mesmo, o que é autorrealização!

Apesar dessas indagações teóricas, muitos estudiosos do comportamento consideram a autorrealização o objetivo maior na motivação das ações humanas. Para Goldstein, "o organismo normal, sadio, é aquele em que a tendência para a autorrealização vem de dentro e supera a perturbação do choque com o mundo, não por ansiedade e sim pelo prazer da conquista" (CAMPBELL; HALL; LINDZEY, 2000, p. 353).

Carl Rogers ensina que "há uma única meta na vida: autorrealizar-se, melhorando sempre" (HUFFMAN; VERNOY; VERNOY, 2003, p. 369) e, "embora existam muitas necessidades, elas subordinam-se à tendência básica do organismo de manter-se e de melhorar" (HUFFMAN; VERNOY; VERNOY, 2003, p. 370).

Acland (1993, p. 250) comenta que as necessidades superiores são muito mais difíceis de reconhecer. Entre elas, estaria a de não perder prestígio. Segundo ele, "trata-se de necessidade natural, humana e exasperante. Leva a exigências ridículas...", o que, em determinadas situações, constitui um obstáculo à celebração de acordos e à obtenção de soluções satisfatórias para um conflito de interesses, seja em processo de negociação, de mediação ou, até mesmo, judicial ou arbitral.

> No conflito societário que precedeu a falência da empresa dirigida por Josué e Celso, a perda de prestígio influenciou categoricamente as decisões. Amigos empresários, do mesmo ramo em que atuavam, recomendaram aos dois que se desfizessem de bens supérfluos para capitalizar, eliminar o pagamento de juros e refazer o capital de giro da empresa. Isso, entretanto, significaria demonstrar, publicamente, a piora de situação financeira; nenhum dos dois estava disposto a vender propriedades particulares e, muito menos, abrir mão de facilidades que o cargo de direção lhes proporcionava (que incluía um motorista particular). Em vez disso, optaram por um novo empréstimo, o qual apenas contribuiu para apressar a falência.

Observação semelhante encontra-se em Moore (1998, p. 248), para quem "as pessoas que estão em conflito em geral não querem que as outras as vejam como 'obrigadas' a fazer uma concessão (...) temem que isso se torne um padrão", o que, certamente, implicaria em perda de prestígio.

Folberg e Taylor (1985, p. 165) percebem situação similar nos casos de divórcio em que um lado teme ser percebido (por ele mesmo ou por terceiros) como perdedor, mau negociador ou pouco eficaz. Essa perda de prestígio encontrar-se-ia por trás do esforço para manter a relação — por mais errônea que seja tal percepção. O resultado é a colocação de bloqueios à divisão dos bens ou à guarda dos filhos.

Observe-se que Maslow estudou pessoas saudáveis, de reconhecido sucesso, para compreender o que faz o homem desenvolver-se em sua totalidade. Ele acreditava que, assim, poderia explorar os limites da potencialidade humana e compreender melhor a saúde e a maturidade psicológica. Para ele, "a insatisfação é um estado natural do ser humano" (CAMPOS, 1992, p. 131), que justifica a constante necessidade de realizar, característica de pessoas saudáveis.

Para Maslow (*apud* FADIMAN; FRAGER, 1986, p. 266 -274), hábitos pobres inibem o crescimento. Por exemplo, a droga, a bebida e a falta de valores morais promovem a construção de um ambiente propício à violência gratuita, à condução irresponsável de veículos, à corrupção, ao tráfico de drogas. Um sentido de identidade, carreira meritória e compromisso com valores são tão essenciais ao bem-estar psicológico quanto a segurança, o amor e a autoestima.

Segundo ele, as necessidades humanas seguem uma hierarquia, que seria atendida na seguinte ordem (geralmente representada por uma pirâmide):

a) fisiológicas — sobrevivência, alimentação, vestuário;

b) de segurança — proteção, estabilidade no emprego;

c) sociais — aceitação, amizade, sentimento de pertencer;

d) estima — autoconfiança;

e) autorrealização — criatividade, autodesenvolvimento.

Segundo Maslow, enquanto a necessidade "da vez" não for atendida, ela tomará as atenções da pessoa e, automaticamente, consumirá sua energia e ela concentrará seus principais esforços em sua satisfação.

Existe uma lógica nessa sequência — afinal "não há filosofia que resista a uma dor de dente". Há relativo consenso de que, sem a satisfação das necessidades fisiológicas (que compreendem a fome, a sede e outras), o indivíduo não se tornará propenso a se dedicar a atividades de nível mais elevado. Voltado para determinado tipo de necessidade, o indivíduo concentra suas energias mentais nas atividades destinadas a satisfazê-la; com isso, elimina de seu pensamento imediato tudo aquilo que não contribuir para essa meta.

Por esse motivo, determinados conflitos não evoluem e os litigantes se veem forçados a buscar a interferência de terceiros, no caso, um juiz ou um árbitro. Os litigantes podem buscar benefícios de níveis diferentes: enquanto um preocupa-se com o *status* (dinheiro, prestígio), outro pode concentrar-se nas questões afetivas (solidão, colegas, relacionamentos). Naturalmente, não haverá possibilidade de conciliação.

A teoria de Maslow deve ser entendida de modo contextualizado e relativizado. Segundo Campos (1992, p. 150-153), todas as necessidades encontram-se sempre presentes, mas apenas uma delas receberá ênfase em um dado momento. Desse modo, a satisfação de uma necessidade dá lugar a outras, latentes, prontas a aflorar. Tudo se passa como se o indivíduo estivesse sujeito a um campo de forças, conforme ilustra a figura seguinte, cada qual puxando-o em uma direção. Ele se movimenta dentro desse campo, sujeito à força resultante do conjunto, que se altera com o tempo.

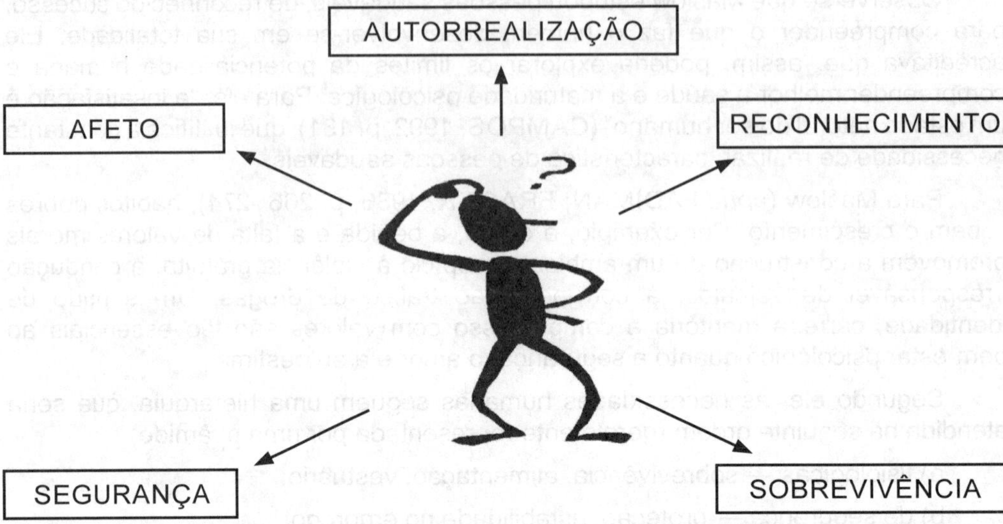

Figura 5 — O indivíduo no campo de forças das necessidades

Essa representação ajusta-se à observação do cotidiano, por meio da qual se percebe que as necessidades imediatas das pessoas não obedecem, sempre, à sequência proposta na Hierarquia de Maslow. Verifica-se, nessas "inversões da hierarquia", a presença de fatores ligados ao indivíduo, ao grupo familiar, ao momento histórico, à sociedade. Para cometer uma vingança, pondo fim à vida de um desafeto, um indivíduo coloca a perder o *status*, as propriedades e arrisca-se às penas da lei; outro abandona a família, os amigos e até o emprego por uma paixão. Daí a importância de se considerar outros modelos de motivação, na busca de compreender melhor a origem dessa energia interior.

5.3.2. Teoria do enriquecimento da tarefa

De acordo com Hackman e Oldham (*apud* WAGNER III; HOLLENBECK, 1999, p. 161), o indivíduo motiva-se quando cinco fatores concorrem, promovendo o enriquecimento da tarefa e conduzindo a estados psicológicos desejáveis e favoráveis a que isso aconteça:

— o desempenho exige diferentes habilidades pessoais: a tarefa perde em monotonia e ganha em diversidade; torna-se mais complexa; aumenta a responsabilidade do operador sobre o resultado final;

— o resultado final da atividade permite reconhecê-lo como um produto pessoal: há uma identificação entre criação e criador;

— o produto final exerce impacto em outras pessoas;

— existe um grau de liberdade para decidir sobre programação e procedimentos do trabalho;

— o indivíduo recebe avaliação (*feedback*) sobre sua eficácia na realização da atividade.

Essa teoria aplica-se a qualquer situação em que há relacionamento interpessoal decorrente do exercício da tarefa. Inúmeros profissionais são tratados com menosprezo, embora exerçam tarefas de grande importância: donas de casa, coletores de lixo, policiais militares, zeladores, faxineiras, diaristas etc. Esse comportamento, típico da sociedade, oculta uma série de preconceitos, reduz a autoestima dessas pessoas e fermenta inúmeros conflitos, cuja eclosão depende de oportunidade, característica dos envolvidos e outros fatores situacionais.

O enriquecimento da tarefa tem a ver com o sentimento de autoeficácia, isto é, a "crença que se tem quanto à capacidade de ter comportamentos que levem a resultados esperados" (WEITEN, 2002, p. 359). Perceber-se autoeficaz contribui para que o indivíduo aceite e enfrente desafios, e, para isso, a perícia naquilo que realiza tem papel fundamental.

Acrescente-se que "a motivação contém raízes emocionais, ligadas às emoções positivas geradas pela realização, e cognitivas, relacionadas com a atribuição das realizações à própria competência e esforço" (MYERS, 1999, p. 270). O reconhecimento por terceiros aumenta o sentimento de competência, tornando ainda maior o gosto pela tarefa (MYERS, 1999, p. 310) e a disposição para enfrentar revezes. Assim, uma importante causa de conflitos domésticos é a falta de reconhecimento do papel da mulher. Quando marido e filhos percebem as atividades que ela realiza como secundárias, sem valor, isso ocasiona graves prejuízos à sua autoimagem.

5.3.3. Enriquecimento sociotécnico

O enriquecimento sociotécnico consiste em acrescentar às atividades, além do enriquecimento da tarefa, a participação em grupos, proporcionando a oportunidade de satisfazer necessidades sociais e obter reconhecimento por parte dos colegas (WAGNER III; HOLLENBECK, 1999, p. 165 a 167). Isso inclui o estímulo à cooperação, ao relacionamento interpessoal e aos processos de dar e receber *feedback*.

É notável esse efeito entre os delinquentes, que encontram motivação para permanecer em suas atividades porque o grupo ao qual pertencem supre suas necessidades de socialização — notadamente quando seus componentes foram preteridos em outros setores da sociedade. Além disso, a *saída* do grupo vem acompanhada das reações de desprezo, suspeita e superioridade das pessoas dos outros grupos, aos quais eles não pertencem e que não o aceitam.

O enriquecimento social da tarefa não se aplica, de forma indistinta, a todas as pessoas. Para isso, concorrem as características de personalidade de cada uma delas. Há pessoas mais propensas a atuar em grupos e outras mais voltadas à atividade solitária. A colocação da pessoa em condições de atuação que não se ajustam às suas características pode ser uma importante causa de conflitos.

Essa questão também se aplica às situações relacionadas com as atividades consideradas "menos nobres", a cujos profissionais a cultura da sociedade brasileira, de modo geral, atribui menor valor social, contribuindo para rebaixar-lhes a autoestima e afetar suas percepções. Essa situação agrava-se ainda mais nas atividades braçais, como aquelas mencionadas anteriormente. Nessa situação, todo o grupo sofre um processo de redução da autoestima, que se manifesta em mecanismos de rejeição em relação aos demais grupos e forte coesão entre seus integrantes.

Em um sem-número de situações, os profissionais dedicados a essas tarefas demonstram suas percepções por sua forma de atuar: alienação, mau humor, pouca disposição para cooperar, etc. Eles colecionam "pequenas humilhações do cotidiano", as quais contribuem para uma visão de mundo muito particular, colorida por sentimentos ligados a essas experiências, cada qual representando uma conta a mais em seu rosário de queixas.

Por outro lado, em atividades "nobres", no extremo oposto da escala social, situações provocadoras de elevados níveis de estresse também conduzem a grandes desequilíbrios. Apesar do nível cognitivo diferenciado dos profissionais envolvidos, a competição, a falta de ética e outras mazelas encontram-se na origem de desequilíbrios psíquicos que se evidenciam em comportamentos "inesperados" (por exemplo, na forma de explosões de raiva) e transtornos psicológicos graves, como depressões profundas.

Resultado: grande investimento de energia psíquica na ruminação de frustrações, construção de peças de acusação contra cônjuges, patrões e colegas, e disseminação de sentimentos de revolta e impotência, não raramente dirigidos para toda a sociedade. Tais sentimentos tornam-se justificativas (mecanismo de defesa) para comportamentos socialmente inaceitáveis ou que infringem a lei.

Nas famílias, a propensão ao conflito acentua-se naquelas em que os laços afetivos são tênues, não existe a interação grupal — as pessoas mal se veem e as vidas correm paralelas, por força de trabalho, estudos, amizades, interesses, etc. Não existe participação nas atividades e objetivos comuns. A sociedade, de modo similar, torna-se palco de conflitos (trânsito e violência gratuita são exemplos) quando os laços afetivos que se esperariam existissem a partir de sentimentos de cidadania e de respeito ao próximo tornam-se frágeis ou inexistentes.

5.3.4. A influência da expectativa

A expectativa afeta tanto a eclosão do conflito como a motivação para enfrentá-lo. A teoria da expectativa sustenta que o indivíduo se motiva mais facilmente para enfrentar um conflito e lidar com ele, arcando com as consequências, quando acredita na recompensa decorrente do esforço (VERGARA, 1999, p. 46). A crença na recompensa pode resultar de diferentes fatores, tais como:

— experiências anteriores bem-sucedidas: a pessoa trai ou rouba porque anteriormente não foi "descoberta"; o empresário não recolhe impostos porque nunca foi detectado pela fiscalização e/ou porque conta com a anistia fiscal, tornando-se mais compensador aguardar que ela aconteça;

— observação do que acontece ou aconteceu com outras pessoas: o indivíduo generaliza a informação e passa a acreditar nela; a pessoa furta porque conhecidos furtaram e não foram localizados pela polícia; lança dados falsos na declaração de renda porque seus amigos também o fizeram e lograram restituições indevidas;

— efeito da mídia que cerca o acontecimento: a pessoa acredita que, com o divórcio, encontrará solução para a maior parte de seus problemas porque leu uma notícia a esse respeito em uma dessas revistas típicas de salões de beleza.

À confiança no êxito associa-se o valor percebido da recompensa (tende-se a apostar mais quando se percebe um ganho maior). A percepção das dimensões do ganho pode conter elementos monetários, afetivos, de reconhecimento, de autorrealização.

É a história conhecida do indivíduo que se torna o pivô de brigas em bares porque recebe reconhecimento por sua força e destreza e, com isso, se realiza. Ele desencadeia conflitos no campo de futebol e, assim, assegura seu lugar de líder de torcida, dá vazão a seu temperamento antissocial e, ao mesmo tempo, assegura *status* na comunidade.

A expectativa de sucesso encontra-se associada a inúmeros processos de indenização por dano moral. Dada a absoluta subjetividade que cerca a dimensão e a natureza da dor, nada mais fácil do que alegar a sua existência e, ainda mais, as consequências relacionadas a ela e ao fato causador. Não é sem motivos que se verificam pedidos de indenização por coisas tão esdrúxulas quanto "ser indenizado porque foi impedido de entrar em um ambiente por estar com traje impróprio".

A esse respeito, editorial da revista *Consultor Jurídico* (22.09.2002) convida "a uma maior reflexão, principalmente sobre a hipocrisia com que certos valores morais são manipulados por pessoas inescrupulosas em ações judiciais de reparação de danos".

Existe, portanto, uma combinação entre a percepção da pessoa, conteúdos relacionados com suas experiências anteriores e conhecimentos de que dispõe a respeito das suas probabilidades de obter êxito.

A expectativa também se liga às aptidões. O indivíduo terá expectativas mais favoráveis em relação a uma ação ou decisão quando se considera apto para lidar com a nova situação. Pode-se observar — e isso afeta a disposição para realizar acordos — que:

a) pessoas com expectativas elevadas tendem a motivar-se para assumir os riscos naturais das mudanças;

b) expectativas limitadas conduzem o indivíduo à estabilização em torno da realização de necessidades básicas, fixando-se nas situações em que se percebe confortável.

As expectativas sofrem influência da percepção de risco ou sofrimento — não importa se real ou imaginária, originada de experiências anteriores, crenças inadequadas, esquemas rígidos de pensamentos, relatos de pessoas significativas e informações colhidas por intermédio da mídia.

A respeito da probabilidade de êxito percebida pelo indivíduo, tudo se passa como se ocorresse um jogo inconsciente: a pessoa avalia suas chances e isso afeta sua perspectiva de sucesso. Mais uma vez, é importante a informação colhida no ambiente, na mídia ou por relatos de outras pessoas.

As sucessivas notícias de *hackers* que invadem, impunemente, os mais sofisticados sistemas de segurança funcionam como um verdadeiro ímã psicológico para aqueles que possuem tal habilidade: sentem-se seguros, acreditam-se capazes e encontram notável reconhecimento entre seus pares, tornando-se heróis do submundo da informática.

Pode-se também atribuir à influência da expectativa de sucesso o comportamento de Davi, gerente e "homem de confiança" do sr. Salomão. Este, impossibilitado de constituir nova empresa em seu nome, convidou Davi para ser o proprietário do novo empreendimento, para efeitos legais. Após um ano de atividades, o empreendimento revelou-se bastante promissor e Davi decidiu assumi-lo, expulsando Salomão, que ficou proibido de ter acesso às dependências da empresa. Salomão recorreu à Justiça, além de utilizar de sua influência junto a clientes e fornecedores, culminando no fechamento do negócio e em amplos prejuízos financeiros para os dois envolvidos.

Observe-se que Skinner considera que a expectativa não seria uma causa de comportamento, porque ela mesma resultaria de um estímulo ou um conjunto deles (CAMPBELL; HALL; LINDZEY, 2000, p. 396). Sob esta ótica, a motivação pela expectativa se confunde com o comportamento para a obtenção de reforço positivo (recomenda-se confrontar os exemplos anteriormente apresentados).

Muitas demandas resultam da expectativa favorável de sucesso. Quando o cliente encontra-se relutante, o advogado consegue convencê-lo a se colocar em ação se desenvolver tal expectativa com relação ao êxito da ação.

Na criação de desenvolvimento de expectativas, a linguagem é um fator importante: há pessoas que se impressionam com números; outras requerem explicações qualitativas; há aquelas que necessitam conhecer os aspectos técnicos; outras preferem informações de natureza emocional; outras avaliam a partir de casos semelhantes etc.

Por outro lado, alerta Moore (1998, p. 243), em algumas disputas, os litigantes têm expectativas exageradas e, por isso, fazem exigências não razoáveis, capazes de intensificar o conflito pelo efeito emocional que produzem no outro. O advogado observará, entretanto, que pessoas adotam determinadas posições, ainda que com reduzidas probabilidades de êxito e contando com ganhos de pequenas dimensões, motivadas por outro fator: a percepção de justiça.

5.3.5. A percepção de justiça

A percepção de justiça do indivíduo representa a crença de que seus esforços para produzir o comportamento necessário (ou ir além dele) receberão justa recompensa. Trata-se de questão complexa, dada a subjetividade que cerca conceitos como "justo" e "valor do esforço"; ela pode estar presente na gênese de muitos conflitos, onde a mudança é percebida como injusta ou contrariando valores da pessoa.

A questão assume grande importância nos casos especiais em que se evidencia a presença de crenças arraigadas a respeito dos acontecimentos desencadeantes, sejam elas corretas ou não. Exemplo típico encontra-se em conflitos trabalhistas em que, havendo ajustes de salários, profissionais com a mesma função e mesmo tempo de casa passam a ganhar de forma diferenciada; pode haver a crença arraigada de que ao mesmo trabalho deve corresponder idêntica remuneração, sem levar em consideração as diferenças de produção.

Rego *et al.* (2002, p. 117-123) apresentam um modelo de justiça em Organizações composto por quatro dimensões, o qual, com os devidos cuidados, pode ser extrapolado para o ambiente familiar e social:

— *distributiva*: concentra-se nos conteúdos (salários, benefícios, sanções etc.);

— *procedimental*: focaliza o processo para promover a distribuição;

— *interacional*: reflete a qualidade da interação com os superiores ou decisores, isto é, o modo como a pessoa é tratada;

— *informacional*: reflete o fornecimento de informações, explicações e justificação das decisões.

Conclui-se que a promoção de justiça requer a conjugação de sensibilidade, atenção a detalhes, postura ética e cuidados técnicos.

Zartman e Berman, citados por Moore (1998, p. 252), identificam três modalidades aplicáveis à justiça distributiva:

— a justiça equitativa, relacionada com a distribuição dos conteúdos, porém, em conformidade com as características das partes (na linha da "lei de São Mateus", isto é, "aqueles que têm mais recebem mais");

— a justiça compensatória, que tem por objetivo remediar distribuição desigual de recursos (no estilo "Robin Hood": apropria-se de uma parte dos possíveis ganhos para os menos favorecidos, minorando a diferença).

A prática da justiça compensatória verifica-se entre aquelas pessoas que subtraem pequenos objetos do seu posto de trabalho: lápis, folhas de papel, clipes, cópias ("xerox") para fins particulares, ligações telefônicas etc. A pessoa pode considerar tais benefícios como simples "gratificações do serviço", como bem observa Morrish (2001). Com o tempo, esse comportamento torna-se corriqueiro e passa a fazer parte dos procedimentos culturalmente instituídos na Organização. Notoriamente, tais procedimentos são tão mais bem aceitos quanto mais elevada é a posição hierárquica daquele que os pratica, ratificando o conceito de que os "deslizes comportamentais" são tão mais aceitáveis quanto maior o poder daqueles que os praticam.

— a justiça subtrativa, em que os conteúdos são negados para todos os envolvidos (estratégia para evitar movimentos de equiparação em que todos perdem: para não criar paradigmas, nenhuma pessoa é beneficiada).

Subjacente ao conceito de justiça encontra-se o de valor. Valores são ideias ou conjunto de ideias aceitas pela pessoa e que orientam sua ação. Têm fundo emocional, associado à visão de mundo da pessoa. Aprendidos desde a infância, fazem parte dos critérios de decisão de cada indivíduo e não necessariamente se alinham com os valores mais aceitos como válidos pela sociedade em geral. Um dos fatores determinantes para a formação e manutenção de um grupo é a identidade de valores. Isso se verifica nas Organizações em geral, nos grupos de trabalho. As Redes Sociais constituem um exemplo bastante claro de como isso acontece: os participantes, que podem nem se conhecer pessoalmente, unem-se por uma identidade de valores.

Valores compreendem mensagens do tipo: obedecer às leis, respeitar os mais velhos, fazer o bem, revidar toda ofensa, retirar dos mais poderosos, levar vantagem em tudo, etc. Obviamente, têm forte colorido cultural. Uma vez assumido um valor, será necessário um gasto de energia substancial para removê-lo do consciente e do inconsciente do indivíduo, tanto maior quanto mais significativo foi o processo por meio do qual esse valor foi constituído. Quando os valores adquiridos não guardam coerência com novos valores que uma mudança tenta estabelecer, ou com os valores praticados por outras pessoas com as quais o indivíduo interage, surge o conflito — que pode ser ou não externalizado.

A associação entre "percepção de justiça" e "valor" assume coloridos típicos na cultura brasileira. São bem conhecidas as tentativas de burlar o imposto sobre a renda de pessoa física por meio do fornecimento de recibos de prestação de serviços de profissionais liberais (principalmente médicos e odontólogos), criando uma rede de sonegação que obriga a Receita Federal a utilizar e manter um complexo sistema de cruzamento de informações. As empresas de televisão a cabo e serviços de transmissão de dados em alta velocidade para uso doméstico veem-se às voltas com dezenas de milhares de roubos de sinal (dentro dos domicílios ou entre propriedades vizinhas, por meio de terminações ou extensões clandestinas), o que lhes ocasiona graves prejuízos. Esses exemplos de comportamentos incorretos refletem uma cultura de obter "pequenos ganhos", profundamente arraigada entre os brasileiros. Observe-se que aqueles que praticam essas ações raramente se percebem como fazendo algo ilícito, que aumenta os custos sociais (pagos por todos); muitas vezes, elas são percebidas como demonstrações de esperteza.

Valores são colocados à prova em situações importantes da vida: nascimentos, óbitos, adolescência, casamentos de filhos, mudança de emprego, mudança de cidade, acidentes graves, sequestros, agressões, homicídios etc.

Os indivíduos com menor poder de ação em relação à injustiça percebida (real ou não) tendem a demonstrar, inicialmente, "falta de motivação"; este comportamento evolui para a retaliação sutil (por exemplo, resistência) e, mais tarde, transforma-se em retaliação direta, por meio de furto e sabotagem (MENDONÇA *et al.*, 2004).

A percepção de injustiça ocorre quando o indivíduo vê infringido o seu quadro referencial de valores, desencadeando um processo emocional capaz de se tornar traumático, dependendo da rigidez com que a pessoa interpreta os acontecimentos e das condições que os cercam.

A percepção de injustiça torna-se pungente em casos como o do sr. Mathias, empresário conceituado na comunidade. Com sua esposa, dona Sarita, sempre atuou na promoção humana, auxiliando creches e orfanatos e, até mesmo, custeando cursos universitários para jovens carentes de comprovado potencial. Dona Sarita e seus três filhos foram tomados de extrema revolta quando comunicados por Mathias de que ele recolheria ao lar um filho tido com sua amante, precocemente falecida. Os familiares sentiram-se profundamente injustiçados, tanto pela confiança que depositavam em Mathias, quanto pela perspectiva de dividir patrimônio com aquela criança. O sentimento de injustiça que tomou conta de todos tornou-se o estopim de um conflito familiar de grandes proporções, que ocasionou profundos sofrimentos.

Percepção e emoção constituem elementos essenciais na formação do conceito de justiça e da interpretação da ocorrência de injustiça. Quando a interpretação dos fatos, dada pela pessoa, não é correta (por falha da percepção ou por seu estado emocional), pode se tornar difícil orientá-la durante o processo e estabelecer metas adequadas às possibilidades ensejadas pelos acontecimentos.

5.3.6. Motivação e autoestima

Autoestima é o valor que a pessoa confere a si mesma. Trata-se de algo inconsciente, que se manifesta nas atitudes e comportamentos de cada pessoa e que se desenvolve a partir das experiências básicas que ela vivencia desde o início da vida. Acontecimentos familiares têm importante papel nessa constituição.

Quando a autoestima é baixa, tem-se pessoas inseguras em relação a suas reais possibilidades. Medo e insegurança caminham juntos; naturalmente, a pessoa com baixa autoestima torna-se dependente, pouco capaz de tomar decisões sem consultar outras pessoas, e esse quadro, naturalmente, favorece o aumento da ansiedade.

A autoestima reduzida também se manifesta, no extremo oposto, pela assunção de comportamentos inadequados e de elevado risco. "Já que nada valho, então tudo posso", parece ser o raciocínio do indivíduo. Daí a dirigir perigosamente, envolver-se em brigas, agredir e ser agredido etc., é um passo. A autoestima elevada também pode levar a comportamentos de alto risco; eventualmente, tais comportamentos são dirigidos a objetivos sofisticados (investimentos financeiros, projetos de empreendedorismo etc.).

No relacionamento interpessoal, pessoas com baixa autoestima sentem-se mais rejeitadas e encontram maior dificuldade para uma integração do ponto de vista psicológico. Em geral tornam-se pouco propensas a enfrentar desafios, a arcar com a insegurança de lidar com a novidade, de contatar outras pessoas; elas preferem atuar em funções onde estes atributos não sejam solicitados e isto as torna dedicadas ao trabalho, cumpridoras de normas e disciplinadas, como uma estratégia inconsciente para evitar a exposição que as amedronta.

Pessoas com baixa autoestima tendem a buscar a companhia de pessoas com autoestima igualmente baixa, consolando-se mutuamente. Eventualmente, optam por uma relação de dominação, assumindo a condição de dependente. A motivação das pessoas com baixa autoestima deve ser encarada dentro desse quadro psicológico. Elas acabam permitindo que outros a definam e, em sua atuação, empregam mecanismos de defesa que dificultam ainda mais sua comunicação com as outras pessoas. Fica fácil imaginá-las nas mãos de traficantes de drogas e de líderes messiânicos.

Um dos grandes desafios para a recuperação de pessoas que foram vítimas de abuso sexual é a restauração da autoestima. As consequências do abuso sexual são múltiplas; "os efeitos físicos e psicológicos podem ser devastadores e perpétuos", segundo acentuam Kaplan e Sadock (1993, p. 832), que registram, em crianças, a perda da autoconfiança acompanhada de desconfiança em relação aos adultos.

As pessoas com autoestima elevada não têm receio de revelar suas vulnerabilidades, assumem maiores riscos e comunicam-se com clareza e objetividade. Desenvolvem autonomia e alcançam, com mais facilidade, a capacidade de relacionar-se profundamente com outras pessoas — pelo próprio fato de não terem medo de ser "absorvidas" por elas.

A autoestima elevada contribui para que a pessoa faça uso de todas as suas potencialidades, aceite os desafios das transformações e busque o crescimento pleno enquanto ser humano. O indivíduo com autoestima elevada apresenta-se naturalmente motivado, pronto para encarar desafios, propenso a buscar a autorrealização.

5.4. Modelos

A teoria cognitivo-social da aprendizagem por observação, de Bandura, compreende quatro processos (HUFFMAN; VERNOY; VERNOY, 2003, p. 224):

1 — atenção a um modelo, para identificação de comportamento a ser adquirido;

2 — utilização de habilidades cognitivas, para organizar e lembrar do modelo comportamental;

3 — habilidade em colocar em prática o que se observa; e

4 — decisão quanto a repetir ou não o comportamento observado.

De acordo com Bandura, as pessoas nada aprenderão se não perceberem os detalhes significativos do comportamento do modelo. Pais, irmãos, professores, amigos, colegas, artistas de cinema, esportistas, políticos, supervisores, gerentes etc. podem assumir o papel de modelos, para acrescentar, inibir ou facilitar a emissão de comportamentos (HUFFMAN; VERNOY; VERNOY, 2003, p. 21).

Verifica-se, segundo a concepção de Bandura, profunda interação entre fatores de ordem individual e social na formação do comportamento. Para ele, os elementos cognitivos e sociais são essenciais para explicar por que a pessoa consegue dar novas respostas sem nunca haver, anteriormente, praticado — bastando, para isso, observar outras pessoas (CAMPBELL; HALL; LINDZEY, 2000, p. 466).

A importância do modelo estende-se aos conteúdos emocionais das respostas. O observador exposto às reações emocionais do modelo (por exemplo, o modelo reage com raiva a uma situação de conflito) começa a responder emocionalmente a estímulos que produziam as mesmas reações no modelo (ao se deparar com uma situação de conflito igual ou semelhante, o observador também reage com raiva). Portanto, reproduz-se o comportamento observado e a emoção subjacente a ele. Assim, é natural que pessoas agressivas venham de famílias agressivas; alcoolistas sejam filhos de alcoolistas etc. (independentemente de fatores genéticos). Segundo Polanczyk *et al.* (2003), em pesquisa conduzida entre adolescentes, testemunhar atos de violência severa esteve relacionado à percepção da agressão como uma forma de obter resultados positivos.

O advogado pode, por seu comportamento, ainda que involuntariamente, desempenhar a função de modelo para os clientes, o que aumenta a sua responsabilidade na condução do processo. O cliente com a autoestima rebaixada estará ainda mais propenso a assumir a posição de dependente, entregando-lhe o ônus de decisões que podem ir muito além do razoável em uma prestação de serviços profissional. O insucesso, nesse caso, será facilmente atribuível ao advogado, como mecanismo de defesa.

5.4.1. Modelos e liderança

Em geral, líderes são modelos, e o modelo facilmente torna-se líder carismático, o que aumenta a responsabilidade das pessoas capazes de desempenhar este papel, notadamente o advogado envolvido em questões de foro íntimo, tais como relacionamento conjugal, conflitos familiares, guarda dos filhos, etc.

É comum que o liderando busque, inconscientemente, intimidade com o modelo; isso contribui para estabelecer um círculo vicioso de influência, porque o líder, uma vez consultado, tende a não se omitir; assim o fazendo, reforça no liderado a percepção de que pode contar com ele para tudo — cria-se um processo de condicionamento da percepção do modelo. Aquele profissional que, no início, seria modelo para um determinado assunto acaba percebido como tal para outros, e assim sucessivamente.

O advogado deve cuidar para que sua liderança, quando acontecer, se dê no sentido de conduzir o cliente a fortalecer sua autoestima, aumentando-lhe a capacidade de tomar decisões conscientes e por si só.

Conclui-se que é dever ético do advogado esforçar-se em direção ao autoconhecimento, para melhor avaliar e criticar suas próprias ações e os efeitos que elas possam ocasionar nos clientes, desenvolvendo senso crítico a respeito das consequências de suas intervenções e preservando a individualidade dos liderados. Verifica-se, por exemplo, o efeito da inexistência desse tipo de limite em seitas religiosas, nas quais os líderes determinam os mais íntimos comportamentos dos liderados e esforçam-se por aprofundar esse poder, até o ponto de estabelecer níveis psicopatológicos de estado de dependência.

Bush e Folger (1996, p. 117) alertam que a influência da pessoa que exerce a função de mediação entre partes em conflito — papel que o advogado assume com naturalidade e exerce até mesmo involuntariamente — passa despercebida porque:

— ela não é evidente e pode, facilmente, ser dissimulada, de modo consciente ou não;

— ela é reconhecida mais ou menos como a influência que as partes exercem uma sobre a outra, podendo aceitar ou rechaçar a influência daquele que faz a intermediação entre elas.

O advogado deve estar atento para não induzir seus clientes a aceitar ou recusar opções de solução de conflitos por estar, ele mesmo, entendendo-as como aceitáveis. Especialmente em questões carregadas de elevada dose de subjetividade (como a partilha de bens de valor emocional em heranças e separações, guarda de filhos, reparação por danos morais e outras), algo que possa parecer compensador para o profissional do Direito poderá estar longe de satisfazer o cliente. Este, no calor da ação, sob a influência do advogado, poderá tomar uma decisão da qual, mais tarde, se arrependerá e, quando isso acontecer, não se estranhe que entre em ação um mecanismo psicológico de defesa por meio do qual, convenientemente, o advogado receberá a culpa pela decisão tomada.

Alguns comportamentos contribuem para estabelecer e acentuar o papel de líder do advogado, em relação a clientes e testemunhas:

— olhar firme, sempre dirigido aos olhos do interlocutor;

— aperto de mão seguro, com firmeza, sem força excessiva, porém, determinado;

— emissão de opiniões sem utilizar as palavras “acho”, “talvez” e similares;

— manutenção de humor agradável, sem a necessidade de demonstrar euforia e otimismo exagerado; contudo, jamais resvalando para o pessimismo;

— postura ereta, musculatura relaxada, com o peito para a frente e os ombros alinhados com o corpo, mesmo na posição sentada;

— gesticulação firme, com suavidade que acentue a segurança interior; braços e mãos são coadjuvantes importantes na expressão corporal; braços não se cruzam.

A perícia, entretanto, é o que consolida seu papel de modelo.

A observação do modelo constitui, pois, uma forma de aprendizagem. A criança observa as atuações de pai, mãe, professores; o operador observa o supervisor colocar a peça na máquina e repete o procedimento, até dominar todos os movimentos. Mais tarde, a prática condicionará os gestos e a sensibilidade trará a perícia. O jovem que se relaciona com maus elementos copiará seus comportamentos. Conclui-se que o condicionamento mescla-se com a aprendizagem por meio de observação do modelo em um grande número de situações.

Bandura (*apud* WEITEN, 2002, p. 184) identificou quatro subprocessos na aprendizagem por observação do comportamento do modelo:

Atenção

A pessoa tem a atenção despertada pelo comportamento do modelo, aprendendo a forma como ele o realiza e as consequências da ação. Quando favoráveis, o observador passa a ter informações relevantes para futuras decisões.

Retenção

O observador consegue reter, na memória, uma representação mental daquilo que testemunhou. Essa retenção mental pode incluir gestos, conteúdos da fala, tom de voz e uma infinidade de elementos da comunicação observada.

Reprodução

A execução do mesmo comportamento observado dependerá da habilidade para reproduzi-lo, o que nem sempre é possível. Muitos torcedores de futebol admiram as jogadas do seu craque favorito; porém, não tentam reproduzi-las porque reconhecem não possuir a mesma habilidade.

A fase da reprodução consiste, pois, em transformar em procedimentos aquilo que se encontrava retido na memória.

Motivação

A motivação, já estudada, representa a força interior que move o indivíduo a realizar a etapa de reprodução do comportamento.

Ela pode incluir a motivação pela expectativa de obter bons resultados, por exemplo, entrando em cena fatores como habilidade, potencial do ganho previsto, risco representado pelo eventual insucesso etc.

A teoria relacionando a aprendizagem com a observação de um modelo elucida importantes aspectos dos comportamentos adquiridos. Ela explica, por exemplo, situações como as seguintes:

— em uma Organização, onde os gerentes demonstram apreciar determinadas bebidas, os empregados as incluem entre suas preferências; um operador de máquinas passou a dirigir alcoolizado depois que o seu antigo e sóbrio supervisor foi substituído por um amante de coquetéis no *happy hour*;

— diretores e gerentes que cumprem o horário de trabalho são os melhores relógios de ponto. Os empregados de empresas em que a diretoria e gerentes se mostram presentes e cumprem os horários de permanência estabelecidos passam a fazê-lo com naturalidade;

— líderes sindicais, gerentes e supervisores agressivos geram empregados com comportamentos igualmente agressivos, capazes de se voltar contra o próprio patrimônio da Organização;

— pais e mães que apresentam determinados hábitos e comportamentos (fumar, beber em demasia, dormir muito tarde, dirigir em alta velocidade) enfrentam grandes dificuldades para evitá-los em seus filhos.

5.4.2. Modelos e motivação

Bandura considera que o ser humano possui a capacidade de pensar e de exercer autorregulação. Ele se auto-observa e se autoavalia.

Para Bandura, o conceito de autoeficácia, isto é, o julgamento que a pessoa faz da sua capacidade de produzir um comportamento que produza efeitos por ela desejados, tem importância central. Quanto maior a percepção de autoeficácia, tanto mais a pessoa persistirá e envidará esforços para atingir suas metas e objetivos de desempenho.

Portanto, desenvolver a percepção de autoeficácia contribui para despertar a motivação. Um forte senso de eficiência implicará na crença de chegar ao sucesso e na superação de fracassos passados e obstáculos atuais (HUFFMAN; VERNOY; VERNOY, 2003, p. 518). Verifica-se que o sentimento de perícia pode ser um componente importante para a construção do senso de autoeficácia, pelo próprio fato de a aprendizagem contribuir para criar experiências cognitivas favoráveis e estimuladoras.

Os modelos, da mesma forma que os liderados, comportam-se movidos por outros modelos, condicionamentos e motivações. Modelos e liderados podem situar suas motivações dominantes em qualquer nível da hierarquia de Maslow. Quando o comportamento do modelo visa a satisfazer hierarquias de níveis inferiores (alimentação, segurança etc.), progressos em negociações centradas em patamares mais elevados (afeto, reconhecimento etc.) poderão ser dificultados por ele.

Modelos podem despertar expectativas de êxito, relacionadas com os comportamentos, ideias e planos de ação por eles disseminados, quando:

— possuem um repertório de aptidões e experiências anteriores bem-sucedidas. Convenientemente utilizadas, podem servir ao advogado para despertar a compreensão dos clientes;

— apresentam-se de tal modo que seus seguidores neles observam sinais indicadores de resultados de ações anteriores (que vão desde a indumentária até o vocabulário que utilizam); Myers (1999, p. 189) assinala que "temos uma probabilidade maior de imitar aqueles que percebemos como parecidos conosco, como bem-sucedidos, ou como admiráveis". Esse fenômeno pode ocorrer de modo inverso: clientes, percebendo sinais opostos, podem não apresentar motivação para seguir as orientações do advogado;

— notícias que cercam ou antecedem sua presença contribuem para despertar expectativa favorável à sua pessoa e, com isso, tornam ainda mais substancial o efeito de suas ideias e comportamentos;

— desenvolvem imagem de persistência; as pessoas não desistem quando seus modelos demonstram persistir na busca de seus objetivos.

Milhões de jovens imitaram os Beatles; milhares de psicanalistas imitam Freud e assim sucessivamente ... Cada época possui modelos que as pessoas imitam à exaustão — para o bem (Gandhi) ou para o mal (Hitler).

O modelo também exerce influência sobre a probabilidade de êxito percebida pelo indivíduo. A segurança que o advogado demonstra poderá ser assumida pelo cliente (e por suas testemunhas), chegando este a perceber maior segurança no sucesso do que o próprio modelo. Isto pode acontecer porque, em decorrência de fenômenos ligados à percepção, o cliente poderá identificar, em palavras e gestos, conteúdos que vão além das reais intenções do advogado, que deve estar atento a esta questão para evitar influência indesejável, de sua parte, nas decisões que os clientes poderão tomar.

5.5. Comportamento violento — considerações

A presença marcante da violência na sociedade brasileira requer uma atenção especial por parte dos profissionais que estudam e lidam com o comportamento humano, considerando-se que ela acarreta incomensuráveis custos sociais e econômicos.

A violência encontra-se institucionalizada na sociedade brasileira das mais diversas maneiras, especialmente nos grandes centros:

— nas famílias, pela intromissão da mídia, que se encarrega de levar a programação da violência por meio dos programas de televisão e dos jogos de computador. Estes, especialmente, caracterizam-se pela exposição da maldade naquilo em que ela tem de pior: pessoas ou seres são destruídos com os mais perversos requintes de crueldade, que se acentuam quando elas são indefesas. A dor e a morte são banalizadas em filmes e *videogames*, fazendo com que a criança acostume-se com todo um processo de produção do mal; a violência também se dissemina nas famílias por meio das Redes Sociais: existem grupos unidos em torno da promoção da violência.

— nas Organizações, que encaram as pessoas que nelas trabalham ou que para elas prestam serviços como simples recurso, a qualquer momento dispensável ou renovável, promovendo um extraordinário rebaixamento da autoestima desses indivíduos e contribuindo para desenvolver uma visão de mundo em que sentimentos de afeto e cooperação são percebidos como fraquezas e perda de competitividade;

— nas escolas, pela virtual impossibilidade de os administradores e professores coibirem a violência disseminada por uma parcela dos alunos; nelas, os educadores veem-se às voltas com o desafio de ensinar e manter a ordem, dispondo de regras francamente adversas ao seu trabalho;

— nas ruas e locais de lazer, pela falta dos mínimos conceitos de boa educação manifestos por significativa parcela da população — que se agrava em eventos em que multidões se reúnem e os violentos escondem-se no anonimato;

— no trânsito, em que se torna obra do acaso o retorno intacto ao local de origem, onde a velocidade, a prepotência e a imprudência combinam-se para humilhar os menos ágeis e imprimir periculosidade a cada cruzamento.

Não há consenso, entre os estudiosos de Psicologia, quanto ao papel da mídia na formação do comportamento agressivo de crianças ou adultos. Há profissionais que acreditam que a criança (e, por que não, o adulto também) consiga ligar o que vê em filmes e *videogames* à fantasia. Outros acreditam que a violência distribuída pela mídia contribua significativamente para gerar mais violência, especialmente quando ela não é penalizada pelo Poder Judiciário, como acontece com grande frequência no Brasil.

Por outro lado, estudiosos consideram que as causas da violência são de natureza mais profunda (pobreza, desigualdade social, preconceitos, proliferação de armas), e o que se divulga e banaliza apenas reflete essas causas-raízes. A essa opinião contrapõe-se o argumento de que tais fenômenos sempre existiram na sociedade; porém, a "glamourização" da violência, a popularização da impunidade e a constatação de que inúmeras personalidades (modelos) apresentam tais comportamentos contribuem para estimular a sua prática.

Uma questão que costuma vir à tona é a correlação entre o comportamento violento e o transtorno mental. Segundo Jozef e Silva (2002), há evidências de uma maior correlação entre doença mental e comportamento violento/homicida, entre populações normais, em qualquer que seja a vertente estudada. A presença de comorbidade com uso/abuso de álcool/drogas associa-se a um aumento no risco de tais comportamentos. Entretanto, alertam Mateus, Claudino e Correia (2000) que não é demais lembrar que nem todo comportamento violento deve ser tomado como causado por um transtorno mental, devendo-se considerar a possibilidade de se tratar de um episódio de agressividade em um indivíduo sem alterações psicopatológicas.

A busca de um "transtorno" orgânico ou psíquico para justificar um ato de violência é tentadora, como forma de retirar a responsabilidade do indivíduo pelos seus atos — especialmente quando se trata de dependente de substâncias psicoativas, como o álcool.

A violência, em síntese, é uma constante na vida do brasileiro comum. Ele se condiciona a ela, a praticar comportamentos de fuga e de evasão (evitando lugares "perigosos", escolhendo trajetos "seguros", deixando em casa documentos e dinheiro, receando estranhos, rezando muito e assim por diante). O efeito do condicionamento marca as crianças, os jovens e os adultos e se acentua ao longo da vida. Se é condicionado para evitar a violência, também se condiciona a praticá-la porque, em muitos momentos, respondeu com violência e isso funcionou.

A pessoa foi violenta para conseguir um lugar na fila, para ultrapassar perigosamente, para ofender um balconista humilde, para arremessar uma pedra no juiz — nada aconteceu e houve uma gratificação medíocre (mas houve). O condicionamento é uma força poderosa. Muito mais difícil será descondicionar.

O indivíduo tinha uma expectativa de que poderia praticar uma determinada violência sem que nada acontecesse. Assim motivado, age e... fantástico! Funcionou. O ato de violência bem-sucedido aumenta a expectativa e o empurra para novo ato de violência. A motivação combina-se com o condicionamento (são visões teóricas diferentes; mas a prática costuma trazer dificuldades para os teóricos...).

O cidadão observa que seu melhor amigo, aquele que mais admira, casado com a moça mais bonita do bairro, resolve as coisas utilizando-se de seu poder físico e econômico. Na primeira oportunidade, imita o modelo e... funciona! Sem dúvida, voltará a copiar os procedimentos do herói, seja este um traficante, seja um inescrupuloso gerente de uma grande empresa — tanto faz se a violência assume a forma física ou se ela se consubstancia em uma anotação contábil inescrupulosa...

Sócrates afirmava que o indivíduo é aquilo que faz repetidamente. De fato. A prática da violência acaba por se tornar parte daquilo que se constitui o comportamento padrão do indivíduo, sua personalidade.

6. Personalidade

Quando eu era jovem, parecia que a vida era tão maravilhosa, um milagre, bela, mágica.
E todos os pássaros nas árvores cantavam tão alegremente, felizes e saltitantes me observando.
Mas então fui enviado para longe, para aprender como ser sensível, lógico, responsável, prático.
E me mostraram um mundo onde eu podia ser tão dependente, clínico, intelectual, cínico.
Supertramp — "The logical song"

Comportamentos mal adaptados alimentam as fogueiras dos conflitos. Por isso, em muitas situações, compreender o comportamento dos clientes (suas causas e fatores que influenciam na evolução) é estratégico para o advogado, especialmente quando ele assume o papel de assessor, orientador ou mentor, ou em processos complexos, nos quais o contato com as partes vai muito além do estabelecido pela processualística.

Este capítulo tem por objetivo propiciar ao leitor conhecimentos básicos a respeito do comportamento humano, estabelecidos na forma de padrões estruturados que configuram o que se denomina "personalidade". Conjugados com os conteúdos das teorias de Psicologia e os conceitos relacionados às funções mentais superiores, compõem um instrumental teórico consistente, por meio do qual o advogado terá condições efetivas de melhor desempenhar suas atividades no relacionamento individual ou em equipe.

6.1. Limitações ao estudo do comportamento

"O comportamento humano é, talvez, o objeto mais difícil dentre os que já foram alvo dos métodos da ciência..." (SKINNER, 1992, p. 12).

Skinner (1992, p. 31) alerta que "o estudo distorce a coisa estudada". Três questões merecem especial atenção quando se trata do estudo do comportamento humano:

— a influência do observador: as pessoas modificam seus comportamentos, ainda que involuntariamente, ao se perceberem observadas; o cliente, conscientemente ou não, altera seu modo de agir pela simples presença do advogado;

— a capacidade do observador de perceber e discriminar o que possa ser relevante possui limitações fisiológicas e relacionadas com os seus conteúdos psíquicos; e

— o grau de autoconhecimento do observador, indispensável para a compreensão dos mecanismos automáticos de defesa, esquemas rígidos de pensamento e pensamentos automáticos de sua própria pessoa, capazes de inserir perturbações em sua atividade, a ponto de afetar as estratégias de trabalho e a análise dos resultados.

Estas questões devem estar presentes quando se trata de compreender o comportamento das pessoas: colegas, clientes, adversários e, naturalmente, o próprio!

Se a presença do advogado exerce influências diversas sobre os comportamentos imediatos de clientes e testemunhas, isso não significa que elas se refletirão, na mesma proporção e da mesma forma, nas crenças, valores e princípios dessas pessoas e em seus comportamentos futuros. Essa influência apresenta duplo sentido: o advogado também é afetado pelos comportamentos daqueles com quem se relaciona, ainda que faça o possível para "manter-se neutro"; tal neutralidade, se possível e levada a um extremo, significaria perda de eficiência e eficácia e, portanto, não seria desejável; se inexistente, significaria tomar para si a causa do cliente e assumir seus dramas emocionais. O desafio encontra-se em determinar a adequada distância emocional, que lhe permita envolver-se, sem se deixar dominar e absorver pelo cliente.

O advogado deve, pois, estar atento a estas questões e uma forma de fazê-lo é desenvolver a sistemática observação dos comportamentos, de modo crítico e desprovido de preconceitos, para compreender como as pessoas se manifestam. Com toda a certeza, comprovará que:

• ao se perceber observado, o cliente apresenta o comportamento de representar, inclusive para o profissional que o atende. Alguns fazem-se de vítima e hipervalorizam seus dramas e problemas; outros minimizam os acontecimentos para demonstrar o quanto se encontram acima daqueles que os ofendem ou provocam. Traições ganham um colorido que acentua danos e malefícios. Ofensas tornam-se hediondas e os efeitos sobre as vítimas, irreparáveis. Outros optam por não defender direitos assegurados. As características de personalidade dos envolvidos exercem notável efeito nas interpretações dos conflitos e nos comportamentos emitidos.

A teatralização é fato comum. Cultura e características do grupo social ao qual o indivíduo pertence contribuem para a forma como ela ocorre, em função das qualificações, cultura e expectativas dos envolvidos.

Esse fenômeno foi comprovado cientificamente, pela primeira vez, na famosa experiência de *Hawthorne*. Dois grupos executaram a mesma tarefa, sendo um deles observado e o outro não; o grupo observado desempenhou com mais eficiência, embora as condições de qualificação e realização das atividades fossem idênticas.

• a percepção de detalhes dos comportamentos é mais eficaz à medida que experiências anteriores, aptidões e outros fatores que afetam os mecanismos de sensação e percepção permitam discriminar elementos significativos. Olhos e ouvidos devem ser treinados para que desenvolvam sensibilidade. A formação e experiência profissional do advogado, seus conhecimentos técnicos e de relacionamento interpessoal favorecem a qualidade das percepções.

> Cleverson, auxiliar de pedreiro, negava, perante os amigos, ter agredido sua namorada. Para defendê-lo da acusação, procurou um advogado experiente, morador do mesmo bairro e conhecido por ajudar pessoas em dificuldade financeira. Na entrevista, o advogado tornou claro para Cleverson, após uma rápida conversa, que não acreditava na versão por ele apresentada; tinha certeza de que, de fato, a agressão havia acontecido. Afinal, Cleverson confessou. A experiência do advogado permitiu-lhe, pela análise da gesticulação e dos trejeitos faciais do cliente, suspeitar de que este não dizia a verdade.

• Os comportamentos acontecem em um esquema de referência de valores. O advogado — destaque-se a importância do autoconhecimento — deverá cuidar para que esse esquema reflita os valores do público-alvo (e não os seus), quando se tratar do momento de compreender as ações das pessoas. O advogado que carrega consigo uma carga de preconceitos (contra empregados ou patrões, contra determinada categoria profissional, por exemplo) terá sua percepção distorcida e não imprimirá objetividade ao seu trabalho quando observar comportamentos desse público. Aquele profissional que enfrentou uma situação familiar complexa — por exemplo, um divórcio litigioso —, que lhe imprimiu ferimentos emocionais ainda não cicatrizados, poderá deixar-se contaminar por tais elementos em um processo que replique sua própria experiência. Eliminar preconceitos e pensamentos automáticos, flexibilizar os esquemas de pensamento e compreender os próprios mecanismos inconscientes de defesa é uma salutar e obrigatória tarefa para todos aqueles que se relacionam com pessoas.

• Os comportamentos modificam-se com o tempo, acompanhando transformações cognitivas e comportamentais. Isso, muitas vezes, conduz a pessoa despreparada a autênticas surpresas, as quais justificam frases do tipo "jamais poderia esperar tal comportamento de fulano". De fato, muitos comportamentos são contingenciais e devem ser avaliados à luz das teorias aqui apresentadas. O caso dos senhores Davi e Salomão, apresentado no item 6.3.4, é emblemático.

Uma das questões sempre presentes no estudo e na observação dos comportamentos, e muitas vezes lembrada para justificar comportamentos adotados por pessoas em situações críticas, é o papel representado pelo instinto.

Instinto é, por definição, o "esquema de comportamento herdado, próprio de uma espécie animal, que pouco varia de um indivíduo para outro, que se desenrola segundo uma sequência temporal pouco susceptível de alterações e que parece corresponder a uma finalidade" (LAPLANCHE; PONTALIS, 1995, p. 241).

Sob a ótica da Psicologia, o comportamento por instinto é praticamente inexistente. Para Lundin (1977, p. 61), os reflexos (movimentos automáticos diante de uma estimulação, como o reflexo patelar — o popular "choque" de uma pequena pancada no joelho, fazendo a perna "saltar") constituem a limitada quantidade desse tipo de comportamento, não aprendido, do ser humano. O engatinhar seria outro exemplo: a criança o desenvolve, ainda que sem observar os adultos ou outras crianças procedendo dessa maneira.

Ocorre que o processo de civilização afasta o indivíduo do "comportamento por instinto", característico dos animais, substituindo-o por um poderoso verniz, o "comportamento civilizado". É a civilização que desperta nos indivíduos motivação e disciplina para permanecer, por longos períodos, em atividade ou trabalho prazerosos ou penosos, mesmo sem satisfazer necessidades essenciais que o instinto levaria a realizar. Conteúdos emocionais alteram o funcionamento do organismo, favorecendo a execução da atividade eleita como prioritária. Alguns exemplos bastante conhecidos:

— cirurgiões realizam longas intervenções, praticamente sem qualquer interrupção, com total absorção na tarefa;

— pessoas modificam os horários de sono e vigília, sem relação com o ciclo dia/noite (principal marcador do comportamento animal), mesmo comprometendo a saúde;

— advogados enclausuram-se em seus escritórios, degustando o sabor do trabalho ou submetendo-se às exigências da atividade, deixando em segundo plano outros interesses pessoais;

— estudantes submetem-se a extensos períodos de sono escasso, preparando-se para vestibulares e/ou concursos;

— alpinistas resignam-se a permanecer horas intermináveis pendurados em rochas, enfrentando os maiores rigores climáticos, em busca de atingir um ponto, permanecer nele por alguns instantes e... retornar!

A civilização faz com que cada indivíduo incorpore comportamentos de toda a espécie, à medida que toma contato com novas realidades por inúmeras maneiras, presenciais ou não. Os meios de comunicação desempenham um papel extraordinário nesse sentido, desenvolvendo modelos (pessoas ou grupos) que passam a ser imitados nas regiões mais insuspeitas do planeta — as camisetas com inscrições e símbolos provenientes de outras culturas são ícones representativos desse movimento. As consequências em relação à prática da violência, fartamente incentivada em filmes e outras programações, são amplamente conhecidas.

O comportamento instintivo também foi abandonado pelos seres humanos pela adoção de práticas em contradição com a predisposição orgânico-anatômica, por exemplo, o uso do vaso sanitário ocidental, originário das cortes francesas; a prática de dar à luz na posição de decúbito dorsal, desfavorável segundo muitos especialistas; a preservação da vida de indivíduos sem a condição de se manter econômica e fisicamente, por motivos emocionais, religiosos e éticos.

Apenas excepcionalmente caberia a explicação de que a pessoa "comportou-se instintivamente" ao praticar determinado comportamento. Não são, pois, aceitáveis argumentos fundamentados na resposta instintiva para justificar comportamentos que conduzem, mantêm e agravam conflitos. O comportamento instintivo pouco se manifesta, como regra geral, porque o social, a cultura e a aprendizagem contribuem para moldar o comportamento humano como sugere a canção da epígrafe.

A moda demonstra, de modo excepcional, como o processo de civilização desloca o comportamento instintivo: mulheres utilizam calçados totalmente inadequados do ponto de vista anatômico, sem estabilidade, prejudiciais ao sistema musculoesquelético e protagonizam interminável desfile por clínicas de ortopedia e fisioterapia, na busca da correção dos dolorosos efeitos dos saltos plataforma, responsáveis por sérios acidentes — que, depois, muitos tentam enquadrar como "acidente no trabalho", tornando a escada ou o piso culpados pela falta de cuidado. A anorexia é outro fenômeno diretamente associado à estética difundida pelos estilistas, que se valem de modelos que não correspondem à realidade anatomofisiológica da pessoa humana.

Estas considerações a respeito do comportamento instintivo foram feitas para afirmar, ao advogado, que a justificativa para um comportamento passado (ou futuro), calcado no instinto, não encontra respaldo sob o ponto de vista teórico. Para efeitos práticos, o ser humano civilizado perdeu seu repertório de comportamentos instintivos, notadamente quando se encontra na presença de outras pessoas. Mesmo a perda do autocontrole conduz a reações ajustadas aos elementos socioculturais do momento: o comportamento desprovido de controle é selecionado, quando possível, de acordo com opções socialmente ajustadas (surgem, assim, os crimes sequenciais, por exemplo). O indivíduo dominado pela paixão, disposto a vingar a honra matando o amante da esposa, irá fazê-lo dentro de um esquema de procedimentos ajustado ao seu micro-cosmo sociocultural; uma pessoa escolherá um revólver como a arma de eleição para o delito; outra poderá preferir uma faca; já um terceiro optará pelo suicídio. Em qualquer situação, intervêm forças provenientes de conteúdos psíquicos do indivíduo e, também, do social em que ele está inserido. Observe-se que o social pode ser determinante para estabelecer, inclusive, o grau de gravidade de um ato.

Deve-se pensar no comportamento humano como algo complexo, moldado a partir de componentes do indivíduo, do ambiente próximo, da sociedade, de conteúdos aprendidos, de suas experiências e fortemente influenciado pela situação.

6.2. Comportamento habitual: personalidade

A palavra "personalidade" deriva de *persona* — a máscara utilizada no teatro grego pelo ator, a "personagem" (BRAGHIROLLI *et al.*, 1998, p. 164). As pessoas, de fato, sempre representam e, ao falar das situações que vivem ou viveram, narram o resultado de suas percepções com os conteúdos selecionados da memória — transmitem, pois, uma realidade psíquica, que pode aproximar-se em maior ou menor grau dos acontecimentos.

Mesmo no ambiente familiar, alguma forma de representação acompanha os comportamentos de cada pessoa quando esta se encontra na presença das demais. Isso se acentua em algumas idades e se reduz em outras. Crianças pequenas, por exemplo, tendem a ser mais espontâneas, naturais (porém, rapidamente encontram meios de seduzir seus pais para obter benefícios, principalmente se eles não lhes aplicam as restrições e reprimendas devidas). A observação dos pais, a educação, o ensino e a convivência, pouco a pouco, cerceiam essa espontaneidade e a máscara é desenhada para lidar com a vida. Seria ingenuidade esperar a mesma espontaneidade de um adolescente ou adulto.

No ambiente de trabalho, todos praticam uma espécie de *performance* no afã de ajustar-se a seus papéis, suas responsabilidades e, enfim, ao ambiente. A indumentária constitui a face mais perceptível desse desempenho de papel. Em uma festa, a encenação torna-se evidente. Observe-se as pessoas caminhando em um parque e suas representações em roupas, gestos e maneira de olhar e respirar.

Tudo isso faz parte dessa entidade que se denomina "personalidade" e que diferentes autores procuraram conceituar. Para Skinner, a personalidade é um conjunto de padrões comportamentais (FADIMAN; FRAGER, 1986, p. 193); segundo Aaron Beck, "a personalidade pode ser conceitualizada como uma organização relativamente estável, composta de sistemas e moldes" (BECK; FREEMAN, 1993, p. 25); Kaplan e Sadock (1993, p. 556) conceituam-na como a "totalidade relativamente estável e previsível dos traços emocionais e comportamentais que caracterizam a pessoa na vida cotidiana, sob condições normais".

Estabilidade, contudo, não significa cristalização, imutabilidade. A definição de personalidade de Gordon Allport (1897-1967) transmite adequadamente essa compreensão; para ele, "personalidade é a organização dinâmica, dentro do indivíduo, daqueles sistemas psicofísicos que determinam seus ajustamentos únicos ao ambiente" (CAMPBELL; HALL; LINDZEY, 2000, p. 228). Allport entende que a personalidade adapta-se às solicitações do meio; isso, contudo, não ocorre de modo abrupto, ou o ajustamento não existiria. A estabilidade é essencial para o convívio social; contudo, o caráter dinâmico da organização possibilita sobreviver às transformações do meio.

É importante salientar que a personalidade "só se manifesta quando a pessoa está se comportando em relação a um ou mais indivíduos", presentes ou não, reais ou ilusórios (CAMPBELL; HALL; LINDZEY, 2000, p.141). Não se deve perder de vista, segundo bem acentua Harry Sullivan, de que se trata de uma "entidade hipotética que não pode ser isolada de situações interpessoais, e o comportamento interpessoal é tudo o que podemos observar da personalidade" (CAMPBELL; HALL; LINDZEY, 2000, p. 138).

Ao se buscar compreender comportamentos, deve-se considerar fatores cognitivos, comportamentais e ambientais influenciando-se mútua e simultaneamente, mediados pela cultura e pela história de vida de cada indivíduo e do grupo, *dentro de* um contexto específico.

A pessoa orientada, por exemplo, para uma situação de independência e realização tenderá a experimentar esse tipo de comportamento ao longo da vida. Um acordo desenhado com essa expectativa soará adequado para ela. Outra pessoa orientada para um comportamento dependente, sempre sob a tutela de alguém (o pai, a mãe), perceberia tal tipo de acordo como ameaçador.

A cultura, quando coletivista, estimulará as relações sociais e a pessoa realizar-se-á por meio de ações de natureza grupal e afetiva. Em uma cultura individualista, a pessoa tenderá a comportar-se de modo mais competitivo. O cliente que vem de uma família em que as relações afetivas são intensas não se sentirá confortável com um acordo que privilegie o individualismo; possivelmente, estará muito voltado para preservar relações.

Esse extenso e complexo conjunto de fatores que influenciam o comportamento insere-se no ambiente cultural, situacional e funcional, mediado pelas funções mentais superiores de cada indivíduo. Contudo, "em qualquer momento a situação imediata exerce uma poderosa influência sobre o comportamento de uma pessoa, sobretudo quando ela apresenta demandas óbvias" (MYERS, 1999, p. 306). Myers alerta que, facilmente, subestima-se a influência da situação e superestima-se a influência da personalidade na avaliação de pessoas.

Pedro, marido exemplar e promissor analista de sistemas de uma corporação, passou a ser assediado por uma colega de trabalho. Tratava-se de outra analista de sistemas, Tatiana, jovem bela, dominadora, independente e muito competente em seu trabalho. As atividades contribuíam para que os dois compartilhassem equipamentos e estivessem, constantemente, trocando ideias. Pouco a pouco, surgiu uma admiração mútua e Tatiana apaixonou-se por Pedro. Ele resistiu longamente às iniciativas da colega, mas acabou cedendo. A situação de trabalho, no caso, foi determinante. Amigos e familiares de Pedro recriminaram-no veementemente e a esposa deu início à ação de divórcio.

As pessoas "surpreendem-se" pelos comportamentos apresentados por amigos, colegas, familiares — gente com quem se relacionam estreitamente. Ocorre que a situação tem extraordinário efeito no comportamento — de repente, aquela pessoa gentil e cooperativa envolve-se em um acidente de trânsito banal, deixa-se dominar pela emoção do momento, apanha o revólver e mata o "inimigo". É inegável que a impunidade de outras pessoas exerce um poderoso efeito para desencadear esse tipo de comportamento.

A situação compreende questões financeiras, estratégicas e emocionais. Em um processo demissional coletivo, a diretoria foi pega de surpresa ao constatar que um dos gerentes de maior influência, que sempre demonstrou sua lealdade para com ela, tornou-se um inimigo ferrenho da empresa, no que foi acompanhado por outros gerentes. Em uma situação isolada, isso talvez não acontecesse; no contexto da demissão coletiva, ocorrem fenômenos emocionais associados aos sentimentos do grupo afetado.

Wright e Mischel (*apud* CAMPBELL; HALL; LINDZEY, 2000, p. 481), acentuam que uma dada característica comportamental só afetará o comportamento em determinadas condições. Por exemplo, uma pessoa pode ser considerada "agressiva", porém, se não for exposta a um ambiente em que se apresente estímulo percebido por ela como agressivo, essa característica poderá jamais acontecer. A situação tende a ser determinante para diversas manifestações comportamentais.

Kienen e Wolff (2002, p. 17) assinalam que o comportamento, de fato, irá variar "conforme a situação na qual ocorre, bem como de acordo com propriedades da ação". Em síntese, "é possível considerar que os seres humanos atuam a partir de uma determinada história pessoal, bem como a partir de um contexto, composto por inúmeras variáveis, como o ambiente social, econômico, cultural, político" (KIENEN; WOLFF, 2002, p. 19).

Estas considerações contribuem para justificar o fato de que pessoas aparentemente dóceis e educadas em um ambiente sob controle (por exemplo, na presença do advogado, do juiz ou de um delegado de polícia) sejam recriminadas como agressivas fora dele. Além do fator "representação", determinadas condições estimuladoras da violência ou agressividade não se encontram presentes. O advogado não deve estranhar que "uma pessoa tão polida" possa "bater na mulher"; alguém tão "tímido" seja tão "autoritário" no lar ou no trabalho; um indivíduo humilde na frente do delegado torne-se prepotente com os filhos a ponto de agredi-los.

Quando se trata de obter novos comportamentos de uma pessoa (por exemplo, cumprindo pena em regime semiaberto), não se deve esperar rápidas mudanças comportamentais apenas porque um acordo foi desenhado; a transformação comportamental não será alcançada nem rápida, nem facilmente; ainda que sejam criadas novas condições para o comportamento (KIENEN; WOLFF, 2002, p. 19), "a percepção das novas condições pode ocorrer lentamente, exigindo paciência e compreensão dos que esperam e planejam modificações de comportamento". Em outras palavras, as modificações ambientais não são rapidamente percebidas pelos indivíduos: aquela pessoa que enxerga todo semelhante como um possível adversário ou agressor continuará a ter essa percepção, ainda que mude de endereço e de atividade; de maneira geral, mudanças cognitivas e consequentes transformações comportamentais ocorrem gradativamente.

A emoção encontra-se presente a todo momento. A pessoa feliz, animada, tende a ser mais realizadora do que a triste; a primeira avalia melhor as outras pessoas e vê oportunidades onde a segunda encontra obstáculos. Naturalmente, tende a ser mais criativa, eficiente e eficaz (MYERS, 1999, p. 205). Este tipo de indivíduo contribui com mais eficácia na geração de opções e no desenho de acordos viáveis, porque tende a encará-los como motivadores. O oposto acontece com o sujeito deprimido, para quem "nada adianta".

Ela constitui um filtro poderoso para todos os estímulos. Quando esse filtro amplia e acentua os aspectos positivos, o comportamento manifesta-se em igual sentido, tornando-se pró-ativo, empreendedor e favorável às inovações e mudanças. Quando ele funciona de modo oposto, a pessoa se retrai e torna-se um obstáculo às transformações.

Existem diversas classificações não científicas de personalidade, como, por exemplo, aquelas que procuraram relacionar o tipo físico com o comportamento típico do indivíduo (gordo — alegre, magro — sisudo etc.). O único resultado prático que conseguem é induzir prejulgamentos, contra os quais os profissionais devem precaver-se. Essas classificações, desprovidas de sentido, deixam de considerar inúmeros fatores, como, por exemplo, as influências do meio, a educação recebida, o ambiente de trabalho e a cultura em que o indivíduo está inserido.

Filmes e programas de TV contribuíram para desenvolver o costume de associar imagens de pessoas a características de personalidade, condicionando os espectadores a tal comportamento. Determinados traços fisionômicos foram associados a “pessoas más”, por exemplo. Os mais idosos lembram-se de Lee Van Cliff, o conhecido “homem mau” do faroeste, para desespero de todos os senhores de rosto magro e comprido como o dele. Pessoas obesas tornaram-se exemplos de bom humor, e assim sucessivamente.

Estereótipos podem estar presentes nas idealizações de juízes, jurados e advogados. Identificá-los é importante para evitar preconceitos, e — mais uma vez — o autoconhecimento mostra-se fundamental.

Sintetizando as definições apresentadas, conceitua-se personalidade como a condição estável e duradoura dos comportamentos da pessoa, embora não permanente.

Os comportamentos típicos, estáveis, persistentes e que formam o padrão por meio do qual o indivíduo se comporta em suas relações, nas mais diversas situações do convívio social, de trabalho e familiar, recebem a denominação de características de personalidade, cujas manifestações possibilitam àqueles que se relacionam com o indivíduo construir uma imagem mental do comportamento mais esperado dessa pessoa em cada tipo de circunstância.

As pessoas, contudo, adaptam-se, modificam continuamente suas características predominantes e ajustam-nas às variações nos estímulos recebidos, por meio da incorporação de novos fatores, tais como experiência, valores impostos ou propostos pelo meio, etc. Dessa maneira, realiza-se o processo de convivência com as dificuldades e desafios da vida, podendo-se afirmar que o ser humano possui alta flexibilidade e capacidade de adaptação.

Existem fases da vida, entretanto, em que essa flexibilidade adquire contornos específicos. Na adolescência, é comum que ela seja dirigida para a adoção de comportamentos diferentes dos adotados no círculo familiar; na velhice, a flexibilidade se reduz. Quando ocorrem conflitos, uma ou outra característica pode se tornar extremamente dominante, encobrindo as demais — por exemplo, a agressividade — e, para o observador, o indivíduo “transforma-se”.

Os profissionais devem levar em conta essas condições, para compreender o que leva ou levará o indivíduo a comportar-se de uma ou de outra maneira sob a ação de determinados estímulos, a ponto de contrariar suas tendências naturais de agir desta ou daquela maneira, em condições de normalidade. Pelo fato de apresentar um comportamento inesperado (a agressividade, por exemplo), a pessoa não deixa de possuir os seus atributos, ainda que momentaneamente obscurecidos — passada a situação de crise, ela retornará aos padrões de normalidade, a menos que sobrevenha alguma sequela, na forma de transtornos físicos ou psíquicos, ou ambos.

A sintonia de linguagem entre o profissional e o cliente pode ser a chave para a obtenção de pistas que permitam essa avaliação. Por exemplo, os argumentos para convencer uma adolescente de que o salto plataforma precisa ser evitado devem considerar o ambiente em que ela vive, suas amizades, seus heróis, suas perspectivas. Possivelmente, argumentos ligados à saúde receberão limitada atenção desse público-alvo, que possui uma vaga preocupação com doenças de qualquer natureza. Utilizar argumentos adequados a um adulto de 40 anos com uma adolescente de 16 constitui um modo simples de não obter resultados. A obtenção de colaboração de uma pessoa de 85 anos, igualmente, deve considerar o seu modo de vida: limitações, cuidadores (se houver), crenças e hábitos, condições de saúde etc.

Compreender e respeitar as características de personalidade dos clientes contribui para criar, fortalecer e manter os vínculos entre eles e o advogado. Isso, por sua vez, irá ajudar a estabelecer uma relação de liderança que contribuirá para despertar, nos clientes, a motivação para a participação ativa no processo.

O conhecimento de características de personalidade dominantes dos clientes, as quais funcionam como comportamentos arraigados, presta-se para planejar as estratégias de ação. Elas podem ser vistas como se houvessem sido condicionadas em cada indivíduo, obedecendo a esquemas rígidos de pensamento, com respostas automáticas e crenças subjacentes a elas.

Identificar, compreender e conhecer o funcionamento das diversas características de personalidade, e, especialmente, daquela ou daquelas mais dominantes, pode representar a diferença entre a correta ou incorreta interpretação ou previsão de um comportamento, entre o sucesso ou o fracasso em uma tentativa de acordo.

6.3. Características de personalidade

As seguintes características de personalidade correspondem a aspectos habituais dos comportamentos dos indivíduos; elas são apenas exemplificativas, nem de longe esgotam as possibilidades e o profissional observador poderá construir a sua própria lista, adequada à sua condição de prestação de serviços.

Acentue-se que não há uma personalidade "normal" nem características normais. Todos os indivíduos apresentam-nas em maior ou menor grau, combinadas de maneiras infinitas. Tamanha diversidade faz com que cada indivíduo seja único em sua maneira de se comportar.

Nesta seleção, registraram-se aquelas características que mais requerem atenção especial no relacionamento entre advogado e clientes, o que não significa que são as mais visíveis no relacionamento social ou em outros ambientes. A presença de fortes conteúdos emocionais nas situações de conflito faz com que uma ou mais dessas características possa aflorar a qualquer momento durante o relacionamento que se dá entre clientes, entre advogados e entre clientes e advogados, produzindo-se comportamentos os mais variados e, em algumas situações, inesperados.

Sempre se deve enfatizar que o comportamento do indivíduo é fortemente influenciado pela situação, pelas expectativas e por forças grupais e sociais (a pessoa tende a reproduzir aquilo que dela se espera). Portanto, a mesma pessoa apresentará comportamentos muito diferentes durante um processo de indenização trabalhista, respondendo a uma acusação de homicídio ou de assédio sexual.

É importante salientar que todas as características de personalidade possuem aspectos positivos e negativos e ambos interessam ao advogado. Os negativos devem ser conhecidos, para que este possa assumir os comportamentos mais adequados com o objetivo de evitar que eles se tornem um obstáculo no transcorrer do processo, podendo prejudicar o próprio cliente. Os aspectos positivos são importantes porque, conhecendo-os, o advogado saberá como utilizá-los em benefício do cliente; além disso, a atenção a eles contribui para que o advogado não se polarize exclusivamente por aqueles que considera negativos e que podem encobrir qualidades e potencialidades da pessoa que os manifesta.

• ***Consciência social***

Esta característica manifesta-se pelo senso do dever e perseverança no cumprimento de princípios e valores. Levada ao extremo, transforma-se no pensamento dogmático, representado pelo fanatismo social ou político, por exemplo. Quando não existe, tem-se o indivíduo totalmente egocêntrico, que ignora o próximo.

A consciência social manifesta-se na crítica aos comportamentos que infringem seus princípios e valores, e em comportamentos inflexíveis, capazes de dificultar a celebração de acordos e a aceitação de decisões, o que leva a pessoa a recorrer daquelas que considera socialmente injustas.

Por outro lado, ela pode ser empregada construtivamente para desenhar soluções em que se possa invocar o benefício da coletividade como opção aos ganhos individuais.

O advogado percebe esse tipo de comportamento pelas declarações do cliente, que, recorrentemente, invoca valores éticos e morais universais para justificar suas atitudes, comportamentos e demandas.

A falta de consciência social observa-se na obstinação em fazer receber os direitos ("só quero o que é meu"), mesmo quando isso significa extensos prejuízos a pessoas em situação econômica muito difícil, ainda que os benefícios de um ganho de causa sejam de reduzida expressão sob qualquer ponto de vista. Esse comportamento, marcado pelo egocentrismo, não significa, entretanto, que o indivíduo deliberadamente deseje prejudicar a quem quer que seja — ele defende seus direitos; é um comportamento bastante diferente daquele apresentado pelo antissocial.

> Causou profundo mal-estar no círculo religioso frequentado pelo sr. Isidoro a ação que ele moveu contra a sra. Celma, exigindo reparação de seu automóvel BMW importado. Celma, viúva, professora aposentada e, como tal, no limiar da pobreza, colidiu com o automóvel de Isidoro e foi a culpada pelo acidente. Isidoro, industrial muito bem-sucedido, apresentou despesas equivalentes a cem vezes o salário de aposentada da professora Celma. Esta, profundamente humilhada, recorreu à comunidade religiosa para que fosse organizado um bingo beneficente. Este conseguiu arrecadar 10% do montante... A irritação da comunidade aumentou quando Isidoro foi visto circulando com um Mercedes, igualmente importado.

• ***Antissocial***

A característica de personalidade antissocial manifesta-se em atos, de variados graus de gravidade, que contrariam a moral, os costumes e a lei, e que, portanto, ocasionam prejuízos a pessoas, grupos ou à sociedade.

O aspecto positivo dessa característica encontra-se na crítica ao estabelecido, contribuindo para que as normas sociais evoluam ao longo do tempo e a sociedade não se torne manietada pelos dogmas. Seu lado negativo é relativamente óbvio: a pessoa infringe a lei e considera-se acima dela; compromissos assumidos em um acordo poderão não ser cumpridos; informações tidas como fidedignas podem ser falsas.

No conflito, é comum que ambos ou um dos clientes perceba comportamentos antissociais ou dogmáticos na outra parte, o que nem sempre corresponde aos fatos. O antagonismo entre um indivíduo predominantemente antissocial e outro dogmático dificilmente será administrável, e a solução tende a ser por via adversarial. Possivelmente, o ódio permeará todo o processo.

O antissocial encontra terreno fértil para se manifestar nas Redes Sociais. Ali pode disseminar suas ideias contando com a proteção do anonimato e sabendo que encontrará seguidores.

• ***Expansividade***

A expansividade, uma característica de personalidade típica das pessoas comunicativas, facilita o relacionamento com o advogado. Submetidas a estado emocional intenso, entretanto, muitas pessoas expansivas tornam-se retraídas, enquanto outras chegam a perder o autocontrole, utilizando a própria expansividade como mecanismo de defesa inconsciente — por exemplo, falam sem parar.

O advogado deve manter-se atento para proporcionar à pessoa expansiva as condições para que ela domine a emoção e se manifeste, ao constatar que ela encontra-se retraída; na hiperexpansão, deve evitar que ela se prejudique, especialmente quando depõe perante o juiz.

> Em seu depoimento, em ação trabalhista na qual o empregado pleiteava o pagamento de alguns benefícios, principalmente horas extras, o empregador acabou relatando ao juiz que o subordinado somente trabalhava fora do horário normal mediante "muito esforço da parte dele", que precisava até mesmo ameaçá-lo de demissão. Empolgando-se, o empregador, inadvertidamente, confirmou as reclamações do empregado; disse o que não devia — e pagou o que não queria.

O advogado deve estar atento à compreensão das questões pelo cliente que apresenta expansividade acentuada. Se ela for, de fato, a manifestação de um mecanismo de defesa (contra o estresse, por exemplo), a pessoa pode estar acompanhando as discussões apenas superficialmente, porque fica concentrada na produção ou no conteúdo da própria fala.

Se, de um lado, a expansividade significa cooperação, por outro, ela pode indicar o oposto. Muitas pessoas aprendem que falando dão a impressão de que cooperam, e ganham os benefícios desse comportamento; outras aprendem que a expansividade é uma forma eficaz de não se comprometer, falando muito para dizer nada. Por isso, essa característica requer muita atenção do profissional, para que não se deixe levar por falsas impressões e idealize as qualidades e motivações de seu cliente.

• ***Evitação***

A característica de personalidade evitativa manifesta-se na preferência por atividades solitárias; porém, motivada pelo medo da rejeição. Não se trata, pois, de uma "expansividade reduzida". Essa pessoa não participa ativamente da sessão com o advogado, mostra-se retraída, porque teme frustrar-se caso se manifeste.

O advogado deve proporcionar suporte técnico e emocional para que o evitativo liberte-se de suas amarras sem desenvolver dependência afetiva em relação à sua pessoa. Se o advogado não se autoconhecer, poderá deixar que isso aconteça como uma forma, inconsciente, de obter satisfação. A contrapartida dessa dependência é o comportamento paternalista, protetor, por parte do advogado.

O evitativo, por outro lado, tende a ser atento aos detalhes. Concentra-se neles — já que não consegue concentrar-se nos relacionamentos. No lar, seu comportamento de evitar situações de convívio social contribui para conflitos conjugais (relacionados com traição, por exemplo).

O comportamento evitativo pode estar relacionado com a emoção do momento: a pessoa, normalmente, seria mais expansiva; contudo, no tribunal ou no escritório de advocacia, perde a naturalidade e a evitação funciona como um mecanismo de defesa inconsciente.

• ***Esquizoide***

A pessoa busca o isolamento porque não encontra gratificação em relacionar-se com os outros. Um conflito em que a pessoa decepciona-se profundamente com os demais pode contribuir para acentuar essa característica, agravada pela perda da confiança nos outros. Este comportamento conduz à busca de autonomia — que permite o isolamento.

Em situação de normalidade, a característica esquizoide é bem representada pela pessoa considerada "chata" ou "insensível", sem preocupação com os sentimentos que o seu comportamento pouco afetivo provoca nos demais.

O advogado deve cuidar para não criar barreiras inconscientes em relação a clientes que manifestam comportamentos esquizoides, recordando-se que eles podem estar acentuados por mecanismos de defesa inconscientes: "é melhor que eu me isole para não sofrer mais uma decepção". O esquizoide, provavelmente, esmerar-se-á em atuar de maneira irrepreensível, o que lhe evitará o aborrecimento de relacionar-se ainda mais com outras pessoas. Um ambiente de confiança, acolhimento, pode ser altamente favorável.

• ***Independente***

A pessoa independente é segura de si e não precisa ser estimulada para avaliar e assumir os riscos de uma decisão, uma vez que tenha tomado conhecimento das variáveis envolvidas com ela. Se ela também for flexível, será muito útil para desenhar acordos e contribuir para a evolução do processo. Se, porém, for inflexível, o comportamento independente apenas dificultará a geração de opções, porque o cliente estará convicto do que faz, sem abertura para novas ideias.

Quando a pessoa independente apresenta uma característica narcísica combinada, pode inibir o adversário pelo seu comportamento exuberante, espalhafatoso e essa conjugação de características possivelmente favoreça o surgimento e a evolução do conflito.

Mostrar-se independente também pode ser um mecanismo de defesa, para ocultar sentimentos de inferioridade e/ou insegurança quanto ao processo ou em relação ao outro cliente.

• ***Dependente***

A característica de personalidade dependente manifesta-se na indecisão, na necessidade de obter apoio para decidir, na busca de não sofrer rejeição pelos demais. A pessoa que a manifesta de maneira marcante merece muita atenção nas situações de conflito, porque a sociedade brasileira possui uma herança cultural extremamente arraigada de comportamentos paternalistas nas relações familiares e empregatícias.

O advogado deve permanecer particularmente atento à situação de conflito em que se combinam díades do tipo dependente-independente ou dogmático-dependente, porque as consequências são óbvias para o equilíbrio do processo. A pessoa dependente pode limitar suas requisições simplesmente porque não possui quem a oriente no sentido de exigir seus direitos em toda a extensão, qualitativa e quantitativamente. A dependência manifesta-se na relutância do indivíduo em dar início ao conflito no campo legal, por receio de ver-se, mais tarde, abandonado em meio à disputa ou de ferir os sentimentos de pessoas significativas que possam dar razão à outra parte.

Nilceia era excelente atendente de público. Por seu bom desempenho, foi transferida para um novo setor, onde teria melhores condições de progressão funcional. Entretanto, isso foi encarado por ela como sinal de um possível fracasso na atividade anterior (percebeu a transferência como punição, e não oportunidade); agravando essa interpretação, a nova atividade representou para ela uma fonte de suplício pela necessidade de agir com mais independência, sem supervisão direta. Suas fortes características dependentes manifestaram-se!

Após duas semanas no novo cargo, recusou-se a continuar nele e solicitou o retorno ao anterior, o que resultou em sua demissão. Na ação trabalhista, Nilceia reivindicou a readmissão na condição de atendente de público.

Pessoas com a característica de Nilceia preferem Organizações que proporcionem estabilidade e chance de carreira longa e tranquila, mesmo com salários defasados ou atividades enfadonhas. A demissão ocasiona profundos efeitos emocionais, porque traz a necessidade de tomar inúmeras decisões a respeito do futuro. Nos conflitos rescisórios, essas pessoas entregam-se facilmente nas mãos de advogados oportunistas, que lhes acenam com vitórias rápidas, capazes de lhes abreviar-lhes o sofrimento.

Lucinha era uma excelente dona de casa, devotada aos filhos e ao marido, "famoso" pelas suas estrepulias. Somente ela não percebia os fatos e acolhia facilmente explicações e justificativas — até o limite do intolerável. Quando já não suportava mais as aventuras do cônjuge, procurou um advogado, na esperança de que ele lhe dissesse que deveria pedir o divórcio. Sozinha, não saberia como proceder.

Conduzida a uma sessão de Mediação, Lucinha procurará obter, do mediador, uma opinião conclusiva a respeito do comportamento que deverá adotar. Na opção adversarial, tentará delegar ao advogado a solução para o conflito conjugal; o advogado se expõe a ser o culpado do que quer que aconteça; ela, inclusive, poderá se arrepender e lhe atribuir a culpa por um ato impensado. Enfim, todo cuidado é pouco com o dependente.

A característica dependente tende a acentuar-se em situações de forte apelo emocional. O advogado, dando segurança ao cliente, poderá atenuar a manifestação de comportamentos de dependência francamente indesejáveis, porque aumentarão a confiança da parte contrária.

• ***Emocionalmente estável***

Estabilidade emocional não significa deixar de viver as emoções: trata-se de experienciá-las plenamente, porém, sem se deixar dominar por elas.

Pessoas emocionalmente estáveis tendem a resolver, por elas mesmas, os conflitos com que se deparam, no limite de suas capacitações, e buscam o apoio do advogado movidas muito mais por questões de direito do que pela necessidade de retaliações afetivas. Se perderem essa condição de estabilidade, dominadas por emoções extremamente poderosas, estarão propensas a retomar seu equilíbrio emocional e, excepcionalmente, precisarão de apoio medicamentoso e/ou psicoterapêutico — possivelmente, em decorrência de traumas de grande proporção (tais como sequestro, estupro, assassinato, mortes no trânsito).

A estabilidade emocional proporciona visão mais realista dos fatos e administração mais eficaz das situações de conflito. Todavia, em determinadas situações, ela pode ser meramente aparente, uma "representação" escondendo uma pessoa angustiada, encenando para não deixar transparecer sua fragilidade. Isso não é conveniente, nem para a pessoa nem para o processo, porque, concentrada na representação, não se dedicará como deveria ao estudo da situação e das possibilidades de ação que conduzam a um final satisfatório.

A estabilidade emocional situa-se entre dois extremos: a instabilidade emocional e a ausência de emoções. Nesta situação, a pessoa não procurará o advogado, pois a emoção é a base que gera a motivação para agir — sem ela, o indivíduo "deixa-se morrer".

• ***Instável emocionalmente***

Quando o indivíduo não desenvolve, ou não consegue recuperar, a estabilidade emocional, o advogado depara-se com o cliente emocionalmente instável, cujos comportamentos revelam imaturidade, incapacidade de tolerar os aborrecimentos e as frustrações ocasionadas pela impossibilidade prática de satisfazer a todos os seus interesses.

Desejos e emoções dominam esse indivíduo e, em consequência, facilmente ele desenvolve distúrbios de naturezas psíquica, somática e psicossomática. O ideal seria a recuperação da estabilidade emocional; contudo, isso nem sempre é possível ou desejado pelo cliente e/ou por seus familiares, que já construíram um relacionamento ajustado a tal característica comportamental ("fulano é mesmo assim, não tem jeito").

Durante o desenvolvimento de um processo judicial, essa característica manifesta-se em demonstrações emocionais de variadas intensidades, que o indivíduo não consegue conter, e demandam, do advogado, habilidade para administrá-las.

Quando a perturbação emocional torna-se excessiva, o indivíduo pode desenvolver distúrbios psicopatológicos capazes de incapacitá-lo para o diálogo com seu oponente: um simples olhar basta para impedi-lo de raciocinar, sem se dar conta do que acontece. Em muitas situações, ela é a causa-raiz do conflito. Dominado por algum sentimento, o indivíduo "explode" e conduz o relacionamento a um ponto de não retorno (por inúmeros motivos, tais como roubo, homicídio, comportamento socialmente incorreto, agressão aos filhos ou ao cônjuge, excesso de bebida, não pagamento de dívidas, etc.).

As Redes Sociais podem representar um conveniente, embora inadequado, apoio para a pessoa emocionalmente instável, que nelas encontrarão conselhos e sugestões. Estes, entretanto, poderão gerar conflitos com as orientações, tecnicamente fundamentadas, do advogado.

• ***Ousado***

A ousadia manifesta-se na disposição para experimentar novas opções, lidar com o desconhecido, desenvolver novas habilidades, enfim, tentar o novo. Em excesso, conduz a comportamentos imprudentes, e o advogado deve estar atento a clientes que assumem riscos sem considerar um mínimo de variáveis necessárias a uma boa análise da situação.

A ousadia combina-se naturalmente com a imaginação, produzindo comportamentos que expressam criatividade, muitas vezes colocando em segundo plano aspectos práticos e humanos — o que pode ser visto como desatenção pela outra parte ou como displicência pelo próprio advogado. Nesta situação, o indivíduo é conduzido pelo sonho.

O oposto é a excessiva praticidade: a pessoa preocupa-se demais com a realização, com os detalhes que permitem colocar em prática uma ideia. Nessa situação, o senso prático chega a representar um freio para a ideia ousada e a impedir de se realizar experimentações, para avaliar as consequências posteriormente. Este indivíduo, preso à realidade, tem dificuldade para sonhar.

O advogado deve considerar que, muitas vezes, a pessoa ousada e imaginativa mostra-se independente e ativa na fase de geração de opções; entretanto, poderá se apresentar reticente na ação, porque lhe falta a capacidade de pensar nos detalhes da prática. Cabe ao advogado estabelecer o equilíbrio entre o sonho e a realidade, aproveitando-se da neutralidade.

O advogado ousado deve policiar-se para não acenar com possibilidades irreais; quando ele e o cliente são ousados, a distância entre o inferno e o paraíso pode ter a espessura de um fio de navalha.

• ***Conservadorismo***

A característica conservadora privilegia manter o *status quo* e evidencia-se em gestos, indumentária e palavras. Não se deve confundir com timidez, em que o indivíduo evita chamar a atenção e usa, com esse objetivo, gestos e indumentária discretos — até mesmo relativamente ultrapassados.

A pessoa conservadora inibe a criação de opções que possam modificar sua maneira de viver; isso torna complexa a condução de um conflito em que se opõem ou são aliados a pessoa ousada e a conservadora: o que satisfaz uma delas desagrada a outra...

O advogado ousado deve cuidar para conter sua irritação com os comportamentos conservadores, especialmente na fase de geração de alternativas, quando eles tendem a criar empecilhos à busca de novas opções e à definição das estratégias. O advogado conservador, entretanto, poderá sentir-se inseguro com um cliente ousado em demasia, disposto a arriscar demais.

Se, por um lado, o conservadorismo constitui uma limitação, por outro, pode representar um alerta de prudência, para que não se experimentem, levianamente, soluções pouco seguras ou menos operacionais. A característica conservadora encontra-se associada à necessidade de segurança, ao apego às tradições, e pode apresentar forte ligação com a característica de consciência social, na defesa de princípios e valores que a pessoa considera inalteráveis.

• ***Histriônico***

Trata-se do comportamento exuberante e dramático; distingue-se da extroversão pela preocupação com o exercício da atração física (o que não significa que permitirá o relacionamento mais íntimo). A emoção é expressa de modo exagerado, chegando ao impróprio; o discurso mostra-se inflamado, mas nem por isso com os detalhes adequados — o conteúdo não corresponde à fala.

Características histriônicas tornadas proeminentes em situações de grande impacto emocional constituem um notável mecanismo de defesa, porque concentram as atenções dos demais na representação (roupas, pinturas, gestos etc.). Trata-se de manifestação tipicamente feminina, embora não exclusiva.

Atenção à díade histriônico/evitativo; cria-se uma comunicação complementar, em que as carências se acumulam: o histriônico chama a atenção e o outro oculta-se; ambos carecem de afeto, mas encontram meios diferentes para não obtê-lo.

Samanta mostrou-se sedutora desde a primeira entrevista com Robson, jovem e inexperiente advogado, que desenvolveu a falsa ideia de que ela apaixonou-se por ele, no curso de uma ação de separação. Nas sessões, ela apresentava-se maquiada e com roupas sensuais; o ex-cônjuge mostrava-se distante e apático, o que reforçou a percepção de Robson em relação às intenções da esposa carente. Quando, enfim, declarou-se, surpreendeu-se com a indignação demonstrada pela infeliz Samanta, que ameaçou denunciá-lo à Ordem dos Advogados pela falta de ética no exercício da profissão...

No ambiente de trabalho, encontra-se o histriônico entre pessoas que ostentam sensualidade, beleza física, gesticulação aparentemente convidativa; porém, sem a pretensão de um assédio sexual. Efetivamente, trata-se de encenação com a intenção de colocar-se na segurança do palco, onde não poderá ser tocada pela plateia. Quando o superior ou colega de trabalho deixa-se iludir, reage demonstrando ofensa e, eventualmente, exigindo reparações. O que traz uma compensação para o histriônico é algo a ser analisado pelo advogado, porque não necessariamente esgota-se com o dinheiro.

O grande risco para o advogado é deixar-se envolver e, de repente, sentir-se seduzido pelos encantos dessa pessoa. Indumentária, acenos e olhares poderão conduzir a interpretações enganosas de intenções que ela mesma não saberá explicar.

Quando o comportamento histriônico torna-se acentuado — normalmente acompanhado de instabilidade emocional, com choros e lamentações —, reduz-se a capacidade do cliente de concentrar-se no processo, porque a energia psíquica é canalizada para a encenação. O cliente poderá não compreender orientações ou não prestar atenção a elas e aborrecerá o advogado, do qual se espera paciência, cautela e cuidados adicionais para compensar essa fragilidade. Esquecimentos, protelações e lapsos são comuns e devem ser encarados com naturalidade — eles fazem parte da vida desse cliente. Recomenda-se ao advogado que registre todas as orientações transmitidas e formalize todos os procedimentos combinados. Ouvirá, com frequência: “Meu Deus, como fui me esquecer!!! Bem que o senhor falou...”.

• ***Narcisismo***

O comportamento narcísico manifesta-se na busca de tratamento especial, diferenciado. O advogado depara-se, por exemplo, com reclamações exageradas a respeito do conforto da sala; de sentar do lado esquerdo ou do direito; de falar antes ou depois da outra parte; de ser chamado de “réu” etc.

Falta empatia a essa pessoa, concentrada em suas próprias vantagens; egocêntrica, não consegue preocupar-se com os demais e os utiliza para seus propósitos. Poderá, por exemplo, envolver um esquizoide em seu relacionamento e exauri-lo, econômica, física e intelectualmente. O narcísico não dá afeto; o esquizoide também não procura; conclusão: a comunicação torna-se simétrica e altamente conveniente para os propósitos do primeiro.

Poderá procurar parceria com o histriônico, para exibir sua conquista — o que não significa que o relacionamento afetivo esteja presente, embora possa enganar perante terceiros, criando aquela cena extremamente conhecida, que as revistas de celebridades costumam ostentar: o narcísico em abraços e beijos com o histriônico, ambos jurando amor eterno e celebrando a mais perfeita das uniões, "infinita enquanto dure".

No trabalho, fantasia o próprio sucesso e valoriza pequenos ganhos muito além do que realmente representam; isso faz com que, facilmente, sinta-se prejudicado em avaliações — afinal, em sua percepção, apresenta desempenho superior e falta sensibilidade aos outros, que não conseguem percebê-lo. Considerará muito natural pleitear seus direitos, por todos os meios...

Não se espere do advogado narcisista, que se considera o melhor de todos, que consiga reconhecer a qualidade do trabalho (e, muito menos, elogiar) de outros advogados (colegas ou concorrentes). É improvável que ele consiga identificar boas ações e novas ideias vindas de outras pessoas (de um simples estagiário, então, jamais!).

O narcisista é facilmente identificável (por suas roupas, comportamentos, fala, exigências etc.) e o advogado poderá observá-lo humilhar (ou tentar) seu oponente, demonstrando sua indiscutível superioridade. Tentará demonstrar, também ao advogado, que lhe é superior e que conduzir seu processo constitui uma indiscutível vantagem que ele lhe proporciona (um bom motivo para reclamar dos honorários).

Ao mesmo tempo que o advogado deve administrar esse comportamento, para que ele não comprometa o resultado do processo, também deve estar atento para não se deixar impregnar de preconceito contra essa pessoa porque ela pode estar, de fato, sendo prejudicada e ter razão em suas demandas. O narcisista, por seus comportamentos que provocam humilhação e antipatia, pode ter contribuído decisivamente para que a outra parte desenvolvesse mecanismos de defesa em relação à sua pessoa, os quais contribuíram para o desenvolvimento do conflito.

O comportamento narcísico é positivo no sentido de procurar melhores condições de vida, de não se conformar com uma condição de inferioridade; torna-se negativo quando isso acontece em detrimento dos demais. O narcisista pode valer-se de uma notável capacidade intelectual para confirmar sua superioridade — a arrogância; entretanto, não é motivo para que não se reconheçam seus méritos, criatividade e competência. Quando estas qualidades tornam-se o instrumento de opressão e humilhação de outros, vê-se a face negativa da característica.

• ***Desconfiado (paranoico)***

Este cliente distingue-se pela percepção de ameaças nas ações de outras pessoas; esta característica de personalidade, se acentuada, leva-o a suspeitar, acusar e desconfiar dos outros, chegando a ofender-se facilmente por pequenos detalhes que considera destinados a prejudicá-lo ou humilhá-lo.

A emoção que cerca qualquer processo conflituoso acentua, naturalmente, a percepção, pelo cliente, de sinais de ameaça nos comportamentos da outra parte, constituindo-se um terreno fértil para que tal característica se evidencie.

No trabalho, esse indivíduo cerca-se de cuidados para evitar alterações indevidas em documentos, desvio de materiais etc.; colocado para redigir uma minuta de contrato, coloca inúmeras condições de segurança e de controle. É o empregado "perseguido" por superiores e colegas que "aprontam" ou traem sua confiança. Contudo, é capaz de tornar-se um fantástico auditor (interno ou externo), ainda que à custa de solidão.

No lar, pode infernizar o cônjuge com suspeitas de traição e com o estabelecimento de controles para confirmá-las. Se a confirmação não acontece, isso apenas pode lhe revelar que seus métodos não foram suficientemente aperfeiçoados.

Mostra-se eficiente em tarefas que exigem controle excepcional dos resultados. A combinação de comportamentos obsessivo-compulsivos com paranoicos gera um subproduto excelente para tornar ansiosos superiores, colegas de trabalho, clientes, fornecedores e familiares.

Naturalmente, não seria um cliente "fácil": ao mesmo tempo que procura a perfeição, desconfia de que ela não está sendo perseguida pelo advogado contratado. Poderá até suspeitar de possíveis conluios entre o advogado e o outro cliente ou entre os advogados. Se a característica paranoica estiver muito acentuada, qualquer sinal poderá confirmar suas desconfianças; conquistar e manter sua confiança torna-se tarefa espinhosa que requer inúmeros cuidados, tais como registrar tudo, prestar contas minuciosas das atividades realizadas, relatar os fatos imediatamente (antes que o cliente seja informado por terceiros) etc.

• ***Imaginoso***

No comportamento imaginoso, predomina a idealização, a reduzida atenção às questões corriqueiras do cotidiano; o cliente tende a ser uma pessoa criadora, possivelmente ligada às artes ou, no mínimo, dotada de acentuado pensamento artístico. A realidade pode ser um atrapalho e isso se estende ao cuidado com as pequenas coisas relacionadas ao andamento de um processo. Não é necessariamente ousado: pode contentar-se com o campo fértil das ideias, sendo um fantástico idealizador e pouco empreendedor. É um erro de avaliação bastante comum acreditar que a pessoa imaginativa também empreende: o empreendedor tende a ser muito mais prático para levar a termo uma ideia (colhida com alguém, por exemplo).

Eventualmente, tornar-se-á exasperante para o advogado conseguir a dedicação desse cliente para a solução de inúmeras questiúnculas, tais como depoimentos de testemunhas, obtenção de documentos comprobatórios, reconstituição detalhada dos acontecimentos e outras. Poderá exigir soluções retiradas de suas idealizações, sem apoio na realidade legal.

Trata-se de um cliente propenso a explosões emocionais, voltado para si mesmo, individualista, incapaz de valorizar as pessoas voltadas para as questões práticas da existência. Naturalmente, mantém conflitos com as pessoas pragmáticas.

• ***Prático***

Característica de personalidade oposta à do cliente imaginoso. Seu demasiado apego ao real, ao exequível, ao que reconhecidamente é possível de ser conseguido, poderá torná-lo um cliente limitado em suas perspectivas, em oposição ao cliente ousado, tendendo até mesmo ao conservadorismo. Terá que ser convencido, pelo advogado, a aceitar qualquer sugestão que implique em algo mais criativo ou idealizado. No transcorrer dos procedimentos, dará conta de todos os detalhes que lhe forem solicitados e, naturalmente, exigirá o mesmo do advogado. Poderá ter dificuldade para aceitar as dificuldades da burocracia legal (diferentemente do obsessivo-compulsivo, que encontrará prazer em cumpri-las rigorosamente), optando (favoravelmente) por métodos alternativos de solução de conflitos.

Enquanto o imaginoso pode se envolver em uma demanda com menor sustentação, o prático evitará entrar em qualquer disputa sem que tenha grande convicção de suas possibilidades de êxito. Calculará a relação custo-benefício do processo e discutirá cuidadosamente os honorários.

• ***Otimista***

É agradável tratar com esse cliente, porque estimula o próprio advogado. Entretanto, trata-se de uma característica de personalidade merecedora de cuidados, porque pode levar a que se subestimem dificuldades e não se dê a devida atenção a fragilidades de argumentação. Pela crença de que “tudo dará certo”, corre-se o risco de subestimar o adversário ou de não observar a regra processual devida e/ou adequada.

O advogado deve estar atento para não se contagiar excessivamente com o otimismo do cliente, da mesma forma que deve cuidar para não se deixar conduzir por um temperamento pessimista. Sob diversos aspectos, o cliente pessimista favorece mais o trabalho do advogado do que o otimista, porque aquele força que se dê atenção a inúmeros detalhes, na busca de sentir-se confortável quanto ao resultado da ação.

A combinação de imaginação, ousadia e otimismo faz a oposição ao pragmatismo com pessimismo e conservadorismo. São extremos igualmente perigosos e facilmente encontráveis, porque estas características reforçam-se mutuamente.

6.4. Evolução das características de personalidade

Nenhuma das características de personalidade é totalmente “boa” ou “má”. O psiquismo se incumbe de acentuar aquela ou aquelas que mais se ajustam para lidar com os desafios imediatos que a situação e o estado colocam; nem sempre, entretanto, a escolha do inconsciente é correta. O psiquismo vale-se de suas experiências anteriores, de tendências inatas, de seus esquemas mentais permeados por seus conceitos e preconceitos; contudo, o que funcionou bem em uma situação pode não funcionar em outra (o inconsciente é um motorista que tem o costume, às vezes incômodo, de olhar o mundo pelo retrovisor).

Uma pessoa pode, por exemplo, manifestar-se como extremamente otimista ao lidar com uma situação; em outras ocasiões — por exemplo, em uma doença grave —, essa forma de pensar foi de grande valia; entretanto, ao lidar com um conflito — por exemplo, uma repartição de bens em uma herança —, a mesma característica mostra-se profundamente inadequada, porque a situação exige flexibilidade e compreensão de valores que a anterior não requeria.

Existem diversas teorias a respeito de como as características de personalidade se estabelecem, são mantidas e modificam-se ao longo da vida, contribuindo para que o indivíduo encontre a forma de adaptar-se às mais diferentes circunstâncias. Portanto, não se deve pensar nas características de personalidade como "virtudes", "problemas" ou "defeitos". Em vez disso, constituem instrumentos adotados pelo psiquismo para dar conta dos desafios do cotidiano, reais ou percebidos como tais.

Elas constituem comportamentos predominantes existentes, possivelmente reforçados no ambiente em que a pessoa vive e trabalha e já cristalizados na idade adulta. Ao considerá-las, no tratar com os clientes, o advogado deve ter em mente que:

— todas as pessoas possuem o conjunto das características elencadas e outras mais, em diversos graus. Em cada indivíduo encontram-se componentes de todas elas, nas mais diversas proporções. Estudando seus próprios comportamentos anteriores, o advogado identificará situações em que uma ou outra nitidamente prevaleceu.

Por exemplo, em algum momento, todas as pessoas foram dependentes dos pais; essa situação modifica-se com a idade; mas surgirão situações em que novamente a pessoa será dependente em relação a outra(s) — por exemplo, em doenças. A jovem que se tornou profissional de sucesso, repentinamente, vê-se na condição de dependente da mãe, que irá auxiliá-la e orientá-la durante uma gestação. O jovem executivo bem-sucedido como assessor de empresa pode sentir-se inseguro ao estabelecer seu próprio negócio e buscar a orientação de alguém em quem confie.

> Dona Maria, mãe de "Tonhão", considerado o terror do bar da Lua em um subúrbio de grande metrópole, procurou o dr. Hélvio, reconhecido como "caritativo" na comunidade, pedindo-lhe que defendesse o filho de uma acusação de homicídio. "Tonhão" alegava legítima defesa... Dona Maria, contudo, preveniu dr. Hélvio de que era difícil lidar com o filho, um rapaz "muito teimoso e que não escuta ninguém". Dr. Hélvio, com pena da mulher, aceitou a causa e procurou "Tonhão" na delegacia de polícia, onde ele estava detido. O rapaz, ao contrário do que o advogado esperava, mostrou-se cordial, cooperativo e extremamente humilde, ansioso por demonstrar ao advogado sua disposição para colaborar com ele.

— as proporções com que cada característica de personalidade manifesta-se variam de indivíduo para indivíduo, fazendo com que cada pessoa seja única em sua forma de agir e reagir. Encontram-se, assim, pessoas conhecidas por serem "exibidas" (histriônicas); outras pela timidez (evitativas ou esquizoides); outras pela vaidade (narcisistas); outras pelo espírito independente etc. Essas pessoas apresentam, também, todas as demais características; porém, uma ou outra prevalece na maior parte das situações e acaba marcando a imagem pessoal do indivíduo em um determinado contexto;

— as situações contribuem para fazer emergir uma ou outra característica com maior predominância, por uma série de fatores, tais como o condicionamento e a motivação. Assim, para participar de uma festa, a pessoa se condiciona a manifestar um comportamento um tanto quanto “histriônico”; para organizar a mesma festa, sem risco de falhas, tem-se de convocar o lado “prático”; para planejar tudo o que será feito, em algum momento o indivíduo deve isolar-se para pensar, livrando-se dos “palpiteiros” (é o instante de ser “evitativo” e conseguir concentração); evitam-se surpresas com o lado “desconfiado” (que leva a pessoa a pensar em convidados cujos comportamentos possam causar encrencas); também para evitar surpresas, um pouco de comportamento antissocial não faz mal (assim, previne-se daquelas pessoas dispostas a “estragar tudo”); sem dúvida deve-se pensar no “chato”, aquele colega esquizoide que, também, deve ser convidado etc.

Os exemplos a seguir mostram a influência da situação na predominância de determinadas características de personalidade:

- Há profissionais que se mostram altamente agressivos e independentes no trabalho, porém dependentes do cônjuge no ambiente familiar.
- Uma pessoa altamente controlada, em uma situação de conflito, torna-se capaz de demonstrar elevada agressividade — basta que seu limite de autocontrole seja ultrapassado; o exemplo mais conhecido é o do trânsito, em que pacatos pais de família cometem agressões e até assassinatos por uma simples colisão.
- Indivíduos de natureza evitativa em casa e no lazer são conhecidos no trabalho pela sua sociabilidade, porque a perícia funciona como um notável estimulante, ao propiciar a oportunidade de manifestar-se com segurança perante colegas e clientes.
- Uma pessoa reconhecida por sua calma quando encontra-se com amigos ou no ambiente familiar revela-se facilmente agressiva no trabalho, ao tratar com clientes, porque experimenta momentos de grande contrariedade com eles e não consegue superá-los; muitas vezes, esses encontros indesejáveis foram ou são motivados pela qualidade do produto, em relação à qual não tem condições de ou não sabe como agir.
- Aquele profissional que demonstra compreensão e tato no atendimento a clientes apresenta-se pouco amistoso quando discute normas e procedimentos com a chefia ou colegas de trabalho, em relação aos quais não nutre sentimentos de empatia.

Observe o leitor que tais comportamentos situacionais guardam estreita ligação com os esquemas rígidos de pensamento, mecanismos de defesa, pensamentos automáticos e com os fenômenos da percepção (em particular, a relação figura e fundo).

— *as* características de personalidade de um indivíduo alteram-se com o tempo; basta ver o que ocorre quando alguém aumenta o consumo de álcool ou outra droga, adere a uma seita religiosa, muda de emprego e de colegas, divorcia-se etc. Outros fatores contribuem para estas transformações:

- a idade, acompanhando mudanças de metabolismo capazes de provocar profundas alterações físicas e emocionais;

- doenças, como hiper ou hipotireoidismo, entre tantas outras capazes de afetar o funcionamento geral do indivíduo;
- experiências traumáticas, envolvendo o indivíduo ou pessoas de sua convivência (acidentes, roubos, furtos, sequestros, estupro etc.);
- transformações socioculturais, capazes de modificar conceitos e valores e, com isso, provocar reflexos nos comportamentos. Para determinados assuntos (por exemplo, sexo e drogas), o indivíduo pode alterar sua percepção e, com isso, tornar-se mais (ou menos) tolerante.

A habitualidade de um determinado comportamento contribui para que o indivíduo construa uma complexa rede de mecanismos de *feedback*, por meio dos quais, a cada comportamento que emite, recebe reforços que ratificam e reforçam sua maneira de agir. Ele procura, conscientemente ou não, pessoas e situações favoráveis aos comportamentos preferenciais que elege. Com isso, o comportamento se mantém, porque se mostra funcional, adequado ao meio. De fato, "dize-me com quem andas e te direi quem és". Surge um processo de condicionamento do indivíduo, pelo meio, e do meio, pelo indivíduo:

— o meio emite um estímulo e o indivíduo emite uma resposta;

— o meio considera a resposta satisfatória e sinaliza (*feedback);*

— em situação similar, o indivíduo outra vez emite a mesma resposta;

— o meio, novamente, proporciona *feedback* positivo;

— a resposta emitida mais uma vez se fortalece, e assim sucessivamente.

Com o transcorrer do tempo, o meio passa a esperar do indivíduo resposta semelhante em situações idênticas ou similares. O indivíduo procede dessa forma e se estabelece uma relação de funcionalidade. Quando ela se perde, por um motivo qualquer, o indivíduo se vê levado a rever seus comportamentos — poderá fazê-lo ou não. Se isso acontecer, ele evoluirá para outra situação de condicionamento, e assim sucessivamente. Aspectos cognitivos e sociais encontram-se sempre presentes e são determinantes.

A evolução do quadro de alcoolismo de Augusto exemplifica tipicamente esse processo:

— começou a beber "socialmente" com os amigos;

— percebeu a satisfação dos colegas de copo ("você é dos nossos");

— ao fazer novas amizades, demonstrava que bebia bem ("socialmente");

— a turma aplaude. "O cara traça todas";

— as pessoas aprendem que Augusto "gosta de uma bebida" e lhe oferecem em todos os lugares que frequenta;

— percebe que precisa se controlar; mas "é só um uisquezinho, vamos lá...";

— o médico alerta-o e ele tem que decidir; se não bebe, fica nervoso; se bebe, também fica...;

— recebe um alerta do chefe. Briga com a esposa;

— pela primeira vez, bate na mulher;

— as dores do divórcio. O advogado tem de suportá-lo;

— briga feia pela guarda dos filhos. O advogado mal o tolera — é deselegante e desorganizado;

— briga na rua quando colidiu alcoolizado. "Perdi a cabeça". De repente, o 38 está nas mãos. "Comprei o revólver para me defender...";

— proibido de ver os filhos.

As características de personalidade evoluem ao longo da vida para que a pessoa possa lidar com as novas situações com as quais se depara.

Duas situações diferenciadas interessam, entretanto, ao advogado, porque elas acontecem impulsionadas por fatores que escapam aos padrões "normais" de evolução de todos os indivíduos: as alterações e os transtornos de personalidade.

6.5. Alterações e transtornos de personalidade

Tais fenômenos, por sua natureza, ocorrem como consequência de modificações profundas nas vidas das pessoas e interessam diretamente ao advogado, porque podem estar presentes em situações de conflito.

6.5.1. Alterações de personalidade

Alterações de personalidade são modificações em padrões de comportamento, em geral decorrentes de estresse prolongado. Elas ganham crescente interesse porque se tornam cada vez mais frequentes as situações familiares, organizacionais e sociais capazes de provocá-las, tais como:

• políticas demissionais, já comentadas neste texto:

Há Organizações que desenvolvem um autêntico clima de terror, mantendo por longos períodos a perspectiva de demissões em massa de seus empregados. Chega-se a encontrar coordenadores e gerentes administrativos que apregoam a necessidade de promover demissões como forma de "arejar a empresa", "renovar o time" e coisas assim. O nível de insensatez na área de gestão de pessoas surpreende pela sucessão de estratégias pouco criativas e causadoras de estresse.

• alterações significativas no trabalho:

Perda do senso de identificação com o trabalho e com a equipe, da percepção de domínio da tarefa e da compreensão dos limites de responsabilidade provocam sentimentos de insegurança, capazes de se refletir em estresse crônico em algumas pessoas.

• mudanças de atribuições, autoridade e responsabilidade:

Exemplo típico de alteração de padrões de comportamentos acontece quando o indivíduo passa a ocupar cargos de maior responsabilidade ou quando perde posição de chefia. O indivíduo modifica determinados comportamentos para dar conta de sua insegurança ou frustração (mecanismo de defesa). Por exemplo, uma pessoa bastante comunicativa pode assumir postura mais reservada.

Para muitas pessoas trata-se de fenômeno passageiro; outras alteram definitivamente seus comportamentos, modificam o círculo de amigos e até a estrutura familiar. Uma mudança desse tipo pode desencadear alcoolismo, tabagismo ou alterações comportamentais profundas, tais como aumento da agressividade, isolamento, evitação etc.

• separação de casal:

Toda separação constitui um trauma para os dois lados; além das questões materiais envolvidas, complexos temas (como a guarda de filhos) acompanham o processo e as sequelas emocionais são inevitáveis.

Muitas pessoas reagem à separação alterando seus comportamentos habituais, em uma indicação clara de que não se satisfez com a maneira como procedeu até então. Por exemplo, uma pessoa expansiva pode tornar-se mais fechada ou o oposto.

Uma típica reação, que ocasiona mudanças significativas de padrões de comportamentos, é a de provar para o outro que conseguirá “viver sem sua presença”. Por exemplo, o cônjuge relativamente dependente poderá migrar da dependência parcial ou total para a independência absoluta. Essa mudança, obviamente, pode influir no teor das exigências.

• falecimento de cônjuge ou filho:

As consequências dessa gravíssima perda, acentuada ainda mais quando o ente perdido é adolescente, torna-se, então, extremamente traumática e capaz de desencadear psicopatologias como a depressão. Profundas modificações podem acontecer nos padrões de comportamento da família e, principalmente, daqueles mais chegados à pessoa que faleceu. O fato agrava-se ainda mais quando a perda foi ocasionada por atos de violência — que se tornam cada vez mais corriqueiros.

6.5.2. Transtornos de personalidade

Existem indivíduos que desenvolvem “padrões de comportamento profundamente arraigados e permanentes, manifestando-se como respostas inflexíveis a uma ampla série de situações pessoais e sociais” (KAPLAN; SADOCK, 1993, p. 196).

Quando esta inflexibilidade — não associada à doença cerebral ou a outro tipo de transtorno mental — torna-se excessiva, diz-se que o indivíduo desenvolveu um transtorno de personalidade, caracterizado pelo comprometimento funcional, social ou ocupacional significativo ou sofrimento subjetivo. A palavra-chave é “comprometimento”.

Ele acontece quando uma ou mais características de personalidade predominam a ponto de condicionar os comportamentos da pessoa, que perde a capacidade de adaptação exigida pelas circunstâncias do trabalho.

Em condições normais, conforme já foi destacado, todas as características de personalidade manifestam-se, alternando-se para dar conta das situações do momento. Assim, diante de determinados estímulos, a pessoa apresenta-se evitativa; outras conduzem a um comportamento de dependência; outras estimulam cuidados minuciosos e assim por diante. Estas características são adequadas quando se ajustam à situação.

O transtorno de personalidade caracteriza-se pela predominância de uma ou outra característica, independentemente da situação vivenciada. A primeira consequência de um transtorno de personalidade é a perda da flexibilidade situacional, isto é, o indivíduo emite as mesmas respostas para estímulos (desafios) de diferentes naturezas. Por exemplo, a pessoa mostra-se extremamente vaidosa, enfeitando-se até com exagero, quando vai a uma festa; tendo que ir a um funeral, veste-se da mesma maneira, ou seja, de modo completamente inapropriado ao ambiente.

Apresentam-se, a seguir, os transtornos de personalidade de acordo com a classificação utilizada pela Classificação Internacional de Doenças. Evidentemente, não se espera do advogado a habilidade para um diagnóstico porque não é sua a função realizá-lo. Entretanto, o conhecimento a respeito de como os transtornos de personalidade se manifestam permite ao advogado manter-se atento para estabelecer estratégias visando a impedir que prejudiquem as pessoas envolvidas e o bom andamento do processo. Havendo a suspeita de que um cliente apresenta determinado transtorno, o advogado poderá tomar medidas adequadas para orientá-lo a fim de buscar ajuda, necessária em uns casos, imprescindível em outros.

- **Transtorno de personalidade paranoide** — desconfiança sistemática e excessiva

O indivíduo interpreta sistematicamente de maneira errada ou distorce as ações das outras pessoas, percebendo segundas intenções e objetivos escusos de modo generalizado, mesmo em comportamentos que seriam considerados neutros ou amistosos. Guarda rancor, não perdoa injúrias ou ofensas e, portanto, nada mais natural que busque reparações, inclusive por via judicial. A desconfiança, já vista, apresenta-se profundamente cronificada.

Neste caso, o senso de direito pessoal pode se revelar irreal, até mesmo pela interpretação errônea dos acontecimentos ou das intenções de outros.

Esse comportamento pode estender-se à pessoa do advogado, que tem o desafio de conquistar a confiança desse cliente, o que dificilmente acontecerá, por maiores que sejam os esforços do profissional. Naturalmente, esse quadro em nada favorecerá o transcorrer do processo.

Qualquer tentativa de acordo ou negociação com a outra parte será muito difícil de ser concretizada ou exigirá um esforço muito grande para se lograr êxito, porque o cliente poderá criar exigências absurdas para cercar-se de todas as garantias.

Qualquer detalhe (por exemplo, o ato de o advogado olhar para uma anotação) levanta suspeitas e gera medidas de segurança. O indivíduo concentra todas as suas energias na elaboração de defesas contra possíveis más intenções do outro cliente e chances de ser traído pelo advogado.

Em sua narrativa dos acontecimentos, evidencia-se que os outros são culpados de tudo e, mais do que isso, encontra grande dificuldade para perceber de outro modo. Percebendo ameaça, reage com raiva, contra-ataca, torna-se querelante a ponto de provocar hostilidade. Pode tornar-se difícil de ser controlado pelo advogado.

O agravamento desse comportamento afasta as amizades e desdobra-se em outros tipos de transtornos, decorrentes do isolamento gradativo. Quando procura auxílio para resolução de seus conflitos, essa pessoa tem um rosário de queixas a apontar, relacionando inúmeras pessoas que apresentam comportamentos de persegui-la, caluniá-la ou de arquitetar planos contra ela.

• Transtorno de personalidade antissocial

É flagrante a disparidade entre os comportamentos e as normas sociais vigentes. Aqui, encontram-se os manipuladores contumazes, que, consistentemente, violam os direitos das outras pessoas e desconhecem o significado da lealdade. Essa condição, provavelmente, estará patente na narrativa do outro cliente.

O antissocial desenvolve, muitas vezes, notável habilidade para identificar pessoas que se ajustam ao seu estilo, servindo aos seus propósitos, sendo por elas admirado. Não se estranhe que arrebanhe apóstolos fiéis — encontra campo fértil na política ou religião, onde se torna líder insinuante, dono de grande poder sobre os liderados, cuja fidelidade não hesita em comprar da melhor maneira que encontra.

De nada adiantam, com o antissocial, os argumentos de ordem moral, porque não lhes fazem nenhum sentido. Afinal, os outros não passam de "otários" e nada mais natural que sejam prejudicados nas disputas por vantagens de qualquer natureza. Isso vale para negócios, jogos, sexo, poder, política etc.

Mentira; promiscuidade; direção perigosa sem remorso pelos danos físicos ou morais, potenciais ou reais, causados a terceiros; homicídios; tráfico de drogas; e sequestros fazem parte deste tipo de comportamento, onde prevalece o lema "levar vantagem em tudo".

Na empresa, o comportamento inclui cometer roubos, destruir o patrimônio, envolver-se em conflitos corporais, vadiar durante o período de trabalho, ausentar-se injustificada e sistematicamente.

Na família, compreende a traição, a violência contra cônjuge e filhos, a ausência prolongada, dilapidação do patrimônio em aventuras relacionadas com sexo, assédio sexual à empregada doméstica etc.

A suspeita de transtorno deve levar em consideração o ambiente sociocultural. O aspecto fundamental é a habitualidade. Quando alguns desses comportamentos ocorrem em situações de grande envolvimento emocional (por exemplo, greves e paralisações do trabalho, sob a influência de lideranças), e, portanto, não habituais, a presença do transtorno não é caracterizada. No ambiente familiar, quando o marido (ou a mulher) enfrenta graves dificuldades no trabalho, por exemplo, o comportamento inadequado no lar pode ser uma consequência do estresse desenvolvido.

O fator violência tem grande importância no comportamento antissocial e o advogado deve estar atento à sua possibilidade de manifestação. Por exemplo, em conflitos familiares, a mulher tende a ficar indefesa no lar e a separação física deve ser providenciada com presteza. O indivíduo com transtorno de personalidade antissocial apresenta baixa tolerância à frustração; seu mecanismo de defesa inconsciente de eleição é a racionalização e não aprende com a punição.

Avelino tornou-se o proprietário de uma empresa de autopeças que, com o tempo, ocupou substancial fatia do mercado. Acabou envolvendo-se em um esquema de corrupção de fiscais de ICMS, quando uma pequena remessa enviada sem nota fiscal foi detida. A partir daí, passou a repetir a prática ocasionalmente. Esse procedimento, entretanto, tornou-se de tal maneira compulsivo que Avelino passou a adotá-lo como padrão, a ponto de gastar com o esquema montantes superiores ao que desembolsaria pagando os impostos devidos. Para ele, a corrupção tornou-se um fim em si mesmo, praticando-a em todos os relacionamentos, inclusive com clientes e fornecedores. Esse comportamento ampliou-se para incluir a cooptação de compradores das empresas para as quais fornecia.

O transtorno de personalidade antissocial pode assumir coloridos estarrecedores. O caso de canibalismo relatado por Bianchini e Gomes (2004) demonstra a gravidade e a extensão das transformações de comportamento a que podem ser conduzidos os indivíduos, em situações extremas. Na situação relatada, acontecida na Alemanha, duas pessoas reuniam-se, após cuidadosa preparação, para que uma devorasse a outra, que participava ativamente do processo.

Também desafiadora é a compreensão das características de personalidade de Daniel Cravinhos, líder do grupo responsável pelo assassinato, a pauladas, dos pais da jovem Suzane von Richtoffen. Daniel demonstra características marcantemente narcísicas, que o convidam a exibir sua superioridade perante o mundo; porém, combinadas com o absoluto desprezo pelas pessoas sobre as quais pretende demonstrar seu brilho invulgar — não hesitando em valer-se de métodos antissociais para atingir seus desígnios. Protegido pelo poder socioeconômico-político, vale-se da certeza de que sorverá, ao máximo, o cálice do prazer de tripudiar sobre os valores de todos os demais seres inferiores por ele humilhados à exaustão. Não foi sem motivos que Roberto Tardelli, Promotor de Justiça do 1º Júri da Capital, em São Paulo, assim se manifestou ao requerer a prisão do grupo, na data de 17 de janeiro de 2006, referindo-se a Daniel:

Orgulhoso, mordaz, trouxe um rosário de friezas que desafio encontrar-se parecido nesta vara do júri, a maior do País. Solto, debocha; livre, torna-nos todos espectadores de sua minudência, de seu caprichoso talhe, de seu figurino cuidadoso e detalhista.

Mas, seu próprio orgulho deixa a todos nítido seu sentimento, não de desprezo pela lei, mas de superioridade à lei, pouco se dando ao mínimo recato que se espera de um assassino confesso.

- **Transtorno de personalidade dependente** — incapacidade para decidir

A pessoa torna-se incapaz de tomar decisões de alguma importância. Perde a capacidade de iniciar novos projetos de vida, de assumir responsabilidades — esperando que alguém o faça em seu lugar.

O dependente reluta em fazer exigências, ainda que razoáveis. Estabelece uma ação por insistência de terceiros (cônjuge, filhos).

O risco, conforme já se viu anteriormente na característica de personalidade dependente, é a delegação da decisão para o advogado ou para um terceiro, nem sempre bem intencionado.

Obrigado a decidir, o indivíduo cerca-se de mil cuidados e conselhos e torna-se alvo fácil de pessoas inescrupulosas. Nesta situação, o advogado deve estar atento para evitar que o cliente seja manipulado pela parte contrária.

O dependente constitui um desafio para o advogado, porque fará o possível para lhe transferir as responsabilidades pelas decisões.

Quando se deixa dominar por pessoa dogmática (por exemplo, religioso ou político) ou antissocial (por exemplo, um traficante de drogas), as consequências são previsíveis. Ansioso por ser aceito, o dependente sente-se ferido, facilmente, por críticas; essa fragilidade pode ser explorada pelo oponente.

• **Transtorno de personalidade esquizoide** — indiferença a críticas e a elogios

A característica de isolamento domina: o indivíduo aumenta a reserva, busca atividades solitárias e introspectivas. Não se relaciona com quem quer que seja. Torna-se frio, arredio, a ponto de não retribuir cumprimentos e mínimas manifestações de afeto. Acaba excluído da equipe de trabalho e da família. Isolado, pode desenvolver transtorno depressivo.

O advogado enfrenta dificuldade para relacionar-se com o cliente porque o esquizoide poderá estar concordando com algo apenas por não ter a menor disposição para enfrentar discussões naturais, relacionadas com o desenho de um acordo ou com o andamento do processo; pode fazer uma concessão apenas para não ter de angariar testemunhas, por exemplo. Possivelmente, terá dificuldade para encontrar pessoas que se disponham a testemunhar em seu favor, porque se isola e não cultiva relacionamentos.

Quando declara sua posição em um conflito, fica evidente o afastamento: não fará ou irá propor nada que contribua para a afetividade. De nada adianta ao advogado, na tentativa de cativar ou estimular este cliente, elogiá-lo ou criticá-lo. Ele responderá com indiferença.

• **Transtorno de personalidade ansiosa (de evitação)** — tudo magoa

Aqui se registra o isolamento social; porém, com a dor de desejar o relacionamento afetivo, sem saber como conquistá-lo. O retraimento social é marca importante, acompanhado pelo medo de críticas, rejeição ou desaprovação.

A pessoa pode mostrar-se perfeccionista, como um mecanismo de defesa para evitar críticas que conduzam à rejeição; o relacionamento com o cliente torna-se mais difícil porque surgirão inúmeros detalhes a ser observados.

O cliente mostra-se tenso e revela, em sua narrativa, a crença de que é inferior aos outros, de que não desperta interesse pessoal, o que se reflete na preocupação excessiva em ser criticado ou rejeitado em situações sociais. Naturalmente, apresenta grande dificuldade para se envolver com outras pessoas.

Esse transtorno leva à hipersensibilidade às críticas, o que pode ocasionar conflito com o advogado se este, inadvertidamente, der a entender que ele não está correspondendo às expectativas. Possivelmente, exigirá dedicação do advogado com respeito a prepará-lo para depor, com receio de cometer deslizes que comprometam todo o resultado.

• **Transtorno de personalidade emocionalmente instável**

A pessoa cede aos impulsos, até mesmo de modo autodestrutivo; nada mais natural que seus relacionamentos acabem sendo instáveis e, ao mesmo tempo, intensos. Pode-se pensar, por analogia, em um pêndulo, que oscila entre o melhor e o pior dos mundos, sem se fixar em nenhum deles.

Obviamente, o conflito tende a preencher os dias dessa pessoa — e dos que conseguem conviver com ela. Pode apresentar hiperatividade e dificultar os trabalhos, ainda mais porque seu comportamento oscilante torna-se imprevisível.

Uma das formas como o transtorno se apresenta é a predominância da falta de controle dos impulsos: a pessoa tem acessos de violência e comportamento ameaçador quando criticada. Trata-se do cliente que, facilmente, envolve-se em agressões e acaba sendo preso ou processado por isso.

No relacionamento com esse cliente, o *feedback* é importante e convém verificar se este faz uso de substância psicoativa. A construção de um acordo estará fortemente influenciada pelo estado de humor do cliente — portanto, o advogado não deve se espantar de tudo parecer caminhar para uma solução mutuamente satisfatória e, repentinamente, ele colocar novos obstáculos ou agir de modo a ocasionar novas dificuldades.

Este cliente apresenta dificuldade para identificar suas metas, o que pretende com o processo, cabendo ao advogado auxiliá-lo nessa tarefa ou, ao menos, apontar possíveis alternativas.

• **Transtorno de personalidade histriônica** — busca excessiva de atenção

A pessoa (em geral do sexo feminino) mostra-se sexualmente sedutora, busca continuamente aprovação e elogios, expressa emoções de modo exagerado e inadequado. Procura a satisfação imediata, tem acessos de raiva e sente-se desconfortável quando não é o centro das atenções, evidenciando um relacionamento fortemente dependente, a cujo convite o advogado não deve, jamais, ceder.

Os relacionamentos interpessoais, embora exagerados, não gratificam, e isso contribui para o desenvolvimento de transtornos de ansiedade, depressão e conduta suicida habitualmente sem risco de vida; alcoolismo e abuso de outras substâncias psicoativas são comuns.

No trabalho, no relacionamento com clientes e fornecedores, cria dificuldades óbvias, forçando os superiores a transferi-la ou demiti-la, porque seu comportamento espanta as pessoas. Advertida, considera-se totalmente injustiçada, porque nada vê de estranho em seu procedimento. Demitida, tenderá a exigir seus direitos; porém, nem sempre com objetividade, porque a teatralização conduz sua vida.

Esse cliente exige do advogado uma postura equilibrada, proporcionando o afeto solicitado na justa medida, acompanhado de paciência para lidar com atrasos, falta de cumprimento de orientações, encenações constantes e manifestações emocionais diversas, além de atrasos no pagamento de honorários...

• **Transtorno de personalidade anancástica**

Este cliente encontra-se mergulhado em um oceano de dúvidas; cerca-se de extrema cautela e preocupa-se com os mínimos detalhes, a ponto de exasperar aqueles que com ele se relacionam. Se o advogado se deixar levar pelo perfeccionismo desse cliente, jamais concluirá as peças do processo.

Mostra-se bastante rígido, obstinado, excessivamente escrupuloso, o que o torna ardoroso defensor de seus direitos, porque identifica todos os tipos de agressões que contra ele possam ser ou tenham sido cometidas.

O detalhismo e a rigidez afastam amigos e colegas de trabalho e contribuem para criar, em torno dessa pessoa, a imagem de pedante e desagradável.

Dificilmente será um cliente de fácil relacionamento, especialmente se o advogado insistir em não satisfazer suas necessidades de informação e de cumprimento rigoroso de todos os protocolos que cercam o andamento do processo, particularmente no que se refere a mantê-lo sempre bem informado.

Rech, advogado, respondia por licitações de uma grande empresa. Solitário, dedicava-se totalmente à companhia. Com o passar do tempo, desenvolveu uma característica de busca da perfeição em todos os processos que conduzia. O que parecia ser uma vantagem revelou-se um suplício para seu superior: os editais de licitações por ele elaboradas demoravam excessivamente para ser elaborados e o mesmo acontecia com as análises das propostas. Acabou demitido por justa causa, o que originou uma reclamação trabalhista. Rech, obviamente, colecionou farto material que comprovava a importância de seus procedimentos.

Ao se deparar com clientes que manifestam transtornos de personalidade, o advogado deverá concentrar-se profundamente nos objetivos para não se deixar contaminar pelos comportamentos — nem assumindo a proteção de uns, nem sentindo repulsa por outros, em benefício deles e de si mesmo.

Os transtornos de personalidade polarizam a atenção, distorcem a percepção dos observadores e o advogado (o juiz e os jurados) não estará imune a essa possibilidade. Ele deve se lembrar de que as pessoas que convivem com aqueles que apresentam um ou mais dos diferentes transtornos, potencialmente, fazem parte do conjunto de fatores que promove a manutenção do quadro psíquico e, portanto, não estão isentas de responsabilidade — cabe a ele não se tornar mais um nesse quadro.

O advogado deve concentrar-se em sua missão e evitar julgamentos, preconceitos e pensamentos automáticos a respeito dos clientes. Estes deverão assumir os papéis de protagonistas para as soluções que forem encontradas. Cabe a ele, contudo, identificar o momento e ter a coragem de avisar seu cliente de que ele precisa de auxílio de um psicólogo.

7. O advogado no contexto interpessoal

Se não sais de ti não chegas a saber quem és
Hás de devolver o viço à planta dos pés
Hás de correr o risco abandonar o cais
Içar as velas e apenas ir
Pois o pior naufrágio é não partir.
Rosy Greca — letra da trilha sonora da peça teatral
O conto da ilha desconhecida.

Relacionamentos interpessoais são constantes na prática da advocacia: clientes, testemunhas, colegas, juízes, promotores veem-se em constante interação (nem sempre prazerosa, diga-se de passagem). Imprimir-lhes eficácia, portanto, é de interesse imediato do advogado, por motivos econômicos (aumento de produtividade), psicológicos (preservação do bem-estar) e sociais.

Este capítulo inicia-se com sugestões de habilidades pessoais e interpessoais que sempre podem ser aperfeiçoadas. Inclui visões abrangentes de liderança e de trabalho em equipe, necessárias para a compreensão de questões ligadas à atuação em conjunto com outras pessoas, que tanto podem ser os colegas de escritório como os próprios clientes, testemunhas e outros envolvidos em processos.

7.1. Habilidades pessoais e interpessoais

7.1.1. Autoconhecimento

O autoconhecimento possibilita (e estimula) o desenvolvimento da percepção do outro; percebendo o outro, a pessoa adquire condições de se comparar e, assim, se conhecer melhor. A pessoa que se conhece encontra motivação para arriscar-se a conhecer ainda mais seus interlocutores, porque não se deixa tolher por mecanismos de defesa, preconceitos e crenças inadequados. Dessa maneira, estabelece-se um ciclo de desenvolvimento contínuo do profissional, cujo resultado é a autorrealização, o bem-estar, o equilíbrio consigo mesmo e, em consequência, o sucesso financeiro e profissional.

Isso não significa que a profissão será sempre um "mar de rosas": conflitos estarão sempre presentes; entretanto, serão enfrentados com serenidade e a certeza de que serão adotados os melhores procedimentos que se encontram ao alcance.

O autoconhecimento é o bilhete da viagem para a "ilha desconhecida", onde paisagens inexploradas demonstrarão que valeu a pena um grande esforço para desenvolvê-lo continuamente.

O autoconhecimento completa o conjunto de habilidades do profissional. Sem ele, o indivíduo não poderá ter certeza de que não contamina, com seus conteúdos psíquicos, os comportamentos que manifesta e a interpretação dos fenômenos que vivencia. Ele propicia melhora na aceitação de críticas, à medida que o indivíduo aprende a reconhecer a influência dos próprios conteúdos nas observações trazidas por outros profissionais, a respeito de seus comportamentos; favorece a autoavaliação e a disposição para estabelecer metas para o autodesenvolvimento, estabelecendo, assim, um circuito de melhoria contínua.

Compreender, em profundidade, a própria estrutura de crenças, suas consequências na interpretação dos estímulos que recebe, o uso que faz dos seus mecanismos de defesa, o efeito dos condicionamentos adquiridos e os esquemas de pensamento que utiliza, buscando identificá-los e administrá-los, proporciona ao advogado um poderoso instrumento de aumento de eficiência e eficácia.

O autoconhecimento revela potenciais ocultos, virtudes, defeitos e características de personalidade merecedoras de aperfeiçoamento, atenuação ou controle, abrindo novas possibilidades de desempenho para o indivíduo. Ele amplia a compreensão das forças que atuam no íntimo de cada um, capazes de influenciar nos relacionamentos, sem que a pessoa se dê conta de que isso acontece.

Favaretto pretendia dedicar-se ao Direito de Família e, desde cedo, deparou-se com uma substancial dificuldade: não conseguia suportar pessoas, notadamente do sexo feminino, que fossem pouco objetivas, hipervalorizadoras de pequenos eventos, que chegassem costumeiramente atrasadas aos encontros marcados com ele, descuidando de papéis e outros detalhes. Em especial, Favaretto encontrava grande dificuldade para relacionar-se com "histriônicas" (ver características de personalidade). No afã de construir seu espaço profissional, demorou um longo tempo para dar-se conta de que ele, de fato, não sabia se relacionar convenientemente com esse tipo de cliente, com prejuízos para ambos.

O caminho para o autoconhecimento, ensina Rosy Greca na epígrafe, exige o sair de si para poder observar-se. O olho, porém, não olha dentro de si. Para se conhecer, a pessoa há de tomar por empréstimos ouvidos e olhos dos outros, as lanternas e radares que rastrearão e iluminarão as sendas dos ínvios labirintos dos pensamentos, para os quais a periscopia do próprio olhar — o máximo que o espelho revela — não basta.

Por meio do outro, a pessoa se encontra; por seus anseios, mágoas, prazeres, realizações e desejos compreende a extensão e o teor desses sentimentos nela mesma. Não há o conhecimento absoluto; somente a relatividade cria as referências para a autoavaliação: branco, negro, alto, baixo, gordo, magro, ansioso, calmo, inibido, extrovertido são termos meramente comparativos em relação a padrões de referência estabelecidos por observação.

Realizar a navegação em direção a essa tão próxima quanto distante criatura — o outro —, desafiando a indiferença, a superficialidade e o egoísmo que a cultura contemporânea prega impiedosamente, por meio de uma complexa mídia do possuir que traz a ilusão da autossuficiência, requer atitudes e habilidades pessoais que podem ser desenvolvidas intensa e extensamente.

A emoção constitui a matéria-prima essencial para este progresso em direção ao próprio ser. Ela põe o barco em movimento rumo à ilha desconhecida. Manobrá-lo, entretanto, exige sensibilidade para manter-se atento na busca do autoconhecimento, para a nave não ficar à deriva, derrotada pela inércia ou naufragar pelo peso dos desejos.

7.1.2. Habilidades

Habilidades não se confundem com conhecimentos. Uma habilidade é um conhecimento colocado em prática. Ela manifesta-se em comportamentos e estes fazem a diferença. O conhecimento somente frutifica quando se manifesta.

Algumas habilidades, úteis para advogados e, também, para seus colaboradores, encontram-se aqui detalhadas; a partir delas, por generalização e analogias, muitas outras poderão ser identificadas, compreendidas e praticadas.

• Habilidade de observar

Esta habilidade constitui a base de todo o sucesso no relacionamento interpessoal. Ela compreende:

— Perceber as mensagens não verbais contidas nos comportamentos da(s) pessoa(s) (MIRANDA; MIRANDA, 1993, p. 71). Essas mensagens transmitem informações a respeito de características de personalidade do interlocutor, de seus mecanismos de defesa, preconceitos e esquemas de pensamento, nem sempre perceptíveis na fala.

Por exemplo, há indivíduos de elevada timidez que falam fluentemente, como estratégia (mecanismo de defesa) para não serem interrogados.

O corpo, entretanto, não mente, e o observador encontrará nos gestos os sinais que a fala procura ocultar.

— Identificar comportamentos dos clientes, favoráveis e não favoráveis aos objetivos pretendidos, a forma como eles acontecem e os fenômenos que os desencadeiam. A pessoa que se apresenta mal ou inadequadamente vestida deve ser orientada para causar boa impressão; detalhes de joias, penteado, maquiagem devem ser cuidados, evitando que a imagem da pessoa entre em contradição com suas demandas. Juízes são pessoas e, portanto, julgam de acordo com o que leem, veem e ouvem.

O advogado que não identifica a propensão de um cliente a uma explosão repentina de cólera pode estar comprometendo o resultado da ação. Evitar o desencadeante torna-se crucial.

— Discriminar detalhes dos comportamentos que passam despercebidos pelas pessoas que os emitem, desde aspectos relacionados à postura física até inflexões de voz. Há pessoas que transmitem arrogância, acreditando causar impacto favorável, quando seria conveniente demonstrar humildade; uma mulher apresentando-se com roupas ousadas não constitui um argumento favorável em uma ação de assédio sexual.

O observador atento identifica detalhes reveladores de características de personalidade potencialmente capazes de influenciar a percepção dos demais a respeito do cliente ou de seu oponente.

Gabriela era uma jovem secretária com transtorno obsessivo-compulsivo leve. Quando ansiosa, passava a piscar repetidamente — um prenúncio de que algum pensamento obsessivo começava a tomar conta de sua mente. Esse comportamento não passou despercebido da Dra. Márcia, a atenta advogada por ela contratada para tratar de uma ação de assédio sexual movida por Gabriela contra seu ex-empregador. O que poderia ser percebido por outras pessoas como um cacoete irritante, para Márcia era um sinal de que a sessão deveria ser interrompida para acalmar a cliente e, assim, retomarem os trabalhos com eficiência e bem-estar. Um simples exercício de relaxamento, que toma não mais do que três minutos, era suficiente para colocar Gabriela, novamente, em sintonia com a doutora.

O bom observador:

— é paciente; sabe que a percepção aumenta com a persistência; que as espigas do trigo são iguais apenas para o olho desacostumado; quando o advogado apressa-se em demasia no relacionamento com clientes, testemunhas e outra parte, pode estar impedindo que a sua observação se desenvolva por falta de insistência ou oportunidade para ser exercida;

— busca os detalhes, porque reconhece que eles fazem a diferença nas relações com pessoas; o navegador mantém-se atento às pequenas pedras de gelo flutuantes porque nelas identifica o prenúncio do grande *iceberg*. Muitas vezes, a oportunidade para um bom acordo (ou um grande conflito) enuncia-se em uma pequena frase, solta ao acaso;

— usa de discrição, pois compreende que a simples presença do observador interfere, emocionalmente, nas respostas do observado (MIRANDA; MIRANDA, 1993, p. 68);

— respeita a privacidade; guarda para si as confidências e as utiliza apenas em proveito do observado, orientando ou melhorando os processos; isso fortalece vínculos emocionais, angaria respeito e ratifica contratos psicológicos existentes;

— persegue a neutralidade, bastante difícil quando se trata de observação de pessoas, porque, de modo inconsciente, afloram preconceitos e mecanismos de defesa do profissional; aquele que busca o autoconhecimento sabe que a verdade que leva consigo não se confunde com a daquele com quem se defronta e, em vez de confrontá-las, será melhor uni-las para, na síntese, chegar-se à verdade maior, filha dessa dialética.

• Habilidade para escutar

A grande dificuldade de escutar encontra-se na falta de modelos efetivos de "escutadores" (MIRANDA; MIRANDA, 1993, p. 75). Mecanismos de defesa inconscientes dificultam a escuta: "vou evitar escutar coisas que podem amedrontar-me, porque não sei como responder ou lidar com elas" (MIRANDA; MIRANDA, 1993, p. 75). É sábia a expressão popular: "a pessoa só ouve aquilo que quer ouvir"; em outras palavras, ouve-se tanto mais e melhor o que ratifica as expectativas de quem escuta.

A surdez ao desagradável une-se à cegueira ao inaceitável. Daí, por exemplo, tantas divergências em depoimentos de testemunhas que "viram" a mesma cena e, no entanto, enxergaram de modos diferentes. Os advogados sabem, à exaustão, que aquilo que um cônjuge traz de queixa em relação ao outro dificilmente corresponde ao que o outro acredita ter feito; há uma notória subjetividade na "verdade".

No ambiente de trabalho, gerentes e supervisores, com frequência, desenvolvem a tática de falar para controlar a conversa e, escolhendo temas convenientes, evitam a exposição excessiva, limitando-se a temas superficiais ou de seu domínio (MIRANDA; MIRANDA, 1993, p. 76).

> Aristeu surpreendeu-se, quando confrontado com os empregados, no curso de uma reclamação trabalhista. Espantou-se com as queixas de que ele não era aberto ao diálogo. Não percebia que apenas ele falava nos encontros formais ou informais, acentuando, nessas oportunidades, a percepção de que não tinha interesse em escutar.

O "falar para não ouvir" constitui um hábil mecanismo inconsciente de defesa que, com o tempo, se torna um comportamento condicionado e tem a ver com a relação figura e fundo: enxerga-se e escuta-se mais facilmente aquilo que faz parte das "figuras" da preocupação de cada um; a figura orienta a percepção e, portanto, obscurece o restante.

O gerente concentra-se em ver e falar a respeito dos resultados gerais do serviço porque estes se encontram no foco de sua atenção; o empregado encontra-se focado em questões específicas do seu trabalho (ou de sua vida particular), não conseguindo concentrar-se no serviço como um todo, por razões óbvias.

Para compreensão em profundidade, faz-se necessária a escuta em igual profundidade. Juízes, advogados e especialistas em recursos humanos devem ter em mente que:

— Falar tem efeito terapêutico. A clínica psicológica demonstra esse fenômeno à exaustão. O profissional que permite ao cliente a "fala terapêutica" ganha pontos na escala de pessoa significativa.

— A função terapêutica da fala não depende da proximidade ou viabilidade da solução pretendida; muitas vezes, não se trata de ganhar uma causa, mas da oportunidade de manifestar um descontentamento.

— Quando fala, a pessoa ordena suas ideias; para muitas pessoas, a oportunidade de se expressar possibilita raciocinar e concluir. No falar, com frequência, o indivíduo modifica esquemas de pensamento, porque se vê forçado a outro tipo de ordenação de ideias, para ajustar-se àquele que o escuta. Quando o Juiz possibilita que a pessoa expresse-se livremente, permite-lhe pensar melhor.

Ouvir, entretanto, requer disposição para aceitar e compreender o outro. Recomenda-se a leitura do caso 69, em Fiorelli e Malhadas (2003, p. 316), em que se relata uma situação na qual o Juiz se descontrola durante um depoimento, por causa da maneira como o depoente se expressava. A ingenuidade e simplicidade da fala dessa pessoa soou, ao magistrado, como provocação e falta de respeito, demonstrando, assim, seus próprios preconceitos e mecanismos de defesa.

A fala possibilita a manifestação de conteúdos ocultos; isso, além do aspecto terapêutico já comentado, também pode ter efeitos diversos: por meio dela, brotam elementos que o consciente preferiria não revelar e que, por razões inconscientes, procuram canais para se revelar.

De fato, "o privilégio de ter alguém que nos escute e trate com atenção, respeito e interesse é um fenômeno relativamente raro e muito gratificante" (DEWALD, 1989, p. 198). A devoção de muitas pessoas a seus líderes (religiosos, sindicais, de facções, de equipes) explica-se, em certos casos, pelo fato de eles propiciarem oportunidades aos liderados para exporem suas ideias, queixas e preocupações. Ao fazê-lo, consolidam a posição de liderança (mesmo que, de fato, poucos se preocupam com aquilo que ouvem!). O Juiz e o advogado, permitindo e até estimulando a fala, também ascendem a essa posição, aumentando a confiança própria e dos demais na qualidade de seus trabalhos.

• Habilidade para falar

A qualidade da escuta, manifesta-se quando a pessoa responde a uma pergunta explícita ou implícita ou, simplesmente, opina. Não basta escutar bem: é preciso que o interlocutor tome consciência de que isso acontece. O momento da fala deve ser cuidadosamente aproveitado, para que ela revele os quatro atributos que a tornam preciosa, produtiva e esperada:

— precisão: direta ao ponto, sem rodeios inúteis que apenas cansam o ouvinte;

— concisão: tão curta quanto as condições permitirem; a objetividade facilita a compreensão;

— clareza: sem dar margem a interpretações dúbias;

— correção: do ponto de vista gramatical.

Ao falar, a pessoa sinaliza o grau em que ocorreu a compreensão (DEWALD, 1989, p. 93) e, muitas vezes, a única demanda do cliente consiste em ser compreendido! Para ele, este é o momento mágico de expressar, em seu entendimento, o que aconteceu.

Ao expressar-se, o profissional deve manter-se atento àquilo que transmite, porque a fala transporta suas crenças, esquemas de pensamento, mecanismos de defesa, condicionamentos, princípios e valores. O autoconhecimento é o instrumento que o advogado dispõe para evitar que aconteçam inadequações, tais como:

— deslocamento para outro assunto ("veja o que aconteceu com o seu colega em uma ação de 1998, parecida com a sua..."); o que parece uma forma educada (e inconsciente) de desviar a atenção de algo que incomoda o advogado tem tudo para contrariar o cliente, que não está interessado na história "parecida" do colega;

— identificação com o que fala ("você pode não acreditar, mas isso também aconteceu comigo quando..."), para criar uma falsa identidade e, até mesmo, justificar a impossibilidade de qualquer ação; falando de si, a pessoa evita enfrentar a fala do outro e, além disso, utiliza o cliente para depositar, nele, seus anseios, frustrações e expectativas;

— distração, expressa no ingênuo "queira repetir, por favor, alguns detalhes, eu gostaria de aprofundar"; há clientes hábeis em identificar o "desligamento do interlocutor";

— fantasia: "veja, vamos enxergar sob um outro prisma; imagine que nada disso tivesse acontecido..."; o cliente, com certeza, sabe que tudo isso aconteceu e não está ali para abstrações; além disso, há clientes cujo pensamento tem dificuldade para acompanhar metáforas e analogias;

— negação da realidade: "com certeza isto não pode ser tão grave como você imagina..."; o advogado deve conscientizar-se de que a realidade psíquica do cliente é o que vale para ele; por exemplo, em uma ação de reparação por danos morais, quem sabe o quanto isso pode valer?

— racionalização: "você tem razão no que fala, mas vejamos isso percentualmente..."; talvez seja o pior dos argumentos, porque nega a importância do cliente para ele mesmo, reduzindo-o à insignificância de uma estatística; além disso, muitos podem não ter a menor noção do significado do critério de comparação.

Esses mecanismos de defesa, inconscientes apenas para quem os utiliza, se empregados com frequência, tornam-se comportamentos condicionados e transparecem para os interlocutores.

A fala adequada compreende conteúdos verbais e não verbais. Aqueles exigem correspondência com a escuta; estes, com as posturas, e, nesse aspecto, todo cuidado é pouco, porque o corpo não mente.

A boa fala contém algo de reflexão, até como forma de demonstrar a existência de compreensão. É sempre muito confortador para o cliente ouvir manifestações do tipo: "... compreendo o seu desconforto; em uma situação como a que você descreveu, em que... (repete-se a descrição com outras palavras), nada mais natural do que sentir-se... (coloca em palavras o sentimento do cliente)".

Isso nada tem a ver com concordar com o cliente; trata-se, apenas, de lhe demonstrar que o advogado consegue colocar-se no ponto de vista dele, compreendendo a forma de encarar a questão.

Cuidado semelhante deve ser tomado com a expressão corporal, diretamente associada à fala e merecedora de cuidados e treinamentos. Estar sem sono, alerta, olhando com firmeza para o cliente, com as mãos à vista e sem gesticulação exagerada, transmite segurança — é a postura esperada quando se pretende transmitir convicção a respeito de um determinado procedimento ou estratégia. A mesma vivacidade pessoal pareceria inadequada quando a intenção do advogado fosse transmitir cautela, prudência ou destacar riscos de determinada opção ou decisão.

Os clientes apresentam percepção para os comportamentos do advogado. Eles discriminam, de maneira notável, demonstrações de interesse, quando ele mostra detalhes de comportamento, do tipo:

— conduzir a pessoa segurando-a levemente pelo braço: para muitos, isso significa acolhimento altamente positivo e favorável;

— olhar nos olhos, mesmo quando verbaliza coisas desagradáveis em relação a atos da pessoa;

— manter-se em posição de atenção concentrada, o que inclui a forma de sentar-se, movimentos etc. Um bocejo pode ser fatal. A gestualidade é "a representação corporal de uma convicção sentida" (PATTERSON; EISENBERG, 1988, p. 39);

— demonstrar que se encontra preparado para o caso, pela maneira como folheia, identifica, separa e localiza a documentação que traz consigo; "perder-se" na busca de um documento constitui comportamento desalentador para muitos clientes;

— apertar a mão com firmeza, para receber e para despedir-se.

O advogado que apresenta-se trêmulo (por exemplo, por efeito do álcool), fumando nervosamente, com os cabelos em desalinho, vestido inadequadamente, transmite imagem de incompetência e, até mesmo, de falta de honestidade.

• **Envolvimento**

Ver e escutar em profundidade requer envolvimento: a capacidade de, em um dado momento, fazer parte da situação que cerca o problema que o outro apresenta. Trata-se de se deixar levar para, em momentos específicos e controlados, incorporar o problema como se fosse também seu.

Isso não significa deixar-se dominar pelos mesmos entusiasmos, alegrias, medos e ansiedades experimentados pela outra pessoa; o envolvimento facilita compreender a lógica que dirige o pensamento do outro, com o objetivo de avaliar a ideia, colocando-se na perspectiva de quem a traz.

Envolver-se permite incorporar o "esquema de pensamento" que justifica o raciocínio do cliente, para compreendê-lo sob a ótica dele. Mais tarde, quando analisar o caso, terá tempo para pesquisar outros aspectos e, assim, formar opinião própria. Por meio do envolvimento, entende-se o que se encontra subjacente a sentimentos de vingança, retaliação, ódio, desprezo; não raro, a vingança reflete a paixão não correspondida; o ódio oculta a inveja e assim por diante.

Algumas técnicas contribuem para solidificar ou aumentar a percepção de envolvimento por parte do cliente:

— opinar sobre conteúdos trazidos por ele. Isto requer preparação (conhecer previamente o que for possível a respeito do assunto), atenção a detalhes e dedicação para valorizar a narrativa do acontecimento;

— utilizar o vocabulário do cliente. Advogados de empresas, por exemplo, obterão maior integração com os empregados dominando a linguagem própria de cada especialidade, como forma de demonstrar interesse e conhecimento; a palavra "rude", por exemplo, é compreendida de diversas maneiras, conforme seja utilizada para descrever comportamentos de uma freira, um assaltante, um sequestrador, um garoto de 7 anos ou um adulto que padece de delírios de perseguição;

— nas situações em que isso se torna possível, visitar o ambiente do cliente. A pessoa marginalizada não conseguirá descrever, na maior parte dos casos, a situação em que vive; a ida do advogado ao local lhe permitirá conhecer as reais condições que cercam a vida e a convivência do cliente. Isso servirá para lhe proporcionar elementos que favoreçam o seu envolvimento no caso.

No ambiente empresarial, pode ser útil tomar o ônibus com os empregados, almoçar no mesmo restaurante, utilizar óculos e capacete de proteção etc.; são pequenas ações que dão ao advogado a condição de tangibilizar a situação de conflito e melhor entender os problemas;

— trocar *e-mails* e telefonemas. O efeito emocional da mensagem recebida de pessoa significativa surpreende, principalmente quando não esperada.

— se o cliente concordar, acessar a página dele na Rede Social, quando as trocas de mensagens puderem se constituir em um canal de informações a respeito do conflito. Por exemplo, nas separações, são comuns as "conversas" e confidências por meio da Rede. Muitas vezes, ela proporciona clara percepção de aspectos ligados ao estilo de vida da pessoa.

— vestir-se de maneira apropriada à intenção, ao momento e ao local: isso evita inibições, sinaliza abertura ou separação, amplia ou reduz a hierarquia, etc. Há pessoas que necessitam, em determinados momentos, sentir a força de uma hierarquia solidamente estabelecida; outras sentem-se mais confortáveis quando percebem identidade com o profissional.

Não se deve confundir o envolvimento com a criação de intimidade. Esta, essencialmente, implica na invasão do espaço do outro, na interpenetração de fronteiras pessoais e pode conduzir a cumplicidades, expectativas e envolvimentos afetivos inadequados e, sob vários aspectos, absolutamente indesejáveis, porque poderá prejudicar cliente e advogado. Pessoas fragilizadas, altamente dependentes, atravessando crises agudas, por exemplo, facilmente confundem a manifestação de envolvimento com interesses de fundo emocional, como amor ou paixão.

A expressão corporal tem relação direta com a percepção de envolvimento. Em situação de grande importância para o cliente, o advogado deve apresentar comportamento condizente com a gravidade percebida por ele, ou causará a percepção de desinteresse pelo caso. A interrupção de uma conversa, para atender um chamado no telefone celular, por exemplo, possui efeitos similares.

• **Compreensão**

Observar, escutar e envolver-se com as questões dos clientes contribui para o desenvolvimento da compreensão. Contudo, para que ela aconteça, é necessária a disposição interior de aceitar as informações, sem preconceitos e juízos de valor.

Compreender não significa "concordar com". Compreender é:

— reconhecer as forças que movem a pessoa; elas podem derivar de motivação, condicionamentos, esquemas rígidos de pensamento, mecanismos inconscientes de defesa, etc. A partir daí, haverá condição para se iniciar uma estratégia de comunicação condizente com a situação;

— desenvolver sensibilidade para perceber fraquezas e pontos fortes — sem isso, não saberá neutralizar aquelas e obter resultados com estes;

— identificar a "figura" e o "fundo" nas mensagens, discriminando o essencial do acessório, para que argumentos, orientações e sugestões não corram o risco de ecoar no vazio, sem qualquer retorno construtivo.

Para ter certeza de que compreendeu o cliente, o advogado pode valer-se de alguns artifícios. Por exemplo, empregando a técnica de resumir a fala:

"Permita-me resumir o que você disse: ...."

"Agora, quero colocar suas pretensões com as minhas palavras..."

Praticar essa síntese tem melhores resultados do que simplesmente dizer: "Compreendi o seu problema. Pode ficar tranquilo que tomarei as providências". Assim procedendo, o cliente poderá sair com várias percepções e dúvidas, do tipo:

"Será que ele compreendeu mesmo?"

"Já me disseram isso antes e nada aconteceu..."

"Acho que ele nem prestou atenção ao que eu disse."

"Espero que ele tenha entendido mesmo, para não me causar outros problemas."

"Fiquei com a impressão de que não expliquei bem do jeito que eu queria. Mas, se ele diz que entendeu..."

Ao resumir as palavras do interlocutor, o advogado:

— aumenta sua própria certeza de que compreendeu;

— assegura à outra pessoa que prestou atenção e entendeu;

— abre espaço para complementações e correções;

— demonstra envolvimento, possibilitando que conteúdos emocionais transpareçam na fala;

— possibilita, ao cliente, oportunidade de identificar esquemas rígidos de pensamento, dele mesmo ou do advogado;

— enseja ao cliente reconhecer mecanismos de defesa presentes em sua fala ou comportamentos (do advogado), dos quais não tomaria consciência de outra forma.

• **Congruência**

O advogado desempenha, querendo ou não, o papel de modelo para o cliente; por seus comportamentos, poderá até mesmo destruir essa imagem; contudo, nada mais natural do que o cliente iniciar o relacionamento propenso a mantê-la, ainda mais quando se encontra ali por indicação de pessoa amiga ou experiência anterior bem-sucedida.

Demonstrar absoluta congruência entre fala e ação, e entre suas falas ou atos em diferentes momentos, possui grande importância do ponto de vista emocional.

Comportamentos paradoxais do advogado destroem sua imagem de pessoa significativa. Eles podem surgir de diversos modos: comunicação malfeita com a secretária; comentário com um colega de serviço; diálogo malconduzido com outro cliente, pessoalmente ou por telefone; colocação infeliz antes, durante ou após o julgamento, etc.

A demonstração de congruência enfrenta desafios quando estão presentes conteúdos emocionais do próprio advogado. Mecanismos de defesa, pensamentos automáticos, esquemas rígidos, crenças irracionais, motivações e condicionamentos do profissional podem encontrar-se por trás de comportamentos paradoxais.

Aceitar a possível presença desses conteúdos em suas decisões e comportamentos constitui o primeiro passo para aprender a lidar com eles. Isto requer humildade e flexibilidade.

Para desenvolver a congruência, o principal mecanismo à disposição do advogado é o *feedback*.

• **Habilidade para dar e receber *feedback***

É estratégico desenvolver a disposição para receber *feedback* de colegas de trabalho e de profissão, subordinados, superiores e clientes. O *feedback* constitui o mecanismo, por excelência, que permitirá identificar mecanismos de defesa, distorções cognitivas e comportamentos arraigados capazes de prejudicar a eficácia do profissional.

O advogado deve permanecer atento para os seguintes mecanismos de defesa que possam, inconscientemente, dificultar-lhe a recepção de *feedback*:

• *isolamento* — a pessoa "para de ouvir" e isola-se em seu mundo interior. A conversa encerra-se com expressões conhecidas ("pensarei a respeito", "vou fazer o possível neste caso" etc.);

• *negação da realidade* — em lugar de concentrar-se nas percepções apresentadas (sem se preocupar em julgar o mérito), passa a procurar falhas de interpretação do interlocutor;

• *racionalização* — ouve, mas justifica-se com argumentos do tipo: "isto pode estar acontecendo; todavia, muitos advogados também procedem assim"; "sempre achei este cliente excessivamente detalhista" etc.;

• *deslocamento* — gera frases de defesa do tipo: "concordo com suas colocações; no entanto, a situação seria muito pior se..."; "imagine que, em vez disso que você aponta, acontecesse...";

• *distração* — de repente, a pessoa se surpreende folheando a agenda, chamando a secretária etc.

> Um juiz do trabalho notabilizou-se por transmitir intranquilidade a advogados e testemunhas, percebendo ofensas pessoais em comportamentos dos litigantes e seus defensores que, sem dúvida, originavam-se do estado emocional dessas pessoas. Não foram poucas as reclamações a respeito de sua conduta, consubstanciadas em representações junto à Corregedoria. Ele, entretanto, mantém-se apegado a seus comportamentos inadequados, transferindo às partes litigantes o desassossego de sua vida particular. Torna-se cada vez mais infeliz e infelicita os outros.

Esta situação, em que se pode aventar a hipótese de um transtorno de personalidade paranóide (item 6.5.2), ilustra a consequência de o indivíduo não aceitar *feedback*. Consegue-se, com muito esforço, modificar esse tipo de comportamento por meio de trabalhos de desenvolvimento do autoconhecimento com o apoio de profissionais especializados, desde que exista um estímulo inicial provocado pelo medo originário de possíveis sanções. Dificilmente tal cidadão tomará iniciativas para modificar seus comportamentos movido por ideais de relacionamento humano fraterno e construtivo.

O *feedback* vem, também, pela observação dos resultados das ações. Aprende-se muito observando, ouvindo e analisando o que fazem as outras pessoas.

- **Habilidade para orientar**

Instrumento essencial para o processo de orientar; a comunicação por meio da palavra constitui a base sobre a qual se estabelece a relação de confiança, ainda que as informações sejam todas ratificadas por escrito (não se iluda o advogado: as pessoas pouco leem, nem sempre compreendem o significado da escrita).

Orientar compreende:

a) identificar o que deve ser comunicado. Informações em excesso podem ser contraproducentes. A tentativa de explicar em demasia apenas confunde. Deve-se estabelecer a figura, o foco que se quer atingir;

b) utilizar a forma adequada de promover a comunicação; o "como" pode ser tão importante quanto o conteúdo. Falar na velocidade adequada à capacidade de compreensão do cliente. Escolher a linguagem ajustada ao tipo de raciocínio da pessoa. Existem aqueles que não conseguem compreender pensamentos abstratos; há os que compreendem melhor com analogias; outros necessitam ouvir repetidas vezes a mesma informação etc.;

c) comunicar no momento adequado. "Quando" associa-se ao "como"; em momento de crise, uma importante e correta orientação passa despercebida ou entendida como inoportuna. Às vezes, o melhor procedimento é marcar uma reunião apenas para tratar das orientações, escolhendo momento propício, quando outros fatores estressantes não se encontram presentes. Se o cliente utiliza algum tipo de droga, pode ser necessária a intervenção do médico para assegurar que ele esteja em condições de compreender os conteúdos a serem transmitidos;

d) diagnosticar o motivo para que a orientação possa e deva ser feita; as pessoas precisam de um "porquê" para comportar-se adequadamente. Quando não comunicadas sobre os motivos que levam à orientação, podem interpretá-las como intromissões desnecessárias;

e) escolher o "local"; ele valoriza a pessoa e o tema, favorece a memorização, desperta a atenção das pessoas e cria associações de ideias. Orientações passadas em corredores, na espera de uma audiência de conciliação, podem não ser bem compreendidas, porque o estado emocional da pessoa, associado com as péssimas condições ambientais (calor, excesso de pessoas, barulho), em nada contribui para fixar detalhes e obter a necessária concentração.

7.1.3. Erros comportamentais

Todos os esforços para estabelecer relação de genuína confiança com o cliente podem sofrer comprometimento por erros de comportamento de difícil aceitação.

Os que se encontram descritos a seguir, alguns comentados anteriormente e aqui agrupados, não esgotam as possibilidades:

a) realizar atividades paralelas enquanto atende o cliente. Este comportamento revela má educação e demonstra de forma inequívoca, para o cliente, o que ele representa para o advogado;

b) permitir interrupções; aceitar que outras pessoas (por qualquer meio) interrompam o diálogo tem efeito semelhante. Interrupções demonstram o grau de importância que as pessoas possuem (ou não) para o interlocutor. Muitas vezes, elas destroem uma tentativa do cliente, cultivada com esforço e até sofrimento, para manifestar uma importante emoção. A interrupção vem como um balde de água fria, verdadeira pá de cal a sepultar aquela expressão, talvez resultante de exaustivas ponderações e angústias. Ao ser interrompido, o cliente permitirá que poderosos mecanismos de defesa aflorem. Poderá racionalizar ("é, eu sou uma pessoa como todas as outras"), negar a realidade ("foi azar, tenho certeza de que ele me aprecia"), isolar-se ("o negócio é deixar tudo como está e cuidar apenas do meu trabalho") etc.;

c) interromper em momentos inadequados; existe o melhor momento para expressar a opinião sobre o que o cliente apresenta. Se o advogado manifesta-se durante a fala, além de interromper, constrói barreiras à livre expressão. Quando a pessoa se dispõe a relatar um problema ou algo que a incomoda, buscará estabelecer uma linha de raciocínio (MIRANDA; MIRANDA, 1993, p. 81) capaz de libertá-la do labirinto emocional em que se encontra. Qualquer interrupção nessa linha provocará reações na pessoa que fala, conduzindo às mais diversas interpretações, tais como:

— falta de atenção ("se estivesse se concentrado no que eu estava dizendo, teria entendido");

— desinteresse ("em vez de ficar me apressando, ele deveria tentar me compreender");

— mecanismo de defesa ("ele fica me interrompendo porque está com medo de pegar o meu caso").

A interrupção inteligente, feita para clarificar, aprofunda o entendimento do assunto e estreita o vínculo com a pessoa que fala; sua utilização, contudo, requer sensibilidade e atenção;

d) atender em momento ou situação inadequada para quem escuta. Crises agudas vulnerabilizam a pessoa — quem escuta não está imune a isso: juízes e advogados não constituem exceções. Concentrado, inadvertidamente, em seus problemas pessoais, o indivíduo poderá, a qualquer momento, demonstrar falta de atenção, tendo que indagar: "o que você acabou mesmo de me dizer?". Às vésperas de um evento de grande importância; logo após um grave acidente que envolveu familiares; acabando de receber a notícia da gravidez da descompromissada filha mais nova, etc., são exemplos, para a maior parte das pessoas, de momentos inadequados a um diálogo proveitoso ou escuta concentrada. Em geral, a franqueza produz os melhores resultados nessa situação: reconhecer a impossibilidade da escuta, da atenção e procurar uma saída para o problema. Muitos profissionais acreditam que o afastamento temporário do trabalho somente pode ocorrer por grave doença física, capaz de incapacitá-lo temporariamente; transtornos psíquicos podem ser tão graves quanto os físicos e, também, merecem tratamento semelhante;

e) preocupar-se mais em julgar do que em escutar. À medida que julga e manifesta sua opinião, aquele que escuta estabelece algum tipo de censura (MIRANDA; MIRANDA, 1993, p. 85). Com isso, inibe e transmite ao que fala suas ideias, conceitos e preconceitos — coisas que, em um primeiro momento, não estão em análise;

f) transferir o atendimento para outra pessoa. Em razão da "correria da vida moderna" (muitas vezes, um sinônimo bem comportado para a palavra "ganância"), muitos advogados (principalmente em grandes escritórios de advocacia) têm transferido a estagiários ou outros empregados a importante tarefa de "atender" o cliente (recebê-lo, vê-lo, ser visto, ouvi-lo, ser ouvido...). Tal como ocorre quando existe interrupção na conversa com o advogado, ser atendido por um empregado, um estagiário ou até mesmo por outro advogado do escritório muitas vezes destrói a tentativa do cliente, cultivada com esforço e até sofrimento, de manifestar uma importante emoção. Buscar o atendimento daquele advogado, e ser encaminhado a uma terceira pessoa (mesmo que igualmente qualificada), funciona como um balde de água fria em sua intenção de buscar ajuda, talvez resultante de longos períodos de reflexão e ansiedade. Para o cliente, o relacionamento ata um vínculo emocional que se rompe unilateralmente quando se substitui o profissional. Enquanto, para o escritório, o cliente pode (lamentavelmente) representar apenas (mais) um conjunto de dados, para ele, o advogado desempenha o papel de pessoa real e significativa.

Sintetizando estas observações a respeito das habilidades pessoais e interpessoais, destacamos os seguintes denominadores comuns que devem ser considerados em qualquer situação:

— voz e expressão corporal constituem importantes veículos de comunicação; trabalhar esses elementos constitui, sempre, um bom investimento; cursos de teatro, expressão corporal e oratória sempre trazem novidades, além de serem lúdicos e facilitadores para conhecer novas e interessantes pessoas;

— a ambientação do escritório exerce influência sobre as pessoas; cores vivas (vermelho, laranja) aumentam a ansiedade; escuras (negro, cinza) deprimem; há muitas combinações interessantes de cores intermediárias, com as quais um bom profissional de decoração ou arquitetura produz milagres;

— deve-se evitar a falta e o excesso de luz, preferindo-se a natural sempre que possível;

— compreender o cliente possui tanta importância quanto compreender a questão do ponto de vista técnico; a natureza da demanda, muitas vezes, explica-se por fatores emocionais;

— pessoas com dificuldades para se comunicar valem-se de artifícios do tipo: falar demais, manter-se caladas, inserção de detalhes irrelevantes; o advogado deve permanecer atento a esses mecanismos de defesa. Eles surgem quando a pessoa encontra restrições inconscientes à expressão; alguns casos mais graves, explicáveis por características especiais de personalidades ou psicopatologias, fazem parte do item seguinte deste capítulo;

— há clientes que geram repulsa; outros, paixão; entre esses extremos com que a emoção costuma atraiçoar o profissional, o advogado deve prudentemente situar-se, para não perder a capacidade de ouvir, interpretar e avaliar;

— falar muito e ouvir pouco constitui erro comum dos iniciantes; a passividade excessiva, por outro lado, também é inadequada;

— nunca dizer "não acredito em você"; não traz benefício para o advogado e para o cliente, além de não contribuir para se chegar à verdade; a mentira ou a falta de verdade (que não se confundem) demonstram-se pela acumulação de dados e evidências;

— nunca dizer "esta pergunta pode parecer tola..."; afinal, se ela não parecer tola, o cliente poderá sentir-se diminuído; se, de fato, ela parecer tola, o advogado ficará diminuído perante o cliente;

— ficar sempre atento a assuntos ou situações que o cliente evita; eles podem esconder aspectos importantes da questão; os mecanismos inconscientes de defesa costumam ser inconscientes apenas para a pessoa que os manifesta. O cliente evita falar a respeito do chefe? Por quê? Evita questões a respeito de sexualidade? Quando? Com quem? Como?;

— levar em consideração tudo o que a pessoa fala; mesmo que pareça irrelevante à primeira vista. Às vezes, as pessoas acentuam detalhes inúteis e passam superficialmente por temas fundamentais, porque estes as desagradam (mecanismo de defesa);

— deixar sempre muito clara a relação de cumplicidade entre advogado e cliente; principalmente para aqueles com desconfianças e temores excessivos, essa precaução é de grande importância;

— prestar atenção ao tom emotivo da pessoa; isso lhe dirá muito a respeito de como ela percebe a situação, o que espera que aconteça e sua disposição para investir no processo.

O conjunto das habilidades anteriormente descritas facilita o relacionamento interpessoal de modo geral. A boa escuta, a observação inteligente, o emprego da linguagem do cliente, a sintonia com o raciocínio por ele empregado estabelecem os vínculos necessários, na maior parte das situações.

Como saber se tais habilidades estão sendo de fato utilizadas? A resposta passa pelo autoconhecimento. Note-se que a pessoa não atinge "o" autoconhecimento: trata-se de uma busca sem fim, pois a cada instante o indivíduo se transforma, física e psiquicamente. Por esse motivo, deve-se cultivar a humildade para procurá-lo, pacientemente, aceitando as próprias imperfeições e aprendendo com elas.

O autoconhecimento também contribui para que o profissional desenvolva duas importantes competências: liderar e ser liderado. Ao longo da vida, nunca se é sempre líder ou sempre liderado; esses papéis alternam-se, dependendo da situação, das circunstâncias às quais a pessoa encontra-se submetida. De qualquer modo, somente será um bom líder aquele que aprendeu a ser um bom liderado. São os temas dos dois itens seguintes — liderança e trabalho em equipe.

7.2. Liderança

7.2.1. Conceito

Liderança é a capacidade de exercer influência sobre pessoas (VERGARA, 1999, p. 173). Não deve ser confundida com "chefia", "gerência" ou "supervisão", denominações oriundas do contexto organizacional; a liderança existe em qualquer situação: nas famílias, nas associações de classe, nas entidades religiosas, nos presídios, nas gangues, nas quadrilhas etc. Ela aparece sempre que duas ou mais pessoas se dispõem a realizar alguma tarefa em conjunto.

A influência pode valer-se do poder que o sistema normativo racional-legal lhe proporciona. Por exemplo: a pessoa chega ao emprego no horário estabelecido para não receber descontos do salário; o filho obedece aos pais porque deles depende financeiramente; o presidiário obedece ao carcereiro para evitar sanções etc. O sistema normativo pode ser formal, escrito, ou informal, decorrente da cultura local. Neste caso, não se trata da genuína liderança, porque aquele que cumpre as determinações obedece a posição hierárquica.

A obtenção, apenas, do comportamento e dos resultados prescritos para o papel do indivíduo não caracteriza exercício de liderança porque a influência acontece em decorrência de estímulos consequentes a normas organizacionais ou sociais, entre eles: medo, perspectiva de reconhecimento, expectativa de obter benefícios etc. Obter, de cada pessoa, o cumprimento das prescrições ou obrigações do que dela se espera não torna o pai ou a mãe, o chefe da quadrilha, o delegado, o comandante, o gerente, um líder.

Katz e Kahn clarificam essa diferenciação estabelecendo "a essência da liderança organizacional como o incremento influencial além e acima do cumprimento mecânico das diretivas rotineiras da Organização" (KATZ; KAHN, 1975, p. 343). O líder obtém estes resultados sem precisar de mecanismos de coerção. Este conceito pode ser estendido para todos os tipos de ambiente, inclusive (e especialmente) aqueles em que há forte elo emocional entre os participantes (famílias, gangues etc.).

Lobos (1978, p. 299-310) assinala que o verdadeiro líder prescinde da relação de dependência, em que a liderança resulta de algum tipo de temor, por parte do liderado, de que o poder coercitivo venha a ser exercido pelo líder. Muitos pais incorrem em uma espécie de cegueira quanto ao seu papel de liderança em relação aos filhos, que os obedecem por força de uma dependência socioeconômica; surpreendem-se com o desfecho das crises da adolescência; situação semelhante acontece nas empresas, quando eclodem ações trabalhistas; maridos que acreditavam liderar suas mulheres têm dificuldade para aceitá-las quando se tornam independentes e empreendedoras (o que, tantas vezes, acaba conduzindo a separações).

O líder obtém a cooperação entre as pessoas ao criar, manter e desenvolver uma direção aceita por todos, promovendo a convergência de diferentes percepções, interesses e objetivos.

Toda liderança possui componentes circunstanciais e situacionais. Um executivo, líder no ambiente de trabalho, pode ser liderado pela mulher, pela mãe ou por um filho; aquele que lidera em uma determinada situação que requer sua perícia, por exemplo, torna-se um liderado em outros momentos, em que não apresenta capacitação para atuar sem uma direção ou comando. Nessas transições entre liderar e ser liderado, sempre está presente a emoção, como um elemento que une líderes e liderados. Lideranças religiosas e sindicais possuem grande habilidade em utilizar a emoção para o atingimento de seus objetivos.

7.2.2. Poder e liderança

O "poder" deriva de dois tipos de fontes, que podem ou não coexistir, externas e internas ao indivíduo:

- entre as externas encontram-se a riqueza, a posse de bens, a posição na hierarquia organizacional, a participação em grupos de interesse e outras;
- perícia, competência interpessoal (vistas na primeira parte deste capítulo) e características de personalidade representam exemplos de fontes de poder internas ao indivíduo.

A liderança, portanto, constitui um atributo da pessoa, exercido por ela de acordo com circunstâncias relacionadas com seguidores e situação (WAGNER III; HOLENBECK, 1999, p. 244). O fato de ser um atributo não significa que não possa ser desenvolvida, despertando habilidades inatas e criando outras por meio de estudo, dedicação e humildade.

O "poder" sem liderança depende da fonte que o alimenta; se esta secar, aquele acaba. Isso se evidencia nas famílias, nas empresas, nas instituições de todos os tipos, naturezas e tamanhos. O que dificulta compreender esse fenômeno é o fato de que as pessoas procuram agradar, por todos os meios, aqueles que possuem o poder hierárquico, a tal ponto que estes acreditam ser realmente respeitados, amados e sentem-se líderes eternos. Quando esta crença encontra-se arraigada, a perda desse poder lhes proporciona notável vazio interior, propiciando o surgimento de sentimentos que vão da depressão ao desejo de vingança.

Filhos costumam herdar o poder hierárquico de seus pais, fundadores e antigos líderes carismáticos de empresas. O peso da tradição estende a sombra dos fundadores sobre as imagens dos filhos; contudo, sua força possui limites que o comportamento dos herdeiros se encarrega de mostrar.

À autoridade legal correspondem sentimentos de aceitação ligados ao costume, ao bom-senso e à racionalidade, especialmente se ela possui respaldo na perícia, na competência e na demonstração de intenção que se ajustam aos anseios do público-alvo. Ainda assim, trata-se de uma relação de poder que pode ou não se transformar em liderança efetiva. A observação da política demonstra claramente essa condição.

Quando a autoridade é carismática, a personalidade do líder legitima-a. Crença e visão impulsionam os liderados (o que não assegura que o líder conduza as pessoas a bom porto, como demonstrou exemplarmente o reverendo Moon, e insistem em confirmar inúmeros políticos que esgotam seu carisma em atitudes repreensíveis que vêm a público).

Contudo, a liderança estritamente carismática tem a inconveniência de inibir a crítica por parte dos liderados e interrompe o indispensável processo de *feedback*. Os liderados desenvolvem esquemas rígidos de pensamento que inibem a percepção de falhas de lideranças carismáticas, as quais passam a ser percebidas como perfeitas; isso se verifica em todos os ambientes, inclusive entre estudiosos que elegem determinadas pessoas, de reconhecido renome, para tal posição, prejudicando, assim, a crítica às teorias que delas emanam.

Encontram-se, por exemplo, questões trabalhistas originárias de orientações de lideranças carismáticas, desprovidas de bom-senso, ou movidas por interesses outros que não os dos liderados. Grandes movimentos sociais existentes no Brasil enquadram-se nessa abordagem, inclusive com prejuízos irreparáveis ao exercício do direito do cidadão.

Tratar com tais liderados torna-se difícil para o advogado, porque os argumentos deste tendem a ser de ordem racional, enquanto os dessas pessoas, conduzidas pelas forças dos dogmas, são estritamente de ordem emocional.

7.2.3. Nascimento da liderança

Muitos profissionais têm interesse em se tornar modelos para seus clientes e colaboradores. Surgem, assim, várias indagações:

- O que faz alguém ser reconhecido como líder de outra pessoa?
- Por que um indivíduo aparentemente inexpressivo torna-se, de modo até surpreendente, um líder?
- Liderança é uma habilidade passível de ser aprendida?

A ideia de que o líder "já nasce feito" não sobrevive à mais simples verificação. Por isso, questões como essas intrigam e preocupam muitos executivos e orientadores de grupos.

Profissionais solicitados a indicar por que passaram a considerar uma determinada pessoa como líder mencionam aspectos como riqueza, tipo físico, inteligência e conhecimentos com uma frequência muito menor do que se poderia supor. Elementos considerados tipicamente "emocionais" dominam largamente essa relação. A relação seguinte apresenta exemplos de comportamentos, recolhidos ao acaso entre profissionais com diferentes níveis de formação e experiência, considerados determinantes para identificar uma pessoa como líder:

— lembrar-se dos nomes dos liderados;

— mandar um bilhete de congratulações quando o trabalho é bem-feito;

— sorrir sempre; transmitir animação a todos;

— dar oportunidade ao liderado de se expressar; ouvir sem interromper;

— paciência, muita paciência;

— dar nova oportunidade a quem errou;

— compreender as necessidades das outras pessoas;

— demonstrar que é humano;

— acreditar nas pessoas;

— manter a neutralidade em discussões;

— mostrar-se cordial;

— não se deixar dominar pela raiva.

Estes exemplos indicam o forte componente emocional da liderança. O advogado que pretende liderar colegas e clientes deve considerar que deverá despertar emoções positivas nas pessoas. Em ações trabalhistas, por exemplo, é comum que os empregados reconheçam a liderança do líder sindical (que lhes transmite sentimentos de confiança, irmandade e proteção) e não a do supervisor — e muito menos a do advogado da empresa, que pode ser percebido como um inimigo, mesmo pertencendo ao quadro de pessoal da Organização.

A genuína liderança estabelece alicerces em componentes psicológicos duradouros e consistentes: emoção é o cimento que une liderados e líder — para o bem ou para o mal. Nesse sentido, as palavras de Charles Perrow permanecem sempre atuais: "o líder é uma pessoa sensível tanto aos seguidores como à situação" (PERROW, 1970, p. 244).

Para o liderado, ele é uma pessoa significativa e desempenha o papel de modelo, para o bem ou para o mal, sob diferentes aspectos. No trabalho, orienta em decisões cruciais; no lar, mostra-se presente em momentos de fragilidade. Ele marca sua imagem de maneira indelével, no inconsciente das pessoas, para as quais se torna significativo.

Líderes elaboram emoções, irradiam energia psíquica. Líderes colocam as pessoas em ação. Líderes são modelos. O primeiro passo para se tornar um bom líder é ser um bom liderado. Compreender, conhecer e praticar os atributos dos líderes constitui um caminho seguro para desenvolver essa competência interpessoal.

7.2.4. Atributos dos líderes

Pessoas com os atributos a seguir descritos desenvolverão a propensão para emitir comportamentos que facilitem, aos demais, identificá-las como líderes.

• **Habilidade para construir e transmitir visão**

Visão é uma imagem projetada no futuro, próximo ou distante, compreendida e aceita como digna de ser perseguida. Nem tudo o que produz visões exerce liderança; mas esta não existe sem visão (é incontável o número de visionários; poucos, porém, lideram). As pessoas precisam de alguém que lhes transmita a visão "inspiradora e positiva. Ela deve ser idealista. Ela deve poder tirar o melhor de cada um, desafiando as pessoas a crescerem e a utilizarem as possibilidades infinitas do seu potencial mental. Uma Visão deve ter alcance social", na concepção de Campos (1992, p. 71).

O líder tem percepção clara do que deve ser edificado, do alvo a atingir, e consegue "inspirar seus colegas a se juntarem a ele na construção desse futuro" (AT & T, 1992, p. 16). A base de toda liderança consiste no estabelecimento de uma visão compartilhada pelos liderados (AT & T, 1992, p. 14), capaz de gerar a cooperação de todos para alcançá-la. Não é uma tarefa simples.

Trata-se, em essência, de despertar a emoção e materializá-la na forma de uma imagem que, a partir daí, será real nas imaginações — eventualmente, possibilitando ao indivíduo deslocar, para ela, a força do desejo.

• **Habilidade de demonstrar a visão pelo exemplo**

As pessoas precisam perceber que a ação corresponde à fala (AT & T, 1992, p. 14). A intenção do líder nada vale sem a percepção do liderado. Para que ela aconteça, o líder deve identificar e compreender a natureza dos estímulos que produzem a percepção desejada nos liderados. Dessa maneira, ele dará o exemplo no momento certo, do modo adequado, na intensidade correta e com a mensagem inequívoca.

O líder da gangue se impõe quando não teme enfrentar os inimigos. Ocupa e defende o território, demonstrando de maneira inequívoca a validade de seus argumentos. Essa percepção marca e fideliza sua equipe.

Percepção, muitas vezes, encontra-se mais relacionada a detalhes (sorrisos, cumprimentos, palavras corretas nos momentos certos) do que a sofisticadas técnicas comportamentais e gerenciais, tantas vezes produto de modismos e que desaparecem com a mesma velocidade com que surgem.

• **Disposição para ouvir**

Grandes líderes sabem que para transmitir, antes precisam ouvir as mensagens originadas nos ambientes interno e externo à Organização. Esta disposição deve mostrar-se ativa: todo o corpo do líder demonstra seu envolvimento na escuta, por meio de postura, gesticulação, olhar dirigido para aquele que fala e, principalmente, pela demonstração inequívoca de que faz todo o possível para compreender. Essa capacidade é fartamente explorada por políticos, que dão notável demonstração de preocupação absoluta com o eleitor que lhe dirige a palavra: o político sabe que o "momento mágico" é aquele em que mantém contato com o cliente.

Dois atributos complementam a disposição para ouvir e a tornam eficiente: a sintonia de linguagem e a sintonia de pensamento.

• **Sintonia de linguagem**

A transmissão da visão requer do líder conhecimento da linguagem capaz de produzir efeitos emocionais nas pessoas. Ele possui sensibilidade para identificar e utilizar a linguagem compreensível pelos liderados, adaptando-a à situação. Por isso, tantas pessoas sem instrução sofisticada tornam-se líderes notáveis: elas, de maneira simples e objetiva, empregam a linguagem capaz de produzir emoções no seu público-alvo.

Observe-se que, enquanto determinadas pessoas tangibilizam uma ideia a partir de palavras, outras requerem formas mais concretas para visualizar: desde pinturas até modelos em escala reduzida. Linguagem compreende palavras e tudo o que possa estabelecer a comunicação, incluindo a forma de se vestir, o comportamento, a participação em eventos etc.

O líder ajusta a linguagem às características da plateia, demonstrando a preocupação em criar percepção, no público-alvo, para a visão que possui.

Muitos profissionais de elevada cultura — advogados são exemplos — perdem a oportunidade de uma comunicação eficaz porque empregam termos inacessíveis aos clientes, quando poderiam "traduzi-los" convenientemente. Se, de um lado, esses termos ajudam a estabelecer precisão e contribuem para impor uma hierarquia (e mostram-se imprescindíveis em determinadas situações), por outro lado, atemorizam e criam dificuldade na interpretação quando empregados fora do âmbito especializado.

Fenômeno semelhante acontece com a indumentária. Há situações em que a vestimenta presta-se para estabelecer uma diferença, por exemplo, no tribunal. Em outras, dificulta a comunicação, porque inibe a manifestação por vários motivos. Não é sem razão que líderes messiânicos utilizam palavras "exóticas" ou percebidas como tais. Bem escolhidas, elas lhes emprestam um ar de santidade ou de transcendência, útil para convencer e validar as visões do além, por eles transmitidas.

Estudar, compreender e praticar linguagem adequada às características dos clientes contribui para que o advogado desperte a atenção e a percepção favorável às suas ideias e, com isso, consiga transmitir sua visão. Muitas vezes, falta apenas isso para conquistar o sucesso em uma causa.

Uma boa estratégia é utilizar metáforas e analogias, empregando elementos da área de atuação do cliente que lhe propiciam, rapidamente, compreender o raciocínio e fornecer contribuições para enriquecer ainda mais as imagens empregadas.

- **Sintonia de pensamento**

A sintonia de pensamento reflete a compreensão que o advogado possui do interlocutor. Ela indica que o profissional do Direito apreendeu a estrutura de pensamento do cliente; ao fazê-lo, o advogado ou juiz permite-se empregar uma linguagem muito mais ajustada às possibilidades da pessoa.

Fiorelli e Malhadas (2003, p. 234) relatam o caso do juiz que, encontrando dificuldade para compreender uma testemunha, incentivou-a a manifestar-se por meio de um desenho, em que ela pudesse esquematizar a situação presenciada, no caso de uma colisão entre veículos. Pessoa simples, com dificuldade para articular em palavras, ela não encontrou obstáculos para se manifestar quando lhe foi dada a oportunidade de desenhar, porque essa forma de expressão vinha ao encontro do trabalho que realizava. Forçada a falar, ela "tropeçaria" nas palavras e comprometeria a compreensão e a credibilidade de seu depoimento. O desenho desempenhou, para ela, o papel de suporte emocional, permitindo-lhe trabalhar com esquemas, com os quais estava bem acostumada, em uma linguagem que lhe permitiu "sintonia" com o juiz.

- **Visibilidade**

"Ser visto para ser lembrado" — um ditado tão antigo quanto eficiente. O advogado, muitas vezes, encontra-se com o cliente apenas uma ou duas vezes no transcurso do processo — tempo insuficiente para conquistar-lhe a confiança e tornar-se pessoa significativa para ele.

As pessoas, de modo geral, têm necessidade da presença do líder como fator de confirmação da liderança. Elas apresentam, em maior ou menor grau, características de dependência, as quais se acentuam nos momentos de ansiedade, como aqueles que acompanham um processo judicial; fora de seus ambientes, mesmo as pessoas mais independentes manifestam algum grau de insegurança, que a presença do advogado — pessoalmente ou por métodos alternativos, como comunicados, *e-mails*, telefonemas — tem o poder de atenuar.

São inúmeros os casos de conflitos trabalhistas originados do simples fato de o superior imediato mostrar-se ausente, enquanto lideranças que estimulam esses conflitos marcam visível presença junto aos empregados. Há separações que acontecem mais pela falta de relacionamento entre os cônjuges do que por outros tipos de conflitos: o distanciamento mútuo induzido por motivos profissionais faz com que os laços afetivos percam sua eficácia.

• Disposição para perseverar nos momentos difíceis

O líder sustenta a visão nos momentos em que surgem dificuldades (AT & T, 1992, p. 14). Viver é resolver problemas; entretanto, a sucessão deles pode conduzir ao desânimo, à desmotivação; os líderes superam-se e fazem com que as outras pessoas as imitem.

O líder encontra-se presente (daí a importância da visibilidade) nos momentos em que as pessoas podem desanimar, pressionadas pelos revezes do cotidiano. Conversa, informa, ouve, reforça a visão e demonstra envolvimento, comprovando aos colaboradores que eles não estão à mercê dos acontecimentos.

O advogado deve proporcionar ao cliente a percepção de que este nunca se encontra "abandonado" durante o processo. Isso lhe trará segurança e o tornará disposto a confiar no profissional que escolheu. Mostrar-se informado, antecipar-se às preocupações, noticiar em primeira mão constituem ações simples que dependem mais de organização do que de tempo, capazes de demonstrar ao cliente o espírito de atenta perseverança do advogado.

• Habilidade para demonstrar compromisso com o cliente

Líderes demonstram compromisso com as causas que abraçam, por meio de empenho pessoal, e o expressam de forma inequívoca: eles encontram tempo para isso. Quando há compromisso, o espaço na agenda aparece. A agenda demasiadamente cheia sinaliza, de um lado, competência; de outro, falta de comprometimento.

Comprometimento demonstra-se com pequenos gestos, como lembrar-se dos nomes dos envolvidos e de detalhes dos relatos; para avivar a memória, o advogado pode ser forçado a rever todo o processo em momento adequado. Quando trata com clientes inseguros, dependentes, desconfiados, a demonstração de comprometimento torna-se ainda mais essencial, para lhes assegurar tranquilidade e garantir eficácia nas ações.

• Convicção

Líderes exalam convicção de que adotam os melhores procedimentos e obterão sucesso em suas iniciativas. Não se deve confundi-la com a obstinação, desvinculada do senso de realidade. A convicção combina capacidade técnica e equilíbrio emocional para suportar os desafios sempre presentes no caminho em direção à "visão", com a flexibilidade necessária para reformular os pontos de vista quando comprovados que devem ser modificados.

O advogado demonstra convicção por meio de detalhes comportamentais, do tipo:

— olhar firme, sempre dirigido aos olhos do interlocutor;

— aperto de mão seguro, com firmeza, sem força excessiva, porém determinado;

— emissão de opiniões sem utilizar as palavras "acho", "talvez" e similares. Em situações carregadas de incertezas, o advogado assegura ao cliente que está seguro quanto aos procedimentos, valendo-se de probabilidades, por meio de frases do tipo:

• "em casos como o seu, tenho observado resultados favoráveis em cerca de 50% dos julgamentos";

• "nos últimos ... julgamentos de ações semelhantes obtivemos resultados favoráveis em 70% dos casos".

— manutenção de humor agradável, sem euforia e otimismo exagerado, porém jamais resvalando para o pessimismo, que desencoraja e inibe a criatividade.

• Autoconfiança

A autoconfiança assegura ao profissional a tranquilidade emocional para cercar-se de pessoas inteligentes, ativas e autossuficientes, capazes de superá-lo em muitos aspectos. Esta postura distingue o líder do simples manipulador, que cerceia o crescimento dos liderados e impede que eles se tornem independentes e futuros líderes.

O fortalecimento da autoconfiança expande a disposição para dar e receber *feedback*, indispensável a todo aquele que se propõe a liderar pessoas. Isso propicia ao líder crescer com os liderados. O superior inseguro cerca-se de empregados medíocres, evita contestações e profissionais cujo brilho possa obscurecê-lo. Com isso, angaria um coro permanente de áulicos, alimenta seu próprio sentimento de insegurança e passa a acreditar que se encontra no melhor caminho.

O advogado cultiva a autoconfiança:

— mantendo-se atualizado; a certeza de dominar o conhecimento técnico constitui o alicerce sobre o qual se estrutura o edifício da competência;

— cercando-se de colegas empreendedores e de elevado conhecimento;

— desenvolvendo uma rede de relacionamentos profissionais da qual possa valer-se para obter pareceres e aconselhamentos e trocar opiniões;

— desenvolvendo continuamente o autoconhecimento para jamais se deixar surpreender pelos próprios comportamentos.

Demonstra-se autoconfiança limitando o uso de termos técnicos ao essencial, para não causar no cliente a percepção de que o profissional se esconde no cipoal hermético do jargão da categoria. Olhar firme, fala pausada, direta, dando oportunidade ao questionamento, demonstram autoconfiança que se transmite ao cliente e impressiona os adversários.

• Comportamentos e atitudes facilitadores das relações interpessoais

Nos momentos de conflito, líderes demonstram equilíbrio e ponderação. Na celebração dos sucessos, mantêm-se atentos às imperfeições e necessidades de melhoria: líderes querem sempre mais e melhor.

Combinam ousadia com prudência, para que o ímpeto de inovar não os conduza a aventuras insensatas. Não permitem que a burocracia e o apego às normas lhes roube a sensibilidade humana ou que leis ou regulamentos lhes sirvam de escudos de proteção, para ocultar a própria insegurança.

Líderes elegem a confiança nas pessoas como um objetivo no relacionamento interpessoal, sabendo que essa postura despertará igual sentimento nos liderados.

Cultivam cuidadoso espírito crítico de suas ideias, para que a persistência não se cronifique em apegos a erros, aos quais todos estão sujeitos, e a vaidade dos sucessos não obscureça a percepção da realidade.

Líderes demonstram senso de justiça, que lhes possibilita atuar com eficiência nas situações de conflito entre pessoas. A percepção de injustiça, nas empresas, neutraliza os esforços dos melhores programas de trabalho e destrói a motivação.

Com certeza, raros líderes apresentam todos esses atributos; todos eles, contudo, podem ser cultivados e continuamente aperfeiçoados para que, no momento certo, mostrem-se de valia para o profissional. Afinal, a escolha da profissão traz consigo a obrigação de se tornar, em algum momento e/ou em algum lugar, líder de pessoas. O advogado pode não ter a função de liderar continuamente, porém, haverá de exercê-la em determinadas situações — não como uma opção, mas como um imperativo profissional.

Aperfeiçoar-se na prática da liderança constitui desafio para toda a vida. Por esse motivo, o advogado deve agregar a seus conhecimentos os fundamentos básicos que orientam a prática do trabalho em equipe.

7.3. Trabalho em equipe

A realidade contemporânea das mais diversas profissões demonstra a inevitabilidade de se atuar em equipes: um grupo de profissionais, da mesma área ou de áreas de conhecimento complementares, unidos no mesmo local, com metas e objetivos comuns, empenhados na identificação e conquista de clientes. Aquele profissional que atua isoladamente torna-se cada vez mais raro e destinado a enfrentar grandes dificuldades para se estabelecer. Isso se evidencia entre engenheiros, economistas, psicólogos, odontólogos e tantos outros; advogados não constituem exceção.

Este item trata das questões de natureza psicológica relacionadas com o trabalho em equipe, aplicáveis aos relacionamentos do advogado com seus clientes e colegas de trabalho. A questão essencial ligada ao trabalho em equipe é que ele desempenha um importante papel emocional para seus integrantes, de tal significado que muitos autores conceituam "equipe" como sendo um conjunto de duas ou mais pessoas com elevada interdependência na execução de suas atividades (WAGNER III; HOLLENBECK, 1999, p. 210), e com um elemento de identidade que une as pessoas, estando elas fisicamente próximas ou não (VERGARA, 1999, p. 149).

Em outras palavras, equipe é um conjunto de pessoas com um senso de identidade, manifesto em comportamentos desenvolvidos e mantidos para o bem comum, em busca de resultados de interesse comum a todos os seus integrantes, decorrentes da necessidade mútua de atingir objetivos e metas especificados. Qualquer que seja a forma de interação, as pessoas formarão uma equipe se, permeando suas ações, existir vínculo emocional e interdependência para o atingimento de objetivos.

O que transforma um grupo de pessoas em uma equipe autêntica é o líder. Sem ele, não há equipe, ainda que possa existir um grupo de pessoas trabalhando em um mesmo local, para uma mesma finalidade. O líder estabelece e mantém o laço emocional que une os integrantes de uma equipe.

A existência do laço emocional explica porque alterações organizacionais podem ser tão traumáticas quando separam ou reorganizam as pessoas.

Uma família pode (e frequentemente isso acontece) funcionar como uma equipe coesa; a saída de um de seus integrantes (para um curso, por motivo de casamento, por trabalho, por falecimento) representa um trauma porque, justamente, desestrutura a equipe.

7.3.1. Vantagens do trabalho em equipe

Além das vantagens econômicas e mercadológicas que, em geral, impulsionam os profissionais para atuarem cooperativamente, estas são potenciais vantagens do trabalho em equipe, qualquer que seja a organização (empresas, entidades religiosas, famílias, associações beneficentes, associações de classe):

- Melhor tratamento das informações. Os integrantes de equipes comparam suas percepções e pensamentos, reduzindo interpretações subjetivas. Isso fica facilitado na equipe porque os laços emocionais favorecem a franqueza, a confiança mútua e o respeito, proporcionando ao indivíduo maior segurança para expor suas opiniões e a emergência, em foro apropriado, de pontos de vista diferentes, muitas vezes complementares ou opostos.

- Redução de ansiedade nas situações de incerteza. Equipes contribuem para reduzir a ansiedade, porque favorecem o apoio mútuo; contribuem para eliminar a crença incorreta, de cada integrante, de que outras pessoas não possuem a mesma ansiedade e constituem um palco para treinar ou experimentar novos comportamentos. A coesão entre os integrantes de equipes de policiais (e, também, de marginais) reduz o sentimento de insegurança que seria de se esperar se estivesse presente em suas atividades. Em contrapartida, é notável a dificuldade de se conseguir que executivos bem-sucedidos trabalhem de maneira cooperativa; esses profissionais, naturalmente, sentem-se extremamente seguros no exercício de suas funções e não percebem a conveniência de trabalhar de maneira mais cooperativa.

- Maior geração de ideias. Podem surgir soluções melhores ou mais ajustadas ao processo (embora não exista garantia de que uma equipe gere mais e melhores ideias do que especialistas que trabalham isoladamente).

- Interpretação mais flexível dos fatos e situações. Equipes prendem-se menos a esquemas rígidos de pensamentos. Por outro lado, quando a equipe desenvolve um esquema rígido de pensamento, torna-se muito mais difícil modificá-lo.

• Maior probabilidade de evitar erros de julgamento (SCHEIN, 1982, p. 130). Um conjunto de pessoas multiplica as possibilidades de análise das situações, empregando diferentes esquemas de pensamento e ampliando as possibilidades perceptuais. A maior variedade e quantidade de experiências anteriores enriquece as avaliações. Valores, memória e experiência coletivas não são a soma das memórias e experiências individuais.

• Simplificação da supervisão. Equipes motivadas e bem conduzidas geram comprometimento, cuja força provém do vínculo emocional existente entre os integrantes.

• Simplificação das comunicações interpessoais. Elas promovem curto-circuito na burocracia, especialmente quando utilizam a potencialidade dos meios eletrônicos de envio, recepção e multiplicação de mensagens. Há, entretanto, o risco de contaminação, consciente ou inconsciente, das informações, por influência de valores particulares ou coletivos dos integrantes.

• Fidelidade às decisões tomadas. Schein (1982, p. 130) assinala que “as pessoas têm maior probabilidade de pôr em prática uma decisão que ajudaram a tomar do que uma decisão que lhes foi imposta”, o que aumenta a chance de sucesso das iniciativas coletivas.

• Maior aceitação das diferenças individuais, decorrente do sentimento de identidade que une os integrantes. O trabalho em equipe combate o preconceito porque troca a competição pela cooperação (HUFFMAN; VERNOY; VERNOY, 2003, p. 622). O afeto é antídoto para o estereótipo.

• Melhor aproveitamento das potencialidades individuais porque a integração aumenta o conhecimento mútuo, propiciando melhor aproveitamento dos pontos fortes (habilidades) de cada um e a neutralização dos pontos fracos (deficiências). Isso melhora a produtividade e o bem-estar.

• Maior chance de sucesso para ações complexas, que requerem elevada capacidade de influenciar pessoas e demonstração de coesão dos participantes.

7.3.2. Aspectos negativos do trabalho em equipe

Mal organizado e conduzido, indevidamente utilizado e aplicado a situações inadequadas, o trabalho em equipe pode revelar-se contraproducente, apresentando inconvenientes do tipo:

• Uso das informações como mecanismo de defesa destinado à preservação do poder de integrantes ou de toda a equipe. É comum em equipes que integram organizações maiores, como forma de promover a coesão entre seus membros.

• Inibição do exercício da perícia. Equipes muito coesas chegam a inibir o exercício de papel do perito, como mecanismo de defesa contra a percepção — real ou imaginária — de um perigo à sua coesão. Segundo Carvalhal (1981, p. 67-91), o excesso de coesão de um grupo tem o poder de inibir a manifestação de pessoas cujo conhecimento vai além do que se obteria consensualmente. O perito atua com mais rapidez e eficácia do que um grupo de leigos.

• Criação da cultura de "consenso obrigatório", que conduz a decisões forçadas, com supressão de discordâncias essenciais de minorias ou peritos (SCHEIN, 1982, p.132). Mecanismos de defesa do tipo racionalização ("a decisão consensual é sempre melhor, todo mundo sabe") e negação da realidade ("ninguém concordará com essa ideia") podem surgir, com respaldo em crenças irracionais, e sua neutralização requer um trabalho de revisão cognitiva, por vezes bastante complexo e demorado.

• Redução excessiva da supervisão, por excesso de confiança dos supervisores que, assim, acabam por se distanciar dos acontecimentos, comprometendo suas percepções e conhecimentos do cotidiano organizacional.

• Radicalização em torno de decisões tomadas, chegando a ser tão forte que, mesmo constatada sua inadequação, torna-se difícil revertê-la. Esse mecanismo de defesa procura garantir a continuidade da equipe, ancorado na falsa crença de que a revisão de uma decisão possa comprometer laços de fidelidade e comprometer a estabilidade da equipe.

• Sentimento de identidade excessivo, capaz de dificultar a aceitação de novos integrantes, percebidos como um perigo para a estabilidade, especialmente se o potencial novo membro apresenta características de líder.

• Comprometimento do profissionalismo. O envolvimento emocional excessivo provoca falência da visão de cliente e geram-se objetivos fora de sintonia com a missão e a visão da Organização.

• Redução da ousadia em tomadas de decisão. Schein (1982, p. 130-131) alerta para duas linhas de pensamento quando se trata de decisões que envolvem riscos: a) grupos tenderiam a ser mais conservadores do que indivíduos isolados, tornando-se incapazes de agir com audácia; e b) perde-se a responsabilidade sobre a decisão, e, portanto, não se deve permitir a tomada de decisão por um grupo porque pode reduzir o cuidado na avaliação dos riscos.

7.3.3. Papel emocional da equipe

Equipes, indiscutivelmente, facilitam a satisfação de necessidades afetivas, de *status* e de autorrealização. Esse papel emocional ocorre, inclusive, nas equipes "virtuais", estabelecidas por meio de sistemas de comunicação não presencial, como as Redes Sociais.

Elas constituem um espaço psicológico para compartilhar emoções, a ponto de se tornarem um derivativo para carências afetivas, e, por isso, acabam por apresentar autênticos mecanismos de defesa coletivos, "inconscientes", tais como:

• Racionalização. Os integrantes adotam determinado comportamento porque, afinal, "todo mundo faz assim"; esquecem-se de que também participaram na sua escolha. Esse mecanismo de defesa tem eficácia na redução da ansiedade que acompanha a decisão, tanto para correr maiores riscos como para furtar-se a eles.

• Identificação. Os integrantes da equipe imitam o líder messiânico, copiando gestos, maneirismos, indumentária etc. É comum em categorias profissionais, associações, entidades religiosas e, naturalmente, nas famílias.

Se o líder ostenta uma barba longa e cerrada, o mesmo acontece com os seguidores masculinos. Fuma-se o mesmo cigarro, charuto ou cachimbo, copiando-se os vícios (compreensíveis) e as virtudes (inigualáveis). A identificação pode ocorrer, também, com alguns colegas nem sempre reflete-se no visual — que torna mais difícil confirmar sua existência. A frustração, que acontece quando o liderado sofre profunda decepção causada pelo líder, transforma-se em profundo ódio e pode originar graves consequências para um deles ou ambos.

• Negação da realidade. Pode emergir da necessidade inconsciente de manutenção do vínculo emocional. Explica a relutância em utilizar novas tecnologias, uma forma de luta pela continuidade da equipe. Essa postura, por outro lado, torna a equipe prudente em absorver tecnologias ainda insuficientemente testadas. Esse mecanismo de defesa reflete-se na crença, bastante comum em situações de crise, de que determinados comportamentos que transgridam regras, ou, até mesmo, a lei, nunca serão descobertos, e, se o forem, não receberão a punição que seria devida ou esperável.

Os vandalismos que se verificam em greves, quando cidadãos pacatos deixam-se conduzir pelos agitadores profissionais e danificam o patrimônio das empresas em que trabalham, são exemplos bastante conhecidos desse mecanismo de defesa. As pessoas agem como se não houvesse um retorno ao trabalho e, aparentemente, esquecendo-se de que elas mesmas arcarão com as despesas que acarretam.

"Sacoleiros" que realizam o contrabando tradicional por meio da Ponte da Amizade, trazendo produtos do Paraguai, baseiam-se na crença de que a Polícia Federal deterá "os outros". Escondem-se na multidão e acreditam que nunca serão apanhados. Também negam a realidade de que os rendimentos possam não compensar os riscos, de que existe uma perda moral e que todo o esforço, se fosse bem dirigido, já teria resolvido seus problemas financeiros de outra forma...

Outros aspectos emocionais marcam o trabalho em equipe e apresentam vantagens, quando se mantêm dentro de limites razoáveis ao bem-estar e à produtividade dos profissionais, ou desvantagens, caso conduzam a radicalizações. Entre eles:

• Preservação da coesão. A manifestação de sentimentos de coesão significa que as pessoas têm condições de encontrar e liberar energia para superar dificuldades. A coesão da equipe, em momentos difíceis, funciona como tábua de salvação nas tempestades provocadas pelas mudanças. O risco do excesso de coesão, já apontado, é de que ela se torne um fim em si mesma, transformando-se em obstáculo à sobrevivência da Organização e, paradoxalmente, da própria equipe.

• Espaço para representar. Equipes constituem o palco em que o indivíduo tem oportunidade de representar papéis negados em sua atividade-fim. Ali, ele tem oportunidade de dar vazão a suas fantasias, a seu lado lúdico, sem compromissos outros que não o desempenho do conjunto. Isso lhe permite desenvolver novas habilidades, sem o crivo impiedoso da avaliação pública ou da chefia.

Pode, entretanto, acontecer o oposto: o indivíduo descobre aptidões que o levam, até mesmo, a afastar-se da Organização à qual pertence. Na família, isso acontece naturalmente: o adolescente deixa o papel de filho ou filha e assume novos papéis em sua equipe; assim, prepara-se para deixar a proteção dos pais. Em todos os tipos de organizações esse fenômeno ocorre; em excesso, não é produtivo; na boa medida, representa renovação e arejamento.

- Espaço para catarse. Em crises, equipes transformam-se em muros de lamentação: um espaço virtual para manifestações emocionais, adequado à catarse coletiva ou individual. Isso abre às pessoas a oportunidade de descarregar preocupações e frustrações, consolando-se pela constatação de que outros comungam da mesma taça, partilham dos mesmos problemas ou, simplesmente, ouvem e compreendem. Ao constatar a falta de fundamento de suas ansiedades (ou, ao menos, a semelhança de sua situação com as dos demais) comparando suas percepções com as de outros integrantes, as pessoas reformulam esquemas mentais e conseguem modificar suas visões de mundo.

Por outro lado, há o risco de fortalecer ou despertar sentimentos de insegurança entre os integrantes, pela constatação (real ou imaginária) da impossibilidade de agir sobre as causas das dificuldades. Nesse caso, a ansiedade aumenta e reduz a disposição para o trabalho; os participantes correm o risco de criar um círculo vicioso de ansiedade, indutor da estagnação ou da revolta, por meio de um fenômeno da percepção: as pessoas passam a discriminar qualquer indício que confirme suas preocupações, reforçando-o coletivamente.

- Deslocamento para uma atividade socialmente aceitável, para livrar-se de outros aborrecimentos. O que une os integrantes, declaradamente, são os objetivos da equipe; cada um deles, entretanto, foge de dificuldades dos mais diversos tipos. Assim, escapam dos dissabores do lar, da presença da chefia, do encontro com parentes, etc. Além disso, há um ganho secundário: podem "reclamar" do esforço a que são submetidos trabalhando fora do horário normal; dedicando o melhor de si a uma atividade voluntária e assim por diante.

7.3.4. Causas do bom ou mau funcionamento

A equipe certa não garante a produtividade,
mas a errada a destrói.
Peter Drucker

Um escritório que aparenta possuir todas as condições para se tornar um lugar produtivo muitas vezes transforma-se em um caldeirão de conflitos e a única saída é... deixá-lo. Em lugar de uma equipe, criou-se um grupo autodestrutivo de competidores. Um outro pode agregar profissionais que não se identificam entre si, mas, também, não se tornam propriamente competidores, embora não cooperem uns com os outros. Tais situações, bastante comuns, são exemplos de que a simples proximidade não basta para fazer com que pessoas tornem-se uma genuína equipe.

Por que isso acontece? Em geral, diversos fatores se conjugam para influenciar a eficiência ou a eficácia de uma equipe. Entre eles:

• Escolha dos integrantes. Ela deve considerar características-chave de personalidade de cada indivíduo. Não há uma característica ótima para cada participante. Ela depende dos problemas, das atividades, do momento, dos objetivos que se pretende atingir. Um comportamento favorável em determinada situação (por exemplo, agressividade) pode prejudicar em outra. Assim, a diversidade de características pessoais tem vantagens e desvantagens, conduzindo a algum ponto de acomodação entre a harmonia absoluta e o conflito. Carvalhal ensina que "se o conflito excessivo pode prejudicar o processo decisório em grupo, a uniformidade excessiva também é capaz de empobrecê-lo" (1981, p. 82).

• Há pessoas sem perfil para trabalhar em equipe, capazes de destruir o relacionamento entre todos. A solução é excluí-la do conjunto. Ninguém é insubstituível. Eventualmente, poderá atuar como consultor especializado para a equipe ou, simplesmente, não deixará saudades.

• Reduzido vínculo emocional. Prevalecem os interesses econômicos. Ninguém está disposto a "dar o sangue" pelo resultado coletivo. À menor dificuldade, as pessoas esmorecem e buscam soluções individualistas.

• Faltam metas comuns, bem determinadas, para concentrar as energias da equipe. O escritório "atira para todos os lados" e não consegue desenvolver uma identidade que o caracterize no mercado.

• Excesso de trabalho. Há muita atividade, os profissionais se debatem com a angústia da falta de tempo. O estresse reduz a criatividade, torna as pessoas menos produtivas. Instala-se um círculo vicioso: menor produtividade, mais estresse...

• Falta de direção e de divisão de responsabilidades. Algumas atividades do escritório devem ser destacadas e designados responsáveis por ela. Por exemplo, a análise dos gastos, a autoridade sobre os empregados, o relacionamento com prestadores de serviços, o pagamento de contas etc.

• Formalismo excessivo. Rituais em demasia valorizam controles e verificações e, obviamente, colocam as ideias em segundo plano. Possivelmente, resultam da falta de confiança entre os participantes. Por outro lado, algum formalismo é essencial para criar a percepção de identidade da equipe, para seus integrantes e, principalmente, aos olhos de clientes, empregados, parceiros e fornecedores.

• Quantidade de pessoas. Excesso de pessoas promove, além das dificuldades técnicas inerentes à coordenação e organização, outras de natureza psicológica, ligadas à diversificação de interesses e percepções.

• Qualificação das pessoas. A equipe deve contar com profissionais qualificados; a presença de integrantes menos preparados pode desequilibrar o funcionamento, se não houver uma estratégia adequada que os suporte enquanto se preparam para atuar com independência. A falta de qualificação de alguns integrantes pode resultar em inúmeros retrabalhos.

• Condições ambientais. Elas compreendem uma série de aspectos, desde os relativos à ergonomia até a forma como as pessoas, fisicamente, se relacionam (*e-mail*, malotes, telefonemas, reuniões etc.).

• Cultura de competição. As pessoas manifestam disposição para atuar como uma equipe, mas, efetivamente, competem entre si. Esquecem-se de que o inimigo está do lado de fora. Surgem ocultamento de informações, tentativas de conquistar clientes, falta de colaboração para orientar e instruir colegas etc.

7.4. Considerações finais

O comportamento individual em um contexto de trabalho depende, conforme se procurou detalhar, de fatores internos ao indivíduo e externos a ele. Entre os primeiros, destacam-se suas habilidades no relacionamento; algumas podem ser aprendidas com facilidade, porque se tratam de técnicas que a observação e a prática possibilitam desenvolver. Também faz parte dos fatores internos todo o conjunto de elementos que compõem os conteúdos psíquicos da pessoa: esquemas de pensamento, preconceitos, mecanismos de defesa, valores, experiências anteriores, expectativas, motivações, comportamentos condicionados etc.

Entre os fatores externos, destaca-se o trabalho em equipe, para o qual o indivíduo contribui com seu enxoval psíquico e suas competências profissionais. Procurou-se destacar o significado da liderança para a equipe e situar o advogado como um profissional que tipicamente participa de um trabalho colegiado, pela própria essência de sua atividade; ainda que elabore de modo solitário suas argumentações, ele dependerá de informações, atitudes e comportamentos de clientes, testemunhas e das outras partes.

8. Psicopatologias

Neste capítulo, abordam-se o conceito de transtorno mental e as psicopatologias mais presentes no cotidiano da prática do Direito; apresenta-se uma descrição geral dos quadros que as caracterizam, obviamente sem a preocupação de diagnóstico. Basicamente, todos os conceitos fundamentaram-se em duas fontes: a Classificação Internacional de Doenças (CID-10) e o Manual de Psiquiatria de Kaplan e Sadock.

O estudo sistêmico dessas psicopatologias interessa aos profissionais cujo bem-estar e produtividade dependem fortemente do relacionamento interpessoal, porque elas afetam o resultado do trabalho e influenciam diretamente a qualidade de vida.

Além das questões interpessoais ligadas ao relacionamento com os clientes, o advogado também está sujeito a eventos ligados ao próprio psiquismo. Todas as pessoas são vulneráveis, por exemplo, a ansiedades e depressões, como reações aos estímulos aversivos que o cotidiano proporciona-lhes em casa e no trabalho.

É preciso ir além dos cuidados com a saúde física: impõe-se um olhar zeloso para a saúde mental, ainda mais porque ambas são indissociáveis. Uma dor nas costas, uma crise de gastrite ou uma cefaleia podem originar-se da tensão provocada pelos conflitos com clientes, autoridades ou colegas de profissão, da expectativa a respeito do resultado de um julgamento, do resultado do teste de gravidez da filha adolescente... A sociedade precisa e deve ampliar, cada vez mais, seus conhecimentos a respeito dos transtornos mentais, que nada têm de "anormal", para aprender a atuar preventiva e corretivamente, poupando sofrimentos e gastos desnecessários.

8.1. Saúde mental e transtorno mental

Kaplan e Sadock assinalam que se torna "mais aceitável ter um problema médico ou cirúrgico do que um problema mental" (KAPLAN; SADOCK, 1993, p. 5). A simples sugestão da presença de um transtorno mental acarreta reações imprevisíveis do indivíduo, de seus familiares e colegas, graças à desinformação e ao preconceito.

Anedotas, relatos, notícias e filmes sobre "doentes mentais" e as respectivas formas de tratamentos favoreceram o desenvolvimento e a manutenção de um lúgubre imaginário, a despeito dos significativos avanços em diagnóstico, farmacoterapia e psicoterapia dos transtornos mentais, notadamente a partir de 1950, quando novos psicofármacos iniciaram sistemática redução do sofrimento, contribuíram para a efetiva humanização dos tratamentos, e aumentaram o êxito na remissão dos efeitos de muitos transtornos mentais considerados incapacitantes para a vida social.

Características e diagnósticos dos transtornos, orgânicos ou mentais, sofrem contínua transformação ao longo do tempo. "As causas de morte passaram de doenças causadas por infecção para doenças relacionadas ao comportamento e estilo de vida" (HUFFMAN; VERNOY; VERNOY, 2003, p. 455). Paralelamente, transtornos pouco ou menos presentes há algumas décadas acentuam-se, enquanto outros apresentam redução. Por exemplo, registra-se perceptível aumento de transtornos associados a estresse.

O mesmo acontece com os resultados dos diagnósticos, explica Thomas Szasz, professor emérito de Psiquiatria na State University of New York: pelo fato de serem "interpretações sociais, eles variam de tempo em tempo e de cultura a cultura" (SZASZ, 1996, p. 12). Exemplos: masturbação e homossexualidade. Sintomas estão ligados à cultura. Para alguns povos, "dor de cabeça" constitui resposta ao estresse; para outros, a resposta socialmente mais bem compreendida é "perda de memória" (HUFFMAN; VERNOY; VERNOY, 2003, p. 533). A conclusão é que a mudança social engendra transtornos mentais socialmente adaptados! Cada época possui sua própria síndrome. O observador atento percebe que "DORT" — queixa tão comum e que gera inúmeras ações indenizatórias — é um transtorno fisiológico relacionado com atividades repetitivas em algumas categorias sociais e não em outras, o que sugere uma conotação emocional.

Levantamentos realizados pelos autores, ainda que não estruturados dentro de todo o rigor de uma pesquisa científica, porém, significativos, sugerem que profissionais autônomos, que dependem diretamente do resultado da produtividade de seus esforços, conseguem trabalhar continuamente em digitação, apresentando incidência de queixas ou sinais de DORT e outras patologias típicas de natureza musculoesquelética substancialmente inferior à que se verifica com profissionais que realizam as mesmas atividades, porém, com vínculo empregatício. Parece existir uma correlação positiva entre a incidência das queixas e a garantia de recebimento da remuneração.

A esse respeito, merece atenção a frase do MM. Juiz do Trabalho da 5ª Região, na Bahia, a respeito das más condições de trabalho ainda hoje existentes no Brasil (5.2.06): "no interior eu via um exército de mutilados pelo trabalho com sisal. Hoje eu vejo um exército de mutilados por lesão de esforço repetitivo". Observe-se que o resultado final — a incapacitação para o trabalho — pode ser idêntico, entretanto, as causas são completamente diferentes. Enquanto as máquinas e procedimentos do trabalho mecânico amputavam dedos, mãos e até braços, os processos do trabalho de altíssima eficiência, associados às condições de vida — físicas e psíquicas — dos indivíduos promovem conflitos emocionais capazes de desencadear transtornos de ordem somática, aparentemente sem qualquer vínculo de causalidade.

Um risco que se corre, para a saúde pública e do trabalhador, especificamente, é considerar que os diferentes tipos de queixas possam ter causas semelhantes, capazes de serem neutralizadas por meio de legislações abrangentes, que não considerem as peculiaridades dos processos. Coibir a repetição de esforços, por exemplo, pode em nada contribuir para a melhoria da qualidade de vida do trabalhador quando as lesões osteomusculares originam-se de conflitos intrapsíquicos que o organismo se encarrega de combater com as armas de que dispõe.

O Departamento de Saúde e Serviço Social dos Estados Unidos alerta que, na população norte-americana, uma em cada três pessoas adultas terá algum tipo de transtorno mental no decorrer da vida, e que a maioria das pessoas não procura ajuda, um prognóstico que, com toda a certeza, aplica-se aos moradores das grandes cidades brasileiras contemporâneas, onde os estímulos provocadores de estresse fazem parte do cotidiano.

Entende-se como indivíduo "mentalmente saudável" aquele que:

- compreende que não é perfeito;
- entende que não pode ser tudo para todos;
- vivencia uma vasta gama de emoções;
- enfrenta os desafios e mudanças da vida cotidiana;
- sabe procurar ajuda para lidar com traumas e transições importantes (isto é, não se considera onipotente).

Para George Kelly (1905-1967), a pessoa sadia "muda construtos pessoais que se originam de predições refutadas pela experiência. A pessoa não sadia (...) tem uma teoria sobre consequências (...) que não funciona, mas não consegue mudá-la" (CAMPBELL; HALL; LINDZEY, 2000, p. 329), isto é, enquanto a pessoa sadia mostra-se flexível em rever seus conceitos, a não sadia apega-se a eles a despeito de experiências que comprovam sua inadequação.

A expressão transtorno mental, adotada em lugar de "doença", acompanha o critério da CID-10, em que se enfatiza que o desvio ou conflito social sozinho, sem comprometimento do funcionamento do indivíduo, não deve ser incluído em transtorno mental (Organização Mundial da Saúde, 1993, p. 5). O funcionamento encontra-se comprometido quando:

- funções mentais superiores recebem interferência, dificultando ou afetando a atuação (por exemplo, o indivíduo não consegue lembrar-se de compromissos);
- atividades da vida diária, rotineiras, usualmente necessárias, sofrem comprometimento em algum grau.

Nessas circunstâncias, o indivíduo mostra-se impossibilitado de atuar dentro dos padrões de normalidade, aceitos como tais em seu ambiente, e isso se torna perceptível para as pessoas que com ele interagem. Destaque-se que "normalidade e anormalidade existem em um *continuum* (...) À primeira vista, pessoas com distúrbios psicológicos são geralmente indistintas daquelas que não os têm" (WEITEN, 2002, p. 411). O diagnóstico por profissionais especializados é indispensável para qualquer conclusão.

> MM, jovem e batalhador advogado, enfrentou um processo em que o cliente, réu, deveria comportar-se perante o júri de maneira convincente. Tratava-se de pessoa acusada de agressão; porém, diversos atenuantes aplicavam-se. Ocorre que o réu, emocionalmente abalado, apresentava um episódio de depressão que o tornava muito pouco comunicativo, com o risco de transmitir a falsa impressão de desinteresse. MM valeu-se da ajuda de um psiquiatra para, com a medicação adequada, obter uma melhora no estado de humor do paciente.

Destaque-se que o mascaramento de muitos transtornos mentais por sinais e sintomas somáticos faz com que se invistam grandes somas no combate a manifestações secundárias, com resultados nulos. Os indivíduos assim afetados permanecem com qualidade de vida e produtividade reduzidas, em contínua busca de assistência médica, e contribuem para aumentar os custos da medicina para toda a sociedade.

8.2. Noções sobre transtornos mentais

Este tópico inclui descrições de sinais de transtornos mentais mais facilmente identificáveis e tipicamente presentes no ambiente de trabalho do advogado, sem a preocupação de uma descrição exaustiva; busca-se propiciar ao profissional condições mínimas que lhe possibilitem atuar de modo preventivo e orientar seus clientes, em benefício deles e de si mesmo.

Naturalmente, ao advogado não cabe realizar qualquer espécie de diagnóstico. Os conhecimentos aqui transmitidos têm a função de proporcionar conhecimentos básicos para que, ante a suspeita de algum colega ou o cliente (ou, ele mesmo) estar enfrentando algum transtorno mental que o prejudique, possa encaminhá-lo ou sugerir, a pessoas de seu círculo familiar ou de amizade, que o orientem na busca de ajuda especializada. Ainda que tal procedimento não seja possível, esse conhecimento possibilitará ao advogado estabelecer uma estratégia de ação compatível com as características dessa pessoa. Por exemplo, saberá que é inútil exigir ou solicitar determinados comportamentos, incompatíveis com as respostas que ela está capacitada para oferecer. Estes conceitos, portanto, poderão ser empregados em benefício próprio, de colegas ou de clientes.

Características pessoais fazem com que os indivíduos possuam diferentes capacidades de suportar estímulos (e variadas formas de reagir a eles); por isso, algumas pessoas convivem com situações difíceis e aparentemente insuportáveis, sem qualquer comprometimento físico ou mental: ultrapassam essas crises, aprendem com elas e, em lugar de prejudicar-se, evoluem. Entretanto, outras reagem a estímulos agressivos (reais ou imaginários) apresentando transtornos, cuja incidência vem crescendo continuamente, por inúmeros fatores relacionados com a dinâmica da vida contemporânea, pontuada pelo estresse. Esse fato amplia cada vez mais o interesse em se conhecer a respeito deles, de maneira similar ao que se procura fazer em relação às doenças somáticas.

8.2.1. Transtorno de ansiedade

Os transtornos de ansiedade, diagnosticados em todas as faixas etárias, são reconhecidos como os mais comuns entre os transtornos psiquiátricos relacionados com o estresse.

Os três sistemas, nervoso, endócrino e imunitário, formam um “tripé homeostático essencial” (SALVINO, *apud* LENT, 2001, p. 490), fazendo com que as manifestações de ordem somática da ansiedade incluam vários tipos de distúrbios, que vão desde sensação de fraqueza até alterações na pressão arterial e perturbações gastrointestinais, geniturinárias etc.

A combinação das manifestações psicológicas com as somáticas concorre para aumentar a tensão e a instabilidade emocional do indivíduo, a ponto de incapacitá-lo para um desempenho eficaz.

> Elizabete, jovem e competente advogada, era constantemente assediada pelos colegas de escritório. O que, no início, pareciam brincadeiras inocentes, com o tempo revelaram-se incômodos, dos quais ficava difícil esquivar-se. Essa situação desencadeou, em Elizabete, um estado de crescente ansiedade, acompanhado de incômoda gastrite. Os remédios e a dieta para a gastrite tornavam-na mais e mais ansiosa. Constantes afastamentos para consultas médicas e tratamento de saúde passaram a comprometer seu desempenho no escritório. Enfim, ela optou por retirar-se definitivamente, quando seu estado físico deu demonstrações de que continuaria a se agravar.

As pessoas, em geral, não têm consciência de que apresentam sinais ou se queixam de sintomas como os seguintes, isolados ou combinados, em diversas intensidades:

- expectativa do pior ante qualquer notícia: a pessoa demonstra pessimismo consistente, a ponto de qualquer dificuldade transformar-se no prenúncio de uma tragédia; por exemplo, basta que o cartório devolva um requerimento relacionado a um processo burocrático qualquer para que ela desenvolva a convicção de que "o processo está perdido";

- sensação de tensão, irritação, impossibilidade de relaxar, o que leva a grande dificuldade para conciliar o sono: a pessoa queixa-se de insônia inicial (deita-se, mas não consegue dormir); o advogado pode perceber, pela aparência do cliente, sinais de irritação e sono insuficiente; por exemplo, a aproximação da data de realização de uma audiência de conciliação basta para que surjam crises de insônia;

- dificuldade para se concentrar nas atividades, associada a alterações de memória. A pessoa queixa-se de dificuldade para memorizar instruções.

Distúrbios físicos podem associar-se, em sua origem ou evolução, à patologia psíquica, com várias possibilidades. É muito comum que o indivíduo manifeste queixas somáticas relacionadas com hipertensão, taquicardia, distúrbios gastrointestinais e outros; em geral, estes sinais de origem orgânica roubam a atenção e a pessoa lamenta-se, a respeito deles, com terceiros; o advogado, nestas horas, pode desempenhar o papel de competente muro de lamentações.

Conflitos deterioram a saúde das pessoas, drenando preciosas energias que o organismo deveria destinar à homeostase. A continuidade de um conflito, ou a perspectiva de seu prolongamento, agrava as patologias e se estabelece um círculo vicioso: quanto mais o indivíduo adoece, tanto menos consegue lidar com a situação.

Nos quadros de ansiedade, é comum o surgimento de *pensamentos ruminativos* (a pessoa não consegue pensar em outro assunto) a respeito das situações que vivencia ou que antecipa; isso apenas contribui para agravá-las e debilitá-la ainda mais. Esse estado tende a estender a fronteira dos conflitos: aquilo que se encontrava, por exemplo, circunscrito à família amplia-se para incluir o ambiente empresarial ou vice-versa, tornando a vida ainda mais difícil, pois o indivíduo não se concentra nas atividades porque rumina, continuamente, seu drama pessoal.

Transtornos de ansiedade acompanham costumeiramente os Programas de Demissão "Voluntária" (PDV), de privatização e de fusões ou incorporações. Profissionais ligados à saúde no trabalho, gerentes e supervisores relatam aumento de queixas (inclusive as próprias) a respeito de impossibilidade de relaxar, medos diversos, dificuldade para adormecer, alterações na memória, mau humor, distúrbios cardiocirculatórios e respiratórios, dificuldades com a digestão, profundas mudanças de comportamento, redução da libido e outras. Os efeitos sobre as relações familiares podem ser devastadores.

Situações como essas engendram transtornos de ansiedade em três diferentes momentos:

- durante a espera das definições (a angústia da incerteza);
- no período seguinte à mudança (dificuldade de adaptação imediata profissional e familiar) ou "período de turbulência";
- após esse período, na ocorrência de fracasso profissional ou familiar (dificuldade para reorganização de objetivos de vida a médio e longo prazos).

Pode ocorrer que o indivíduo apresente, simultaneamente, sintomas de ansiedade e de depressão e, também, de transtorno obsessivo-compulsivo.

8.2.2. Transtorno obsessivo-compulsivo

O transtorno obsessivo-compulsivo, também incluído entre aqueles relacionados ao estresse, tem sido alvo de diversos filmes que tornaram bastante conhecida do público a face mais visível desse comportamento: os rituais.

Obsessão é a persistência patológica de um pensamento ou sentimento irresistível, sempre associado à ansiedade, e que não pode ser eliminado da consciência pelo esforço da lógica. A pessoa permanece continuamente ruminando o assunto e, com isso, sofre e perde a condição de funcionalidade, porque esse pensamento a persegue.

A obsessão é reconhecida pelo indivíduo, que procura afastá-la sem sucesso, uma vez que esses pensamentos são involuntários e podem, mesmo, ser repugnantes.

O jovem, vítima de violência, queixa-se de não conseguir conciliar o sono porque a imagem do agressor não o deixa; a mulher não consegue desviar o pensamento da figura do estuprador; a jovem sequestrada refaz, continuamente, o calvário sofrido durante o episódio. Essas pessoas tentam resistir a esses pensamentos intrusivos, porém, inutilmente. A vida torna-se um calvário.

À obsessão pode associar-se a compulsão, que é o comportamento ritualístico de repetir um procedimento estereotipado, com o objetivo de prevenir um evento improvável e que pode se manifestar na mais variada gama de comportamentos. Ela pode trazer reflexos indiretos para o trabalho (o indivíduo acaba se atrasando) ou diretos (o indivíduo transfere para o trabalho algumas práticas compulsivas).

A advogada Eliane criou uma ideia de contaminação em torno do material (pastas, documentos) dos processos armazenados nas varas trabalhistas em que atuava. A cada página, ainda que trabalhasse com luvas, obrigava-se a levantar e lavar as mãos na *toilette*. Além de ter a produtividade destruída, e irritar profundamente os serviçais do local, danificou seriamente as mãos — o que desencadeou o tratamento psiquiátrico.

A ideia de contaminação, a preocupação com a ordem e a simetria (organização excessiva), o pensamento de dúvida, constituem ideias obsessivas bastante comuns que precedem as compulsões por meio das quais elas são postas em prática.

Rita casou-se com um médico extremamente agressivo, que passou a torturá-la física e mentalmente, já no início da vida em comum. Após alguns anos de sofrimento, ela o abandonou. A partir daí, pensamentos obsessivos passaram a dominá-la, impedindo-a de dormir e de sair de casa: continuamente, a figura do ex-marido a espreitava, em todos os lugares, a todo momento. Deixou o emprego e recolheu-se à casa dos pais. Comentou o fato com o advogado que tratava do divórcio e este a encaminhou para tratamento; foi preciso mais de um ano de tratamento psiquiátrico e psicológico para que os pensamentos obsessivos desaparecessem e Rita pudesse dar os primeiros passos em direção a uma vida normal.

No transtorno, podem predominar os pensamentos ou os rituais obsessivos. Há estreita ligação entre o pensamento obsessivo e a depressão. A maior parte dos indivíduos apresenta ambos, obsessão e compulsão, que se combinam na busca da perfeição nas atividades, na preocupação com detalhes, para que tudo aconteça da melhor forma.

A obsessão pela perfeição dificulta a tomada de decisões, porque o indivíduo se perde na consideração das possibilidades de acontecer algo que possa não sair como deveria. Consequência típica no ambiente de trabalho: baixa produtividade e demora excessiva para agir em situações difíceis.

Lázaro era comprador em uma empresa de fornecimento de insumos para serviços de apoio administrativo. Desenvolveu extraordinária obsessão em torno da escolha dos melhores preços e condições de fornecimento: o que seria um benefício para a empresa tornou-se um suplício: cada processo de compras multiplicava-se em procedimentos de avaliação e verificação. Após muitas advertência da chefia, acabou demitido. Lázaro não conseguia entender como alguém que cumpria tão rigorosamente as normas e era tão zeloso poderia ser demitido. Ficou ainda mais indignado quando uma pessoa que ele considerava relapsa foi guindada à sua posição. Deu início a uma ação trabalhista sem qualquer fundamento, cujo resultado apenas contribuiu para reforçar sua convicção de que "todos estavam contra ele".

No lar, é comum que pensamentos e comportamentos obsessivos se manifestem na forma de rígida atenção à limpeza ou no cumprimento de cuidadosos requisitos de segurança e controle do cônjuge ou de membros da família, cerceando-lhes a liberdade nas ações.

Ao indivíduo obsessivo, voltado para as ações, pode faltar a expressão de generosidade: ele encontra dificuldade em aceitar que outras pessoas não têm a mesma paixão pela perfeição. Gasta tempo excessivo em planejar cada detalhe de suas ações, repetindo conferências e verificações e, obviamente, não consegue aceitar que sua busca de perfeição seja percebida como incorreta, excessiva ou inadequada. Efetivamente, considera que todos devem seguir-lhe o exemplo e recrimina a superficialidade de quem não o faz.

Facilmente "perde a cabeça", envolvendo-se em conflitos com familiares, colegas, clientes e fornecedores, porque sua resistência às frustrações se reduz. Embora não tolere pequenas falhas dos outros, torna-se cego às próprias; havendo falha, tem disposição para punir e acredita que assim conseguirá maior empenho dos demais. Pode ser intransigente e intolerante, o que potencializa suas chances de se envolver em processos judiciais, especialmente quando se encontra em posições de chefia.

O cliente dominado por esse transtorno, no transcorrer de um processo, caracteriza-se por exigir comprovações, verificações e atenção a detalhes insignificantes dos procedimentos, a ponto de se tornar um empecilho ou, no mínimo, um aborrecimento para o advogado. Obviamente, a ansiedade decorrente da emoção que permeia o processo conflituoso pode desencadear ou acentuar o transtorno, como mecanismo de defesa inconsciente do cliente.

O advogado deverá estar atento para não desenvolver preconceitos e deixar aflorar seus próprios mecanismos de defesa contra tais comportamentos. A meticulosidade do cliente pode ser canalizada para auxiliar o andamento do processo, por exemplo, assegurando confiabilidade das informações, exploração de pontos de vista e possibilidades de acordos e negociações.

8.2.3. Transtorno do estresse pós-traumático

"O trauma é um dos problemas mais graves e importantes da sociedade moderna e da comunidade brasileira", alerta Renato Sérgio Poggetti, da Universidade de São Paulo (POGGETTI, 1999, p. 42).

Matthew J. Friedman, da Darmouth Medical School, assinala que "a experiência traumática é filtrada por processos cognitivos e emocionais antes de poder ser avaliada como ameaça externa. Devido às diferenças individuais (...), pessoas diferentes parecem ter diferentes limiares de trauma (...) depois de submetidas a situações extremamente estressantes" (FRIEDMAN, 1999, p. 3).

O transtorno do estresse pós-traumático ocasiona vários tipos de consequências, nem sempre atribuídas ao trauma, porque, muitas vezes, as pessoas ocultam-no, por vergonha ou ignorância (FRIEDMAN, 1999, p. 3) e, também, porque surgem na forma de uma resposta tardia ao evento:

- súbita paralisação das atividades, com períodos de afastamento mais ou menos longos, em decorrência do estado físico e emocional;
- alterações comportamentais que afetam o relacionamento com as pessoas que convivem com os indivíduos que passaram pelos eventos traumatizantes;

• comprometimento financeiro, nem sempre equacionável a curto prazo, agravando as consequências dos efeitos físicos e emocionais;

• permanência de sinais físicos de difícil recuperação; isso estimula a memória, promovendo o retorno de imagens capazes de provocar profundo sofrimento;

• dificuldade de reiniciar a prática de suas tarefas, em virtude das emoções próprias ou suscitadas em colegas de trabalho e clientes, decorrentes de alterações físicas e/ou comportamentais;

• incapacidade de realizar determinadas tarefas, por exemplo, pela modificação de seus limiares de sensação e reação a determinados estímulos percebidos como relacionados a perigo, risco de vida, risco de acidente etc.

Eva Yona Deyken assinala o potencial de durabilidade do conjunto de consequências; a importância do reconhecimento e tratamento precoces; os efeitos negativos a longo prazo sobre o bem-estar subjetivo, o ajuste social e ocupacional e sobre o desenvolvimento de abuso de substâncias psicoativas (DEYKEN, 1999, p. 11-17).

A presença do trauma no cotidiano da sociedade brasileira é evidente e persistirá por muito tempo, fomentada pelo extraordinário movimento de valorização da agressividade e banalização da vida — difundido pela mídia e apontado pelos estudiosos. Ela não é transitória e meramente alarmista, o que sugere ao profissional do Direito que sua convivência com clientes nessa situação tende, no mínimo, a se manter.

Ainda que sem preencher todas as consequências do transtorno do estresse pós-traumático, a violência, costumeiramente, deixa sequelas de variáveis graus de intensidade. No caso da violência sexual, "que tem no estupro a pior das formas de agressão que a mulher pode sofrer", entre os diversos tipos de danos psíquicos destacam-se a depressão, tendências suicidas, bulimia e anorexia nervosas (LOPES *et al.*, 2004) — além das consequências orgânicas, que podem incluir desde doenças sexualmente transmissíveis, até gravidez. Um único evento pode transformar completamente a vida da vítima da violência.

Chega a ser exasperante, para advogados e familiares de pessoa vítima de violência (inclusive e principalmente sexual), a incapacidade para cobrar a indenização (ainda que impossível) e lutar pela punição do agressor. Márcia, sequestrada e estuprada, reiterava sua disposição para simplesmente "esquecer aquele horror e voltar a viver, longe dali". Aqueles que a estimavam não se conformavam com a ideia de cruzar em ruas e restaurantes com o criminoso, enquanto ela buscava uma saída pela evitação do encontro.

O trauma questiona a autossuficiência do indivíduo, sua capacidade de lidar com a vida, até mesmo sua competência. Quando se trata de trauma ligado à violência física, notadamente de natureza sexual, o corpo é o portador das lembranças e o psiquismo pode, como mecanismo inconsciente de defesa, optar por odiá-lo, evitando que ele seja o vínculo entre o consciente e a memória.

Quem odeia o próprio corpo não consegue relacionar-se intimamente com outras pessoas, para não voltar a perder o controle sobre ele; torna-se cada vez mais retraído em suas manifestações de afeto. A continuidade dessa situação leva a pessoa a retrair-se, evitar o contato com as demais e a adotar comportamentos agressivos, capazes de dificultar ainda mais as tentativas de aproximação de quem quer que seja.

As consequências sobre as características de personalidade podem ser amplas e profundas: por exemplo, a pessoa, de independente e extrovertida, pode tornar-se retraída e dependente.

A esse respeito, Amazarray e Koller (1998) alertam, referindo-se ao abuso sexual contra crianças, para o fato de que a intervenção legal, desconhecendo os aspectos psicológicos do abuso sexual e as necessidades terapêuticas da criança e das famílias disfuncionais, acaba produzindo um dano psicológico adicional à vítima. Por outro lado, os profissionais da saúde mental, negligenciando os aspectos legais do abuso (proteção à criança e prevenção adicional do crime), também contribuem para um aumento do dano psicológico sofrido pela criança.

8.2.4. Mania

O cliente maníaco enxerga apenas os lados favoráveis, e seu otimismo exagerado pode fazer com que ele mesmo, ou o advogado menos atento, se descuide de aspectos que poderiam prejudicá-lo. A pessoa manifesta-se de modo bastante convincente, demonstrando grande convicção e certeza de obter sucesso; acredita que o Juiz deixar-se-á influenciar por seu otimismo contagiante, refletido na gesticulação e nas frases ditas com energia (isso, possivelmente, proporcionou resultados positivos em inúmeras situações de sua vida profissional e social, o que contribuiu para a generalização do comportamento).

Se um cliente depressivo pode representar, para o advogado, uma dificuldade por não se interessar pelo próprio caso, o que apresenta mania torna-se um problema por se concentrar, excessivamente, em um aspecto da questão que lhe seja ou pareça favorável, desconsiderando outros que poderiam depor contra ele.

Assim, ele pode trazer o testemunho de um colega com o qual possui boas relações em uma questão contra a chefia, porém, pode desconsiderar a possibilidade de a chefia trazer outros testemunhos capazes de colocar em dúvida a veracidade ou a oportunidade daquela testemunha por ele arrolada.

O advogado verificará que esse cliente mostra-se eufórico demais, em relação ao que seria de se esperar pelas informações ou expectativas disponíveis. Essa pessoa demonstra hiperatividade e, se perguntada, confirma que dorme pouco e, apesar disso, acorda bem disposto. Ao conversar com o advogado, fala excessivamente e chega a atrapalhar outras pessoas que possam estar participando do diálogo.

Pode se comportar como se acreditasse possuir poderes especiais, com excesso de autoexposição, principalmente no campo da sexualidade. Sua autoestima inflada e falta de autocontrole podem manifestar-se na realização de gastos exagerados, o que lhe trará problemas judiciais relacionados com a cobrança de dívidas.

A expansividade excessiva desse cliente torna bastante fácil, para o advogado, compreender que se trata de pessoa propensa a se colocar em situações complicadas, esperando dele, advogado, que desempenhe o papel de tábua de salvação. O advogado não deve se surpreender pelas expectativas extraordinárias do cliente em relação aos benefícios que obterá com a ajuda da Justiça.

Jozef e Silva (2000) assinalam que "os clássicos traços de euforia e excitação do maníaco são parte, geralmente, de um comportamento inofensivo, mas diversos autores apontam a possibilidade de irritabilidade e agressão". Citam (JOZEF; SILVA, 2000) Tardiff, para quem "pacientes maníacos podem ter episódios violentos não premeditados, súbitos e graves. A violência pode ser fruto de ideação deliroide persecutória ou, também, resultado de eventual frustração ou da colocação de limites". Jozef e Silva (2002) também trazem a observação de Good, o qual comenta que "os reduzidos índices de mania ou depressão geralmente encontrados em populações criminosas responsabilizam o curso gradual da mania, que provocaria uma falta de 'visibilidade': ela poderia ser confundida com comportamento antissocial ou com outras condições psiquiátricas".

8.2.5. Depressão

Os efeitos da "depressão" (denominação usual que se dá, vulgarmente, aos episódios e transtornos depressivos) são, atualmente, amplamente reconhecidos. Ela afeta milhões de pessoas em todo o mundo e há indicações de que a idade para o seu surgimento está diminuindo, com altas taxas no final da adolescência e início da idade adulta.

O fenômeno essencial, central, do estado depressivo é o que Jean Sutter descreve como um comprometimento profundo da antecipação (SUTTER, 1950). À medida que antecipar seja uma opção de futuro que o paciente não pode mais assumir, o indivíduo experimentará comprometimento de todo processo que requeira, de sua parte, a criação de alguma espécie de visão de futuro, seja para estipular ganhos pretendidos, seja para estabelecer o método de obtê-los.

O transtorno depressivo representa o comprometimento parcial ou total das atividades do indivíduo, manifesto na crescente "incapacidade (...) de assumir seu destino, sua impotência de agir e a orientação negativa de sua antecipação", "sendo o suicídio a mais drástica consequência de uma depressão não tratada", alertam Carlos Eduardo Leal Vidal (1994, p. 19) e João Romildo Bueno (1994, p.13).

Pessoas deprimidas tendem a dar explicações para a ocorrência de eventos ruins ou indesejados por elas, em termos estáveis, definitivos, globais e internos. Assim, eles sempre ocorrem, tudo anda mal e *a* culpa é delas (MYERS, 1999, p. 332). Elas apresentam esquemas rígidos de pensamento em torno dos acontecimentos, encarando-os como ruins, percebendo ou antecipando o fracasso, de tal forma que "os pensamentos negativos da mente influenciam de alguma forma os eventos bioquímicos, que num círculo vicioso ampliam os pensamentos depressivos" (MYERS, 1999, p. 332).

O advogado perceberá que a capacidade de comunicação do cliente com transtorno depressivo encontra-se deteriorada; sua iniciativa é reduzida e ele se mostra incapaz de reagir perante as dificuldades naturais do processo judicial.

Bueno distingue a depressão da simples tristeza: "depressão não é fossa" (1994, p. 13), assinala. Na depressão, o indivíduo entrega-se à profunda desesperança, "a uma incapacidade de começar qualquer tarefa, até pensar é difícil. O desespero é enorme" (BUENO, 1994, p. 13).

A escalada da automedicação (1994, p. 16) introduz elevado fator de risco e torna a situação ainda mais complexa: a busca de remédios milagrosos, sem orientação médica, amplia as possibilidades de ruinosos efeitos colaterais e de aumento da gravidade do próprio transtorno. Por esses motivos, o diagnóstico realizado por profissional qualificado é de extrema importância, evitando o agravamento do transtorno. Alguns sinais típicos da depressão são os seguintes:

• A pessoa não sente prazer pelas atividades; perde o interesse pelas mesmas; "faz empurrado". O advogado percebe a dificuldade do cliente em agir.

• A visão de mundo da pessoa é distorcida. O mundo é péssimo, horrível. Ela mostra-se incapaz de qualquer coisa, tudo dará errado.

• A pessoa aparenta, sem motivo perceptível, contínua tristeza e infelicidade. (É diferente da tristeza pela morte de uma pessoa querida, que tem uma causa reconhecível).

• Pode haver variação do apetite, em geral uma diminuição.

• O cliente queixa-se de acordar cedo demais (insônia terminal); fica com a sensação de que não dormiu o suficiente e queixa-se disso para o advogado. Pode tomar medicamentos para dormir (mostra a caixa para o advogado e comenta: "veja, este processo está acabando comigo, nem consigo mais dormir direito").

• Inicia o dia com péssimo humor, que melhora gradativamente.

• O cliente mostra-se lento nos movimentos e seu discurso limita-se a poucas palavras, em baixo volume; aparenta dificuldade de concentração e não consegue memorizar as instruções recebidas, esquecendo de tomar providências solicitadas, por exemplo.

Diversos estudiosos, entre eles Martin Seligman (*apud* Myers, 1999, p. 311), apontam que a atual cultura de individualidade constitui um terreno fértil para a propagação da depressão. Myers cita estudos que demonstram que o exercício físico reduz a depressão e a ansiedade, existindo inegável ligação entre exercícios e estado emocional, embora ainda não se tenha conseguido demonstrar exatamente quais são as causas dessa conexão (MYERS, 1999, p. 372).

O mesmo autor aponta a existência de evidências confirmando que "rir é o melhor remédio" e que efeitos semelhantes são obtidos por meio do riso. Portanto, pessoas bem humoradas enfrentariam melhor os eventos estressantes (MYERS, 1999, p. 373), capazes de provocar a depressão.

É importante destacar que para alguns quadros depressivos existe medicação indicada. Em todos os quadros, recomenda-se a psicoterapia. A preocupação em orientar o cliente depressivo para buscar ajuda baseia-se na evidência estatística de que cerca de 15% das depressões graves levam ao suicídio.

No ambiente de trabalho, a presença de profissional atravessando quadro depressivo compromete a produtividade, porque ele contamina colegas e clientes, pela capacidade de interpretar de maneira negativa as notícias: atenua os aspectos positivos das boas e amplia perspectivas e resultados das ruins. A contaminação é tanto maior quanto mais reconhecido for esse profissional pelos resultados até então obtidos, o que pode ter contribuído para transformá-lo em formador de opinião.

A depressão apresenta-se de diversas maneiras e não cabe, para os objetivos desta obra, incluir maiores detalhes. Cumpre, entretanto, distingui-la da ciclotimia e da distimia, quadros bastante frequentes em adultos e que, tal como a mania e a depressão, constituem transtornos do humor. Esses transtornos do humor, de longa duração, podem transcorrer por toda a vida adulta, sendo considerados por amigos, colegas e familiares como "parte da personalidade" do indivíduo; diz-se que "ele(a) é assim mesmo".

Na ciclotimia, a pessoa apresenta uma instabilidade persistente do humor (períodos de depressão e elação leves alternados). Ela, em geral, foge à atenção médica. O advogado perceberá um cliente que se apresenta com humor variável, sem que isso represente algo que impossibilite o relacionamento; porém, a instabilidade torna-o desagradável, pouco produtivo e, até mesmo, francamente insatisfatório. Nos escritórios, o colega de trabalho ciclitímico tende a ser deixado de lado, excluído pouco a pouco da equipe.

Por outro lado, é muito fácil atribuir flutuações do humor ao conflito que se encontra instalado, justificando dessa maneira a irritação e hostilidade ou o desânimo e desinteresse de um cliente ou de seu advogado. Afinal, o conflito permeia o cotidiano da advocacia.

A distimia é uma depressão crônica do humor, que leva o indivíduo a sentir-se cansado e deprimido na maior parte do tempo; isso, contudo, não o impede de dar conta de seus compromissos e poderá provocar, nos que com ele convivem, a ideia de que se trata de uma pessoa "triste", "fatigada". Possivelmente, há um ganho secundário com a manutenção desse quadro, porque o cansaço aparente, ou a falta de ânimo poderão ser facilmente atribuídos às dificuldades que a pessoa enfrenta; um estresse pode ser o desencadeante.

Facilmente, confunde-se a distimia com "depressão", pela aparente tristeza da pessoa que se declara cansada e deprimida, e também pelo fato de o distímico estar sujeito a apresentar sintomas depressivos, porém, de curta duração. O distímico pode enfrentar problemas conjugais e profissionais, em razão de seu afastamento emocional, pessimismo e desesperança. Abuso de álcool e drogas pode manifestar-se.

8.2.6. Transtornos não orgânicos do sono

Esse distúrbio ocasiona efeitos sociais e econômicos que estão longe de receber a merecida avaliação:

• o sono escasso (ou inadequado) compromete o estado de alerta e aumenta a fadiga;

• a privação do sono suprime as células que combatem infecções viróticas, reduzindo a ação do sistema imunológico (MYERS, 1999, p. 151);

• a capacidade cognitiva fica comprometida, prejudicando o funcionamento das funções mentais superiores. Deterioram-se a concentração, a criatividade, e o desempenho torna-se mais lento (MYERS, 1999, p.154); o sono desempenha importantes funções para o equilíbrio somático e psíquico;

• os efeitos sobre a aprendizagem podem ser devastadores; há constatações de que "há uma ligação entre sono e memória, indicando que durante o sono consolidam-se lembranças importantes do dia" (MYERS, 1999, p. 154);

• a redução da atenção contribui para acidentes de trajeto e no trabalho, aumentando a incidência de transtornos decorrentes de estresse por trauma ou pós-traumático; há grande probabilidade de que o advogado que defende um cliente que provocou acidente, excluída a hipótese de álcool ou drogadição, esteja tratando com alguém que sofre deste transtorno;

• o indivíduo torna-se mais irritado, o que deteriora suas relações interpessoais de forma geral e alimenta o círculo vicioso da ansiedade; naturalmente, mais propenso a gerar e envolver-se em conflitos de diversas naturezas;

• o aumento da ansiedade dificulta o sono reparador e alimenta o círculo vicioso; sinais de ansiedade podem ser reveladores do sono insuficiente;

• o indivíduo com dificuldade para desenvolver um sono tranquilo pode desenvolver ansiedade para dormir, o que alimenta ainda mais o círculo vicioso;

• na busca de soluções para dormir, os indivíduos praticam automedicação, agravando ainda mais o quadro — situação muito comum na sociedade brasileira;

• a automedicação, com o tempo, passa a incluir a recuperação do estado de alerta diurno, criando-se um processo de alto poder destrutivo para o indivíduo: ele medica-se para dormir e, depois, para permanecer acordado... É surpreendente a frequência com que se depara com médicos, odontólogos e advogados em tal situação.

Os distúrbios do sono podem ocasionar efeitos orgânicos e, também, ser consequentes a doenças de fundo orgânico. Podem, também, estar relacionados a transtornos de ansiedade, transtornos depressivos, transtornos de estresse pós-traumático e drogadição, além de outros transtornos mentais.

O correto diagnóstico do quadro que cerca o transtorno do sono é complexo e demorado, porém, necessário, e deve ser feito por profissionais especializados. A redução da produtividade pela má qualidade crônica do sono passa despercebida, porque há gradativa redução de desempenho, e os indivíduos desenvolvem comportamentos de adaptação, ajustando os requisitos das tarefas a suas possibilidades. Juízes e advogados são potenciais vítimas dessa situação, pela natureza das atividades que realizam. O lado triste desse quadro é que a pessoa acostuma-se à má qualidade de vida e perde a consciência para esse fato.

Tem especial relevância a sonolência diurna excessiva, que leva a pessoa a adormecer sem ter a intenção, em momentos inoportunos. A ela são creditados gravíssimos acidentes, como os de Chernobyl, da Challenger e do Exxon Valdez, que resultaram em catástrofes — isso sem falar de incontáveis acidentes de trânsito. Segundo o Dr. Mark W. Mahowald:

> a causa mais comum de excessiva sonolência diurna é, de longe, em nossa sociedade, a privação crônica do sono. Dormimos 25% menos que nossos antepassados há um século. (...) Nossa privação de sono é intencional, muitas vezes impulsionada por fatores sociais ou econômicos (2002, p. 4).

A pessoa não se acostuma a ficar privada de sono. O indivíduo que trabalha em turnos chega a dormir oito horas menos, por semana, que o trabalhador diurno — uma perda irrecuperável, muitas vezes, injustificável. Não se estranhe que o indivíduo torne-se mais propenso a cometer falhas, envolver-se em acidentes e a irritar-se. Ele, simplesmente, precisa dormir!

Inúmeras Organizações adotam um procedimento paradoxal. De um lado, criam turnos de trabalho, que minam a disposição e a criatividade de seu pessoal e lhes exigem inúmeros sacrifícios; de outro, gastam substanciais recursos em programas motivacionais e destinados a aumentar justamente a disposição para o trabalho e a criatividade, "esquecendo-se" de que dormir bem é um dos requisitos para que isso aconteça.

Existe uma gama de distúrbios do sono e todos eles merecem uma cuidadosa avaliação médica porque podem estar associados a distúrbios orgânicos ou psicológicos. Podem, entretanto, estar ligados a uma higiene do sono inadequada, que consiste na realização de atividades rotineiras, inconsistentes com um padrão adequado de sono e vigília, que incluem:

• excesso de cafeína ou álcool à noite.

O álcool é muito utilizado para reduzir a ansiedade (que provoca retardo no adormecer), porém, constitui um péssimo ansiolítico: ele atua favoravelmente em um primeiro momento e desfavoravelmente logo a seguir.

Principalmente em grandes centros urbanos, é comum a prática de reunir-se com os colegas de trabalho ou amigos para beber ao final do dia; o que aparenta ser um momento de descontração, de fato, não contribui para lidar com as causas da ansiedade, do estresse imposto pelas exigências do serviço;

• exercícios físicos vigorosos antes de deitar.

Nos grandes centros também se multiplicam as academias, em que as pessoas realizam a prática noturna de condicionamento físico. Naturalmente, encontram dificuldade para relaxar e dormir.

• variações excessivas no horário de deitar e levantar-se.

A programação de televisão em nada contribui para a boa higiene do sono. A TV caracteriza-se por transmitir programas melhores em horários mais tardios, fazendo com que as pessoas tenham de permanecer acordadas além do razoável. Muitos programas dão a nítida impressão de que são destinados a um público que não trabalha no dia seguinte, que não tem crianças em idade escolar etc.;

• cochilos excessivos;

• ambiente excessivamente ou precariamente ventilado;

• cobertas em excesso ou insuficientes;

• ruído excessivo (é surpreendente a quantidade de apartamentos posicionados em locais totalmente inadequados nas grandes localidades);

• utilização de medicamentos.

O sono adequado aumenta a produtividade dos indivíduos, reduz a incidência de acidentes (especialmente em operadores de máquinas e condutores de veículos), reduz a taxa de erros (especialmente em atividades que exigem o registro de dados sem consistência interna por programa de computador), melhora o ambiente de trabalho porque o humor apresenta-se mais estável.

8.2.7. Alcoolismo

Segundo a Organização Mundial da Saúde, "uma pessoa é dependente de uma droga quando seu uso torna-se mais importante do que qualquer outro comportamento considerado prioritário". Quando isso acontece, o indivíduo perdeu o controle sobre o uso da droga e a droga controla a pessoa.

Álcool e tabaco constituem as drogas mais consumidas, seguindo-se os inalantes, os ansiolíticos (redutores da ansiedade) e as anfetaminas. O álcool é o principal responsável pelos acidentes de trânsito e encontra-se diretamente associado a diversas formas de violência.

O álcool possui característica peculiar: todos os tecidos do corpo são permeáveis à sua pequena molécula, solúvel em água e em lipídeos. Ele influencia todas as funções, orgânicas e mentais. As alterações cognitivas incluem:

• focalização da atenção na situação imediata, inibindo a avaliação de consequências futuras (a pessoa cede mais facilmente a seus impulsos) (MYERS, 1999, p. 152); daí crimes e condução irresponsável serem, em geral, precedidos de ingestão de bebida alcoólica;

• deterioração do processamento de experiências recentes (MYERS, 1999, p. 163), fazendo com que a pessoa tenha maiores dificuldades para fixar tais experiências em registros permanentes da memória; portanto, há prejuízo para a aprendizagem;

• redução da autopercepção, que embota temporariamente a angústia do autoconhecimento (MYERS, 1999, p. 167) e produz ilusória supressão da consciência de fracasso ou culpa (que acaba substituída por estresse ou depressão);

• comprometimento da concentração, distúrbios do pensamento e/ou da percepção (SOCIEDADE BRASILEIRA DE INFORMAÇÕES DE PATOLOGIAS MÉDICAS, 1990, p. 4).

Desenvolve-se um círculo vicioso perverso: o alcoolista torna-se mais sujeito a traumas e, ao mesmo tempo, um agente para a promoção de traumas, pelo aumento da agressividade e comprometimento das funções mentais superiores.

Os transtornos psiquiátricos consequentes ao alcoolismo incluem distúrbios na conduta, depressão, transtornos ansiosos, alimentares, hábito patológico de jogar, personalidade antissocial e outros transtornos da personalidade (SOCIEDADE BRASILEIRA DE INFORMAÇÕES DE PATOLOGIAS MÉDICAS, 1990, p. 4), aumentando ainda mais o comprometimento ocupacional e social do alcoolista.

Traumatismos diversos, acidentes de trânsito e brigas acabam tornando-se parte do cotidiano desses indivíduos. O custo social é monumental, porque a sociedade perde profissionais na faixa etária de maior produtividade, vítimas de acidentes e violência dessas pessoas.

Por tudo isso, sobram razões a Cerri, quando afirma que "o álcool tem sido tratado com muita benevolência e permissividade em nossa sociedade" (1999, p. 84), e a Santos (2002), que considera o álcool "o tóxico livre, o tóxico protegido", ao alertar que "nunca uma droga teve tantos dependentes e fez tantos estragos na família e na sociedade sem ao menos ser taxada como tóxico.

O advogado poderá enfrentar grandes dificuldades em seu relacionamento com alcoolistas, considerando-se as características típicas de seus comportamentos, já comentadas anteriormente. Por exemplo, a dependência encontra-se usualmente presente em separações e homicídios, pelas explosões de violência tão comuns entre dependentes.

Há famílias que assumem atitudes paradoxais em relação ao alcoolista. Heitor, corretor de imóveis, dado a "um trago com cada cliente", tinha a sua "caninha" zelosamente guardada nas casas dos parentes; todos contribuíam para manter e estimular o vício. Provocou diversos acidentes de trânsito, envolveu-se em inúmeras brigas de rua, até que o câncer no esôfago levou-o. Comentários a respeito do vício eram repudiados pela esposa, para quem o marido sempre estava em franca recuperação. A doença unia o casal.

Alguns sinais que indicam a necessidade de atenção especializada são os seguintes:

- O cliente ou o colega de trabalho chega ao escritório, pela manhã ou após o almoço, exalando odor de álcool; o quadro é ainda mais grave se isso acontecer pela manhã — sinal de que o indivíduo inicia o dia ingerindo bebida alcoólica.

- O indivíduo bebe sem seletividade (bebe qualquer coisa) e demonstra persistente necessidade de beber. É evidente que se torna presa fácil de acidentes de trânsito. O que está em questão não é a quantidade de bebida, mas a necessidade de beber ao longo do dia.

- O indivíduo modifica seus comportamentos para poder beber. Chama-se isso de "saliência do comportamento de busca do álcool". O cliente convida o advogado para beber no bar próximo (ou vice-versa). O profissional mente: sai para "comprar cigarro"; obviamente, não engana ninguém.

• O indivíduo passa a mostrar um aumento da tolerância ao álcool. Precisa ingerir doses cada vez maiores para obter o mesmo efeito. Em uma reunião social, precisa beber mais do que os colegas para atingir o mesmo grau de relaxamento. O organismo desenvolve tolerância bioquímica. Mais tarde, com o organismo já danificado, surge efeito inverso.

O alcoolismo pode ser a causa de alucinação por efeito de intoxicação (alucinose). O indivíduo começa a ouvir vozes, por exemplo. É importante destacar que a pessoa, neste caso, possui o sensório claro (ela mantém a atenção, a orientação, a consciência) e todas as funções encontram-se normais.

A alucinose não deve ser confundida com o *delirium tremens*, em que o sensório fica obscuro. Nele, a pessoa encontra-se tomada por uma síndrome de abstinência, por causa da interrupção da ingestão de substâncias químicas (anfetaminas, álcool, maconha).

Em ações trabalhistas, é comum que o precipitante de uma demissão tenha sido a drogadição do empregado. Por outro lado, também acontece de o empregado deixar-se dominar pela bebida por ter sido demitido.

> Ezequiel perdeu seu emprego de engenheiro mecânico em um "enxugamento" de quadro de pessoal. Encontrou nova oportunidade, profissionalmente atrativa, em uma outra localidade. A mudança, entretanto, comprometeu um sólido círculo de amizades, prejudicou o estudo e os relacionamentos dos filhos e do cônjuge. Ezequiel aumentou a ingestão de bebida alcoólica e, um ano depois, manifestava os primeiros sinais de dependência. Nesta situação, a compensação financeira por demissão sem justa causa não cobre, nem de longe, as perdas monetárias e afetivas do profissional.

Os efeitos do álcool (e outras drogas) sobre a cognição recomendam ao advogado que se aprofunde na compreensão e verificação dos fatos relatados pelo cliente, especialmente nas situações em que se tornaria fácil, para o empregado, encontrar-se sob o efeito da droga. Por exemplo, vendedores têm acesso simplificado à bebida, por realizarem trabalhos externos, e constituem uma categoria profissional altamente propensa ao desenvolvimento da dependência; médicos têm acesso facilitado a drogas psicoativas etc.

Esta recomendação adquire grande importância se a questão trabalhista envolve conflitos com clientes, superiores e colegas. É prudente que se faça o cruzamento de informações antes de qualquer conclusão e definição de linhas de ação.

Provavelmente, discutir com o cliente alcoolista será pouco proveitoso. Despertará ira ou violência e não proporcionará melhor qualidade de informação.

O advogado também deve estar atento às questões financeiras. O alcoolista e o drogadito, de modo geral, estão propensos a se envolver em graves dificuldades financeiras, por um ou mais dos seguintes fatores:

• gasto em excesso com o vício;

• dependência de mais de um vício;

• má administração dos recursos financeiros;

• extorsão por parte dos fornecedores da droga;

• perdas financeiras por envolvimento em acidentes e conflitos etc.

Aconselha-se, pois, que o advogado tenha, em suas referências profissionais, indicações seguras para diversas alternativas de encaminhamento, possibilitando encontrar aquela mais adequada às características de personalidade do indivíduo, incluindo as seis seguintes modalidades principais de atuação (SOCIEDADE BRASILEIRA DE INFORMAÇÕES DE PATOLOGIAS MÉDICAS, Parte 2, 1999, p. 5-7):

• grupos de autoajuda (por exemplo, os AAA — Associação de Alcoólicos Anônimos);

• terapia individual (comportamentais cognitivas, comportamentais, psicodinâmicas, breves);

• terapia de grupo;

• terapia de casal;

• terapia de família; e

• programas de tratamento intensivo.

A abordagem do problema, entretanto, é delicada, porque o alcoolista sente-se culpado e embaraçado por ter de assumir suas falhas para um estranho, no caso, o advogado. É comum que ele sinta vergonha pela série de consequências negativas de seu comportamento, desenvolvendo poderosos sentimentos de culpa que o levam a adotar mecanismos de defesa correspondentes (a agressividade é um deles).

Portanto, uma abordagem direta, mal preparada, mesmo quando o comportamento do alcoolista constitui obstáculo ao bom andamento do processo, pode ser contraproducente. Por outro lado, o cliente deve ser conscientizado de que a dedicação ao tratamento pode ser relevante para influenciar, positivamente, as pessoas que participarão do julgamento, por meio da demonstração de sua firme vontade de se curar e modificar os comportamentos.

Conhecimentos a respeito do alcoolismo têm especial importância para advogados, juízes e promotores, porque profissionais da categoria encontram-se entre aqueles potencialmente mais sujeitos a desenvolver essa psicopatologia. O mais importante, quando se identifica esta situação, que pode estar presente em seu círculo de colegas de trabalho, amigos e familiares, é não ignorá-la.

Alguns fatores contribuem, especialmente, para que a propensão ao alcoolismo, ainda que presente, de modo igual, em todas as categorias profissionais, possa desencadear-se com elevada incidência entre advogados:

• processos judiciais particularmente estressantes, com longos períodos aguardando nas salas de espera e corredores dos tribunais; à saída, a frequência ao bar nas proximidades, torna-se tentadora;

• contato com clientes alcoolistas que procuram induzir o mesmo tipo de comportamento nas pessoas de seus relacionamentos;

• efeito relaxante imediato do álcool, coroando, por exemplo, uma tarde de aborrecimentos, tensões e insatisfações ou para celebrar sucessos obtidos, ampliando a percepção de alegria;

• longo afastamento da família e dos amigos na tentativa de cumprir seus prazos, buscar novos clientes, permanecer competitivo;

• relativa liberdade para ingestão da bebida em atividades externas.

8.2.8. Abuso e dependência de substâncias psicoativas

As substâncias psicoativas alteram o estado de consciência e modificam o comportamento. Historicamente, sempre foram utilizadas em rituais místico-religiosos e em festividades; contudo, seus efeitos eram limitados porque se restringiam a determinados momentos sob controle de líderes e sacerdotes.

Atualmente, a utilização dessas substâncias (o álcool é uma delas) merece grande atenção porque:

• a farmacologia evoluiu sensivelmente, oferecendo grande variedade de opções;

• a mídia, paga ou não, acena com autênticos milagres para os usuários dessas substâncias. Uma depressão, o excesso de peso, a ansiedade são eliminados com alguns comprimidos "sem efeitos colaterais";

• o pensamento imediatista contemporâneo constitui um campo fértil para semear as ideias de curas instantâneas e milagrosas. Acredita-se que comprimidos possam substituir exercícios e vida saudável;

• a notícia de sucessos incríveis experimentados por formadores de opinião (notadamente artistas, esportistas e apresentadores de TV), faz com que as pessoas procurem imitar seus modelos, igualando-os na saúde e na doença;

• médicos receitam substâncias psicoativas sem uma compreensão da pessoa como um todo (seu ambiente, regime alimentar, regime de sono, hábitos, situação no trabalho etc.) e sem um mínimo acompanhamento dos efeitos somáticos ou psicológicos;

• pacientes ocultam de seus médicos que ingerem essas substâncias, pelo receio de que eles as proíbam;

• farmacêuticos irresponsáveis comercializam tais produtos sem a indispensável receita médica.

Lívia, advogada, enfrentando um processo com excelentes perspectivas, porém, extremamente difícil, que lhe provocava grande ansiedade, passou a experimentar dificuldade para iniciar o sono (insônia inicial). Por intermédio de médico amigo da família, obteve receita de uma substância para rebaixar o nível de ansiedade. Passou a ingerir o medicamento para conseguir dormir. Em pouco tempo, não conseguia mais dormir sem utilizá-lo, criando dependência. A substância, por outro lado, exercia efeito colateral sobre seu comportamento, tornando-o mais agressivo. O aumento da agressividade contribuiu para agravar as dificuldades, gerando mais ansiedade e levou-a a aumentar (espontaneamente) a dose do medicamento; em pouco tempo, iniciaram-se os sintomas de gastrite...

O advogado terá várias oportunidades para identificar sinais de que a pessoa utiliza substâncias psicoativas. Um deles é a perda da memória recente (o cliente não se lembra de orientações recebidas), acompanhada de perturbações de orientação temporal e cronológica de eventos.

Esta situação de dependência não é de fácil remissão. A retirada da substância psicoativa (inclusive do álcool) deve ser feita com cuidado, para evitar a síndrome de abstinência, um fenômeno que contribui para que o indivíduo mantenha-se dependente física e psicologicamente. A síndrome de abstinência provoca grande mal-estar físico e mental, acompanhado de tremores, sudorese, náusea e vômito, chegando a convulsões, *delirium tremens* e, até mesmo, à morte.

É importante que se compreenda que o dependente químico não idolatra a droga. Ele é servil a ela, tornando o tratamento difícil, pois não se resolve por simples substituição. A droga pode ter sido introduzida na vida dessa pessoa por circunstâncias ligadas a eventos traumáticos e serviu de apoio em momento de fragilidade — ela ocupou um espaço e desempenhou uma função, por exemplo, serviu para combater um episódio depressivo.

8.2.9. Tabagismo

Advogados são vítimas fáceis da dependência de tabaco. Existem quatro tipos de dependências, que podem coexistir, tornando sua eliminação ainda mais complexa:

— química;

— psicológica;

— comportamental; e

— social.

• Dependência química

O tabaco contém milhares de substâncias tóxicas. Entre elas, a nicotina desempenha papel importantíssimo, porque possui poderoso efeito psíquico: ela é uma substância psicoativa, ou seja, o tabaco é uma droga.

Por ser substância psicoativa, a nicotina:

— atua no Sistema Nervoso Central;

— afeta, diretamente, o estado emocional e os comportamentos de quem a ingere;

— faz com que a pessoa sinta cada vez mais necessidade dela.

A nicotina provoca, no cérebro, a descarga de neurotransmissores responsáveis pela sensação de prazer. Dessa maneira, o cérebro associa o prazer ao ato de fumar e passa a pedir mais e mais cigarros, até não conseguir mais viver sem a presença da nicotina.

Por isso, se retirada a droga abruptamente, surge a síndrome de abstinência, cujos sintomas, profundamente desagradáveis, incluem tremores, sudorese, profunda sensação de ansiedade, taquicardia etc.

• **Dependência psicológica**

A dependência psicológica instala-se porque o indivíduo valeu-se da sensação de prazer proporcionada pelo tabaco para combater a ansiedade provocada por situações difíceis, estressantes, tão comuns na vida universitária e profissional do advogado. Nessas situações, o tabaco mostra-se bastante eficaz e a pessoa pode passar a acreditar em "soluções" rápidas, imediatas. Basta alguma coisa perturbá-lo e... pronto! Vem a vontade de fumar, por associação de ideias.

A dependência, neste caso, é psicológica: o tabaco serve para acalmar o psiquismo. Com o tempo, vem a vontade de fumar durante o trabalho, antes de dormir, ao acordar etc. A dependência psicológica é uma poderosa aliada da dependência química.

O grave da dependência psicológica (que pode iniciar-se antes da dependência química ou sem que ela exista) é que o fumante responde aos estímulos inconscientemente. Quando percebe, já se encontra dependente!

A dependência psicológica possui tanta força que o fumante torna-se infeliz simplesmente por "pensar em não fumar". O tabaco torna-se um dos seus maiores prazeres e companheiro inseparável em situações de ansiedade.

O período que antecede o vestibular é pródigo em gerar fumantes. O estresse dos "simulados", a quantidade imensa de disciplinas para estudar, a ansiedade de ver aproximando-se a data fatídica do exame, a perspectiva de não ser aprovado, a pressão (nem sempre velada) da família, a obrigação de repetir o sucesso de um irmão ou irmã, parente ou conhecido(a), fazem com que o estudante procure um aliado efetivo que o tranquilize. Surge, então, a senhora nicotina, para ajudá-lo rumo ao sucesso... (custe o que custar).

• **Dependência comportamental**

Esta forma de dependência também está ligada ao psiquismo; porém, a base do seu funcionamento é o condicionamento. A pessoa realiza a ação de modo inconsciente, sempre que determinado estímulo acontece.

O estímulo pode ser interno ao organismo. Por exemplo, a pessoa fuma quando sente fome, dor, frio, calor etc. Pode, também, ser externo. Por exemplo, a pessoa fuma antes, durante ou depois de realizar determinada atividade, independente de seu estado emocional e sem consciência de tal comportamento.

São situações comuns: tomar café e fumar em seguida; sentar para assistir à TV ou terminar a refeição e, sem perceber, "puxar" um cigarro. O estímulo desperta a vontade de fumar. Há pessoas que se condicionam a segurar o cigarro entre os dedos; se não o fazem, sentem a falta de algo.

Lúcia Helena habituou-se a ter um cigarro entre os dedos enquanto estudava; mais tarde, manteve o hábito enquanto analisava os documentos. Muitas vezes, o cigarro queimava-se sem que ela o tragasse. Forçada a combater a dependência, por dificuldades crescentes no sistema respiratório, substituiu-o por um lápis! O mais incrível é que funcionou!

• **Dependência psicossocial**

Trata-se da dependência relacionada com o estilo de vida da pessoa. No trabalho, no lazer, em bares, restaurantes e locais reservados ao fumo, a pessoa acostumou-se com vários rituais típicos. Por exemplo: oferecer cigarros a colegas ou acolher o cigarro que lhe é ofertado.

No caso de Rodrigo, advogado criminalista, encontra-se a causa da dependência social na família. Seus familiares fortaleceram a dependência. A mãe, para agradá-lo, deixava os cinzeiros sempre à mão, sua irmã se oferecia para comprar cigarros, etc. Todos os parentes passaram a lhe perguntar, gentilmente, se gostaria de "fumar um cigarrinho" assim que chegava para uma visita.

É comum, também, que várias pessoas da família apresentem a dependência. Rodrigo, o pai e o irmão caçula uniam-se, diariamente, em torno do ritual de fumar. No emprego, encontrou colegas que praticavam o mesmo hábito e, naturalmente, uniram-se pelo tabaco.

O combate à dependência é bastante difícil. Evidentemente, a chave denomina-se vontade; mas ela não é fácil de ser despertada e, muito menos, de ser mantida.

Percebe-se a dependência facilmente quando a pessoa acorda já com a vontade de fumar; se privada do fumo, sofre grande ansiedade; é capaz de sair de casa à noite para comprar cigarro.

No combate à dependência, é importante diagnosticar sua natureza (química, psicológica, comportamental, psicossocial) para estabelecer a estratégia adequada. Quando a vontade da pessoa não é suficiente, torna-se indispensável a ajuda de profissionais qualificados. Mais de 70% dos fumantes precisam de apoio externo (grupos de suporte, psicoterapeutas, médicos especialistas). Dos que tentam parar de fumar, a maior parte necessita de mais de uma tentativa.

Contudo, vale a pena. A pessoa recupera a capacidade de sentir os aromas de comida, bebida e da natureza; o paladar retorna; a respiração normal se restabelece e, após algum tempo, suas probabilidades de adquirir uma série de patologias (inclusive câncer) retornam aos níveis experimentados pelos não fumantes.

Combater o fumo é de grande importância individual e social. O fumo drena recursos fantásticos dos sistemas de saúde, que nem de longe são compensados pelos impostos arrecadados.

8.3. Perturbações do pensamento e da percepção

Existem situações em que o cliente manifesta, claramente, distorções fundamentais e características do pensamento e da percepção, ainda que a consciência permaneça clara e a capacidade intelectual preservada. O indivíduo mantém ou desenvolve uma lógica de raciocínio, consegue formular ideias e apresenta com clareza suas intenções, planos e propostas para o advogado. Contudo, fica flagrante a não aderência à realidade porque o pensamento encontra-se nitidamente distorcido. O advogado identificará situações como as seguintes:

• o cliente percebe-se objeto de forças sobrenaturais que influenciam suas ações;

• o indivíduo percebe-se como o pivô de tudo o que acontece, ocupando um lugar inadmissível nos acontecimentos; pode acreditar-se como tendo sido o escolhido para liderar e comandar seus colegas para atingir determinado objetivo;

• outras pessoas conseguem penetrar-lhe o pensamento e seus atos mais íntimos são conhecidos de seus adversários ou, até mesmo, do público em geral; o cliente manifesta a convicção de que forças externas controlam seus pensamentos, vontade e sentimentos;

• uma ou mais crenças em torno de um acontecimento, por exemplo, a perseguição que o supervisor lhe move com o objetivo de destruí-lo;

• detalhes insignificantes podem ganhar expressão ou significado não usuais, especialmente para prejudicar o cliente;

• alucinações persistentes, consistindo de percepções sensoriais falsas, não associadas a qualquer estímulo real, sem vínculo com a realidade — a pessoa percebe coisas, objetos, outras pessoas que não existem; a alucinação pode ser vívida e provocar poderosas emoções; clientes dependentes de álcool podem apresentar alucinações auditivas, que consistem na falsa percepção de sons e vozes;

• delírios não explicáveis por motivos culturais e impossíveis de realização; entre os mais comuns encontram-se os delírios de perseguição; delírios de missão especial podem se encontrar na gênese de comportamentos antissociais. Por exemplo, para livrar o mundo de determinado tipo de malfeitor, comete assassinatos, por não encontrar outra maneira de dar conta de sua missão. Outro poderá agredir alguém que, em sua percepção distorcida, persegue-o sistematicamente (um supervisor, um colega de trabalho ou, até mesmo, um estranho). O indivíduo consegue descrever com clareza as situações que justificam seu comportamento, por mais ilógico que ele possa parecer para um terceiro, por exemplo, o advogado. Este deve estar atento ao fato de que, o que quer que tenha acontecido, faz parte da realidade psíquica daquele indivíduo.

Em algumas situações, a distorção do pensamento pode incluir sintomas maníacos, isto é, o indivíduo apresenta aumento da autoestima e ideias grandiosas, acompanhados de delírios de grandiosidade ou de perseguição. Esta situação pode levar o indivíduo a situações econômicas, por exemplo, totalmente incompatíveis com suas possibilidades, acreditando em oportunidades inexistentes e, até mesmo, induzindo outros a acompanhá-lo.

Quando o cliente dá indícios de que perdeu o contato com a realidade, o diagnóstico por psiquiatra se faz necessário, uma vez que a pessoa não está em condição de avaliar os próprios atos, embora possa justificá-los dentro de um quadro imaginário criado por ela.

Distorções de pensamento e de percepção podem originar-se de fenômenos orgânicos (consequentes a drogas, AVC, Alzheimer e outros), muitas vezes desconhecidos pelo cliente (ou que ele procure ocultar) e pelas pessoas com as quais se relacione. Determinados distúrbios orgânicos, originários de pequenas isquemias, por exemplo, podem dar a nítida impressão de que não ocasionaram sequelas; isso facilita ao indivíduo ocultá-lo da família; mais tarde, ocorre um acidente vascular de maiores proporções, trazendo sequelas.

A situação pode cercar-se de grande complexidade, porque há a questão da capacidade do indivíduo para tomar suas decisões. Além disso, ela pode representar um grande complicador para a família — possivelmente, não disposta a enfrentá-la se isso significar risco financeiro. Não se estranha que os familiares optam por ocultar esse tipo de quadro, ou por vergonha, ou por interesse, ou por ambos.

Considerações finais

Nesta obra, procurou-se levar ao profissional do Direito conhecimentos de Psicologia, com dois objetivos específicos:

— contribuir para sua qualidade de vida; e

— fornecer conteúdos que lhe permitam aumentar a eficiência e a eficácia em suas atividades.

Teve-se o cuidado de localizar a Psicologia como uma disciplina integrada a fatores situacionais, sociais e culturais. Ela não prescinde de outros conhecimentos basilares, tais como a sociologia, a antropologia e a filosofia.

Sob a ótica da Psicologia, alguns elementos foram particularmente destacados e procurou-se focalizar, sobre eles, as principais atenções. Essa estratégia norteou a escolha das situações reais que serviram para exemplificar a teoria e orientar comentários, análises e interpretações.

A emoção foi insistentemente pontuada como sendo o sentimento que modula todos os demais, e é determinante na reação a estímulos e no processo decisório de indivíduos e grupos. O ser humano é um animal emocional e o que se denomina "razão" compreende um complexo subconjunto de regras do psiquismo, qualificado como "racional". A razão simplifica os processos de escolha e propicia ao cérebro agilidade e economia de energia psíquica. No ambiente do conflito, matéria-prima por excelência do profissional de Direito, essa conceituação ajusta-se com absoluta perfeição, demonstrada exaustivamente pela realidade da prática jurídica.

Outro elemento a respeito do qual se insistiu em inúmeros momentos da obra foi a importância do autoconhecimento. Desenvolvê-lo continuamente constituiu um objetivo tão simples de enunciar quanto complexo de realizar porque, conforme se acentuou, ele passa pelo desafio de conhecer o próximo. Paradoxalmente, este parece ser muito mais simples de estudar e compreender quanto mais distante encontra-se de cada indivíduo. De fato, a "proximidade do próximo" introduz, nas relações interpessoais, elementos emocionais que dificultam a visão objetiva. Nas palavras de uma mãe, surpreendida com o comportamento do filho preso por tráfico drogas: "parece que, quanto mais a gente se aproxima, é mais difícil ver o que acontece".

O olho não olha dentro de si. O autoconhecimento, para não ser percebido como uma incômoda impossibilidade, deve ser entendido como o supremo desafio do ser humano. Um desafio que o leva a atravessar a longa e tortuosa ponte que conduz ao próximo, para compreender — pela comparação do seu "eu" com os atributos que enxerga no "outro" — um pouco dessa coisa misteriosa, complexa, maravilhosa e, tantas vezes, surpreendente: a própria mente.

O autoconhecimento proporciona referências para entender os comportamentos do outro e decidir a respeito das emoções que desejaria, poderia ou deveria experimentar em relação a eles. Uma decisão nem sempre simples, nem sempre agradável, porque o indivíduo poderá espantar-se ao identificar sentimentos diferentes ou, até mesmo, opostos ao que a "razão" recomendaria. É constrangedor perceber-se odiando aquele que deveria amar; apossando-se, quando deveria libertar; desprezando, em lugar de apoiar e incentivar. Nas palavras de Nietzche, "afinal, somos humanos, demasiadamente humanos".

As orientações a respeito do comportamento com e em relação aos clientes têm por objetivo facilitar o percurso por meio da estrada que conduz ao próximo. Daí a preocupação em observar, ouvir, saber falar: existe um verdadeiro primado da interação pessoal, determinante nas percepções de uma pessoa em relação à outra. O contato constitui o momento mágico que comanda o acesso ao psiquismo, abre as portas para a sintonia emocional e pode pôr a perder todo um esforço de aproximação — ou, ao contrário, coroá-lo de êxito.

Tratou-se da libertação da mente para poder receber as informações. Ela se faz por meio da identificação de preconceitos, mecanismos de defesa, pensamentos automáticos, crenças irreais ou irracionais que constroem os cárceres em que as pessoas se autoaprisionam. Os grilhões encontram-se dentro de cada indivíduo. Não se tratam de cárceres pontuais, que uma ou outra experiência impõe: edificados desde os primeiros dias, como se fossem uma obra interminável em que, tijolo a tijolo, o arquiteto decide a forma, à medida que avança, incorporam-se à personalidade.

Por este procedimento de estruturação, o profissional molda suas atitudes e comportamentos ao longo de toda a vida — e jamais terminará essa tarefa. Cabe, entretanto, assegurar que ela o levará a bom porto, que o edifício de sua personalidade, ao final, possa ser encarado como uma obra a admirar, não por sua exterioridade, mas pelos conteúdos tão belos quanto complexos.

A percepção do outro, do próximo, do social, dos detalhes infinitos da cultura, tem um valor especial para desenhar a decoração desse edifício; a escolha de modelos, motivações, crenças e valores representa as dimensões de seus espaços reais e virtuais. Se a vida é curta, cabe não permitir que seja pequena.

Daí a importância de conhecer os próprios condicionamentos, aqueles comportamentos que dominam a pessoa sem que ela se dê conta. Muito ligados a esquemas de pensamento, mecanismos de defesa, conceitos e preconceitos devem ser revistos continuamente, para que o profissional se mantenha em sintonia com o mundo em evolução.

Isso, contudo, não significa um ajuste amorfo aos acontecimentos, mas a capacidade de criticar, avaliar e influenciar para ser um agente consciente na construção da realidade. Mais uma vez, o autoconhecimento é a pedra filosofal dessa aventura indescritível que é a vida.

Muitas vezes, se esmorece. A motivação é a força interior que faz com que a pessoa levante-se e, enquanto avança, posicione-se à frente das demais. Ela representa a substância psicoativa por excelência, recolhida dos meandros do cérebro na forma de neurotransmissores produzidos pelo próprio corpo, para impulsioná-lo e mantê-lo pulsante de modo natural e sadio.

A motivação distingue o ser humano dos animais, para os quais o instinto e o condicionamento constituem as únicas forças diretivas de todas as ações. Ela pode surgir da observação de modelos e isso tem extraordinária importância. Bons profissionais garimpam bons modelos em todos os campos da vida: no lazer, no lar, no trabalho. Modelos são faróis em noites negras; são os radares e as bússolas. Deve-se segui-los enquanto se vive e viver para se tornar alguém a ser seguido.

O advogado, ao escolher e aceitar a profissão, assume o compromisso de liderar pessoas e de trabalhar cooperativamente com elas. Nesse espaço, cabe-lhe aceitar seu papel de líder e de liderado — não há a opção de manter-se como um observador distante e discreto: seu espaço é o da luta, sua arma é o saber manifesto na palavra falada ou escrita. A consciência desse papel levou à inclusão das noções de liderança e de trabalho em equipe, ainda que limitadas ao essencial permitido pelas dimensões da obra.

No percurso profissional, em contato consigo mesmo, com seus familiares, clientes, testemunhas, opositores, juízes e jurados, o advogado encontrará pessoas em sofrimento — inevitável, dado que o conflito faz parte do território em que atua. Um sofrimento que poderá estar sendo bravamente suportado ou que, por outro lado, torna-se insuportável a ponto de provocar transtornos mentais naqueles que o padecem, até mesmo sem que o percebam.

Estar atento é necessário para o benefício de todos. Na vida moderna, o estresse é um companheiro tão indesejável quanto presente e as fatalidades acometem as pessoas — o advogado não estará livre disso. Elas o carregam consigo e o multiplicam por suas ações. Ao advogado convém reconhecer a possível presença de transtornos mentais, tanto para poder melhor conviver com os clientes infelicitados quanto para poder orientar aqueles que puderem ou se dispuserem a ouvir. Todos ganham: o cliente, o advogado, a sociedade.

Assim, a obra concluiu o percurso por meio dos conteúdos do psiquismo: tratou-se do indivíduo e do grupo em situação de normalidade e arriscou-se uma breve incursão no campo do comportamento disfuncional.

As referências bibliográficas compreendem textos consagrados, alguns deles antigos, porém, insubstituíveis e extremamente atuais; e outros recentes, inovadores e excelentes para o aprofundamento e a crítica aos conceitos.

Espera-se que o estudante de Direito faça, desta obra, uma aliada para enriquecer seu aprendizado e lidar eficaz e eficientemente com os relacionamentos, adversariais ou não. Advogados e juízes já praticantes encontrarão conteúdos que lhes permitirão refletir a respeito de sua vida profissional — certamente, identificarão aspectos que merecerão aperfeiçoamentos.

A obra foi dimensionada para servir de livro-texto na disciplina de Psicologia aplicada ao Direito. O professor encontrará inúmeras situações que lhe facilitarão tornar seus encontros acadêmicos continuamente ligados à prática contemporânea do Direito, dentro da realidade sociocultural brasileira. Todas as críticas e sugestões, as quais desde já se agradece, serão bem-vindas e servirão para a melhoria contínua desta produção.

Referências bibliográficas

ACLAND, A. F. *Como utilizar la mediación para resolver conflictos en las organizaciones.* Barcelona: Paidós, 1993.

ADLER, A. The Individual Psychology of Alfred Adler: a Systematic Presentation in *Selections from his Writings.* Org. por H. L. Ansbacher e Rowena Ansbacher, New York: Harper, 1956.

AMAZARRAY, Mayte Raya; KOLLER, Silvia Helena. Alguns aspectos observados no desenvolvimento de crianças vítimas de abuso sexual. *Psicologia, Reflexão e Crítica.* Porto Alegre: Universidade Federal do Rio Grande do Sul, v. 11, n. 3, 1998.

AT & T Quality Steering Commitee. *Benchmarking:* focus on world class practices. Indianapolis: AT & T Customer Information Center, 1992.

BATESON, G. Toward a Theory of Schizophrenia. In: *Steps to an Ecology of Mind: Collected Essays in Anthropology, Psychiatry, Evolution, and Epistemology.* San Francisco: Chandler Pub. Co., 1972.

BECK, Aaron; FREEMAN, Arthur. *Terapia cognitiva dos transtornos de personalidade.* Porto Alegre: Artes Médicas, 1993.

BERNE, E. Análise transacional em psicoterapia. São Paulo: Summus, 1981.

BIANCHINI, Alice; GOMES, Luiz Flávio. Requintes de crueldade — canibal tem desvio de personalidade, mas não é criminoso. *Revista Consultor Jurídico.* Disponível em: <http://conjur.estadao.com.br/static/text/789,1>. Acesso em: 10.2.2004.

BOUDITCH, J. L.; BUONO, A. F. *Elementos de comportamento organizacional.* São Paulo: Pioneira, 1992.

BRAGHIROLLI, E. M.; BISI, G. P.; RIZZON, L. A.; NICOLETTO, U. *Psicologia geral.* 18. ed. Petrópolis: Vozes, 1998.

BUENO, J. R. Mitos e verdades sobre a depressão. *Skopia Médica*, ano 11, n. 1, 1994.

BURROW, O. A.; SCHERPP, K. *Gestaltpedagogia:* um caminho para a escola e a educação. 2. ed. São Paulo: Summus, 1984.

BUSH, R. A. B.; FOLGER, J. P. *La promesa de mediación.* Buenos Aires: Granica, 1996.

CALAZANS, Flávio. *Propaganda subliminar multimída.* 3. ed. São Paulo: Summus, 1992.

CAMPBELL, J. B.; HALL, C. S.; LINDZEY, G. *Teorias da personalidade.* 4. ed. Porto Alegre: ArtMed, 2000.

CAMPOS, V. F. *TQC:* controle da qualidade total. 2. ed. Belo Horizonte: Fundação Christiano Ottoni, 1992.

CARBONERA, Silvana. *Guarda de filhos na família constitucionalizada*. Porto Alegre: Fabris Editor, 2000.

CARVALHAL, Regina. *Cara ou coroa*: breve mitologia dos processos decisórios administrativos. São Paulo: Livros Técnicos, 1981.

DAMÁSIO, A. R. *O erro de Descartes*. São Paulo: Companhia das Letras, 1996.

DATTILIO, F. M.; RANGÉ, B. Casais. In: RANGÉ, B. (Org.) *Psicoterapia comportamental e cognitiva* — pesquisa, prática e solução de problemas. Campinas: Editorial Psy, 1995.

DAVIDOFF, L. *Introdução à psicologia*. São Paulo: Makron Books, 1983.

DAVIS, C.; OLIVEIRA, Z. *Psicologia na educação*. 2. ed. São Paulo: Cortez, 1992.

DEUTSCH, M. (1986). Cooperation, conflict and justice. In: BIERHOFF, COHEN, GREENBEI. *Justice in social relations*. New York: Plenum Publishing Corporation, 1986.

DEWALD, Paul. *Psicoterapia:* uma abordagem dinâmica. 5. ed. Porto Alegre: Artes Médicas, 1989.

DEYKIN, E. Y. Transtorno do estresse pós-traumático. *Neuropsiconews,* São Paulo, Sociedade Brasileira de Informações de Patologias Médicas, n. 16, p. 11-17, 1999.

ELUF, L. N. Crime premeditado: não existe crime cometido por amor e sim por ódio. *Revista Consultor Jurídico*. Disponível em: <http://conjur.com.br/static/section/8,1_articles>. Acesso em: 14.10.2002.

FADIMAN, James; FRAGER, Robert. *Teorias da personalidade*. São Paulo: Harbra, 1986.

FIORELLI, J. O. *Psicologia para administradores*. 8. ed. São Paulo: Atlas, 2014.

FIORELLI, J. O.; FIORELLI, M. R.; MALHADAS, M. J. O. *Assédio moral* — uma visão multidisciplinar. São Paulo: LTr, 2007.

FIORELLI, J. O.; MALHADAS, M. J. O. *Psicologia nas relações de trabalho*. São Paulo: LTr, 2003.

FIORELLI, J. O.; MALHADAS, M. J. O.; MORAES, D. *Psicologia na mediação*. São Paulo: LTr, 2004.

FISHER, R.; KOPELMAN, E.; SCHNEIDER, A. K. *Mas allá de Maquiavelo*. Buenos Aires: Granica, 1996.

FISHER, R.; PATTON, B.; URY, W. *Como chegar ao sim* — a negociação de acordos sem concessões. 2. ed. Rio de Janeiro: Imago, 1992.

FISHMAN, H. C. *Terapia estrutural intensiva* — tratando famílias em seu contexto social. Porto Alegre: ArtMed, 1998.

FOLBERG, J.; TAYLOR, A. *Mediación* — resolución de conflictos sin litigio. Buenos Aires: Noriega, 1985.

FOLGER, J. P.; JONES, T. S. *Nuevas direcciones en mediación*. Buenos Aires: Paidos, 1997.

FONKERT, R. Mediación padres-adolescentes: recurso alternativo a la terapia familiar en la resolución de conflictos en familias con adolescentes. In: SCHNITMAN, D. F. *Resolución de conflictos* — nuevos diseños, nuevos contextos. Buenos Aires: Granica, 2000.

FREUD, Sigmund. *Obras psicológicas completas.* Edição Standard Brasileira, v. 14. Rio de Janeiro: Imago, 1974.

FRIEDMAN, M. J. Transtorno do estresse pós-traumático — PTSD: panorama. *Neuropsiconews*, São Paulo, Sociedade Brasileira de Informações de Patologias Médicas, n. 16, p. 3-10, 1999.

GARNEIRO, J.; SAMPAIO, D. *Terapia familiar*. 5. ed. Lisboa: Afrontamento, 2002.

GONÇALVES JÚNIOR., Mário. Vice-versa: chefe também pode ser vítima de assédio sexual. *Revista Consultor Jurídico.* Disponível em: <http://conjur.estadao.com.br/static/text/3422,1>. Acesso em: 15.9.2003.

HUFFMAN, K.; VERNOY, M.; VERNOY, J. *Psicologia*. São Paulo: Atlas, 2003.

JOZEF, F.; SILVA, A. R.; GREENGALGH, S.; LEITE, M. E. Comportamento violento e disfunção cerebral: estudo de homicidas no Rio de Janeiro. *Revista Brasileira de Psiquiatria*, 22(3): 124-9, 2000.

JOZEF, F.; SILVA, J. *Homicídio e doença mental*. Disponível em: <http://www.unifesp.br/dpsiq/polbr/ppm/original7_02.htm>. Acesso em: 2001/2002.

JUNG, C. G. *Fundamentos de psicologia analítica.* 6. ed. Petrópolis: Vozes, 1991.

________. *O homem e seus símbolos.* 13. ed. Rio de Janeiro: Nova Fronteira, 1995.

KAPLAN, Harold I.; SADDOCK, Benjamin J. *Compêndio de psiquiatria.* 6. ed. Porto Alegre: Artes Médicas, 1993.

KATZ, Daniel; KAHN, R. L. *Psicologia social das organizações.* 2. ed. São Paulo: Atlas, 1975.

KEIN, James. A terapia estratégica. In: ELKAÏM, Mony. *Panorama das terapias familiares*. São Paulo: Summus, 1998. v. 1.

KIENEN, N.; WOLFF, S. Administrar comportamento humano em contextos organizacionais. In: *Psicologia:* organizações e trabalho. Florianópolis: Programa de pós-graduação em psicologia da UFSC, v. 2, n. 2, p. 11-38, 2002.

KORTE, Helena *et al. Determinação de fatores motivacionais para ensino e aprendizagem das crianças e adolescentes moradores da chácara Pe. Eduardo Michelis em Quatro Pinheiros*. Monografia. Curso de Formação de Psicólogos. Universidade Tuiuti do Paraná, 1998.

KRETCH, D.; CRUTCHFIELD, R. S.; BALLACHEY, E. L. *O indivíduo na sociedade.* 2. ed. São Paulo: Pioneira, 1973.

LAPLANCHE; PONTALIS. *Vocabulário de psicanálise.* 2. ed. São Paulo: Martins Fontes, 1995.

LENT, R. *Cem bilhões de neurônios* — conceitos fundamentais de neurociência. Rio de Janeiro: Atheneu, 2001.

LINCK, D. *El valor de la mediación*. Buenos Aires: Ad Hoc, 1997.

LOBOS, J. A. *Comportamento organizacional*: leituras selecionadas. São Paulo: Atlas, 1998.

LOPES, I. M. R. S. *et al.* Caracterização da violência sexual em mulheres atendidas no projeto Maria-Maria em Teresina-PI. *Rev. Bras. Ginecol. Obstet.*, Federação Brasileira das Sociedades de Ginecologia e Obstetrícia, Rio de Janeiro, v. 26, n. 2, p.111-116. mar. 2004.

LUNDIN, R. W. *Personalidade:* uma análise do comportamento. 2. ed. São Paulo: EPU, 1977.

LURIA, A. R. *Curso de psicologia geral.* 2. ed. Rio de Janeiro: Civilização Brasileira, 1991. v. 1.

MAHOWALD, M. W. Transtornos do sono. *Neuropsiconews,* São Paulo, Sociedade Brasileira de Informações de Patologias Médicas, n. 43, p. 4-7, 2002.

MATEUS, M.; CLAUDINO, A. M.; CORREIA, A. C. *O paciente violento*: avaliação e medidas gerais. Departamento de Psiquiatria — UNIFESP/EPM. Disponível em: <http://www.unifesp.br/ dpsiq/polbr/ppm/atu1_03.htm>. Acesso em: jul./set. 2000.

MENDONÇA, H.; FLAUZINO, D. P.; TAMAYO, A.; PAZ, M. G. T. Percepção e julgamento da retaliação organizacional: construção e validação fatorial de um instrumento. In: *Estudos de psicologia*. Natal: UFRN, v. 9, n. 3, set./dez. 2004.

MINUCHIN, P.; COLAPINTO, J.; MINUCHIN, S. *Trabalhando com famílias pobres*. Porto Alegre: ArtMed, 1999.

MIRANDA, C. F.; MIRANDA, M. L. *Construindo a relação de ajuda*. 8. ed. Belo Horizonte: Crescer, 1993.

MONOGRAFIA. *Efexor.* São Paulo: Wyeth, 1996.

MOORE, C. W. *O processo de mediação*. 2. ed. Porto Alegre: ArtMed, 1998.

MORRISH, Ivor. *Comportamento desviante e delinquente*. Disponível em: <http://www.sapereaudare.hpg. ig.com.br/psicologia/texto06.html>. Acesso em: 2001.

MOSCOVICI, Fela. *Desenvolvimento interpessoal*. 4. ed. Rio de Janeiro: José Olympio, 1995.

MYERS, D. *Introdução à psicologia geral*. Rio de Janeiro: LTC, 1999.

NALINI, J. R. Mundo do crime: guerra contra a droga não deve ser exclusiva da polícia. *Revista Consultor Jurídico*. Disponível em: <http://conjur.estadao.com.br/static/text/7494,1>. Acesso em: 24.1.2003.

OMS, Organização Mundial da Saúde. Classificação de transtornos mentais e de comportamentos da CID-10. Porto Alegre: Artes Médicas, 1993.

PATTERSON, L. E.; EISENBERG, S. *O processo de aconselhamento*. São Paulo: Martins Fontes, 1988.

PERROW, Charles B. *Análise organizacional*: um enfoque sociológico. São Paulo: Atlas, 1976.

POLANCZYK, G. V.; ZAVASCHI, M. L.; BENETTI, Silvia *et al*. Violência sexual e sua prevalência em adolescentes de Porto Alegre, Brasil. *Rev. Saúde Pública*, Universidade de São Paulo, v. 37, n. 1, p. 8-14. fev. 2003.

PRIMAVERA, H. Moeda Social. In: Cattani. *A outra economia*. Porto Alegre: Veraz, 2003.

RANGÉ, B. (Org.). *Psicoterapia comportamental e cognitiva de transtornos psiquiátricos*. Campinas: Psy, 1995a.

________. *Psicoterapia comportamental e cognitiva* — pesquisa, prática, aplicações e problemas. Campinas: Editorial Psy, 1995b.

RANGÉ, B.; DATTILIO, F. M. Casais. In: RANGÉ (Org.). *Psicoterapia comportamental e cognitiva* — pesquisa, prática, aplicações e problemas. Campinas: Editorial Psy, 1995.

REGO, A.; CARVALHO, M. T.; LEITE, R.; VIEIRA, C. F. A. Justiça nas organizações: um modelo tetradimensional. In: *Psicologia:* organizações e trabalho. Florianópolis: Programa de Pós-Graduação em Psicologia da Universidade Federal de Santa Catarina, v. 2, n. 2, p. 115-144, 2002.

OS DANOS, a hipocrisia e a democratização da justiça. *Revista Consultor Jurídico*. Disponível em: <http://conjur.estadao.com.br/static/text/27727,1>. Acesso em: 22.9.2002.

SACKS, Oliver. *Um antropólogo em Marte*. São Paulo: Companhia das Letras, 1995.

SANTOS, J. H. Perigo constante. Álcool é tóxico livre e gera a criminalidade no país. *Revista Consultor Jurídico*. Disponível em: <http://conjur.estadao.com.br/static/text/8016,1>. Acesso em: 22.12.2002.

SARAT, A. Patrick Phear: control, compromiso e pequeños milagros en la mediación familiar y en divorcios. In: KOLB, D. M. *Quando hablar da resultado*. Buenos Aires: Paidós, 1996, p. 163-195.

SCHEIN, E. H. *Psicologia organizacional*. 3. ed. Rio de Janeiro: Prentice Hall, 1982.

SILLAMY, Norbert. *Dicionário de psicologia*. Porto Alegre: Larousse/ArtMed, 1998.

SKINNER, B. F. *Ciência e comportamento humano*. 8. ed. São Paulo: Martins Fontes, 1992.

SLAIKEU, C. A. *Para que la sangre no llegue al río*. Buenos Aires: Granica, 1996.

SOCIEDADE BRASILEIRA DE INFORMAÇÕES DE PATOLOGIAS MÉDICAS. Drogadição. *Neuropsiconews*, São Paulo, 1999.

SOUZA, César. O papel do medo justificador do estado em Hobbes. In: *Momento*. Rio Grande do Sul: Furg, v. 9, p. 191-212, 1996.

SPILLANE, R.; MARTIN, J. *Personality and performance*. Sydney University of New South Wales Press, 1995.

SPITZ, R. A. *O primeiro ano de vida*. 2. ed. São Paulo: Martins Fontes, 1980.

SUARES, M. *Mediación, conducción de disputas, comunicación y técnicas*. Buenos Aires: Paidós, 2002.

SUTTER, J. *L'eugénique, problèmes, méthodes et résultats*. Paris: PUF, 1950.

SZASZ, Thomas. Doença mental ainda é um mito. In: *Insight*. São Paulo: Lemos, n. 63, p. 9-15, jun. 1996.

VERGARA, Sylvia Constant. *Gestão de pessoas*. São Paulo: Atlas, 1999.

VIDAL, C. E. L. Depressão e doença física. In: Informação psiquiátrica. *Suplemento*. São Paulo: ECN, p. 19-22, out. 1994.

VIEIRA, P. A. *Sermões*. Erechim: Edelbra, 1998.

VYGOTSKY, L. S. *A formação social da mente*. São Paulo: Martins Fontes, 1984.

WAGNER III, J. A.; HOLLENBECK, J. R. *Comportamento organizacional:* criando vantagem competitiva. São Paulo: Saraiva, 1999.

WATZLAWICK, P.; BEAVIN, J. H.; JACKSON, J. D. *Pragmática da comunicação humana*. 9. ed. São Paulo: Cultrix, 1993.

WEITEN, W. *Introdução à psicologia* — temas e variações. 4. ed. São Paulo: Pioneira Thomson, 2002.

WRIGHT, Robert. *O animal moral*. 4. ed. Rio de Janeiro: Campus, 1996.

Apêndice

ASSÉDIO MORAL

A figura do assédio moral, definido como comportamentos emitidos por uma pessoa ou um grupo de pessoas e dirigidos a outra pessoa ou grupo de pessoas, por um longo período, ocasionando danos psíquicos e/ou prejuízos de natureza funcional frequenta, cada vez mais, as preocupações de advogados, psicólogos, administradores de empresas e empresários.

Pedidos de indenização avolumam-se; tudo indica a tendência de que esse instituto torne-se cada vez mais presente no conjunto de conflitos que compõem as relações interpessoais, no trabalho, na escola, no lar.

Por sua abrangência, trata-se de assunto que interessa a todos os profissionais do direito, porque seus efeitos vão muito além dos prejuízos imediatos para o assediado.

O assédio moral caracteriza-se, em conformidade com a definição apresentada, em primeiro lugar, pela longa duração do comportamento. Não se trata, pois, de ação ocasional, eventual, fortuita, pontual. Ela se repete e, portanto, a premeditação encontra-se implícita.

Em segundo lugar, os prejuízos para o assediado devem ser notáveis. Se não há, da parte deste, qualquer reação, qualquer espécie de dano, também não há o assédio — a tentativa, ainda que real, consciente ou não da parte do assediador, frustra-se.

Deve-se, também, destacar a inexistência do assédio moral em situações paradigmáticas, tais como:

— o tratamento tirânico (porém, sem a discriminação de alvo), infringido por empregadores a empregados, pais a filhos, de um cônjuge para outro;

— as humilhações típicas do relacionamento social (comuns entre cônjuges, quando um ridiculariza o outro perante amigos);

— o dano moral (exemplificado pela revista íntima em supermercado), em que a vítima é humilhada, ridicularizada ou possui sua imagem pública denegrida.

Estes casos devem ser bem compreendidos para que seja feita a devida distinção entre eles e o assédio moral propriamente dito. Ainda que possam originar ações no âmbito do direito, não estarão agasalhados segundo o conceito de assédio moral.

Daí a importância da distinção precisa, porque se observa a existência de um entendimento superficial, generalizado (não apenas na população leiga), a respeito do que é, e do que não é, assédio moral.

Esse fato sugere a possibilidade, nem de longe remota, de que existam inúmeras situações às quais ele se aplica e que não são identificadas, e de outras em que acontece o oposto, atribuindo-se a elas, inadequadamente, a rotulação de assédio moral.

O elemento marcante, a figura central do assédio moral, é o dano psíquico, em decorrência do qual outros aparecerão.

O dano psíquico deve ser comprovado para caracterizá-lo. A avaliação psicológica ou psiquiátrica constitui um instrumento à disposição do advogado para investigar não apenas a existência desse dano, mas a sua extensão.

É comum entre pessoas vítimas do assédio moral o surgimento de perturbações do psiquismo, tais como:

a) Alterações de características de personalidade. O indivíduo modifica seu comportamento e isso é percebido claramente pelos que convivem com ele.

— A pessoa pode, por exemplo, tornar-se mais agressiva, menos expansiva, desenvolver sinais de obsessão ou sentir-se consistentemente vigiada ou perseguida etc.

— As alterações de características de personalidade podem não ser suficientes para impedi-la de trabalhar, porém, afetam o seu relacionamento interpessoal e ocasionam prejuízos funcionais de diversas naturezas.

— Ainda que trabalhando, a pessoa pode apresentar flagrante redução de produtividade, expor-se a riscos de acidentes desnecessariamente, assumir comportamentos prejudiciais à sua imagem profissional etc., configurando-se um quadro tipicamente prejudicial para ela que, com o tempo, irá justificar ações administrativas (como o afastamento, a demissão), desejadas pelo assediador.

b) Transtornos mentais diversos, tais como os de ansiedade, pensamentos obsessivos (a pessoa não consegue pensar em outra coisa a não ser no assédio de que se sente vítima), depressão (que se inicia leve, mas pode evoluir a ponto de incapacitar a pessoa para o trabalho), perturbações do sono (insônia inicial, terminal ou intermediária).

Estes transtornos poderão conduzir a diversos tipos de desdobramentos, até mesmo à incapacitação para o trabalho.

c) Somatizações, bastante comuns, e que consistem no deslocamento do desconforto psíquico para o funcionamento físico-fisiológico; a pessoa passa a se queixar das mais diversas doenças, que ocupam o centro das atenções e levam a afastamentos para tratamento de saúde, por exemplo. A reincidência, o custo dos tratamentos, as perdas de oportunidades decorrentes dos afastamentos, a modificação dos padrões de comportamentos associada ao quadro clínico apresentado juntam-se para estabelecer graves prejuízos para o indivíduo e para aqueles que dele dependem ou que com ele convivem.

A situação agrava-se ainda mais quando não se estabelece nexo causal entre as somatizações e os transtornos psíquicos, o que é muito comum.

O indivíduo, por exemplo, desenvolve distúrbios cardiocirculatórios (mais comuns entre homens) ou gastrointestinais (mais frequentes entre mulheres) como forma de manifestação somática dos distúrbios de ordem psíquica. Outra manifestação bastante frequente encontra-se na área osteomuscular, por exemplo, a síndrome do túnel do carpo, comum entre digitadores.

d) Drogadição. Alguns indivíduos derivam para o alcoolismo, forma inadequada e deletéria de reagir ao conflito; este, por sua vez, acentua os transtornos mentais, as somatizações e as alterações de características de personalidade, estabelecendo um círculo vicioso.

Em casos mais graves, o indivíduo pode tornar-se dependente de outras drogas psicoativas, ainda mais poderosas. A automedicação constitui outra preocupante vertente desses quadros, muito comum na cultura brasileira, em que o leigo tem acesso relativamente fácil aos mais diversos equipamentos.

Os danos psíquicos são de grande importância e devem ser adequadamente diagnosticados, não se descuidando da associação entre eles e os danos físicos e fisiológicos consequentes.

Os prejuízos somáticos, entretanto, têm um colorido tal e um sentido de real urgência, que levam as vítimas e os que com ela convivem a neles concentrarem suas atenções. Isso faz com que os tratamentos acabem se tornando meros paliativos e as queixas se perpetuam.

Observe-se que o indivíduo afetado pelo assédio moral, uma vez que inicie a apresentação dos danos físicos, fisiológicos e psíquicos, torna-se mais vulnerável, porque ele perde sua funcionalidade operacional.

Passa, então, a falhar no cumprimento de suas obrigações e o assediador ganha justificativas para suas ações. O que se inicia como uma pressão para que o indivíduo peça, por exemplo, demissão ou transferência para outro setor no emprego, torna-se motivo para demitir por justa causa ou para um afastamento de longo prazo para tratamento de saúde.

Além das consequências para o psiquismo, deve-se compreender que outras, de ordem funcional, relacional e social, não se tornam claramente perceptíveis em uma observação inicial pelo advogado (ou por outro profissional com o médico do trabalho).

Isso se agrava porque o próprio assediado, pela situação que atravessa, não consegue associar os diversos tipos de prejuízos que sofre ao assédio que recebe. Ele não identifica o afastamento dos amigos, a perda de oportunidades de negócios, as dificuldades conjugais, com o tratamento que a chefia (ou o cônjuge, ou um colega, no caso de assédio horizontal) lhe proporciona, por exemplo.

O cálculo adequado dos prejuízos ocasionados pelo assediador ao assediado deve estar presente na formulação das ações de indenização para que o ressarcimento aconteça na proporção dos danos.

Por sua vez, o Juiz que venha a conhecer a matéria deve estar preparado tanto para a fiel análise do fato e de suas consequências como para aplicar a justa indenização à vítima, considerando o mal por ela sofrido e, também, o caráter pedagógico da pena em relação ao agressor.

O Poder Judiciário caminha neste sentido, e a passos largos, na árdua tarefa de proteger os direitos da personalidade. Vale aqui transcrever um pequeno trecho de recente decisão do Tribunal Regional do Trabalho da 9ª Região (Paraná), segundo o qual

> À empresa, pelos seus titulares, gerentes e prepostos, incumbe bem exercer sua função social, um dos princípios da ordem econômica estabelecidos no artigo 170, incisos II e III, da Constituição Federal. Assim, está obrigada a resguardar a integridade física e mental de todos seus trabalhadores, de modo a não permitir, por ação ou omissão, a violação de seus direitos fundamentais. E, como direitos fundamentais, a honra, a intimidade e a imagem de cada Ser Humano são amparados por princípios e regras constitucionais (principalmente o disposto no artigo 1º, inciso III, da mesma Lei Maior) e fundados no valor justiça. (TRT/PR 4008-2006-513-09-00-7, Relatora Juíza Dinaura Godinho Pimentel Gomes, DJPR 3.6.2008).